2022

기합
비
(旣合)

기·출을 보면
합·격이 보인다.

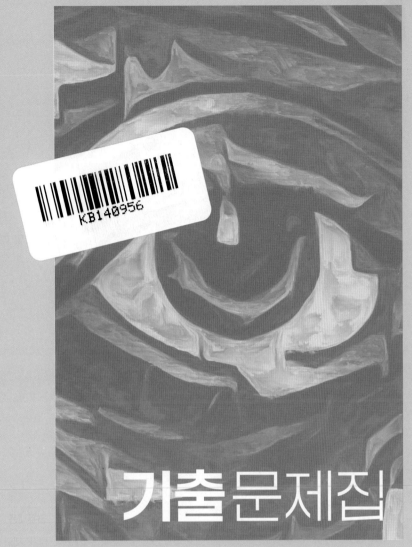

기출문제집

9급 군무원
행정법

군무원시험편집부 편저

15
개년

예문사

GUIDE

군무원이란

● **의의**

군 부대에서 군인과 함께 근무하는 공무원으로서 신분은 국가공무원법상 특정직 공무원으로 분류된다.

● **근무처**

국방부 직할부대(정보사, 기무사, 국통사, 의무사 등), 육군·해군·공군본부 및 예하부대

● **종류**

▶ 일반군무원
　- 기술·연구 또는 행정일반에 대한 업무담당
　- 행정, 군사정보 등 46개 직렬
　- 계급구조 : 1∼9급

▶ 전문군무경력관
　- 특정업무담당
　- 교관 등
　- 계급구조 : 가군, 나군, 다군

▶ 임기제군무원

● **직렬별 주요 업무내용**

직군	직렬	업무내용
행정(6)	행정	- 국방정책, 군사전략, 체계분석, 평가, 제도, 계획, 연구업무 - 일반행정, 정훈, 심리업무 - 법제, 송무, 행정소송업무 - 세입·세출결산, 재정금융 조사분석, 계산증명, 급여업무 - 국유재산, 부동산 관리유지·처분에 관한 업무
	사서	- 도서의 수집·선택·분류·목록작성·보관·열람에 관한 업무
	군수	- 군수품의 소요·조달, 보급·재고관리, 정비계획, 물자수불(청구, 불출) 업무 - 물품의 생산·공정·품질·안전관리·지원활용 등 작업계획, 생산시설 유지, 생산품 처리 업무
	군사정보	- 주변국 및 대북 군사정보 수집, 생산관리, 부대전파 및 군사보안 업무
	기술정보	- 외국정보 및 산업, 경제, 과학기술 정보의 수집, 생산관리 보안 업무 - 정보용 장비, 기기 등에 의한 정보수집 업무
	수사	- 범죄수사, 비위조사, 범죄예방, 계몽활동 등에 관한 업무

※ 그 외 시설, 정보통신, 공업, 함정, 항공, 기상, 보건 직군별 직렬의 업무내용 생략

군무원 시험 정보

● **2021년 공개경쟁채용일정(참고용)**

원서접수	응시서류 제출	서류전형 합격자 발표	필기시험 계획 공고	필기시험	필기시험 합격자 발표	면접시험	합격자 발표
5.7(금) ~5.12(수)	※ 해당없음		7.9(금) + 장소/ 시간 동시 안내	7.24(토)	8.20(금) + 면접계획 동시안내	9.6(월) ~10.7(목)	10.14(목)

※ 시험장소 공고 등 시험시행관련 사항은 국방부채용관리홈페이지(http://recruit.mnd.go.kr/main.do)공지사항을 참조하세요.
※ 상기일정은 시험주관기관의 사정에 따라 변경될 수 있으며, 변경 시 사전공지 합니다.

● **결격사유**

– 대한민국의 국적을 가지지 아니한 사람

– 대한민국 국적과 외국 국적을 함께 가지고 있는 사람

– 「국가공무원법」 제33조 각 호의 어느 하나에 해당하는 사람

● **공개경쟁채용 시험과목(영어는 영어능력검정시험으로, 한국사는 한국사검정능력시험으로 대체)**

직군	직렬	계급	시험과목
행정	행정	5급	국어, 행정법, 행정학, 경제학, 헌법
		7급	국어, 행정법, 행정학, 경제학
		9급	국어, 행정법, 행정학
	사서	5급	국어, 자료조직론, 도서관경영론, 정보학개론, 참고봉사론
		7급	국어, 자료조직론, 도서관경영론, 정보봉사론
		9급	국어, 자료조직론, 정보봉사론
	군수	5급	국어, 행정법, 행정학, 경제학, 경영학
		7급	국어, 행정법, 행정학, 경영학
		9급	국어, 행정법, 경영학
	군사정보	5급	국어, 국가정보학, 정보사회론, 정치학, 심리학
		7급	국어, 국가정보학, 정보사회론, 심리학
		9급	국어, 국가정보학, 정보사회론
	기술정보	5급	국어, 국가정보학, 정보사회론, 정보체계론, 암호학
		7급	국어, 국가정보학, 정보사회론, 암호학
		9급	국어, 국가정보학, 정보사회론
	수사	5급	국어, 형법, 형사소송법, 행정법, 교정학
		7급	국어, 형법, 형사소송법, 행정법
		9급	국어, 형법, 형사소송법

● 시험 출제수준

- 5급 이상 : 정책의 기획 및 관리에 필요한 능력·지식을 검정할 수 있는 정도
- 6~7급 : 전문적 업무수행 능력·지식을 검정할 수 있는 정도
- 8~9급 : 업무수행에 필요한 기본적 능력·지식을 검정할 수 있는 정도

● 영어능력검정시험 기준점수

시험 종류		응시계급별 기준점수		
		5급	7급	9급
토익 (TOEIC)	기준점수	700점 이상	570점 이상	470점 이상
	청각장애	350점 이상	285점 이상	235점 이상
토플 (TOEFL)	기준점수	PBT 530점 이상 CBT 197점 이상 IBT 71점 이상	PBT 480점 이상 CBT 157점 이상 IBT 54점 이상	PBT 440점 이상 CBT 123점 이상 IBT 41점 이상
	청각장애	PBT 352점 이상 CBT 131점 이상	PBT 319점 이상 CBT 104점 이상	PBT 292점 이상 CBT 82점 이상
텝스 (TEPS) (2018.5.12. 전에 실시 된 시험)	기준점수	625점 이상	500점 이상	400점 이상
	청각장애	375점 이상	300점 이상	240점 이상
新텝스 (新TEPS) (2018.5.12. 이후에 실시 된 시험) 新텝스	기준점수	340점 이상	268점 이상	211점 이상
	청각장애	204점 이상	161점 이상	127점 이상
지텔프 (G-TELP)	기준점수	Level 2 65점 이상	Level 2 47점 이상	Level 2 32점 이상
플렉스 (FLEX)	기준점수	625점 이상	500점 이상	400점 이상
	청각장애	375점 이상	300점 이상	240점 이상

※ 듣기점수 적용 제외 청각장애 대상 범위 안내

- 두 귀의 청력손실 80dB 이상(기존 청각장애 2·3급)인 사람
- 두 귀의 청력손실 60dB 이상이면서 두 귀에 들리는 보통 말소리의 최대 명료도가 50% 이하인 사람

● 한국사능력시험 응시 계급별 기준등급

시험의 종류	기준등급	
	7급 응시	9급 응시
한국사능력검정시험	3급 이상	4급 이상

※ 2020년 5월 이후 한국사능력검정시험 급수체계 개편에 따른 시험 종류의 변동(초 · 중 · 고급 3종 → 기본 · 심화 2종)과 상관없이 기준(인증)등급을 그대로 적용함

● 채용절차

공개경쟁채용	필기시험(1차) ⇒ 면접시험(2차)
경력경쟁채용	서류전형(1차) ⇒ 필기시험(2차) ⇒ 면접시험(3차) ※ 필기시험 합격자 일부직위는 연구강의 또는 실기평가 병행 ※ 연구강의 또는 실기평가 합격자에 한해 면접시험 응시 가능

● 합격자 결정

서류전형 (경력경쟁채용 응시자)	응시요건 구비 여부 심사하여 합격, 불합격으로 판정
필기시험 (공개경쟁채용시험 응시자, 경력경쟁채용 응시자)	필기시험 성적순으로 선발예정인원의 1.5배수(150%) 범위 내 ※ 단, 선발예정인원이 3명 이하인 경우, 선발예정인원에 2명을 합한 인원의 범위 ※ 합격기준에 해당하는 동점자는 합격처리함
면접시험 (필기시험 합격자)	• 평가요소 　– 군무원으로서의 정신자세　　　　– 전문지식과 그 응용능력 　– 의사표현의 정확성 · 논리성　　　　함의력　의지력　발전 기능성 　– 예의 · 품행 · 준법성 · 도덕성 및 성실성 * 7급 공개경쟁채용시험 응시자는 개인발표 후 개별면접 순으로 진행
합격자 결정	필기시험 점수(50%)와 면접시험 점수(50%)를 합산하여 높은 점수를 받는 사람 순으로 최종합격자를 결정

※ 이후 '신원조사'와 '공무원채용신체검사'에서 모두 '적격' 판정을 받은 사람을 최종합격자로 확정

도서의 활용

| 문제편 |

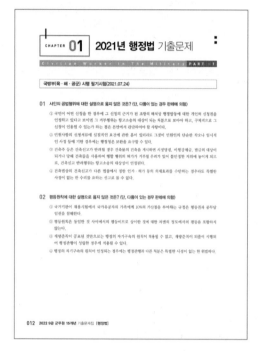

- 2021~2007년 15개년 기출문제를 최대한 실제 시험과 가깝도록 복원하여 수록하였습니다.
- 기출문제를 통해 군무원 시험에 대한 실전 감각을 익힐 수 있습니다.

- 기출문제의 출제 경향 및 난이도를 반영한 실전 모의고사 3회분을 수록하였습니다.
- 실전 모의고사를 통해 시험 전 취약한 부분을 미리 파악하고 이를 대비할 수 있습니다.

- 자주 출제되는 판례와 핵심 개념 등을 정리하였습니다.
- 마지막까지 명확한 개념 정리를 통해 학습 효과를 증대시킬 수 있도록 구성하였습니다.

│ 정답 및 해설편 │

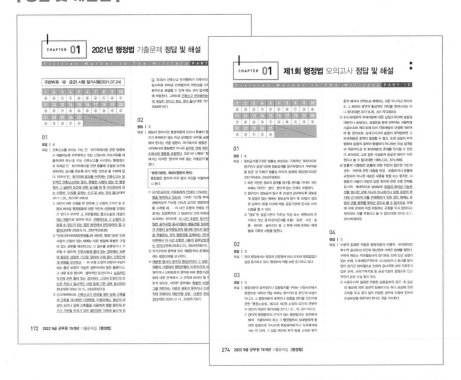

- 정답뿐 아니라 오답에 대한 해설도 상세히 수록하여 문제를 정확하게 파악할 수 있도록 구성하였습니다.
- TIP 박스를 통해 관련 판례 수록과 주요 이론을 요약·수록하여 이해와 암기를 동시에 할 수 있도록 하였습니다.

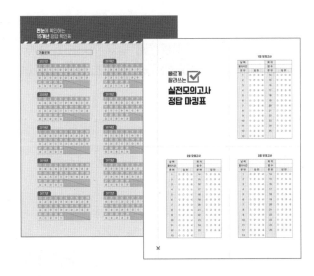

- 15개년 기출문제와 모의고사 3회분에 대한 정답만을 수록하여 빠르고 편리하게 채점할 수 있도록 하였습니다.
- 모의고사 3회분에 대한 OMR카드를 수록하여 최종 마무리 점검을 할 수 있도록 구성하였습니다.

CONTENTS

📖 문제편   💡 정답 및 해설편

문제편

2022 9급 군무원 15개년 기출문제집 행정법

PART

01

행정법 기출문제

국방부(육·해·공군) 시행 필기시험(2021.07.24)

01 사인의 공법행위에 대한 설명으로 옳지 않은 것은? (단, 다툼이 있는 경우 판례에 의함)

① 국민이 어떤 신청을 한 경우에 그 신청의 근거가 된 조항의 해석상 행정발동에 대한 개인의 신청권을 인정하고 있다고 보이면 그 거부행위는 항고소송의 대상이 되는 처분으로 보아야 하고, 구체적으로 그 신청이 인용될 수 있는가 하는 점은 본안에서 판단하여야 할 사항이다.

② 민원사항의 신청서류에 실질적인 요건에 관한 흠이 있더라도 그것이 민원인의 단순한 착오나 일시적인 사정 등에 기한 경우에는 행정청은 보완을 요구할 수 있다.

③ 건축주 등은 건축신고가 반려될 경우 건축물의 건축을 개시하면 시정명령, 이행강제금, 벌금의 대상이 되거나 당해 건축물을 사용하여 행할 행위의 허가가 거부될 우려가 있어 불안정한 지위에 놓이게 되므로, 건축신고 반려행위는 항고소송의 대상성이 인정된다.

④ 건축법상의 건축신고가 다른 법률에서 정한 인가·허가 등의 의제효과를 수반하는 경우라도 특별한 사정이 없는 한 수리를 요하는 신고로 볼 수 없다.

02 평등원칙에 대한 설명으로 옳지 않은 것은? (단, 다툼이 있는 경우 판례에 의함)

① 국가기관이 채용시험에서 국가유공자의 가족에게 10%의 가산점을 부여하는 규정은 평등권과 공무담임권을 침해한다.

② 평등원칙은 동일한 것 사이에서의 평등이므로 상이한 것에 대한 차별의 정도에서의 평등을 포함하지 않는다.

③ 재량준칙이 공표된 것만으로는 행정의 자기구속의 원칙이 적용될 수 없고, 재량준칙이 되풀이 시행되어 행정관행이 성립한 경우에 적용될 수 있다.

④ 행정의 자기구속의 원칙이 인정되는 경우에는 행정관행과 다른 처분은 특별한 사정이 없는 한 위법하다.

03 행정소송제도에 대한 설명으로 옳지 않은 것은?

① 개별법령에 합의제 행정청의 장을 피고로 한다는 명문규정이 없는 한 합의제 행정청 명의로 한 행정처분의 취소소송의 피고적격자는 당해 합의제 행정청이 아닌 합의제 행정청의 장이다.

② 원고가 피고를 잘못 지정한 경우 피고경정은 취소소송과 당사자소송 모두에서 사실심 변론 종결에 이르기까지 허용된다.

③ 법원은 당사자소송을 취소소송으로 변경하는 것이 상당하다고 인정할 때에는 청구의 기초에 변경이 없는 한 사실심의 변론종결시까지 원고의 신청에 의하여 결정으로써 소의 변경을 허가할 수 있다.

④ 당사자소송의 원고가 피고를 잘못 지정하여 피고경정신청을 한 경우 법원은 결정으로써 피고의 경정을 허가할 수 있다.

04 수익적 행정행위의 철회에 대한 설명으로 옳은 것은? (단, 다툼이 있는 경우 판례에 의함)

① 수익적 행정행위에 대한 취소권 등의 행사는 기득권의 침해를 정당화할 만한 중대한 공익상의 필요 또는 제3자의 이익을 보호할 필요가 있고, 이를 상대방이 받는 불이익과 비교·교량하여 볼 때 공익상의 필요 등이 상대방이 입을 불이익을 정당화할 만큼 강한 경우에 한하여 허용될 수 있다.

② 행정행위를 한 처분청은 비록 처분 당시에 별다른 하자가 없었고, 처분 후에 이를 철회할 별도의 법적 근거가 없더라도 원래의 처분을 존속시킬 필요가 없게 된 중대한 공익상 필요가 발생한 경우에도 그 효력을 상실케 하는 별개의 행정행위로 이를 철회할 수 없다.

③ 수익적 행정행위를 취소 또는 철회하거나 중지시키는 경우에는 이미 부여된 국민의 기득권을 침해하는 것이 되므로, 비록 취소 등의 사유가 있다고 하더라도 허용되지 않는다.

④ 행정행위를 한 처분청은 비록 처분 당시에 별다른 하자가 없었고, 처분 후에 이를 철회할 별도의 법적 근거가 없더라도 원래의 처분을 존속시킬 필요가 없게 된 사정변경이 생겼다는 이유만으로 그 효력을 상실케 하는 별개의 행정행위로 이를 철회하는 것은 허용되지 않는다.

05 행정법의 효력에 대한 설명으로 옳지 않은 것은?

① 조례와 규칙은 특별한 규정이 없으면 공포한 날부터 20일이 경과함으로써 효력을 발생한다.

② 행정법령은 특별한 규정이 없는 한 시행일로부터 장래에 향하여 효력을 발생하는 것이 원칙이다.

③ 법령을 소급적용하더라도 일반국민의 이해에 직접 관계가 없는 경우에는 법령의 소급적용이 허용된다.

④ 법률불소급의 원칙은 그 법률의 효력발생 전에 완성된 요건사실뿐만 아니라 계속 중인 사실이나 그 이후에 발생한 요건 사실에 대해서도 그 법률을 소급적용할 수 없다.

06 「행정절차법」상 청문에 대한 설명으로 옳지 않은 것은?

① 청문 주재자에게 공정한 청문 진행을 할 수 없는 사정이 있는 경우 당사자 등은 행정청에 기피신청을 할 수 있다.

② 청문 주재자가 청문을 시작할 때에는 먼저 예정된 처분의 내용, 그 원인이 되는 사실 및 법적 근거 등을 설명하여야 한다.

③ 청문 주재자는 직권으로 또는 당사자의 신청에 따라 필요한 조사를 할 수 있으며, 당사자 등이 주장하지 아니한 사실에 대하여는 조사할 수 없다.

④ 행정청은 청문을 마친 후 처분을 할 때까지 새로운 사정이 발견되어 청문을 재개(再開)할 필요가 있다고 인정할 때에는 청문조서 등을 되돌려 보내고 청문의 재개를 명할 수 있다.

07 행정지도에 대한 설명으로 옳지 않은 것은?

① 행정지도가 그의 한계를 일탈하지 아니하였다면, 그로 인하여 상대방에게 어떤 손해가 발생하였다 하더라도 행정기관은 그에 대한 손해배상책임이 없다.

② 위법한 건축물에 대한 단전 및 전화통화 단절조치 요청행위는 처분성이 인정되는 행정지도이다.

③ 상대방이 행정지도에 따르지 아니하였다는 것을 직접적인 이유로 하는 불이익한 조치는 위법한 행위가 된다.

④ 국가배상법이 정한 배상청구의 요건인 공무원의 직무에는 행정지도도 포함된다.

08 개인정보 보호에 대한 설명으로 옳지 않은 것은?

① 정보통신서비스 제공자는 이용자가 필요한 최소한의 개인정보 이외의 개인정보를 제공하지 아니한다는 이유로 그 서비스의 제공을 거부할 수 있다.

② 개인정보처리자가 집단분쟁조정을 거부하거나 집단분쟁조정의 결과를 수락하지 아니한 경우에는 법원에 권리침해 행위의 금지·중지를 구하는 단체소송을 제기할 수 있다.

③ 개인정보보호법은 외국의 정보통신서비스 제공자 등에 대하여 개인정보보호규제에 대한 상호주의를 채택하고 있다.

④ 개인정보자기결정권의 보호대상이 되는 개인정보는 개인의 내밀한 영역에 속하는 영역뿐만 아니라 공적 생활에서 형성되었거나 이미 공개된 개인정보까지 포함한다.

09 「행정소송법」상 당사자소송에 대한 설명으로 옳지 않은 것은?

① 공법상 당사자소송이란 행정청의 처분 등을 원인으로 하는 법률관계에 관한 소송 그 밖에 공법상의 법률관계에 관한 소송으로서 그 법률관계의 한쪽 당사자를 피고로 하는 소송을 말한다.

② 공법상 계약의 한쪽 당사자가 다른 당사자를 상대로 효력을 다투거나 이행을 청구하는 소송은 공법상의 법률관계에 관한 분쟁이므로 분쟁의 실질이 공법상 권리·의무의 존부·범위에 관한 다툼에 관해서는 공법상 당사자소송으로 제기하여야 한다.

③ 원고가 고의 또는 중대한 과실 없이 행정소송으로 제기하여야 할 사건을 민사소송으로 잘못 제기한 경우, 수소법원으로서는 만약 그 행정소송에 대한 관할도 동시에 가지고 있다면 이를 행정소송으로 심리·판단하여야 하고, 그 행정소송에 대한 관할을 가지고 있지 아니하다면 관할법원에 이송하여야 한다.

④ 당사자소송의 경우 법원은 필요하다고 인정할 때에는 직권으로 증거조사를 할 수 있으나, 당사자가 주장하지 아니한 사실에 대하여는 판단하여서는 안 된다.

10 행정법상 허가에 대한 설명으로 옳지 않은 것은?

① 허가는 규제에 반하는 행위에 대해 행정강제나 제재를 가하기보다는 행위의 사법상 효력을 부인함으로써 규제의 목적을 달성하는 방법이다.

② 허가란 법령에 의해 금지된 행위를 일정한 요건을 갖춘 경우에 그 금지를 해제하여 적법하게 행위할 수 있게 해준다는 의미에서 상대적 금지와 관련되는 경우이다.

③ 전통적인 의미에서 허가는 원래 개인이 누리는 자연적 자유를 공익적 차원(공공의 안녕과 질서유지)에서 금지해 두었다가 일정한 요건을 갖춘 경우 그러한 공공에 대한 위험이 없다고 판단되는 경우 그 금지를 풀어줌으로써 자연적 자유를 회복시켜주는 행위이다.

④ 실정법상으로는 허가 이외에 면허, 인가, 인허, 승인 등의 용어가 사용되고 있기 때문에 그것이 학문상 개념인 허가에 해당하는지 검토할 필요가 있다.

11 「행정기본법」에 대한 설명으로 옳은 것만을 모두 고른 것은?

> ㄱ. 행정은 공공의 이익을 위하여 적극적으로 추진되어야 한다.
> ㄴ. 행정작용은 법률에 위반되어서는 아니 되며 국민의 권리를 제한하거나 의무를 부과하는 경우와 그 밖에 국민생활에 중요한 영향을 미치는 경우에는 법률에 근거하여야 한다.
> ㄷ. 행정청은 합리적 이유 없이 국민을 차별하여서는 아니 된다.
> ㄹ. 행정청은 행정작용을 할 때 상대방에게 해당 행정작용과 실질적인 관련이 없는 의무를 부과해서는 아니 된다.
> ㅁ. 행정청은 처분에 재량이 있는 경우에는 부관(조건, 기한, 부담, 철회권의 유보 등을 말한다)을 붙일 수 있다.

① ㄱ, ㄴ, ㄷ

② ㄱ, ㄴ, ㄷ, ㄹ

③ ㄱ, ㄴ, ㄷ, ㄹ, ㅁ

④ ㄴ, ㄷ, ㄹ, ㅁ

12 행정소송의 원고적격에 대한 설명으로 옳지 않은 것은? (단, 다툼이 있는 경우 판례에 의함)

① 면허나 인·허가 등의 수익적 행정처분의 근거가 되는 법률이 해당 업자들 사이의 과당경쟁으로 인한 경영의 불합리를 방지하는 것도 그 목적으로 하고 있는 경우, 다른 업자에 대한 면허나 인·허가 등의 수익적 행정처분에 대하여 미리 같은 종류의 면허나 인·허가 등의 처분을 받아 영업을 하고 있는 기존의 업자는 당해 행정처분의 취소를 구할 원고적격이 인정될 수 있다.

② 광업권설정허가처분과 그에 따른 광산 개발로 인하여 재산상·환경상 이익의 침해를 받거나 받을 우려가 있는 토지나 건축물의 소유자와 점유자 또는 이해관계인 및 주민들은 그 처분 전과 비교하여 수인한도를 넘는 재산상·환경상 이익의 침해를 받거나 받을 우려가 있다는 것을 증명하더라도 원고적격을 인정받을 수 없다.

③ 행정처분의 직접 상대방이 아닌 제3자라 하더라도 당해 행정처분으로 인하여 법률상 보호되는 이익을 침해당한 경우에는 취소소송을 제기하여 그 당부의 판단을 받을 자격이 있다.

④ 법인의 주주가 그 처분으로 인하여 궁극적으로 주식이 소각되거나 주주의 법인에 대한 권리가 소멸하는 등 주주의 지위에 중대한 영향을 초래하게 되는데도 그 처분의 성질상 당해 법인이 이를 다툴 것을 기대할 수 없고 달리 주주의 지위를 보전할 구제방법이 없는 경우에는 주주도 그 처분에 관하여 직접적이고 구체적인 법률상 이해관계를 가진다고 보이므로 그 취소를 구할 원고적격이 있다.

13 공법상 결과제거청구권에 대한 설명으로 옳지 않은 것은?

① 공법상 결과제거청구권의 대상은 가해행위와 상당인과관계가 있는 손해이다.

② 결과제거청구는 권력작용뿐만 아니라 관리작용에 의한 침해의 경우에도 인정된다.

③ 원상회복이 행정주체에게 기대가능한 것이어야 한다.

④ 피해자의 과실이 위법상태의 발생에 기여한 경우에는 그 과실에 비례하여 결과제거청구권이 제한되거나 상실된다.

14 행정심판의 재결에 대한 설명으로 옳지 않은 것은?

① 기각재결이 있은 후에도 원처분청은 원처분을 직권으로 취소 또는 변경할 수 있다.

② 재결의 기속력에는 반복금지효와 원상회복의무가 포함된다.

③ 행정심판에는 불고불리의 원칙과 불이익변경금지의 원칙이 인정되며, 처분청은 행정심판의 재결에 대해 불복할 수 없다.

④ 행정심판의 재결 기간은 강행규정이다.

2021년

2020년

2019년

2018년

2017년

2016년

2015년

2014년

2013년

2012년

2011년

2010년

2009년

2008년

2007년

15 사례에 대한 설명으로 옳지 않은 것은? (단, 다툼이 있는 경우 판례에 의함)

> 병무청장이 법무부장관에게 '가수 甲이 공연을 위하여 국외여행허가를 받고 출국한 후 미국 시민권을 취득함으로써 사실상 병역의무를 면탈하였으므로 재외동포 자격으로 재입국하고자 하는 경우 국내에서 취업, 가수활동 등 영리활동을 할 수 없도록 하고, 불가능할 경우 입국 자체를 금지해 달라'고 요청함에 따라 법무부장관이 甲의 입국을 금지하는 결정을 하고, 그 정보를 내부 전산망인 '출입국관리정보시스템'에 입력하였으나, 甲에게는 통보하지 않았다.

① 일반적으로 처분이 주체·내용·절차와 형식의 요건을 모두 갖추고 외부에 표시된 경우에는 처분의 존재가 인정된다.

② 행정의사가 외부에 표시되어 행정청이 자유롭게 취소·철회할 수 없는 구속을 받게 되는 시점에 처분이 성립한다.

③ 그 성립 여부는 행정청이 행정의사를 공식적인 방법으로 외부에 표시하였는지를 기준으로 판단해야 한다.

④ 위 입국금지결정은 항고소송의 대상이 되는 '처분'에 해당한다.

16 계획재량에 대한 설명으로 옳지 않은 것은?

① 통상적인 재량행위와 계획재량은 양적인 점에서 차이가 있을 뿐 질적인 점에서는 차이가 없다는 견해는 형량명령이 계획재량에 특유한 하자이론이라기보다는 비례의 원칙을 계획재량에 적용한 것이라고 한다.

② 행정주체는 그 행정계획에 관련되는 자들의 이익을 공익과 사익 사이에서는 물론이고 공익 상호간과 사익 상호간에도 정당하게 비교교량하여야 한다는 제한을 받는다.

③ 행정주체가 행정계획을 입안·결정함에 있어서 이익형량의 고려 대상에 마땅히 포함시켜야 할 사항을 누락한 경우 이익형량을 전혀 행하지 아니하는 등의 사정이 없는 한 그 행정계획 결정은 형량에 하자가 있다고 보기 어렵다.

④ 행정계획과 관련하여 이익형량을 하였으나 정당성과 객관성이 결여된 경우에는 그 행정계획결정은 형량에 하자가 있어 위법하게 된다.

17 「행정조사기본법」상 행정조사의 기본원칙에 대한 설명으로 옳지 않은 것은? (단, 다툼이 있는 경우 판례에 의함)

① 행정조사는 조사목적을 달성하는 데 필요한 최소한의 범위 안에서 실시하여야 하며, 다른 목적 등을 위하여 조사권을 남용하여서는 아니 된다.

② 행정기관은 유사하거나 동일한 사안에 대하여는 공동조사 등을 실시함으로써 행정조사가 중복되지 아니하도록 하여야 한다.

③ 행정조사는 법령등의 위반에 대한 처벌에 중점을 두되 법령등을 준수하도록 유도하여야 한다.

④ 행정기관은 행정조사를 통하여 알게 된 정보를 다른 법률에 따라 내부에서 이용하거나 다른 기관에 제공하는 경우를 제외하고는 원래의 조사목적 이외의 용도로 이용하거나 타인에게 제공하여서는 아니 된다.

18 행정규칙에 대한 설명으로 옳지 않은 것은? (단, 다툼이 있는 경우 판례에 의함)

① 행정규칙인 고시가 법령의 수권에 의해 법령을 보충하는 사항을 정하는 경우에는 법령보충적 고시로서 근거법령규정과 결합하여 대외적으로 구속력 있는 법규명령의 효력을 갖는다.

② 행정규칙은 행정규칙을 제정한 행정기관에 대하여는 대내적으로 법적 구속력을 갖지 않는다.

③ 사실상의 준비행위 또는 사전안내로 볼 수 있는 국립대학의 대학입학고사 주요요강은 공권력 행사이므로 항고소송의 대상이 되는 처분이다.

④ 일반적인 행정처분절차를 정하는 행정규칙은 대외적 구속력이 없다.

[기출변형]

19 「공익사업을 위한 토지 등의 취득 및 보상에 관한 법률」상의 환매권에 대한 설명으로 옳지 않은 것은? (단, 다툼이 있는 경우 판례에 의함)

① 사업의 폐지·변경으로 취득한 토지의 전부 또는 일부가 필요 없게 된 경우 토지의 협의취득일 또는 수용의 개시일 당시의 토지소유자 또는 그 포괄승계인은 관계 법률에 따라 사업이 폐지·변경된 날부터 10년 이내에 그 토지를 환매할 수 있다.

② 환매권의 발생기간을 제한한 것은 사업시행자의 지위나 이해관계인들의 토지이용에 관한 법률관계 안정, 토지의 사회경제적 이용 효율 제고, 사회 일반에 돌아가야 할 개발이익이 원소유자에게 귀속되는 불합리 방지 등을 위한 것이라 하더라도, 그 입법목적은 정당하다고 할 수 없다.

③ 환매권 발생기간 '10년'을 예외 없이 유지하게 되면 토지수용 등의 원인이 된 공익사업의폐지 등으로 공공필요가 소멸하였음에도 단지 10년이 경과하였다는 사정만으로 환매권이 배제되는 결과가 초래될 수 있다.

④ 법률조항 제91조의 위헌성은 환매권의 발생 기간을 제한한 것 자체에 있다기보다는 그 기간을 10년 이내로 제한한 것에 있다. 이 사건 법률조항의 위헌성을 제거하는 다양한 방안이 있을 수 있고 이는 입법 재량 영역에 속한다.

2021년

2020년

2019년

2018년

2017년

2016년

2015년

2014년

2013년

2012년

2011년

2010년

2009년

2008년

2007년

20 「국가배상법」의 내용에 대한 설명으로 옳지 않은 것은? (단, 다툼이 있는 경우 판례에 의함)

① 국가나 지방자치단체는 공무를 위탁받은 사인이 직무를 집행하면서 고의 또는 과실로 법령을 위반하여 타인에게 손해를 입힌 때에는 국가배상법에 따라 그 손해를 배상하여야 한다.

② 도로 · 하천, 그 밖의 공공의 영조물(營造物)의 설치나 관리에 하자(瑕疵)가 있기 때문에 타인에게 손해를 발생하게 하였을 때에는 국가나 지방자치단체는 그 손해를 배상하여야 한다. 이 경우 군인 · 군무원의 2중배상금지에 관한 규정은 적용되지 않는다.

③ 직무를 집행하는 공무원에게 고의 또는 중대한 과실이 있으면 국가나 지방자치단체는 그 공무원에게 구상(求償)할 수 있다.

④ 군인 · 군무원이 전투 · 훈련 등 직무 집행과 관련하여 전사(戰死) · 순직(殉職)하거나 공상(公傷)을 입은 경우에 본인이나 그 유족이 다른 법령에 따라 재해보상금 · 유족연금 · 상이연금 등의 보상을 지급받을 수 있을 때에는 「국가배상법」 및 「민법」에 따른 손해배상을 청구할 수 없다.

21 「공공기관의 정보공개에 관한 법률」에 대한 설명으로 옳지 않은 것은?

① 정보공개의 원칙에 따라 공공기관이 보유 · 관리하는 정보는 국민의 알권리 보장 등을 위하여 이 법에서 정하는 바에 따라 적극적으로 공개하여야 한다.

② 모든 국민은 정보의 공개를 청구할 권리를 가진다.

③ 공공기관의 정보공개 담당자(정보공개 청구대상 정보와 관련된 업무 담당자를 포함한다)는 정보공개업무를 성실하게 수행하여야 하며, 공개 여부의 자의적인 결정, 고의적인 처리 지연 또는 위법한 공개 거부 및 회피 등 부당한 행위를 하여서는 아니 된다.

④ 공공기관은 예산집행의 내용과 사업평가 결과 등 행정감시를 위하여 필요한 정보에 대해서는 공개의 구체적 범위, 주기, 시기 및 방법 등을 미리 정하여 정보통신망 등을 통하여 알릴 필요까지는 없으나, 정기적으로 공개하여야 한다.

22 행정의 실효성 확보수단에 대한 설명으로 옳지 않은 것은? (단, 다툼이 있는 경우 판례에 의함)

① 계고서라는 명칭의 1장의 문서로서 일정기간 내에 위법건축물의 자진철거를 명함과 동시에 그 소정기한 내에 자진철거를 하지 아니할 때에는 대집행할 뜻을 미리 계고한 경우라도 건축법에 의한 철거명령과 행정대집행법에 의한 계고처분은 독립하여 있는 것으로서 각 그 요건이 충족되었다고 볼 것이다.

② 이행강제금은 행정상 간접적인 강제집행 수단의 하나로서, 과거의 일정한 법률위반 행위에 대한 제재인 형벌이 아니라 장래의 의무이행 확보를 위한 강제수단일 뿐이어서, 범죄에 대하여 국가가 형벌권을 실행하는 과벌에 해당하지 아니한다.

③ 세무조사결정은 납세의무자의 권리 · 의무에 직접 영향을 미치는 공권력의 행사에 따른 행정작용으로 보기 어려우므로 항고소송의 대상이 될 수 없다.

④ 토지 · 건물 등의 인도의무는 비대체적 작위의무이므로 행정대집행법상 대집행 대상이 될 수 없다.

23 개인적 공권에 대한 설명으로 옳지 않은 것은? (단, 다툼이 있는 경우 판례에 의함)

① 한의사들이 가지는 한약조제권을 한약조제시험을 통하여 약사에게도 인정함으로써 감소하게 되는 한의사들의 영업상 이익은 법률에 의하여 보호되는 이익이라 볼 수 없다.

② 합병 이전의 회사에 대한 분식회계를 이유로 감사인 지정제외 처분과 손해배상공동기금의 추가적립의무를 명한 조치의 효력은 합병 후 존속하는 법인에게 승계될 수 있다.

③ 당사자 사이에 석탄산업법시행령 제41조 제4항 제5호 소정의 재해위로금에 대한 지급청구권에 관한 부제소합의가 있는 경우 그러한 합의는 효력이 인정된다.

④ 석유판매업 허가는 소위 대물적 허가의 성질을 갖는 것이어서 양수인이 그 양수 후 허가관청으로부터 석유판매업허가를 다시 받았다 하더라도 이는 석유판매업의 양수도를 전제로 한 것이어서 이로써 양도인의 지위승계가 부정되는 것은 아니므로 양도인의 귀책사유는 양수인에게 그 효력이 미친다.

24 행정행위의 부관에 대한 설명으로 옳지 않은 것은? (단, 다툼이 있는 경우 판례에 의함)

① 재량행위에 있어서는 관계 법령에 명시적인 금지규정이 없는 한 행정목적을 달성하기 위하여 조건이나 기한, 부담 등의 부관을 붙일 수 있고, 그 부관의 내용이 이행 가능하고 비례의 원칙 및 평등의 원칙에 적합하며 행정처분의 본질적 효력을 저해하지 아니하는 이상 위법하다고 할 수 없다.

② 부담은 행정청이 행정처분을 하면서 일방적으로 부가하는 것이 일반적이므로 상대방과 협의하여 협약의 형식으로 미리 정한 다음 행정처분을 하면서 이를 부가하는 경우 부담으로 볼 수 없다.

③ 부관의 사후변경은, 법률에 명문의 규정이 있거나 그 변경이 미리 유보되어 있는 경우 또는 상대방의 동의가 있는 경우에 한하여 허용되는 것이 원칙이지만, 사정변경으로 인하여 당초에 부담을 부가한 목적을 달성할 수 없게 된 경우에도 그 목적달성에 필요한 범위 내에서 예외적으로 허용된다.

④ 건축허가를 하면서 일정 토지를 기부채납하도록 하는 내용의 허가조건은 부관을 붙일 수 없는 기속행위 내지 기속적 재량행위인 건축허가에 붙인 부담이거나 또는 법령상 아무런 근거가 없는 부관이어서 무효이다.

25 행정소송법상 행정입법부작위에 대한 설명으로 옳지 않은 것은?

① 행정권의 시행명령제정의무는 헌법적 의무이다.

② 시행명령을 제정해야 함에도 불구하고 제정을 거부하는 것은 법치행정의 원칙에 반하는 것이 된다.

③ 시행명령을 제정 또는 개정하였지만 그것이 불충분 또는 불완전하게 된 경우에는 행정입법부작위가 아니다.

④ 행정입법부작위는 부작위위법확인소송의 대상이 된다.

CHAPTER 02 | 2020년 행정법 기출문제

Civilian Worker In The Military **PART 01**

국방부(육·해·공군) 시행 필기시험(2020.07.18)

01 행정법의 효력에 대한 설명으로 옳지 않은 것은?(다툼이 있는 경우 판례에 의함)

① 행정법규는 시행일부터 그 효력을 발생한다.

② 법령이 변경된 경우 신 법령이 피적용자에게 유리하여 이를 적용하도록 하는 경과규정을 두는 등의 특별한 규정이 없는 한 「헌법」 제13조 등의 규정에 비추어 볼 때 그 변경 전에 발생한 사항에 대하여는 변경 후의 신 법령이 아니라 변경 전의 구 법령이 적용되어야 한다.

③ 법령불소급의 원칙은 법령의 효력발생 전에 완성된 요건 사실에 대하여 당해 법령을 적용할 수 없다는 의미일 뿐, 계속 중인 사실이나 그 이후에 발생한 요건 사실에 대한 법령적용까지를 제한하는 것은 아니다.

④ 진정소급입법의 경우에는 신뢰보호의 이익을 주장할 수 있으나 부진정소급입법의 경우에는 신뢰보호의 이익을 주장할 수 없다.

02 행정규칙 형식의 법규명령에 대한 설명으로 옳지 않은 것은?(다툼이 있는 경우 판례에 의함)

① 헌법이 인정하고 있는 위임입법의 형식은 예시적인 것으로 보아야 할 것이고, 그것은 법률이행정규칙에 위임하더라도 그 행정규칙은 위임된 사항만을 규율할 수 있으므로, 국회입법의 원칙과 상치되지도 않는다.

② 재산권 등과 같은 기본권을 제한하는 작용을 하는 법률이 입법위임을 할 때에는 법규명령에 위임함이 바람직하고, 금융감독위원회의 고시와 같은 행정규칙 형식으로 입법위임을 할 때에는 적어도 「행정규제기본법」 제4조 제2항 단서에서 정한 바와 같이 법령이 전문적·기술적 사항이나 경미한 사항으로서 업무의 성질상 위임이 불가피한 사항에 한정된다.

③ 법률이 행정규칙 형식으로 입법위임을 하는 경우에는 행정규칙의 특성상 포괄위임금지의 원칙은 인정되지 않는다.

④ 상위법령의 위임에 의하여 정하여진 행정규칙은 위임한계를 벗어나지 아니하는 한 그 상위법령의 규정과 결합하여 대외적인 구속력이 있는 법규명령으로서의 효력을 갖게 된다.

03 인가에 대한 설명으로 옳지 않은 것은?(다툼이 있는 경우 판례에 의함)

① 기본행위가 적법·유효하고 보충행위인 인가처분 자체에 흠이 있다면 그 인가처분의 무효나 취소를 주장할 수 있다.

② (구)외자도입법에 따른 기술도입계약에 대한 인가는 기본행위인 기술도입계약을 보충하여 그 법률상 효력을 완성시키는 보충적 행정행위에 지나지 아니하므로 기본행위인 기술도입계약의 해지로 인하여 소멸되었다면 위 인가처분은 처분청의 직권취소에 의하여 소멸한다.

③ 「공유수면매립법」 등 관계법령상 공유수면매립의 면허로 인한 권리의무의 양도·양수에 있어서의 면허관청의 인가는 효력요건으로서, 면허로 인한 권리의무양도약정은 면허관청의 인가를 받지 않은 이상 법률상 아무런 효력도 발생할 수 없다.

④ 인가처분에 흠이 없다면 기본행위에 흠이 있다고 하더라도 따로 기본행위의 흠을 다투는 것은 별론으로 하고 기본행위의 흠을 내세워 바로 그에 대한 인가처분의 무효확인 또는 취소를 구할 수는 없다.

04 행정지도에 대한 설명으로 옳지 않은 것은?(다툼이 있는 경우 판례에 의함)

① 행정지도가 단순한 행정지도로서의 한계를 넘어 규제적·구속적 성격을 상당히 강하게 갖는 것이라면 헌법소원의 대상이 되는 공권력의 행사로 볼 수 있다.

② 행정관청이 국토이용관리법 소정의 토지거래계약 신고에 관하여 공시된 기준시가를 기준으로 매매 가격을 신고하도록 행정지도를 하여 그에 따라 피고인이 허위신고를 한 것이라면 그 범법행위는 정당화된다.

③ 구 「남녀차별금지및구제에관한법률」상 국가인권 위원회의 성희롱결정과 이에 따른 시정조치의 권고는 성희롱 행위자로 결정된 자의 인격권에 영향을 미침과 동시에 공공기관의 장 또는 사용자에게 일정한 법률상의 의무를 부담시키는 것이므로 국가인권위원회의 성희롱결정 및 시정조치권고는 행정소송의 대상이 되는 행정처분에 해당한다.

④ 적법한 행정지도로 인정되기 위해서는 우선 그 목적이 적법한 것으로 인정될 수 있어야 할 것이므로, 행정청이 행한 주식매각의 종용이 정당한 법률적 근거 없이 자의적으로 주주에게 제재를 가하는 것이라면 행정지도의 영역을 벗어난 것이라고 보아야 할 것이다.

05 헌법재판소 결정례와 대법원 판례의 내용으로 옳지 않은 것은?(다툼이 있는 경우 판례에 의함)

① 현역군인만을 국방부의 보조기관 및 차관보·보좌기관과 병무청 및 방위사업청의 보조기관 및 보좌기관에 보할 수 있도록 정하여 군무원을 제외하고 있는 정부조직법 관련 조항은 군무원인 청구인들의 평등권을 침해한다고 보아야 한다.

② 행정소송에 있어서 처분청의 처분권한 유무는 직권조사 사항이 아니다.

③ 행정권한의 위임이 행하여진 때에는 위임관청은 그 사무를 처리할 권한을 잃는다.

④ 자동차운전면허시험 관리업무는 국가행정사무이고 지방자치단체의 장인 서울특별시장은 국가로부터 그 관리업무를 기관위임 받아 국가행정기관의 지위에서 그 업무를 집행하므로, 국가는 면허시험장의 설치 및 보존의 하자로 인한 손해배상책임을 부담한다.

06 개인정보보호법상 고유식별정보에 관한 설명으로 옳지 않은 것은?

① 「여권법」에 따른 여권번호나 「출입국관리법」에 따른 외국인등록번호는 고유식별정보이다.

② 고유식별정보를 처리하려면 정보주체에게 정보의 수집·이용·제공 등에 필요한 사항을 알리고 다른 개인정보의 처리에 대한 동의와 함께 일괄적으로 동의를 받아야 한다.

③ 개인정보처리자가 이 법에 따라 고유식별정보를 처리하는 경우에는 그 고유식별정보가 분실·도난·유출·위조·변조 또는 훼손되지 아니하도록 대통령령으로 정하는 바에 따라 암호화 등 안전성 확보에 필요한 조치를 하여야 한다.

④ 개인정보처리자는 다른 개인정보의 처리에 대한 동의와 별도로 동의를 받은 경우라 하더라도 주민등록번호는 법에서 정한 예외적 인정사유에 해당하지 않는 한 처리할 수 없다.

07 신뢰보호 원칙에 대한 설명으로 옳지 않은 것은?(다툼이 있는 경우 판례에 의함)

① 신뢰보호 원칙의 법적 근거로는 신의칙설 또는 법적 안정성을 드는 것이 일반적인 견해이다.

② 신뢰보호 원칙의 실정법적 근거로는 「행정절차법」 제4조 제2항, 「국세기본법」 제18조 제3항 등을 들 수 있다.

③ 대법원은 실권의 법리를 신뢰보호원칙의 파생원칙으로 본다.

④ 조세법령의 규정내용 및 행정규칙 자체는 과세관청의 공적 견해 표명에 해당하지 아니한다.

08 정보공개에 대한 설명으로 옳지 않은 것은?

① 정보의 공개를 청구하는 자는 해당 정보를 보유하거나 관리하고 있는 공공기관에 법령상의 요건을 갖춘 정보공개 청구서를 제출하거나 말로써 정보의 공개를 청구할 수 있다.

② 공공기관은 공개 청구된 공개 대상 정보의 전부 또는 일부가 제3자와 관련이 있다고 인정할 때에는 그 사실을 제3자에게 지체 없이 통지하여야 하며, 필요한 경우에는 그의 의견을 들을 수 있다.

③ 「공공기관의 정보공개에 관한 법률」 제11조 제3항에 따라 공개 청구된 사실을 통지받은 제3자는 그 통지를 받은 날부터 7일 이내에 해당 공공기관에 대하여 자신과 관련된 정보를 공개하지 아니할 것을 요청할 수 있다.

④ 「공공기관의 정보공개에 관한 법률」 제21조 제2항에 따른 비공개 요청에도 불구하고 공공기관이 공개 결정을 할 때에는 공개 결정 이유와 공개 실시 일을 분명히 밝혀 지체 없이 문서로 통지하여야 하며, 제3자는 해당 공공기관에 문서로 이의신청을 하거나 행정심판 또는 행정소송을 제기할 수 있다.

09 통고처분에 대한 설명으로 옳지 않은 것은?(다툼이 있는 경우 판례에 의함)

① 지방국세청장이 조세범칙행위에 대하여 고발을 한 후에 동일한 조세범칙행위에 대하여 통고처분을 하여 조세범칙행위자가 이를 이행하였다면 고발에 따른 형사절차의 이행은 일사부재리의 원칙에 반하여 위법하다.

② 「도로교통법」에 따른 경찰서장의 통고처분은 행정소송의 대상이 되는 행정처분이 아니다.

③ 통고처분은 상대방의 임의의 승복을 그 발효요건으로 하는 것으로서 상대방의 재판받을 권리를 침해하는 것으로 인정되지 않는다.

④ 「관세법」상 통고처분을 할 것인지의 여부는 관세청장 또는 세관장의 재량에 맡겨져 있고, 따라서 관세청장 또는 세관장이 관세범에 대하여 통고처분을 하지 아니한 채 고발하였다는 것만으로는 그 고발 및 이에 기한 공소의 제기가 부적법하게 되는 것은 아니다.

10 다음은 1993년 8월12일에 발하여진 대통령의 금융실명거래 및 비밀보장에 관한 긴급재정경제명령(이하 '긴급재정경제명령'이라 칭함)에 관한 위헌확인소원에서 헌법재판소가 내린 결정 내용이다. 옳지 않은 것은?(다툼이 있는 경우 판례에 의함)

① 대통령의 긴급재정경제명령은 국가긴급권의 일종으로서 고도의 정치적 결단에 의하여 발동되는 행위이다.

② 대통령의 긴급재정경제명령은 이른바 통치행위에 속한다고 할 수 있다.

③ 통치행위를 포함하여 모든 국가작용은 국민의 기본권적 가치를 실현하기 위한 수단이라는 한계를 반드시 지켜야 한다.

④ 국민의 기본권 침해와 직접 관련되는 경우라도 그 국가작용이 고도의 정치적 결단에 의하여 행해진다면 당연히 헌법재판소의 심판대상이 되지 않는다.

11 다음 중 대법원 판례의 내용과 다른 것은?(다툼이 있는 경우 판례에 의함)

① 일정한 자격을 갖추고 소정의 절차에 따라 국립대학의 장에 의하여 임용된 조교는 법정된 근무기간동안 신분이 보장되는 교육공무원법상의 교육공무원 내지 「국가공무원법」상의 특정직공무원 지위가 부여되지만, 근무관계는 공법상 근무관계가 아닌 사법상의 근로계약관계에 해당한다.

② 행정규칙의 내용이 상위법령에 반하는 것이라면 법치국가원리에서 파생되는 법질서의 통일성과 모순금지 원칙에 따라 그것은 법질서상 당연무효이고, 행정내부적 효력도 인정될 수 없다.

③ 계약직공무원에 관한 현행 법령의 규정에 비추어 볼 때, 계약직공무원 채용계약해지의 의사표시는 일반공무원에 대한 징계처분과는 달라서 항고소송의 대상이 되는 처분 등의 성격을 가진 것으로 인정되지 아니한다.

④ 「국가공무원법」상 당연퇴직은 결격사유가 있을 때 법률상 당연히 퇴직하는 것이지, 공무원관계를 소멸시키기 위한 별도의 행정처분을 요하는 것이 아니며, 당연퇴직의 인사발령은 법률상 당연히 발생하는 퇴직사유를 공적으로 확인하여 알려주는 이른바 관념의 통지에 불과하고 공무원의 신분을 상실시키는 새로운 형성적 행위가 아니므로 행정소송의 대상이 되는 독립한 행정처분이라고 할 수 없다.

12 「병역법」에 관련한 설명으로 옳지 않은 것은?(다툼이 있는 경우 판례에 의함)

① 현역입영대상자인 피고인이 정당한 사유 없이 병역의무부과통지서인 현역입영통지서의 수령을 거부하고 입영기일부터 3일이 경과하여도 입영하지 않은 경우 통지서 수령거부에 대한 처벌만 인정될 뿐 입영의 기피에 대한 처벌은 인정되지 않는다.

② 병역의무부과통지서인 현역입영통지서는 그 병역의무자에게 이를 송달함이 원칙이고, 이러한 송달은 병역의무자의 현실적인 수령행위를 전제로 하고 있다고 보아야 하므로, 병역의무자가 현역입영통지의 내용을 이미 알고 있는 경우에도 여전히 현역입영통지서의 송달은 필요하다.

③ 현역입영대상자로서는 현실적으로 입영을 하였다고 하더라도, 입영 이후의 법률관계에 영향을 미치고 있는 현역병입영통지처분 등을 한 관할지방병무청장을 상대로 위법을 주장하여 그 취소를 구할 소송상의 이익이 있다.

④ 「병역법」상 보충역편입처분과 공익근무요원소집 처분이 각각 단계적으로 별개의 법률효과를 발생하는 독립된 행정처분이 아니므로, 불가쟁력이 생긴 보충역편입처분의 위법을 이유로 공익근무요원소집처분의 효력을 다툴 수 있다.

13 다수의 당사자 등이 공동으로 행정절차에 관한 행위를 할 때에 정하는 대표자에 관한 행정절차법의 규정 내용으로 옳지 않은 것은?

① 당사자 등은 대표자를 변경하거나 해임할 수 있다.

② 대표자는 각자 그를 대표자로 선정한 당사자 등을 위하여 행정절차에 관한 모든 행위를 할 수 있다. 다만, 행정절차를 끝맺는 행위에 대하여는 당사자 등의 동의를 받아야 한다.

③ 대표자가 있는 경우에는 당사자 등은 그 대표자를 통하여서만 행정절차에 관한 행위를 할 수 있다.

④ 다수의 대표자가 있는 경우 그중 1인에 대한 행정청의 행위는 모든 당사자 등에게 효력이 있다. 다만, 행정청의 통지는 대표자 1인에게 하여도 그 효력이 있다.

14 사실행위에 관한 판례의 내용으로 옳지 않은 것은?(다툼이 있는 경우 판례에 의함)

① 교도소장이 수형자를 '접견내용 녹음·녹화 및 접견 시 교도관 참여대상자'로 지정한 행위는 수형자의 구체적 권리의무에 직접적 변동을 가져오는 행정청의 공법상 행위로서 항고소송의 대상이 되는 '처분'에 해당한다.

② 구청장이 사회복지법인에 특별감사 결과, 지적사항에 대한 시정지시와 그 결과를 관계서류와 함께 보고하도록 지시한 경우, 그 시정지시는 항고소송의 대상이 되는 행정처분에 해당하지 아니한다.

③ 교도소 수형자에게 소변을 받아 제출하게 한 것은, 형을 집행하는 우월적인 지위에서 외부와 격리된 채 형의 집행에 관한 지시, 명령을 복종하여야 할 관계에 있는 자에게 행해진 것으로서 권력적 사실행위이다.

④ 국세징수법에 의한 체납처분의 집행으로서 한 압류처분은, 행정청이 한 공법상의 처분이고, 따라서 그 처분이 위법이라고 하여 그 취소를 구하는 소송은 행정소송이다.

15 다음 중 대법원 판례의 내용과 다른 것은?(다툼이 있는 경우 판례에 의함)

① 방사능에 오염된 고철을 타인에게 매도하는 등으로 유통시킴으로써 거래 상대방이나 전전 취득한 자가 방사능오염으로 피해를 입게 되었더라도 그 원인자는 방사능오염 사실을 모르고 유통시켰을 경우에는 「환경정책기본법」 제44조 제1항에 따라 피해자에게 피해를 배상할 의무는 없다.

② 토양은 폐기물 기타 오염물질에 의하여 오염될 수 있는 대상일 뿐 오염토양이라 하여 동산으로서 '물질'인 폐기물에 해당한다고 할 수 없고, 나아가 오염토양은 법령상 절차에 따른 정화대상이 될 뿐 법령상 금지되거나 그와 배치되는 개념인 투기나 폐기 대상이 된다고 할 수 없다.

③ 행정청이 폐기물처리사업계획서 부적합 통보를 하면서 처분서에 불확정개념으로 규정된 법령상의 허가기준 등을 충족하지 못하였다는 취지만을 간략히 기재하였다면, 부적합 통보에 대한 취소소송절차에서 행정청은 그 처분을 하게 된 판단 근거나 자료 등을 제시하여 구체적 불허가사유를 분명히 하여야 한다.

④ 불법행위로 영업을 중단한 자가 영업 중단에 따른 손해배상을 구하는 경우 영업을 중단하지 않았으면 얻었을 순이익과 이와 별도로 영업중단과 상관없이 불가피하게 지출해야 하는 비용도 특별한 사정이 없는 한 손해배상의 범위에 포함될 수 있다.

16 행정법규 위반에 대한 제재조치의 설명으로 옳지 않은 것은?(다툼이 있는 경우 판례에 의함)

① 행정법규 위반에 대한 제재조치는 행정목적의 달성을 위하여 행정법규 위반이라는 객관적 사실에 착안하여 가하는 제재이므로, 반드시 현실적인 행위자가 아니라도 법령상 책임자로 규정된 자에게 부과되며, 그러한 제재조치의 위반자에게 고의나 과실이 있어야 부과할 수 있다.

② 법규가 예외적으로 형사소추 선행 원칙을 규정하고 있지 않은 이상 형사판결 확정에 앞서 일정한 위반 사실을 들어 행정처분을 하였다고 하여 절차적 위반이 있다고 할 수 없다.

③ 제재적 행정처분은 권익침해의 효과를 가져오므로 철회권이 유보되어 있거나, 법률유보의 원칙상 명문의 근거가 있어야 하며, 행정청이 이러한 권한을 갖고 있다고 하여도 그러한 권한의 행사는 의무에 합당한 재량에 따라야 한다.

④ 세무서장 등은 납세자가 허가·인가·면허 및 등록을 받은 사업과 관련된 소득세, 법인세 및 부가가치세를 대통령령으로 정하는 사유 없이 체납하였을 때에는 해당 사업의 주무관서에 그 납세자에 대하여 허가 등의 갱신과 그 허가 등의 근거 법률에 따른 신규 허가 등을 하지 아니할 것을 요구할 수 있다.

17 행정심판법의 규정 내용으로 옳지 않은 것은?

① 관계 행정기관의 장이 특별행정심판 또는 행정심판법에 따른 행정심판 절차에 대한 특례를 신설하거나 변경하는 법령을 제정·개정할 때에는 미리 법무부장관과 협의하여야 한다.

② 행정청의 처분 또는 부작위에 대하여는 다른 법률에 특별한 규정이 있는 경우 외에는 이 법에 따라 행정심판을 청구할 수 있다.

③ 대통령의 처분 또는 부작위에 대하여는 다른 법률에서 행정심판을 청구할 수 있도록 정한 경우 외에는 행정심판을 청구할 수 없다.

④ 행정청이란 행정에 관한 의사를 결정하여 표시하는 국가 또는 지방자치단체의 기관, 그 밖에 법령 또는 자치법규에 따라 행정권한을 가지고 있거나 위탁을 받은 공공단체나 그 기관 또는 사인(私人)을 말한다.

18 행정소송의 대상이 되는 처분에 관한 판례의 내용으로 옳지 않은 것은?(다툼이 있는 경우 판례에 의함)

① 당사자가 지방노동위원회의 처분에 대하여 불복하기 위해서는 처분 송달일로부터 10일 이내에 중앙노동위원회에 재심을 신청하고 중앙노동위원회의 재심판정서 송달일로부터 15일 이내에 고용노동부 장관을 피고로 하여 재심판정취소의 소를 제기하여야 할 것이다.

② 지방의회 의장에 대한 불신임의결은 의장으로서의 권한을 박탈하는 행정처분의 일종으로서 항고 소송의 대상이 된다.

③ 조례가 집행행위의 개입 없이도 그 자체로서 직접 국민의 구체적인 권리의무나 법적 이익에 영향을 미치는 등의 법률상 효과를 발생하는 경우 그 조례는 항고소송의 대상이 되는 행정처분에 해당한다.

④ 항정신병 치료제의 요양급여 인정기준에 관한 보건복지부 고시가 다른 집행행위의 매개 없이 그 자체로서 제약회사, 요양기관, 환자 및 국민건강보험공단 사이의 법률관계를 직접 규율한다는 이유로 항고소송의 대상이 되는 행정처분에 해당한다.

19 소의 이익에 관한 판례의 내용으로 옳지 않은 것은?(다툼이 있는 경우 판례에 의함)

① 소음·진동배출시설에 대한 설치허가가 취소된 후 그 배출시설이 어떠한 경위로든 철거되어 다시 복구 등을 통하여 배출시설을 가동할 수 없는 상태라면 이는 배출시설 설치허가의 대상이 되지 아니하므로 외형상 설치허가 취소행위가 잔존하고 있다고 하여도 특단의 사정이 없는 한 이제 와서 굳이 위 처분의 취소를 구할 법률상의 이익이 없다.

② 원자로 및 관계 시설의 부지사전승인처분은 나중에 건설허가처분이 있게 되더라도 그 건설허가처분에 흡수되어 독립된 존재가치를 상실하는 것이 아니하므로, 부지사전승인처분의 취소를 구할 이익이 있다.

③ 법인세 과세표준과 관련하여 과세관청이 법인의 소득처분 상대방에 대한 소득처분을 경정하면서 증액과 감액을 동시에 한 결과 전체로서 소득처분금액이 감소된 경우, 법인이 소득금액변동통지의 취소를 구할 소의 이익이 없다.

④ 건물철거대집행계고처분취소 소송 계속 중 건물철거대집행의 계고처분에 이어 대집행의 실행으로 건물에 대한 철거가 이미 사실행위로서 완료된 경우에는 원고로서는 계고처분의 취소를 구할 소의 이익이 없게 된다.

20 재결 자체에 고유한 위법이 있는 경우와 관련된 내용으로 옳지 않은 것은?(다툼이 있는 경우 판례에 의함)

① 권한이 없는 행정심판위원회에 의한 재결의 경우가 그 예이다.

② 재결 자체의 내용상 위법도 재결 자체에 고유한 위법이 있는 경우에 포함된다.

③ 제3자효를 수반하는 행정행위에 대한 행정심판청구의 인용재결은 원처분과 내용을 달리 하는 것이므로 그 인용재결의 취소를 구하는 것은 원처분에는 없는 재결에 고유한 하자를 주장하는 것이라고 하더라도 당연히 항고소송의 대상이 되는 것은 아니다.

④ 행정처분에 대한 행정심판의 재결에 이유모순의 위법이 있다는 사유는 재결처분 자체에 고유한 하자로서 재결처분의 취소를 구하는 소송에서는 그 위법사유로서 주장할 수 있으나, 원처분의 취소를 구하는 소송에서는 그 취소를 구할 위법사유로서 주장할 수 없다.

21 「공공기관의 정보공개에 관한 법률」의 내용으로 옳지 않은 것은?(다툼이 있는 경우 판례에 의함)

① 정보공개를 거부하기 위해서는 반드시 그 정보가 진행 중인 재판의 소송기록 그 자체에 포함된 내용의 정보일 필요는 없으나, 재판에 관련된 일체의 정보가 그에 해당하는 것은 아니고 진행 중인 재판의 심리 또는 재판 결과에 구체적으로 영향을 미칠 위험이 있는 정보에 한정된다고 보는 것이 타당하다.

② 처분청이 처분 당시에 적시한 구체적 사실을 변경하지 아니하는 범위 내에서 단지 그 처분의 근거법령만을 추가·변경하거나 당초의 처분사유를 구체적으로 표시하는 것에 불과한 경우에는 새로운 처분사유를 추가하거나 변경하는 것이라고 볼 수 없다.

③ 학교환경위생구역 내 금지행위(숙박시설) 해제결정에 관한 학교환경위생정화위원회의 회의록에 기재된 발언내용에 대한 해당 발언자의 인적사항 부분에 관한 정보는 「공공기관의 정보공개에 관한 법률」 제7조 제1항 제5호 소정의 비공개 대상에 해당한다고 볼 수 없다.

④ 의사결정과정에 제공된 회의관련자료나 의사결정과정이 기록된 회의록 등은 의사가 결정되거나 의사가 집행된 경우에는 더 이상 의사결정과정에 있는 사항 그 자체라고는 할 수 없으나, 의사결정과정에 있는 사항에 준하는 사항으로서 비공개 대상정보에 포함될 수 있다.

22 「국가배상법」 제2조와 관련한 내용으로 옳지 않은 것은?(다툼이 있는 경우 판례에 의함)

① 국·공립대학 교원에 대한 재임용거부처분이 재량권을 일탈·남용한 것으로 평가되어 그것이 불법행위가 됨을 이유로 국·공립대학 교원임용권자에게 손해배상책임을 묻기 위해서는 당해 재임용거부가 국·공립대학 교원 임용권자의 고의 또는 과실로 인한 것이라는 점이 인정되어야 한다.

② 입법부가 법률로써 행정부에게 특정한 사항을 위임했음에도 불구하고 행정부가 정당한 이유 없이 이를 이행하지 않는다면 권력분립의 원칙과 법치국가 내지 법치행정의 원칙에 위배되는 것으로서 위법함과 동시에 위헌적인 것이 된다.

③ 유흥주점에 감금된 채 윤락을 강요받으며 생활하던 여종업원들이 유흥주점에 화재가 났을 때 미처 피신하지 못하고 유독가스에 질식해 사망한 사안에서, 지방자치단체의 담당 공무원이 위 유흥주점의 용도변경, 무허가 영업 및 시설기준에 위배된 개축에 대하여 시정명령 등 식품위생법상 취하여야 할 조치를 게을리한 직무상 의무위반행위와 위 종업원들의 사망 사이에 상당인과관계가 존재한다.

④ 「국가배상법」 제2조 제1항의 '법령을 위반하여'라고 함은 엄격하게 형식적 의미의 법령에 명시적으로 공무원의 행위의무가 정하여져 있음에도 이를 위반하는 경우만을 의미하는 것은 아니고, 인권존중·권력남용금지·신의성실과 같이 공무원으로서 마땅히 지켜야 할 준칙이나 규범을 지키지 아니하고 위반한 경우를 비롯하여 널리 그 행위가 객관적인 정당성을 결여하고 있는 경우도 포함한다.

23 무효와 취소의 구별실익에 관한 내용으로 옳지 않은 것은?

① 취소할 수 있는 행정행위에 대하여서만 사정재결, 사정판결이 인정된다.

② 행정심판전치주의는 무효선언을 구하는 취소소송과 무효확인소송 모두에 적용되지 않는다.

③ 무효확인판결에 간접강제가 인정되지 않는 것은 입법의 불비라는 비판이 있다.

④ 판례에 따르면, 무효선언을 구하는 취소소송은 제소기한의 제한이 인정된다고 한다.

24 이행강제금에 대한 설명으로 옳지 않은 것은?(다툼이 있는 경우 판례에 의함)

① 현행 「건축법」상 위법건축물에 대한 이행강제수단으로 대집행과 이행강제금이 인정되고 있는데, 행정청은 개별사건에 있어서 위반내용, 위반자의 시정의지 등을 감안하여 대집행과 이행강제금을 선택적으로 활용할 수 있다.

② 「건축법」에서 무허가 건축행위에 대한 형사처벌과 「건축법」 제80조 제1항에 의한 시정명령위반에 대한 이행강제금의 부과는 「헌법」 제13조 제1항이 금지하는 이중처벌에 해당한다고 할 수 없다.

③ 비록 건축주 등이 장기간 시정명령을 이행하지 아니하였더라도, 그 기간 중에는 시정명령의 이행 기회가 제공되지 아니하였다가 뒤늦게 시정명령의 이행기회가 제공된 경우라면, 시정명령의 이행 기회가 제공되지 아니한 과거의 기간에 대한 이행강제금까지 한꺼번에 부과할 수 있다.

④ 「부동산 실권리자명의 등기에 관한 법률」상 장기미등기자가 이행강제금 부과 전에 등기신청의무를 이행하였다면 이행강제금의 부과로써 이행을 확보하고자 하는 목적은 이미 실현된 것이므로 이 법상 규정된 기간이 지나서 등기신청의무를 이행한 경우라 하더라도 이행강제금을 부과할 수 없다.

25 처분의 신청에 관한 행정절차법의 규정 내용으로 옳지 않은 것은?

① 행정청에 처분을 구하는 신청은 문서로 하여야 한다. 다만, 다른 법령 등에 특별한 규정이 있는 경우와 행정청이 미리 다른 방법을 정하여 공시한 경우에는 그러하지 아니하다.

② 행정청은 신청에 필요한 구비서류, 접수기관, 처리기간, 그 밖에 필요한 사항을 게시(인터넷 등을 통한 게시를 포함)하거나 이에 대한 편람을 갖추어 두고 누구나 열람할 수 있도록 하여야 한다.

③ 행정청은 신청에 구비서류의 미비 등 흠이 있는 경우에는 보완에 필요한 상당한 기간을 정하여 지체 없이 신청인에게 보완을 요구할 수 있다.

④ 행정청은 신청인의 편의를 위하여 다른 행정청에 신청을 접수하게 할 수 있다. 이 경우 행정청은 다른 행정청에 접수할 수 있는 신청의 종류를 미리 정하여 공시하여야 한다.

국방부(육 · 해 · 공군) 시행 필기시험(2019.06.22)

01 다음 중 「공공기관의 정보공개에 관한 법률」에 대한 판례의 입장으로 옳지 않은 것은?

① 진행 중인 재판에 관련된 정보란 그 정보가 소송기록 그 자체에 포함된 정보일 필요는 없으나, 재판과 관련된 정보가 그에 해당하는 것은 아니고 진행 중인 재판의 심리 또는 재판 결과에 구체적으로 영향을 미칠 위험이 있는 정보에 한정된다.

② 공공기관의 정보공개에 관한 법률 시행령 제2조 제4호의 특별법에 의하여 설립된 한국방송공사(KBS)는 특수법인으로서 정보공개의무가 있는 공공기관의 정보공개에 관한 법률 제2조 제3호의 공공기관에 해당한다.

③ 피청구인이 청구인에 대한 형사재판이 확정된 후 그중 제1심공판정심리의 녹음물을 폐기한 행위는 법원행정상의 구체적인 사실행위로서 헌법소원심판의 대상이 되는 공권력의 행사로 볼 수 있다.

④ 해당 정보를 활용할 의사가 전혀 없이 정보공개 제도를 이용하여 부당한 이득을 얻으려 하거나, 오로지 공공기관의 담당공무원을 괴롭힐 목적으로 정보공개청구를 하는 경우처럼 권리의 남용에 해당하는 것이 명백한 경우에는 정보공개청구권의 행사를 허용하지 아니하는 것이 옳다.

02 다음 중 개인적 공권에 대한 설명으로 옳지 않은 것은?(다툼이 있는 경우 판례에 의함)

① 공무원연금 수급권은 국가에 대하여 적극적으로 급부를 요구하는 것이므로 헌법규정만으로는 이를 실현할 수 없어 법률에 의한 형성이 필요하고, 그 구체적인 내용 즉 수급요건, 수급권자의 범위 및 급여금액 등은 법률에 의하여 비로소 확정된다.

② 행정처분에 있어서 불이익처분의 상대방은 직접 개인적 이익의 침해를 받은 자로서 원고적격이 인정되지만, 수익처분의 상대방은 그의 권리나 법률상 보호되는 이익이 침해되었다고 볼 수 없으므로 달리 특별한 사정이 없는 한 취소를 구할 이익이 없다.

③ 경찰의 원활한 직무 수행과 제반 상황에 대응하기 위한 권한은 일반적으로 경찰관의 전문적 판단에 기한 합리적인 재량에 위임되어 있으나, 경찰관에게 권한을 부여한 취지와 목적에 비추어 볼 때 구체적인 사정에 따라 경찰관이 권한을 행사하여 필요한 조치를 하지 아니하는 것이 현저하게 불합리하다고 인정되는 경우에는 권한의 불행사는 직무상 의무를 위반한 것이 되어 위법하게 된다.

④ 청구인의 주거지와 건축선을 경계로 하여 인정하고 있는 건축물이 건축법을 위반하여 청구인의 일조권을 침해하는 경우, 피청구인에게 건축물에 대하여 건축법 제79조, 제80조에 근거한 시정명령을 하여 줄 것을 청구했으나, 피청구인이 시정명령을 하지 아니한 경우 피청구인의 시정명령 불행사는 위법하다.

03 다음 중 대법원 판례의 입장과 다른 것은?

① 일반적으로 법률의 위임에 의하여 효력을 갖는 법규명령의 경우, 구법에 위임의 근거가 없어 무효였더라도 사후에 법개정으로 위임의 근거가 부여되면 그때부터는 유효한 법규명령이 된다.

② 지하철공사의 근로자가 지하철 연장운행 방해행위로 유죄판결을 받았으나, 그 후 공사와 노조가 위 연장운행과 관련하여 조합간부 및 조합원의 징계를 최소화하며 해고자가 없도록 한다는 내용의 합의를 한 경우, 이는 적어도 해고의 면에서는 그 행위자를 면책하기로 한다는 합의로 볼 수는 없으므로, 공사가 취업규칙에 근거하여 위 근로자에 대하여 한 당연퇴직 조치는 위 면책합의에 배치된다고 볼 수 없다.

③ 행정소송법상 행정청이 일정한 처분을 하지 못하도록 부작위를 구하는 청구는 허용되지 않는 부적법한 소송이라 한다.

④ 도로법 시행규칙의 개정으로 도로경계선으로부터 15m를 넘지 않는 접도구역에서 송유관을 설치하는 행위가 관리청의 허가를 얻지 않아도 되는 행위로 변경되어 더 이상 그 행위에 부관을 붙일 수 없게 되었다 하더라도, 종전 시행규칙에 의하여 적법하게 행해진 허가와 접도구역 내 송유시설 이설비용 지급의무에 관한 부담이 개정 시행규칙의 시행으로 그 효력을 상실하게 되는 것은 아니다.

04 다음 중 법규명령의 통제에 대한 설명으로 옳지 않은 것은?

① 대법원은 구체적 규범통제를 행하면서 법규명령의 특정 조항이 위헌·위법인 경우 무효라고 판시하며, 이 경우 무효로 판시된 당해 조항은 일반적으로 효력이 부인된다.

② 국민권익위원회는 법률·대통령령·총리령·부령 및 그 위임에 따른 훈령·예규·고시·공고와 조례·규칙의 부패유발요인을 분석·검토하여 그 법령 등의 소관 기관의 장에게 그 개선을 위하여 필요한 사항을 권고할 수 있다.

③ 행정소송법은 행정소송에 대한 대법원 판결에 의하여 명령·규칙이 헌법 또는 법률에 위반된다는 것이 확정된 경우에는 대법원은 지체 없이 그 사유를 행정안전부장관에게 통보하여야 하고, 규정에 의한 통보를 받은 행정안전부장관은 지체없이 이를 관보에 게재하여야 한다.

④ 재량권 행사의 준칙인 행정규칙이 그 정한 바에 따라 되풀이 시행되어 행정관행이 성립되어 평등의 원칙이나 신뢰보호의 원칙에 따라 행정기관이 그 상대방에 대한 관계에서 그 규칙에 따라야 할 자기구속을 받게 되는 경우에는 대외적인 구속력을 가지게 되어 헌법소원의 대상이 된다.

05 다음 중 공공기관의 정보공개에 관한 법률상의 정보공개에 대한 설명으로 옳지 않은 것은?

① 모든 국민은 정보의 공개를 청구할 권리를 가지며, 국민 속에는 자연인·법인·법인격 없는 단체도 포함된다.

② 청구인이 정보공개 청구 후 20일이 경과하도록 정보공개 결정이 없는 때에는 정보공개 청구 후 20일이 경과한 날부터 30일 이내에 해당 공공기관에 문서로 이의신청을 할 수 있다.

③ "정보"란 공공기관이 직무상 작성 또는 취득하여 관리하고 있는 문서(전자문서를 포함)·도면·사진·필름·테이프·슬라이드 및 그 밖에 이에 준하는 매체 등에 기록된 사항을 말한다.

④ 정보공개 청구인이 공공기관에 대하여 정보공개를 청구하였다가 거부처분을 받은 것 자체는 법률상 이익의 침해에 해당하지 않는다.

06 다음 중 행정소송의 소송요건에 대한 설명으로 옳지 않은 것은?

① 원고적격, 소의 이익, 처분성 등이 행정소송의 소송요건에 포함된다.

② 소송요건을 갖추지 못한 경우에 이는 부적법한 소로서 각하판결을 내려야 한다.

③ 소송요건은 불필요한 소송을 배제하여 법원의 부담을 경감하기 위하여 요구되는 것으로 당사자가 이를 주장·입증하여야 한다.

④ 소송의 제기요건을 구비하여 소송이 적법하게 제기되었는지 여부를 심리하는 것을 요건심리라 한다.

07 다음 중 당사자소송에 대한 설명으로 옳지 않은 것은?(다툼이 있는 경우 판례에 의함)

① 사업주가 당연가입자가 되는 고용보험 및 산재보험에서 보험료 납부의무 부존재확인의 소는 공법상의 법률관계 자체를 다투는 소송으로서 공법상 당사자소송이다.

② 지방자치단체가 보조금 지급결정을 하면서 일정 기한내에 보조금을 반환하도록 하는 교부조건을 부가한 사안에서, 이러한 부관상 의무는 보조사업자가 지방자치단체에 부담하는 공법상 의무이므로, 보조사업자에 대한 지방자치단체의 보조금반환청구는 당사자소송의 대상이다.

③ 원고가 고의 또는 중대한 과실 없이 당사자소송으로 제기하여야 할 것을 항고소송으로 잘못 제기한 경우에, 당사자소송으로서의 소송요건을 결하고 있음이 명백하여 당사자소송으로 제기되었더라도 어차피 부적법하게 되는 경우가 아닌 이상, 법원으로서는 원고가 당사자소송으로 소 변경을 하도록 하여 심리·판단하여야 한다.

④ 공무원연금관리공단의 인정에 의하여 퇴직연금을 지급받아 오던 중 구 공무원연금법령의 개정 등으로 퇴직연금 중 일부 금액의 지급이 정지된 경우에는 당연히 개정된 법령에 따라 퇴직연금이 확정되는 것이지 공무원연금관리공단의 퇴직연금 결정과 통지에 의하여 비로소 그 금액이 확정되는 것이 아니다. 따라서 공무원 연금관리공단이 퇴직연금 중 일부 금액에 대하여 지급거부의 의사표시를 하였다면 이는 거부처분으로서 항고소송의 대상이 된다.

08 다음 중 「개인정보보호법」에 대한 설명으로 옳지 않은 것은?

① 개인정보보호법상 개인정보는 살아 있는 개인에 관한 정보를 말하므로 법인과 사자(死者)의 정보는 포함되지 않는다.

② 개인정보 보호법은 공공기관이 아닌 민간에 의하여 처리되는 정보까지 보호 대상으로 하지 않는다.

③ 행정절차법에도 사생활이나 경영상 또는 거래상의 비밀을 정당한 이유 없이 누설하거나 다른 목적으로 사용하여서는 안 된다는 규정이 있다.

④ 정보주체는 개인정보처리자가 개인정보 보호법을 위반한 행위로 손해를 입으면 개인정보처리자에게 손해배상을 청구할 수 있다. 이 경우 그 개인정보처리자는 고의 또는 과실이 없음을 입증하지 아니하면 책임을 면할 수 없다.

09 다음 중 행정의 자동결정에 대한 설명으로 옳지 않은 것은?(다툼이 있는 경우 판례에 의함)

① 자동기기에 의한 교통신호나 전산처리를 통한 객관식 시험 채점은 자동결정의 예로 볼 수 있다.

② 행정의 자동결정은 컴퓨터를 통하여 이루어지는 자동적 결정이기 때문에 행정행위의 개념적 요소를 구비하는 경우에도 행정행위로서의 성격을 인정하는 데 어려움이 있다.

③ 행정의 자동결정도 행정작용의 하나이므로 행정의 법률적합성과 행정법의 일반원칙에 의한 법적 한계를 준수하여야 한다.

④ 교통신호의 고장으로 사고가 발생하여 손해가 발생한 경우 국가배상법에 다른 국가배상청구가 가능하다.

10 다음 중 행정행위의 부관에 대한 설명으로 옳지 않은 것은?

① 부담과 조건은 행정행위의 효과를 제한하거나 의무를 부과하는 종된 의사표시이다.

② 부담의 경우 부종성이 약하므로 주된 행정행위와는 독립된 행정행위로 볼 수 있다.

③ 통상적으로 부관은 제한 · 조건 · 기간 등의 용어로 사용된다.

④ 운행시간과 구역을 제한하여 행한 택시영업의 허가는 부담부행정행위에 해당한다.

11 다음 중 판례의 입장과 다른 것은?

① 국가가 사인과 계약을 체결할 때에는 국가계약법령에 따른 계약서를 따로 작성하는 등 요건과 절차를 이행하여야 할 것이고, 설령 국가와 사인 사이에 계약이 체결되었더라도 이러한 법령상 요건과 절차를 거치지 아니한 계약은 효력이 없다.

② 어업권면허에 선행하는 우선순위결정은 행정청이 우선권자로 결정된 자의 신청이 있으면 어업권면허 처분을 하겠다는 것을 약속하는 행위로서 강학상 확약에 불과하고 행정처분은 아니다.

③ 계약직공무원에 관한 현행 법령의 규정에 비추어 볼때, 계약직 공무원 채용계약 해지의 의사표시는 행정처분과 같이 행정절차법에 의하여 근거와 이유를 제시하여야 한다. 계약직공무원에 관한 현행 법령의 규정에 비추어 볼 때, 계약직공무원 채용계약해지의 의사표시는 항고소송의 대상이 되는 처분 등의 성격을 가진 것으로 인정되며, 행정처분과 같이 행정절차법에 의하여 근거와 이유를 제시하여야 한다.

④ 위법한 행정지도에 따라 행한 사인의 행위는 법령에 명시적으로 규정하고 있지 않는 한 위법성이 조각 된다고 할 수 없다.

12 다음 부동산 거래신고 등에 관한 법률에 대한 설명으로 옳지 않은 것은?

> 부동산 거래신고 등에 관한 법률 제11조(허가구역 내 토지거래에 대한 허가)
> ① 허가구역에 있는 토지에 관한 소유권 · 지상권(소유권 · 지상권의 취득을 목적으로 하는 권리를 포함한다)을 이전하거나 설정(대가를 받고 이전하거나 설정하는 경우만 해당한다)하는 계약(예약을 포함한다. 이하 "토지 거래계약"이라 한다)을 체결하려는 당사자는 공동으로 대통령령으로 정하는 바에 따라 시장 · 군수 또는 구청 장의 허가를 받아야 한다. 허가받은 사항을 변경하려는 경우에도 또한 같다.
> ⑥ 제1항에 따른 허가를 받지 아니하고 체결한 토지거래계약은 그 효력이 발생하지 아니한다.

① 토지거래계약은 행정청의 토지거래허가를 받아야 그에 대한 법률적 효과가 완성된다.

② 토지거래허가는 건축법상의 건축허가와는 달리 인가의 성격을 갖고 있다.

③ 무효인 토지거래계약에 대하여 토지거래허가를 받았다면 토지거래계약이 무효이므로 그에 대한 토지 거내허가처분도 위법하게 된다.

④ 토지거래허가의 대상은 사법적(私法的) 법률행위이다.

13 행정절차법상 행정절차의 내용에 관한 설명으로 옳지 않은 것은?(다툼이 있는 경우 판례에 의함)

① 행정절차법은 감사원이 감사위원회의 결정을 거쳐 행하는 사항에 대하여는 적용하지 아니한다.

② 행정청은 대통령령 · 부령을 입법예고 하는 경우에는 국회 소관 상임위원회에 이를 제출하여야 한다.

③ 적법한 요건을 갖춘 신고서가 접수기관에 도달된 때에는 신고의 의무가 이행된 것으로 본다.

④ 행정청은 신고 요건을 갖추지 못한 신고서가 제출된 경우에는 지체 없이 상당한 기간을 정하여 신고인 에게 보완을 요구하여야 한다. 신고인이 일정한 기간 내에 보완을 하지 아니하였을 때에는 그 이유를 구체적으로 밝혀 해당 신고서를 되돌려 보내야 한다.

14 행정계획에 대한 설명으로 옳지 않은 것은?(다툼이 있는 경우 판례에 의함)

① 행정계획의 개념은 강학상의 것일 뿐 대법원 판례에서 이를 직접적으로 정의한 바는 없다.

② 비구속적 행정계획에 대하여는 행정소송을 제기할 수 없다.

③ 대법원은 택지개발 예정지구 지정처분을 일종의 행정계획으로서 재량행위에 해당한다고 본다.

④ 위법한 행정계획으로 인하여 구체적으로 손해를 입은 경우에는 국가를 상대로 손해배상을 청구할 수 있다.

15 부작위위법확인소송에 대한 설명으로 옳지 않은 것은?(다툼이 있는 경우 판례에 의함)

① 부작위상태가 계속되는 한 부작위위법의 확인을 구할 이익이 있다고 보아야 하므로 제소기간의 제한을 받지 않는다.

② 부작위가 성립되기 위해서는 당사자의 신청이 있어야 하며 신청의 내용으로서는 비권력적 사실행위의 요구 또는 사경제적계약의 체결 요구 등도 이에 포함된다.

③ 부작위의 직접 상대방이 아닌 제3자라 하여도 당해 행정처분의 부작위위법확인을 구할 법률상의 이익이 있는 경우에는 원고적격이 인정된다.

④ 부작위위법확인소송은 처분의 신청을 한 자로서 부작위의 위법의 확인을 구할 법률상 이익이 있는 자만이 제기할 수 있다.

16 행정상 손해배상에 대한 설명으로 옳지 않은 것은?(다툼이 있는 경우 판례에 의함)

① 직무행위 여부의 판단기준은 외형과 공무원의 주관적 의사에 의한다는 것이 통설 및 판례이다.

② 재량위반이 부당에 그치는 경우에는 국가배상책임이 인정된다.

③ 근대국가의 성립 초기에는 국가무책임의 원칙이 지배적이었다.

④ 헌법은 공무원의 위법한 직무행위로 인한 배상책임만 규정하고 있다.

17 국가배상법 제5조 상 배상책임과 관련된 설명으로 옳지 않은 것은?(다툼이 있는 경우 판례에 의함)

① 영조물의 설치나 관리의 하자란 공물이 그 용도에 따라 통상 갖추어야 할 안전성을 갖추지 못한 것을 말한다.

② 국가배상법 제5조 소정의 공공의 영조물이란 공유나 사유임을 불문하고 행정주체에 의하여 특정 공공의 목적에 공여된 유체물 또는 물적 설비를 의미하므로 만약 사고지점 도로가 군민의 통행에 제공되었다면 도로관리청에 의하여 노선인정 기타 공용개시가 없었더라도 이를 영조물이라 할 수 있다.

③ 가변차로에 설치된 두 개의 신호등에서 서로 모순되는 신호가 들어오는 오작동이 발생하였고 그 고장이 현재의 기술수준상 부득이한 것이라고 가정하더라도 그와 같은 사정만으로 손해발생의 예견가능성이나 회피가능성이 없어 영조물의 하자를 인정할 수 없는 경우라고 단정할 수 없다.

④ 영조물의 설치 또는 관리의 하자라 함은 영조물이 그 용도에 따라 통상 갖추어야 할 안전성을 갖추지 못한 상태에 있음을 말하는 것이며, 다만 영조물이 완전무결한 상태에 있지 아니하고 그 기능상 어떠한 결함이 있다는 것만으로 영조물의 설치 또는 관리에 하자가 있다고 단정할 수 없는 것이다.

18 행정강제에 대한 설명으로 옳지 않은 것은?(다툼이 있는 경우 판례에 의함)

① 행정상 강제집행이 가능하기 위해서는 법적 근거가 있어야 한다.

② 대집행을 위해서는 먼저 의무의 이행을 최고하는 행위로서의 계고를 하여야 한다.

③ 비대체적 작위의무 또는 부작위의무를 이행하지 아니하는 경우에 그 의무자에게 심리적 압박을 가하여 의무의 이행을 강제하기 위하여 과하는 금전벌을 직접강제라 한다.

④ 강제징수를 위한 독촉은 통지행위인 점에서 대집행에 있어서의 계고와 성질이 같다.

19 행정법의 일반원칙에 대한 설명으로 옳지 않은 것은?(다툼이 있는 경우 판례에 의함)

① 제1종 보통면허로 운전할 수 있는 차량을 음주운전한 경우에 이와 관련된 면허인 제1종 대형면허와 원동기장치 자전거 면허까지 취소할 수 있다.

② 재량권 행사의 준칙인 행정규칙이 그 정한 바에 따라 되풀이 시행되어 행정관행이 이루어지게 되면 평등의 원칙이나 신뢰보호의 원칙에 따라 행정기관은 그 상대방에 대한 관계에서 그 규칙에 따라야 할 자기구속을 받게 된다.

③ 지방자치단체장이 사업자에게 주택사업계획승인을 하면서 그 주택사업과는 무관한 토지를 기부채납하도록 하는 부관을 주택사업계획승인에 붙인 경우, 그 부관은 부당결부금지의 원칙에 위반된다고 본다.

④ 위법한 행정처분이 수차례에 걸쳐 반복적으로 행하여졌다면 행정청에 대하여 자기구속력을 가지게 된다.

20 행정행위의 하자의 승계에 대한 설명으로 옳지 않은 것은?(다툼이 있는 경우 판례에 의함)

① 하자의 승계를 인정하면 국민의 권익구제의 범위가 더 넓어지게 된다.

② 선행행위에 무효의 하자가 존재하는 경우 선행행위와 후행행위가 결합하여 하나의 법적 효과를 목적으로 하는 경우에는 하자의 승계가 인정된다.

③ 과세처분과 체납처분 사이에는 취소사유인 하자의 승계가 인정되지 않는다.

④ 선행행위의 하자에 대해 제소기간이 경과하여 선행행위에 불가쟁력이 발생하였다면 하자의 승계는 문제되지 않는다.

21 아래 〈보기〉 중 행정상 공법관계인 것을 올바르게 짝지은 것은?

〈보기〉
(가) 국유일반재산에 대한 대부료 납입고지
(나) 입찰보증금 국고귀속조치
(다) 창덕궁 비원 안내원의 채용계약
(라) 국유재산 무단점유자에 대한 변상금 부과
(마) 국가 또는 지방자치단체에 근무하는 청원경찰의 근무관계

① (가), (나)　　　　② (나), (라)　　　　③ (라), (마)　　　　④ (가), (마)

22 행정심판법에 대한 설명으로 옳은 것은?(다툼이 있는 경우 판례에 의함)

① 행정심판청구의 변경은 서면으로 신청하여야 한다.

② 여러 명의 청구인이 공동으로 심판청구를 할 때에는 청구인들 중에서 5명 이하의 선정대표자를 선정할 수 있다.

③ 재결은 피청구인 또는 위원회가 심판청구서를 받은 날부터 90일 이내에 하여야 한다. 다만, 부득이한 사정이 있는 경우에는 위원장이 직권으로 30일을 연장할 수 있다.

④ "부작위"란 행정청이 당사자의 신청에 대하여 상당한 기간 내에 일정한 처분을 하여야 할 법령상 의무가 있는데도 처분을 하지 아니하는 것을 말한다.

23 질서위반행위규제법에 대한 설명으로 옳지 않은 것은?(다툼이 있는 경우 판례에 의함)

① 행정청이 질서위반행위에 대하여 과태료를 부과하고자 하는 때에는 미리 당사자에게 대통령령으로 정하는 사항을 통지하고, 10일 이상의 기간을 정하여 의견을 제출할 기회를 주어야 한다.

② 질서위반행위를 한 자가 자신의 책임 없는 사유로 위반행위에 이르렀다고 주장하는 경우 법원으로서는 그 내용을 살펴 행위자에게 고의나 과실이 있는지를 따져보아야 하는 것은 아니다.

③ 행정청의 과태료 부과에 불복하는 당사자는 과태료 부과 통지를 받은 날부터 60일 이내에 해당 행정청에 서면으로 이의제기를 할 수 있다.

④ 행정청의 과태료 처분이나 법원의 과태료 재판이 확정된 후 법률이 변경되어 그 행위가 질서위반행위에 해당하지 아니하게 된 때에는 변경된 법률에 특별한 규정이 없는 한 과태료의 징수 또는 집행을 면제한다.

24 다음 중 공법상 부당이득에 관한 설명으로 옳지 않은 것은?

① 공법상 부당이득이란 법률상 원인 없이 타인의 재산 또는 노무로 인하여 이득을 얻고 타인에게 손해를 가한 자에 대하여 그 이득의 반환의무를 과하는 것을 말한다.

② 개발부담금 부과처분이 취소된 이상 그 후의 부당이득으로서의 과오납금 반환에 관한 법률관계는 단순한 민사 관계에 불과한 것이 아니며 행정소송절차에 따라 반환청구를 하여야 한다.

③ 원천징수의무자가 원천납세의무자로부터 원천징수대상이 아닌 소득에 대하여 세액을 징수 · 납부하였거나 징수하여야 할 세액을 초과하여 징수 · 납부하였다면, 국가는 원천징수의무자로부터 이를 납부받는 순간 아무런 법률상의 원인 없이 보유하는 부당이득이 된다.

④ 조세부과처분이 무효임을 전제로 하여 이미 납부한 세금의 반환을 청구하는 것은 민사상의 부당이득 반환청구로서 민사소송절차에 따라야 한다.

25 대집행에 대한 설명으로 옳지 않은 것은?(다툼이 있는 경우 판례에 의함)

① 대집행이 인정되기 위해서는 대체적 작위의무의 불이행이 있어야 하고 다른 수단으로는 그 의무이행의 확보가 곤란하여야 하며 불이행을 방치하는 것이 심히 공익을 해하는 것으로 인정되어야 한다.

② 판례는 반복된 계고의 경우 1차 계고뿐만 아니라 제2차 · 제3차 계고처분의 처분성도 인정된다고 보고 있다.

③ 공법상 의무의 불이행에 대해 행정상 강제집행절차가 인정되는 경우에는 따로 민사소송의 방법으로 의무이행을 구할 수는 없다.

④ 계고서라는 명칭의 1장의 문서로서 일정기간 내에 위법건축물의 자진철거를 명함과 동시에 그 소정기한 내에 자진철거를 하지 아니할 때에는 대집행할 뜻을 미리 계고할 수 있다.

국방부(육·해·공군) 시행 필기시험(2018.08.11)

01 통치행위에 대한 내용으로 옳지 않은 것은?(다툼이 있는 경우 판례에 의함)

① 남북정상회담의 개최과정에서 북한 측에 비공식적으로 송금한 행위 자체는 사법심사의 대상이 된다.

② 헌법재판소는 이라크파병결정과 관련하여 외국에의 국군 파병결정은 헌법재판소가 이에 대하여 사법적 기준만으로 심판하여야 한다고 판시하였다.

③ 대통령의 긴급재정경제명령은 고도의 정치적 결단에 의하여 발동되는 통치행위에 속하지만 그것이 국민의 기본권 침해와 직접 관련되는 경우에는 당연히 헌법재판소의 심판대상이 된다.

④ 대통령의 서훈취소는 법원이 사법심사를 자제해야 할 고도의 정치성을 띤 행위라고 볼 수 없다.

02 공용폐지에 대한 내용으로 옳지 않은 것은?(다툼이 있는 경우 판례에 의함)

① 행정재산은 공용이 폐지되지 않는 한 사법상의 거래의 대상이 될 수 없다.

② 공용폐지의 의사표시는 명시적이든 묵시적이든 상관없으나 적법한 의사표시가 있어야 한다.

③ 행정재산이 사실상 본래의 용도에 사용되지 않고 있다는 사실만 있다면 용도폐지의 의사표시가 있었다고 추단할 수 있다.

④ 원래의 행정재산이 공용폐지되어 취득시효의 대상이 된다는 입증책임은 시효취득을 주장하는 자에게 있다.

03 신고에 대한 내용으로 옳지 않은 것은?(다툼이 있는 경우 판례에 의함)

① 크게 자기완결적 신고와 수리를 요하는 신고로 나눌 수 있다.

② 자기완결적 신고는 형식적·절차적 요건을 갖춘 신고서가 행정청에 도달하면 신고로서의 효과가 곧바로 발생하는 것이다.

③ 「건축법」상의 건축신고는 행정청의 수리를 요하는 신고로서 이를 거부하는 행위는 항고소송의 대상이 되는 처분이다.

④ 「수산업법」상의 어업신고의 법적 성질은 수리를 요하지 않는 신고이다.

04 손실보상에 대한 내용으로 옳지 않은 것은?(다툼이 있는 경우 판례에 의함)

① 간척사업의 시행으로 종래의 관행어업권자에게 구 「공유수면매립법」에서 정하는 손실보상청구권이 인정되기 위해서는 매립면허고시 후 매립공사가 실행되어 관행어업권자에게 실질적·현실적인 피해가 발생하여야 한다.

② 민간기업에게 산업단지개발사업에 필요한 토지 등을 수용할 수 있도록 하는 법규정도 공공필요성을 갖추고 있다면 헌법에 위반되지 않는다.

③ 법령에서 사업시행자에게 이주대책의 수립·실시의무를 부과하고 있으므로 이주자에게 이주대책상의 택지분양권이나 아파트 입주권 등을 받을 수 있는 수분양권이 직접 발생한다.

④ 손실보상에서의 정당한 보상은 완전보상을 뜻하는 것이지만, 공익사업의 시행으로 인한 개발이익은 정당한 보상의 범위에 포함되지 않는다.

05 행정계획에 대한 내용으로 옳지 않은 것은?(다툼이 있는 경우 판례에 의함)

① 원칙적으로 국토이용계획이 일단 확정된 후에 어떤 사정의 변동이 있더라도 지역 주민에게 국토이용계획변경신청권이 인정된다.

② 행정계획은 헌법소원의 대상이 된다.

③ 도시계획구역 내 토지 소유자에게는 입안권자에게 도시계획입안을 요구할 수 있는 신청권이 있다.

④ 후행 도시계획에 선행 도시계획과 서로 양립할 수 없는 내용이 포함되어 있다면, 특별한 사정이 없는 한 선행 도시계획은 후행 도시계획과 같은 내용으로 변경되는 것이다.

06 영조물에 대한 내용으로 옳지 않은 것은?(다툼이 있는 경우 판례에 의함)

① 영조물이란 행정주체에 의해 공적 목적에 공용된 인적·물적 종합시설을 말한다.

② 국가 또는 지방자치단체는 영조물의 설치·관리상의 하자로 인하여 타인에게 손해를 가한 경우에 그 손해의 방시에 필요한 주의를 해태하지 않았음을 입증하면 면책을 수상할 수 있다.

③ 「국가배상법」 제5조 제1항 소정의 '공공의 영조물'에는 사실상의 관리를 하고 있는 경우도 포함된다.

④ 영조물의 설치 및 관리에 있어서 항상 완전무결한 상태를 유지할 정도의 고도의 안전성을 갖추지 아니하였다고 하여 영조물의 설치 또는 관리에 하자가 있다고 단정할 수는 없다.

07 사인의 공법행위에 대한 내용으로 옳은 것은?(다툼이 있는 경우 판례에 의함)

① 사인의 공법행위에는 원칙적으로 부관을 붙일 수 있다.

② 사인의 공법행위를 포괄하는 일반법이 있다.

③ 사인의 공법행위는 발신주의를 원칙으로 한다.

④ 사인의 공법행위에서의 의사표시가 「민법」상 진의 아닌 의사표시에 해당하는 경우, 상대방이 표의자의 진의 아님을 알았거나 이를 알 수 있었다고 하더라도 유효로 보아야 한다.

08 행정입법과 관련된 판례의 태도로 옳지 않은 것은?(다툼이 있는 경우 판례에 의함)

① 행정입법의 내용이 일반적, 추상적, 개괄적인 규정이라 할지라도 법관의 법보충 작용으로서의 해석을 통하여 그 의미가 구체화·명확화될 수 있다면 명확성의 원칙에 반하지 않는다.

② 국민의 기본권을 제한하거나 침해할 소지가 있는 사항에 관한 위임에 있어서는 구체성 내지 명확성이 보다 엄격하게 요구된다.

③ 법률조항이 관련조항과 종합하여 유기적·체계적으로 보아 위임범위의 대강을 객관적으로 예측할 수 있다고 하더라도, 외형적으로 위임의 한계가 없는 것으로 보인다면 포괄위임에 해당한다.

④ 기본권 침해 영역에 비해 급부행정 영역에서는 법률의 위임에서 요구되는 구체성의 정도가 다소 약화되어도 무방하다.

09 「행정절차법」과 관련된 내용으로 옳지 않은 것은?

① 행정청이 침해적 행정처분을 하면서 당사자에게 구「행정절차법」에서 정한 사전통지를 하거나 의견제출의 기회를 주지 않은 경우, 원칙적으로 해당 처분은 위법하다.

② 「국가공무원법」상 직위해제처분에는 처분의 사전통지 및 의견청취 등에 관한 「행정절차법」 규정이 적용된다.

③ 행정청이 처분을 하는 때에는 다른 법령 등에 특별한 규정이 있는 경우를 제외하고는 문서로 하도록 규정한 것은 처분내용의 명확성을 확보하고 처분의 존부에 관한 다툼을 방지하기 위한 것이다.

④ 공정거래위원회의 시정조치 및 과징금납부명령에 「행정절차법」 소정의 의견청취절차 생략사유가 존재하는 경우라도 공정거래위원회가 「행정절차법」을 적용하여 의견청취절차를 생략할 수 없다.

10 행정심판과 관련된 내용으로 옳은 것은?(다툼이 있는 경우 판례에 의함)

① 심판청구를 인용하는 재결은 피청구인에게만 미치며, 그 밖의 관계 행정청을 기속하지 않는다.

② 행정청은 당해 처분에 관하여 위법한 것으로 재결에서 판단된 사유와 기본적 사실관계에 있어 동일성이 인정되는 사유를 내세워 다시 동일한 내용의 처분을 할 수 있다.

③ 당사자의 신청을 거부한 처분의 이행을 명하는 재결이 있으면 행정청은 다시 당사자의 신청을 받아 재결의 취지에 따른 처분을 하여야 한다.

④ 심판청구에 대한 재결이 있으면 그 재결 및 같은 처분 또는 부작위에 대하여 다시 행정심판을 청구할 수 없다.

11 이행강제금에 대한 내용으로 옳은 것은?(다툼이 있는 경우 판례에 의함)

① 이행강제금은 행정상 의무이행의 확보를 도모하는 직접적 강제수단이다.

② 이행강제금은 부작위의무나 비대체적 작위의무에 대한 강제집행수단이며, 대체적 작위의무에 대하여는 부과될 수 없다.

③ 이행강제금의 납부의무는 상속인 기타의 사람에게 승계될 수 있다.

④ 「건축법」상 시정명령에 응하지 않아 부과된 이행강제금에 대한 불복은 법률의 규정에 관계없이 「비송사건절차법」에 따른다.

12 사정판결에 대한 내용으로 옳지 않은 것은?(다툼이 있는 경우 판례에 의함)

① 「행정소송법」에는 사정판결, 「행정심판법」에서는 사정재결을 규정하고 있다.

② 사정판결은 엄격한 요건 아래 제한적으로 하여야 한다.

③ 당연무효의 행정처분을 소송목적물로 하는 행정소송에서는 사정판결을 할 수 없다.

④ 사정판결은 위법한 행정처분을 적법한 것으로 인정하여 원고의 청구를 기각한다.

13 공무원의 징계에 관한 내용으로 옳지 않은 것은?

① 교통법규 위반 운전자로부터 1만 원을 받은 경찰공무원을 해임처분한 것은 징계재량권의 일탈·남용에 해당한다.

② 공무원이 소속 장관으로부터 받은 서면경고는 공무원의 신분에 영향을 미치는 「국가공무원법」상의 징계처분 또는 행정소송의 대상이 되는 행정처분이라고 할 수 없다.

③ 감사원에서 조사 중인 사건에 대하여는 조사개시 통보를 받은 날부터 징계 의결의 요구나 그 밖의 징계 절차를 진행하지 못한다.

④ 징계의결의 요구는 징계 등의 사유가 발생한 날부터 3년이 지나면 하지 못한다.

14 하자의 승계에 대한 내용으로 옳지 않은 것은?(다툼이 있는 경우 판례에 의함)

① 대집행에 위법이 있으면 그 선행절차인 계고처분은 부적법하게 된다.

② 하자의 승계 문제는 선행 행정행위에 하자가 있더라도 그 하자가 무효인 경우에는 문제되지 않는다.

③ 선행처분과 후행처분이 서로 독립하여 별개의 효과를 목적으로 하는 경우에도 선행처분의 하자를 이유로 후행처분의 효력을 다툴 수 있는 경우가 있다.

④ 안경사 시험합격 무효처분과 안경사면허 취소처분은 선행처분과 후행처분의 관계에 있다.

15 고시와 관련된 내용으로 옳지 않은 것은?(다툼이 있는 경우 판례에 의함)

① 고시 또는 공고의 법적 성질은 일률적으로 판단하여야 한다.

② 고시는 그 성격에 따라 법규명령일 수도 있고 행정규칙일 수도 있다.

③ 행정각부의 장이 정하는 고시의 규정 내용이 근거 법령의 위임 범위를 벗어난 경우, 법규명령으로서의 대외적 구속력이 부정된다.

④ 고시 또는 공고에 의하여 행정처분을 하는 경우, 그에 대한 취소소송의 제소기간의 기산일은 고시 또는 공고의 효력발생일이다.

16 부관에 대한 내용으로 옳지 않은 것은?(다툼이 있는 경우 판례에 의함)

① 기부채납 받은 행정재산에 대한 사용·수익허가 중 사용·수익허가의 기간에 대하여 독립하여 행정소송을 제기할 수 있다.

② 행정행위의 부관은 부담의 경우를 제외하고는 독립하여 행정소송의 대상이 될 수 없다.

③ 공유수면매립준공인가 중 매립장 일부에 대하여 한 국가귀속처분은 법률효과의 일부배제에 해당한다.

④ 사정변경으로 인하여 당초에 부담을 부가한 목적을 달성할 수 없게 된 경우 그 목적달성에 필요한 범위 내에서 부관의 사후변경이 예외적으로 허용될 수 있다.

17 처분성이 인정되는 경우는?(다툼이 있는 경우 판례에 의함)

① 공사의 재공매(입찰)결정 및 공매통지

② 지적공부 소관청의 토지대장 직권 말소

③ 수도권매립지관리공사의 입찰참가자격 제한처분

④ 위법 건축물에 대한 단전 및 전화통화 단절조치 요청행위

18 행정지도에 대한 내용으로 옳지 않은 것은?(다툼이 있는 경우 판례에 의함)

① 행정지도란 행정기관이 그 소관 사무의 범위에서 일정한 행정목적을 실현하기 위하여 특정인에게 일정한 행위를 하거나 하지 아니하도록 지도, 권고, 조언 등을 행하는 행정작용을 말한다.

② 행정지도 자체로는 아무런 법적 효과가 발생하지 않는다.

③ 한계를 일탈하지 않은 행정지도로 인하여 상대방에게 손해가 발생하였다고 하더라도 행정기관은 그에 대한 손해배상을 할 책임이 있다.

④ 행정지도는 경우에 따라 헌법소원의 대상이 될 수 있다.

19 의견청취에 대한 판례의 태도로 옳지 않은 것은?

① 원칙적으로 행정청이 침해적 행정처분을 하면서 당사자에게 「행정절차법」상의 사전통지를 하거나 의견제출의 기회를 주지 아니한 경우, 그 처분은 위법하다.

②「건축법」상의 공사중지명령에 대한 사전통지를 하고 의견제출의 기회를 준다면 많은 액수의 손실보상금을 기대하여 공사를 강행할 우려가 있다는 사정은 사전통지 및 의견제출절차의 예외사유에 해당하지 아니한다.

③「국가공무원법」상 직위해제처분에는 처분의 사전통지 및 의견청취 등에 관한「행정절차법」규정이 적용된다.

④ 군인사법령에 의하여 진급예정자명단에 포함된 자에 대하여 의견제출의 기회를 부여하지 아니한 채 진급선발을 취소하는 처분을 한 것은 절차상 하자가 있어 위법하다.

20 행정행위의 폐지에 대한 내용으로 옳지 않은 것은?(다툼이 있는 경우 판례에 의함)

① 처분청은 별도의 법적 근거가 없더라도 처분을 스스로 직권으로 취소할 수 있다.

② 권한 없는 행정기관이 한 당연무효인 행정처분의 취소권자는 당해 처분을 한 처분청에게 속한다.

③ 행정행위의 취소는 적법요건을 구비하여 완전히 효력을 발하고 있는 행정행위를 사후적으로 그 행위의 효력 전부 또는 일부를 장래에 향해 소멸시키는 행정처분이다.

④ 부담적 행정행위의 철회는 수익적 행정행위의 철회에 비해 자유로운 것이 원칙이다.

21 행정정보공개에 대한 내용으로 옳지 않은 것은?(다툼이 있는 경우 판례에 의함)

① 헌법재판소에 따르면 알 권리는 표현의 자유와 표리일체의 관계에 있다고 한다.

② 지방자치단체는 그 소관 사무에 관하여 법령의 범위에서 정보공개에 관한 조례를 정할 수 있다.

③ 손해배상소송에 제출할 증거자료를 획득하기 위한 목적으로 정보공개를 청구한 경우, 특별한 사정이 없는 한 권리남용에 해당하지 아니한다.

④ 행정청의 정보공개청구 거부처분에 대한 취소판결이 확정되었음에도 행정청이 이전 신청에 대한 별도의 처분을 하지 않는 경우라고 하더라도 간접강제는 인정되지 않는다.

22 「국가공무원법」상 의무에 해당하지 않는 것은?

① 복종의 의무
② 직장 이탈 금지
③ 집단 행위의 금지
④ 퇴직공직자의 취업제한

23 불가쟁력과 불가변력에 대한 내용으로 옳지 않은 것은?(다툼이 있는 경우 판례에 의함)

① 불가변력은 주로 행정기관을, 불가쟁력은 상대방 등을 구속한다.

② 불가변력이 발생하면 불가쟁력은 당연히 발생하나, 불가쟁력이 발생하였다고 해서 불가변력이 당연히 발생하는 것은 아니다.

③ 불가쟁력이 생긴 행정처분에 대하여 관계 법령의 해석상 신청권이 인정될 수 있는 경우에는 국민에게 그 변경을 구할 신청권이 있다고 할 수 있다.

④ 과세처분에 대한 이의신청에 따른 직권취소에도 특별한 사정이 없는 한 불가변력을 인정한다.

24 행정입법부작위와 관련한 판례의 태도로 옳지 않은 것은?

① 행정권의 행정입법 등 법집행의무는 헌법적 의무이다.

② 추상적인 법령의 제정 여부는 부작위위법확인소송으로 다투어야 한다.

③ 정당한 이유 없는 행정입법부작위로 인하여 손해가 발생한 경우에는 「국가배상법」에 따른 손해배상청구가 가능하다.

④ 입법자가 어떤 사항에 관하여 입법은 하였으나 문언상 명백히 하지 않고 반대해석으로만 그 규정의 입법취지를 알 수 있도록 함으로써 불완전, 불충분 또는 불공정하게 규율한 것에 불과한 경우, 이는 진정입법부작위로 볼 수 없다.

25 「행정절차법」상 청문에 대한 내용으로 옳지 않은 것은?

① 인허가 등의 취소 시 의견제출기한 내에 당사자의 신청이 없는 경우에는 청문을 하여야 한다.

② 행정청이 청문사안과 관련되는 분야에 근무한 경험이 있는 전직 공무원을 청문 주재자로 선정한 경우, 청문 주재자는 다른 법률에 따른 벌칙을 적용할 때에는 공무원으로 본다.

③ 당사자의 신청 또는 청문 주재자가 필요하다고 인정하는 경우에는 청문을 공개할 수 있다.

④ 행정청은 직권으로 또는 당사자의 신청에 따라 여러 개의 사안을 병합하거나 분리하여 청문을 할 수 있다.

CHAPTER 05 | 2017년 행정법 기출문제

Civilian Worker In The Military **PART 01**

국방부(육·해·공군) 시행 필기시험(2017.07.01)

---

01 상대방의 동의에 의한 특별권력관계 중 그 성질이 다른 것은?(다툼이 있는 경우 판례에 의함)

① 국공립학교 입학

② 공무원 채용관계

③ 국공립도서관 이용관계

④ 학령아동의 초등학교 취학

02 〈보기〉 중 병무청장과 관련된 내용으로 옳지 않은 것은?

> **〈보기〉**
> ㄱ. 병역징집의 주체는 국가이다.
> ㄴ. 강제징집이 원칙이나, 지원병 제도도 배제하고 있지 않다.
> ㄷ. 병무청장의 처분으로 병역자원과의 관계가 구체화된다.
> ㄹ. 병무청장은 중앙행정기관이므로 부령을 발할 수 있다.
> ㅁ. 병무청장은 국방부 소속이다.

① ㄱ

② ㄹ

③ ㄴ, ㅁ

④ ㄷ, ㄹ

03 병역의무에 대한 「병역법」상의 규정으로 옳지 않은 것은?

① 여성은 지원에 의하여 현역 및 예비역으로만 복무할 수 있다.

② 병역의무 및 지원은 인종, 피부색 등을 이유로 차별하여서는 아니 된다.

③ 병역의무에 대한 특례(特例)는 인정하지 않는다.

④ 병역의무자로서 6년 이상의 징역 또는 금고의 형(刑)을 선고받은 사람은 병역에 복무할 수 없으며 병적(兵籍)에서 제적된다.

04 행정입법에 관한 내용으로 옳지 않은 것은?(다툼이 있는 경우에는 판례에 의함)

① 행정입법은 실정법상의 용어가 아닌 강학상의 용어이다.

② 헌법재판소는 법규명령이 헌법소원의 대상이 될 것인가에 대하여 이를 긍정한다.

③ 법규명령이 법률에 위반되었는지 여부가 재판의 전제된 경우에는 모든 법원에 판단권이 있으나, 대법원만이 최종적으로 심사할 권한을 갖는다.

④ 법령보충규칙은 그 자체로서 법규성을 가진다.

05 수리를 요하지 않는 신고에 해당하는 것은?(다툼이 있는 경우 판례에 의함)

① 납골당 설치   ② 골프장 이용료 변경

③ 골프장 회원 모집계획   ④ 양수인 양도인 지위승계

06 행정쟁송에 관한 내용으로 옳은 것은?(다툼이 있는 경우 판례에 의함)

① 재결은 대법원의 확정판결과 동일한 효력을 가진다.

② 통고처분은 행정소송의 대상이 되는 처분이다.

③ 소송요건은 사실심 변론 종결 시까지 구비되어야 한다.

④ 예외적 · 필요적 행정심판전치주의에 해당하는 경우 취소소송과 취소심판을 동시에 제기하면 그 즉시 각하판결을 하여야 한다.

07 시보임용 기간 중에 있는 공무원에 관한 내용으로 옳은 것은?

① 5급 공무원을 신규 채용하는 경우에는 6개월, 6급 이하의 공무원을 신규 채용하는 경우에는 3개월간 각각 시보(試補)로 임용한다.

② 어떠한 경우에도 시보 임용을 면제하거나 그 기간을 단축할 수 없다.

③ 징계에 따른 정직이나 감봉 처분을 받은 기간은 시보 임용 기간에 넣어 계산하지 아니하며, 휴직한 기간은 시보 임용 기간에 포함된다.

④ 시보 공무원은 법령으로 정하는 교육훈련을 받고 자기개발 학습을 하여야 할 의무가 있다.

08 행정상 손실보상청구에 관한 내용으로 옳지 않은 것은?(다툼이 있는 경우 판례에 의함)

① 행정기관의 적법한 행정작용으로 인하여 법익을 침해받은 자가 그 손실을 청구할 수 있는 것을 말한다.

② 손실보상은 헌법 제23조 제3항에 따라 법률로써 하고, 이때의 법률은 국회가 제정한 형식적 의미의 법률을 의미한다.

③ 구 「공유수면매립법」 시행 당시 공유수면매립사업으로 인한 관행어업권자의 손실보상청구권 행사는 민사소송으로 하여야 한다.

④ 손실보상은 단체주의적, 사회적 공평부담주의를 그 원리로 한다.

09 「질서위반행위규제법」에서 규정한 과태료에 대한 내용으로 옳은 것은?

① 질서위반행위 후 법률이 변경되어 그 행위가 질서위반행위에 해당하지 아니하게 된 경우에는 법률에 특별한 규정이 없는 한 변경된 법률을 적용한다.

② 과실로 인한 질서위반행위에는 과태료를 부과하지 아니하나, 고의로 인한 질서위반행위에는 과태료를 부과한다.

③ 과태료는 행정청의 과태료 부과처분이나 법원의 과태료 재판이 확정된 후 3년간 징수하지 아니하거나 집행하지 아니하면 시효로 인하여 소멸한다.

④ 행정청은 다수인이 질서위반행위에 가담한 경우 최초행위가 있은 날부터 5년이 경과하면 해당 질서위반행위에 대하여 과태료를 부과할 수 없다.

10 「공공기관의 정보공개에 관한 법률」에 관한 내용으로 옳은 것은?(다툼이 있는 경우 판례에 의함)

① 모든 국민은 정보의 공개를 청구할 권리를 가지며, 외국인의 정보공개 청구에는 제한이 없다.

② 검찰보존사무규칙에 의한 열람 · 등사의 제한은 다른 법률 또는 법률이 위임한 명령에 의하여 비공개사항으로 규정된 정보에 해당한다.

③ 직무를 수행한 공무원의 성명 · 직위는 비공개 대상 정보에 해당한다.

④ 공공기관은 전자적 형태로 보유 · 관리하는 정보에 대하여 청구인이 전자적 형태로 공개하여 줄 것을 요청하는 경우에는 그 정보의 성질상 현저히 곤란한 경우를 제외하고는 청구인의 요청에 따라야 한다.

11 적법한 건축물에 철거명령이 내려진 경우 원고가 취할 수 있는 조치로 가장 적절한 것은?

① 효력정지

② 취소소송

③ 취소소송과 집행정지

④ 집행의 전부나 일부의 정지

12 통치행위에 관한 내용으로 옳지 않은 것은?(다툼이 있는 경우에는 판례에 의함)

① 대통령의 긴급재정경제명령은 통치행위이다.

② 헌법재판소는 이라크파병결정과 관련하여 외국에의 국군 파병결정은 헌법재판소가 이에 대하여 사법적 기준만으로 이를 심판하는 것은 자제되어야 한다고 판시하였다.

③ 신행정수도건설이나 수도이전의 문제는 고도의 정치적 결단을 요하여 사법심사의 대상이 될 수 없다.

④ 통치행위라고 하더라도 그것이 국민의 기본권 침해와 직접 관련되는 경우에는 헌법재판소의 심판대상이 된다.

13 행정행위의 부관에 관한 내용으로 옳지 않은 것은?(다툼이 있는 경우에는 판례에 의함)

① 하천부지 점용허가에 대하여 부관을 붙일 것인가의 여부는 당해 행정청의 재량에 속한다.

② 부담부 행정처분에 있어서 처분의 상대방이 부담을 이행하지 아니한 경우에 처분행정청으로서는 이를 들어 당해 처분을 취소(철회)할 수 있다.

③ 행정처분에 붙인 부담인 부관이 무효가 되면 그 부담의 이행으로 한 사법상 법률행위는 당연무효가 된다.

④ 공유수면매립준공인가 중 매립지 일부에 대하여 한 국가귀속처분은 법률효과의 일부배제에 해당한다.

14 다음 내용이 설명하고 있는 것은?

> 전소 판결의 소송물과 동일한 후소를 허용하지 않음과 동시에, 후소의 소송물이 전소의 소송물과 동일하지는 않더라도 전소의 소송물에 관한 판단이 후소의 선결문제가 되거나 모순관계에 있을 때에는 후소에서 전소 판결의 판단과 다른 주장을 하는 것을 허용하지 않는 작용을 한다.

① 기판력   ② 기속력   ③ 불가변력   ④ 불가쟁력

15 서울지방경찰청장이 서초경찰서장에게 내부위임하여 서초경찰서장이 적법한 절차와 형식에 따라 처분을 한 경우, 이에 대한 취소소송의 피고에 해당하는 것은?(다툼이 있는 경우 판례에 의함)

① 서울지방경찰청   ② 서울지방경찰청장

③ 서초경찰서   ④ 서초경찰서장

16 「공공기관의 정보공개에 관한 법률」에 규정된 내용으로, 빈칸에 들어갈 숫자를 옳게 짝지은 것은?

> • 공공기관은 제10조에 따라 정보공개의 청구를 받으면 그 청구를 받은 날부터 (ㄱ)일 이내에 공개 여부를 결정하여야 한다.
> • 청구인이 정보공개와 관련한 공공기관의 비공개 결정 또는 부분 공개 결정에 대하여 불복이 있거나 정보공개 청구 후 (ㄴ)일이 경과하도록 정보공개 결정이 없는 때에는 공공기관으로부터 정보공개 여부의 결정 통지를 받은 날 또는 정보공개 청구 후 (ㄷ)일이 경과한 날부터 (ㄹ)일 이내에 해당 공공기관에 문서로 이의신청을 할 수 있다.

	ㄱ	ㄴ	ㄷ	ㄹ
①	10	10	20	20
②	10	20	20	30
③	20	10	10	30
④	20	20	10	20

17 「국가배상법」에 대한 내용으로 옳지 않은 것은?(다툼이 있는 경우에는 판례에 의함)

① 피해자가 손해를 입은 동시에 이익을 얻은 경우에는 손해배상액에서 그 이익에 상당하는 금액을 공제하여야 한다.

② 군인이나 군무원이 타인에게 입힌 손해에 대한 배상신청사건을 심의하기 위하여 법무부에 본부심의회를 둔다.

③ 심의회는 배상결정을 하면 그 결정을 한 날부터 1주일 이내에 그 결정정본(決定正本)을 신청인에게 송달하여야 한다.

④ 공무원의 허위 아파트입주권 부여 대상 확인을 믿고 아파트입주권을 매입한 경우, 공무원의 허위 확인 행위와 매수인의 손해 사이에는 상당인과관계가 있으므로 국가배상의 책임이 있다.

18 「행정소송법」상 행정청의 처분 등의 효력 유무 또는 존재여부를 확인하는 소송은?

① 취소소송
② 사정판결
③ 무효등 확인소송
④ 부작위위법확인소송

19 공법상 시효제도에 관한 내용으로 옳지 않은 것은?(다툼이 있는 경우에는 판례에 의함)

① 금전의 급부를 목적으로 하는 국가의 권리 또는 국가에 대한 권리로서 시효에 관하여 다른 법률에 규정이 없는 것은 5년간 행사하지 아니하면 시효로 인하여 소멸한다.

② 금전의 급부를 목적으로 하는 국가의 권리에 있어서는 소멸시효의 중단·정지 그 밖의 사항에 관하여 다른 법률의 규정이 없는 때에는 「민법」의 규정을 적용한다.

③ 조세에 관한 소멸시효가 완성된 후에 부과된 조세부과처분의 효력은 당연무효라고 볼 수는 없다.

④ 국세징수권자의 납입고지에 의한 시효중단의 효력은 그 납입고지에 의한 부과처분이 취소되더라도 상실되지 않는다.

20 「행정대집행법」상 대집행에 대한 내용으로 옳지 않은 것은?(다툼이 있는 경우 판례에 의함)

① 위법한 건물의 공유자 1인에 대한 계고처분은 다른 공유자에 대하여는 효력이 없다.

② 행정청은 해가 지기 전에 대집행을 착수한 경우에는 해가 진 이후까지 대집행을 하여서는 아니 된다.

③ 구 「공공용지의 취득 및 손실보상에 관한 특례법」에 의한 협의취득시 건물소유자가 매매대상 건물에 대한 철거의무를 부담하겠다는 취지의 약정을 한 경우, 그 철거의무는 「행정대집행법」에 의한 대집행의 대상이 되지 않는다.

④ 대집행에 요한 비용은 「국세징수법」의 예에 의하여 징수할 수 있으며, 대집행에 요한 비용을 징수하였을 때에는 그 징수금은 사무비의 소속에 따라 국고 또는 지방자치단체의 수입으로 한다.

21 하자의 승계가 가능한 것은?(다툼이 있는 경우 판례에 의함)

① 선행 안경사국가시험합격무효처분과 후행 안경사면허취소처분

② 선행 직위해제처분과 후행 면직처분

③ 선행 도시계획결정과 후행 수용재결

④ 선행 사업인정과 후행 수용재결

22 공무수탁사인에 대한 내용으로 옳지 않은 것은?(다툼이 있는 경우에는 판례에 의함)

① 원천징수의무자의 원천징수행위는 공권력의 행사로서의 행정처분을 한 경우에 해당한다.

② 국가가 자신의 임무를 그 스스로 수행할 것인지 아니면 그 임무의 기능을 민간부문으로 하여금 수행하게 할 것인지 하는 문제는 입법자에게 광범위한 입법재량 내지 형성의 자유가 인정된다.

③ 공무수탁사인이 직무를 집행하면서 위법하게 타인에게 손해를 입힌 경우에는 배상책임이 있다.

④ 사인이 별정우체국의 지정을 받아 체신업무를 수행하는 경우 공무수탁사인에 해당된다.

23 행정소송의 대상이 되는 처분에 해당하지 않는 것은?(다툼이 있는 경우에는 판례에 의함)

① 지방의회 의장에 대한 불신임의결

② 볼링장영업을 위한 체육시설업신고수리거부처분

③ 구 「남녀차별금지 및 구제에 관한 법률」상 국가인권위원회의 성희롱결정 및 시정조치권고

④ 한국마사회의 조교사 및 기수 면허 부여 또는 취소

24 「행정소송법」상 소송에 대한 규정으로 옳지 않은 것은?

① 당사자소송에서 국가 또는 공공단체가 피고인 경우에는 대법원의 소재지를 피고의 소재지로 본다.

② 국가를 상대로 하는 당사자소송의 경우에는 가집행선고를 할 수 없다.

③ 당사자소송과 관련청구소송이 각각 다른 법원에서 계속되고 있는 경우에 관련청구소송이 계속된 법원이 상당하다고 인정하는 때에는 당사자의 신청 또는 직권에 의하여 이를 당사자소송이 계속된 법원으로 이송할 수 있다.

④ 민중소송 및 기관소송은 법률이 정한 경우에 법률에 정한 자에 한하여 제기할 수 있다.

25 「행정절차법」에 대한 내용으로 옳은 것은?

① 행정의 원활한 수행을 위하여 행정청 간에 서로 협조하여야 할 의무가 명시적으로 규정되어 있다.

② 행정절차에서 '당사자'가 될 수 있는 자에 자연인과 그밖에 다른 법령 등에 따라 권리·의무의 주체가 될 수 있는 자는 포함되나, 법인이 아닌 사단 또는 재단은 포함되지 않는다.

③ 정보통신망을 이용하여 전자문서로 송달하는 경우에는 송달받을 자가 지정한 컴퓨터 등에서 문서를 열어보았을 때부터 송달의 효력이 발생한다.

④ 법령 등을 제정·개정 또는 폐지하려는 경우, 신속한 국민의 권리 보호 또는 예측 곤란한 특별한 사정의 발생 등으로 입법이 긴급을 요하는 경우에는 해당 입법안을 마련한 행정청은 이를 예고하여야 한다.

국방부(육 · 해 · 공군) 시행 필기시험(2016.07.02)

01 다음 설명 중 옳지 않은 것은?(다툼이 있는 경우 판례에 의함)

① 감액경정처분의 경우 당초 처분은 불가쟁력이 발생하여 다툴 수 없다.

② 감액경정처분의 효력은 납세고지서 이외에 감액경정의 뜻을 객관적으로 알 수 있는 다른 방법에 의한 통지로도 발생한다.

③ 과세처분이 있은 후 당초 과세처분에 대한 증액경정처분이 있는 경우, 당초 처분은 증액경정처분에 흡수되어 당연히 소멸한다.

④ 감액경정처분의 경우 제소기간을 준수하였는지 여부는 당초 처분을 기준으로 판단하여야 한다.

02 변상금에 대한 내용으로 옳지 않은 것은?(다툼이 있는 경우 판례에 의함)

① 국유재산의 무단점유자에 대한 변상금의 징수는 기속행위이다.

② 임대인의 상속인이 임대차 목적물을 상속세로 물납하였으나 임차인이 계속 점유 · 사용하고 있는 경우, 임차인에 대한 국유재산 변상금부과처분은 정당하다.

③ 국유재산의 무단점유자에 대하여 변상금 부과 · 징수권의 행사와 별도로 민사상 부당이득반환청구의 소를 제기할 수는 없다.

④ 판례는 변상금 부과처분을 행정처분으로 보고 있다.

03 공물에 관한 내용으로 옳지 않은 것은?(다툼이 있는 경우 판례에 의함)

① 공공의 영조물이란 국가 또는 지방자치단체가 소유권, 임차권 그 밖의 권한에 기하여 관리하고 있는 경우뿐만 아니라 사실상의 관리를 하고 있는 경우도 포함한다.

② 「국가배상법」상 영조물 관리상 하자로 인한 책임은 무과실 책임이고 「민법」상 면책규정이 적용되지 않는다.

③ 예산부족 등 설치 · 관리자의 재정사정은 배상책임 판단에 있어 참작사유는 될 수 있으나 안전성을 결정지을 절대적 요건은 아니다.

④ 편도 2차선 도로의 1차선상에 교통사고의 원인이 될 수 있는 크기의 돌멩이가 방치되어 있는 경우, 도로의 점유 · 관리자가 그에 대한 관리 가능성이 없다는 입증을 하지 못하더라도 도로의 관리 · 보존상의 하자에 해당한다고 볼 수는 없다.

04 통치행위에 관한 내용으로 옳지 않은 것은?(다툼이 있는 경우 판례에 의함)

① 비상계엄의 선포와 그 확대행위가 국헌문란의 목적을 달성하기 위하여 행하여진 경우 법원은 그 자체가 범죄행위에 해당하는지 여부에 관하여 심사할 수 있다.

② 남북 정상회담의 개최는 고도의 정치적 성격을 지니고 있는 행위에 해당하므로 통치행위에 해당된다.

③ 남북정상회담의 개최과정에서 법률이 정한 절차를 위반하여 이루어진 대북송금행위라도 통치행위에 해당하므로 사법심사의 대상이 되지 않는다.

④ 대통령의 긴급재정경제명령은 고도의 정치적 결단에 의하여 발동되는 통치행위에 속하지만 그것이 국민의 기본권 침해와 직접 관련되는 경우에는 당연히 헌법재판소의 심판대상이 된다.

05 「행정절차법」상 명문으로 규정된 것을 고른 것은?

㉠ 고지	㉡ 행정쟁송
㉢ 전자공청회	㉣ 철회 및 직권취소

① ㉠, ㉡   ② ㉠, ㉢   ③ ㉡, ㉣   ④ ㉢, ㉣

06 행정심판에 대한 내용으로 옳지 않은 것은?

① 행정심판은 처분이 있음을 알게 된 날부터 90일, 처분이 있었던 날부터 180일이 지나면 청구하지 못한다.

② 심판청구는 처분의 효력이나 그 집행 또는 절차의 속행에 영향을 주지 아니한다.

③ 행정심판위원회는 당사자가 주장하지 아니한 사실에 대하여 심리할 수 없다.

④ 심판청구를 인용하는 재결은 피청구인과 그 밖의 관계 행정청을 기속한다.

07 소의 이익이 없는 경우는?(다툼이 있는 경우 판례에 의함)

① 공익근무요원의 소집해제신청이 거부되어 계속 근무하였고 복무기간 만료로 소집해제 처분을 받은 후에 위 거부처분의 취소를 구하는 경우

② 대학입학고사 불합격처분의 취소를 구하는 소송계속 중 당해 연도의 입학시기가 지나버린 경우

③ 징계처분으로서 감봉처분이 있은 후 공무원의 신분이 상실된 경우에 위법한 감봉처분의 취소를 구하는 경우

④ 현역입영대상자가 입영한 후에 현역병입영통지처분의 취소를 구하는 경우

08 사업승인과 관련한 형량명령에 대한 내용으로 옳지 않은 것은?(다툼이 있는 경우 판례에 의함)

① 이익형량의 고려 대상에 당연히 포함시켜야 할 사항을 누락한 사업승인 결정은 형량의 하자로 위법하다.

② 이익형량을 하기는 하였으나 정당성과 객관성이 결여된 사업승인 결정은 형량의 하자로 위법하다.

③ 사업승인과 관련한 결정을 할 때 이익형량을 전혀 하지 않은 경우 형량의 하자로 위법하다.

④ 사업승인과 관련하여 이익을 형량한 결과 공익에 해가 가지 않을 정도의 경미한 흠이 있더라도 이러한 흠 있는 사업승인은 무조건 취소하여야 한다.

09 「행정절차법」상 행정절차에 관한 사항으로 옳지 않은 것은?

① 의견제출 절차에는 공청회와 청문회가 포함된다.

② 「행정절차법」은 청문 주재자의 제척·기피·회피에 관하여 명문규정을 두고 있다.

③ 행정청은 법령상 청문실시의 사유가 있는 경우에도 당사자가 의견진술의 기회를 포기한다는 뜻을 명백히 표시한 경우에는 의견청취를 하지 않을 수 있다.

④ 송달은 다른 법령 등에 특별한 규정이 있는 경우를 제외하고는 해당 문서가 송달받을 자에게 도달됨으로써 그 효력이 발생한다.

10 「공공기관의 정보공개에 관한 법률」상 내용으로 옳지 않은 것은?

① 국가안전보장에 관련되는 정보 및 보안 업무를 관장하는 기관에서 국가안전보장과 관련된 정보의 분석을 목적으로 수집하거나 작성한 정보에 대해서는 이 법을 적용하지 아니한다.

② 학술·연구를 위해 일시 방문 중인 외국인은 정보공개를 청구할 수 없다.

③ 공공기관은 공개 청구된 공개 대상 정보의 전부 또는 일부가 제3자와 관련이 있다고 인정할 때에는 그 사실을 제3자에게 지체 없이 통지하여야 하며, 필요한 경우에는 그의 의견을 들을 수 있다.

④ 공개될 경우 부동산 투기, 매점매석 등으로 특정인에게 이익 또는 불이익을 줄 우려가 있다고 인정되는 정보는 비공개 대상 정보이다.

11 행정상 손실보상에 관한 내용으로 옳은 것은?

① 단순히 사회적인 제약이 가하여진 경우에도 원칙적으로 보상이 인정된다.

② 민간사업시행자도 손실보상의 주체가 될 수 있다.

③ 손실보상은 재산상 손실에 대한 보상뿐만 아니라 생명·신체의 침해에 대한 보상도 포함한다.

④ 손실보상의 대상은 적법행위로 인한 손실뿐만 아니라 위법행위로 인한 손해도 포함된다.

12 다음 중 옳지 않은 것은?(다툼이 있는 경우 판례에 의함)

① 조세에 관한 사항은 「행정조사기본법」이 적용되지 않는다.

② 비과세관행이 성립되었다고 하려면 상당한 기간에 걸쳐 과세를 하지 않은 객관적 사실이 존재하여야 한다.

③ 세액의 산출근거가 기재되지 아니한 납세고지서에 의한 부과처분은 그 후 부과된 세금을 자진납부하면 치유된다.

④ 과세처분을 취소하는 판결이 확정되면 그 과세처분은 처분시에 소급하여 소멸하는 것이므로 과세처분을 취소하는 판결이 확정된 뒤에는 그 과세처분을 경정하는 이른바 경정처분을 할 수 없다.

13 기속행위와 재량행위에 대한 내용으로 옳지 않은 것은?(다툼이 있는 경우 판례에 의함)

① 「대기환경보전법」상 배출시설의 설치에 대한 주무관청의 허가는 기속행위이므로 공익상 문제가 있더라도 허가하여야 한다.

② 법률에서 정한 귀화요건을 갖춘 귀화신청에 대하여 법무부장관이 귀화를 허가할 것인지 여부는 재량행위에 해당한다.

③ 행정청의 재량에 속하는 처분이라도 재량권의 한계를 넘거나 그 남용이 있는 때에는 법원은 이를 취소할 수 있다.

④ 재량행위의 경우 법원은 독자의 결론을 도출함이 없이 당해 행위에 재량권의 일탈·남용이 있는지 여부만을 심사한다.

14 「질서위반행위규제법」상 과태료에 대한 내용으로 옳지 않은 것은?

① 고의 또는 과실이 없는 질서위반행위는 과태료를 부과하지 아니한다.

② 과태료의 부과에는 5년의 제척기간이 적용된다.

③ 자신의 행위가 위법하지 아니한 것으로 오인하고 행한 질서위반행위는 과태료를 부과할 수 없다.

④ 행정청의 과태료 부과에 불복하는 당사자는 과태료 부과 통지를 받은 날부터 60일 이내에 해당 행정청에 서면으로 이의제기를 할 수 있다.

15 행정행위의 효력에 대한 내용으로 옳지 않은 것은?(다툼이 있으면 판례에 의함)

① 기속력에 의해 행정행위가 취소된 경우에도 행정청 등을 구속한다.

② 삼청교육대 피해자들에게 피해보상을 하겠다는 대통령 담화와 국방부장관의 공고를 믿고 피해신청을 한 피해자들에게 보상하지 않는 것은 신뢰보호의 원칙에 위배된다.

③ 처분 등의 취소, 무효등 확인, 부작위위법확인의 소의 확정판결은 제3자에게도 효력이 있다.

④ 행정행위의 하자가 취소사유에 해당하는 경우에는 그 처분이 취소되지 않는 한 처분의 효력을 부정하여 그로 인한 효과를 법률상 원인이 없다고 할 수는 없다.

16 「행정심판법」상 규정으로 옳지 않은 것은?

① 행정청에는 행정에 관한 의사를 결정하여 표시하는 국가 또는 지방자치단체의 기관 외에도 법령에 따라 행정권한의 위탁을 받은 사인(私人)도 포함된다.

② 의무이행심판은 처분의 취소 또는 변경을 구할 법률상 이익이 있는 자가 청구할 수 있다.

③ 행정심판위원회는 심판청구의 대상이 되는 처분 또는 부작위 외의 사항에 대하여는 재결하지 못한다.

④ 행정심판위원회는 심판청구의 대상이 되는 처분보다 청구인에게 불리한 재결을 하지 못한다.

17 특별권력관계에 대한 내용으로 옳지 않은 것은?(다툼이 있는 경우 판례에 의함)

① 군인이라면 국방의무를 수행하기 때문에 국가와 특별권력관계에 있다.

② 국립 교육대학 학생에 대한 퇴학처분은 행정처분에 해당한다.

③ 농지개량조합과 그 직원과의 관계는 사법상의 근로계약관계가 아닌 공법상의 특별권력관계이다.

④ 서울특별시 지하철공사의 임원과 직원의 근무관계의 성질은 특별권력관계이다.

18 공권에 대한 내용으로 옳지 않은 것은?(다툼이 있는 경우 판례에 의함)

① 국가유공자로 보호받을 권리는 일신전속적인 권리이므로 상속의 대상이 되지 않는다.

② 석유판매업자의 지위를 승계한 자에 대하여 종전의 석유판매업자가 유사석유제품을 판매하는 위법행위를 하였다는 이유로 사업정지 등 제재처분을 취할 수 없다.

③ 공중위생영업에 대하여 그 영업을 정지할 위법사유가 있다면, 관할 행정청은 그 영업이 양도·양수되었다 하더라도 그 업소의 양수인에 대하여 영업정지처분을 할 수 있다.

④ 공권이 침해된 경우 소송을 통해 구제가 가능하나, 반사적 이익이 침해된 경우 소송을 통한 구제가 불가능하다.

19 행정소송에 대한 내용으로 옳지 않은 것은?(다툼이 있는 경우 판례에 의함)

① 사정판결에 관한 「행정소송법」 규정은 무효등확인소송에는 준용되지 않는다.

② 무효등확인소송과 부작위위법확인소송에는 거부처분취소판결의 간접강제에 관한 규정이 준용된다.

③ 취소소송에 대한 판결이 확정된 후 그 확정판결의 기속력에 반하는 행정청의 행위는 위법하며 무효원인에 해당한다.

④ 행정처분의 적법 여부는 특별한 사정이 없는 한 그 처분 당시를 기준으로 판단하여야 한다.

20 「행정소송법」상 취소소송에 관한 내용으로 옳지 않은 것은?

① 취소소송은 항고소송 중 하나로, 행정청의 위법한 처분 등을 취소 또는 변경하는 소송을 말한다.

② 취소소송의 제1심 관할법원으로, 국가의 사무를 위임 또는 위탁받은 공공단체 또는 그 장을 피고로 취소소송을 제기하는 경우에는 대법원소재지를 관할하는 행정법원에 제기할 수 있다.

③ 처분 등을 취소하는 확정판결은 제3자에 대하여는 효력을 미치지 않는다.

④ 처분 등을 취소하는 확정판결은 그 사건에 관하여 당사자인 행정청과 그 밖의 관계행정청을 기속한다.

21 공무원의 징계에 대한 내용으로 옳지 않은 것은?(다툼이 있는 경우 판례에 의함)

① 공무원에 대한 의원면직의 경우, 수리 전까지는 철회가 가능하다.

② 지방계약직 공무원의 보수를 감봉하거나 삭감할 때는 공무원법에서 정한 처분절차를 거치지 않고 할 수 있다.

③ 공무원이 징계에 불복하는 경우 소청심사위원회의 심사·결정을 거치지 아니하면 바로 행정소송을 제기할 수 없다.

④ 소청심사위원회의 취소명령 또는 변경명령 결정은 그에 따른 징계나 그 밖의 처분이 있을 때까지는 종전에 행한 징계처분에 영향을 미치지 않는다.

22 포괄적 위임금지의 원칙에 대한 내용으로 옳지 않은 것은?(다툼이 있는 경우 판례에 의함)

① 조례에 대한 법률의 위임은 포괄적인 것으로 족하다.

② 일반적인 급부행정법규는 처벌법규나 조세법규의 경우보다 그 위임의 요건과 범위가 더 엄격하게 제한적으로 규정되어야 한다.

③ 공법적 단체 등의 정관에 대한 자치법적 사항의 위임이라도 국민의 권리·의무에 관한 본질적이고 기본적인 사항은 국회가 정하여야 한다.

④ 수권법률의 예측가능성 유무를 판단함에 있어서는 수권규정과 이와 관계된 조항, 수권법률 전체의 취지, 입법목적의 유기적·체계적 해석 등을 통하여 종합 판단하여야 한다.

23 행정행위의 하자에 관한 내용으로 옳지 않은 것은?(다툼이 있는 경우 판례에 의함)

① 행정처분에 대하여 그 행정처분의 근거가 된 법률이 위헌이라는 이유로 무효확인청구의 소가 제기된 경우에는 다른 특별한 사정이 없는 한 법원으로서는 그 법률이 위헌인지 여부에 대하여는 판단할 필요 없이 그 무효확인청구를 각하하여야 한다.

② 행정처분이 있은 후에 집행단계에서 그 처분의 근거된 법률이 위헌으로 결정되는 경우 그 처분의 집행이나 집행력을 유지하기 위한 행위는 위헌결정의 기속력에 위반되어 허용되지 않는다.

③ 법률에 근거하여 행정청이 행정처분을 한 후에 헌법재판소가 그 법률을 위헌으로 결정하였다면 결과적으로 그 행정처분은 하자가 있는 것이 된다고 할 것이나, 특별한 사정이 없는 한 이러한 하자는 위 행정처분의 취소사유에 해당할 뿐 당연무효사유는 아니라고 봄이 상당하다.

④ 법률이 위헌으로 결정된 후 그 법률에 근거하여 발령되는 행정처분은 위헌결정의 기속력에 반하므로 그 하자가 중대하고 명백하여 당연무효가 된다.

24 공법상 계약에 대한 내용으로 옳지 않은 것은?

① 공법상 계약은 동일한 방향의 의사의 합치가, 공법상 합동행위는 반대 방향의 의사합치가 요구된다.

② 공법상 계약은 원칙적으로 비권력적 행정영역에서는 법률상 근거가 필요하지 않다.

③ 공법상 계약의 해지는 행정처분이 아니므로 「행정절차법」을 따르지 않아도 된다.

④ 공법상 계약에는 공정력이 인정되지 않는다.

25 판단여지와 재량을 구별하는 입장에서 재량에 대한 내용으로 옳지 않은 것은?

① 재량은 법률효과에서 인정된다.

② 재량의 존재 여부가 법해석으로 도출되기도 한다.

③ 구 「전염병예방법」에 따른 예방접종으로 인한 질병, 장애 또는 사망의 인정 여부 결정은 보건복지부장관의 재량이 인정되지 않는다.

④ 재량행위와 기속행위의 구분은 법규의 규정 양식에 따라 개별적으로 판단된다.

2021년
2020년
2019년
2018년
2017년
2016년
2015년
2014년
2013년
2012년
2011년
2010년
2009년
2008년
2007년

국방부(육 · 해 · 공군) 시행 필기시험(2015.07.04)

01 행정청이 처분을 할 때 당사자에게 그 근거와 이유를 제시하여야 하는 경우는?

① 긴급히 처분을 할 필요가 있는 경우

② 신청 내용을 모두 그대로 인정하는 처분인 경우

③ 단순 · 반복적인 처분으로서 당사자가 그 이유를 명백히 알 수 없는 경우

④ 경미한 처분으로서 당사자가 그 이유를 명백히 알 수 있는 경우

02 지방자치단체에 관한 내용으로 옳지 않은 것은?(다툼이 있는 경우 판례에 의함)

① 지방자치단체의 장은 주민에게 과도한 부담을 주거나 중대한 영향을 미치는 지방자치단체의 주요 결정사항 등에 대하여 주민투표에 부칠 수 있다.

② 주민은 그 지방자치단체의 장 및 지방의회의원(비례대표 지방의회의원을 포함)을 소환할 권리를 가진다.

③ 지방자치단체의 장은 주민이 보통 · 평등 · 직접 · 비밀선거에 따라 선출하며, 임기는 4년, 계속 재임(在任)은 3기에 한한다.

④ 지방자치단체의 장은 조례나 규칙으로 정하는 바에 따라 그 권한에 속하는 사무의 일부를 보조기관, 소속 행정기관 또는 하부행정기관에 위임할 수 있다.

03 당사자소송과 관련된 내용으로 옳지 않은 것은?(다툼이 있는 경우 판례에 의함)

① 당사자소송은 행정청의 처분 등을 원인으로 하는 법률관계에 관한 소송 그밖에 공법상의 법률관계에 관한 소송으로서 그 법률관계의 한쪽 당사자를 피고로 하는 소송을 말한다.

② 서울특별시립무용단원의 해촉에 대하여는 공법상의 계약이 아니므로 민사소송 절차에 의하여야 한다.

③「도시 및 주거환경정비법」상의 주택재건축정비사업조합을 상대로 관리처분계획안에 대한 조합 총회결의의 효력을 다투는 소송의 법적 성질은「행정소송법」상 당사자소송이다.

④ 하천구역 편입토지에 대한 손실보상금의 지급을 구하거나 손실보상청구권의 확인을 구하는 소송은 당사자 소송에 의하여야 한다.

04 「행정소송법」상 당사자에 대한 내용으로 옳지 않은 것은?(다툼이 있는 경우 판례에 의함)

① 취소소송은 처분의 효과가 이미 집행되어 소멸된 뒤에도 제기할 수 있는 경우가 있다.

② 취소소송은 처분이 있은 뒤에 그와 관계되는 권한이 다른 행정청에 승계된 때에는 이를 승계한 행정청을 피고로 한다.

③ 조례가 항고소송의 대상이 되는 경우 조례를 제정한 지방의회가 피고가 된다.

④ 수인의 청구 또는 수인에 대한 청구가 처분의 취소청구와 관련되는 청구인 경우에 한하여 그 수인은 공동소송인이 될 수 있다.

05 「국가배상법」상 규정으로 옳지 않은 것은?

① 국가나 지방자치단체가 「국가배상법」상 손해배상을 할 때 피해자가 손해를 입은 동시에 이익을 얻은 경우에도 배상기준에 따라 산정된 손해배상액 전액을 지급하여야 한다.

② 생명·신체의 침해로 인한 국가배상을 받을 권리는 양도하거나 압류하지 못한다.

③ 「국가배상법」은 외국인이 피해자인 경우에는 해당 국가와 상호 보증이 있을 때에만 적용한다.

④ 국가나 지방자치단체에 대한 배상신청사건을 심의하기 위하여 법무부에 본부심의회를 둔다.

06 기속행위와 재량행위에 관한 설명으로 옳지 않은 것은?(다툼이 있는 경우 판례에 의함)

① 기속행위는 행정청이 법규에서 정한 요건에 반드시 따라야 하는 행정행위이며, 재량행위는 행정기관에 재량권이 인정되는 행위를 말한다.

② 기속행위와 재량행위의 구분은 근거가 된 법규의 체재·형식과 그 문언만을 기초로 판단하여야 하고, 당해 행위 자체의 개별적 성질과 유형 등은 배제하여 객관적으로 판단하여야 한다.

③ 기속행위의 경우 그 법규에 대한 원칙적인 기속성으로 인하여 법원이 사실인정과 관련 법규의 해석·적용을 통하여 일정한 결론을 도출한 후 그 결론에 비추어 행정청이 한 판단의 적법 여부를 독자의 입장에서 판정하는 방식에 의하게 된다.

④ 재량행위의 경우 행정청의 재량에 기한 공익판단의 여지를 감안하여 법원은 독자의 결론을 도출함이 없이 당해 행위에 재량권의 일탈·남용이 있는지 여부만을 심사하게 된다.

07 이행강제금에 대한 내용으로 옳은 것은?(다툼이 있는 경우 판례에 의함)

① 이행강제금의 특성상 이미 사망한 사람에게도 부과하는 처분을 할 수 있다.

② 이행강제금은 행정벌과 병과될 수 없다.

③ 현행 「건축법」상 행정청은 위법건축물에 대한 이행강제수단으로 대집행과 이행강제금을 재량에 따라 선택적으로 활용하도록 하고 있다.

④ 이행강제금은 부작위의무나 비대체적 작위의무에 대한 강제집행수단으로, 본질적으로 대체적 작위의무 위반에 대하여는 부과할 수 없다.

08 통치행위에 대한 내용으로 옳지 않은 것은?(다툼이 있는 경우 판례에 의함)

① 통치행위는 법원 스스로 사법심사권의 행사를 억제하여 그 심사대상에서 제외하는 영역이며, 통치행위에 해당하는지에 대한 결정은 오로지 입법부만이 판단할 수 있다.

② 남북정상회담의 개최는 고도의 정치적 성격을 지니고 있는 행위이므로 특별한 사정이 없는 한 그 당부를 심판하는 것은 사법권의 내재적·본질적 한계를 넘어서는 것이 되어 적절하지 못하다.

③ 남북정상회담의 개최과정에서 북한 측에 비공식적으로 송금한 행위 자체는 사법심사의 대상이 된다.

④ 「군사시설보호법」에 의한 군사시설보호구역의 설정, 변경 또는 해제와 같은 행위는 통치행위이다.

09 법률유보의 원칙에 대한 내용으로 옳지 않은 것은?(다툼이 있는 경우 판례에 의함)

① 일정한 행정권의 발동에는 근거가 있어야 한다는 원칙이다.

② 헌법상 법률유보의 원칙에 대한 명시적인 규정은 없으나, 각종 기본권 조항에서 이를 도출할 수 있다.

③ 법률 유보의 원칙에 따라 행정청은 근거되는 법률이 있는 경우 이에 근거하여 행정작용을 행할 수 있다.

④ 개인택시운송사업자에게 운전면허 취소사유가 있으나 그에 따른 운전면허 취소처분이 이루어지지는 않은 경우, 관할관청이 개인택시운송사업면허를 취소할 수 있다.

10 행정관습법에 대한 내용으로 옳지 않은 것은?(다툼이 있는 경우 판례에 의함)

① 행정관습법이 성립하기 위해서는 사회의 거듭된 관행과 법적 확신이라는 요건이 갖추어져야 한다.

② 사회의 거듭된 관행으로 생성된 사회생활규범이 관습법으로 승인되었다고 하더라도 사회질서의 변화 등으로 해당 관습법의 적용과 전체 법질서가 부합하지 않는 경우에는 효력이 부정될 수밖에 없다.

③ 행정관습법은 성문법이 없는 경우 이를 보충하는 효력을 갖는다는 것이 다수설의 견해이다.

④ 통설에 따르면 관습법은 법원의 판결에 의하여 그 존재가 확인되었을 때로부터 성립된다.

11 「행정절차법」상 규정으로 옳지 않은 것은?

① 당사자 등이 대표자 또는 대리인을 선정·선임·변경·해임하였을 때에는 지체 없이 그 사실을 행정청에 통지하여야 한다.

② 행정절차에 관한 행위를 함에 다수의 대표자가 있는 경우 그 중 1인에 대한 행정청의 행위 및 통지는 모든 당사자 등에게 효력이 있다.

③ 행정청이 처분을 할 때에는 당사자에게 그 처분에 관하여 행정심판 및 행정소송을 제기할 수 있는지 여부, 그밖에 불복을 할 수 있는지 여부, 청구절차 및 청구기간, 그밖에 필요한 사항을 알려야 한다.

④ 송달은 다른 법령 등에 특별한 규정이 있는 경우를 제외하고는 해당 문서가 송달받을 자에게 도달됨으로써 그 효력이 발생한다.

2021년
2020년
2019년
2018년
2017년
2016년
2015년
2014년
2013년
2012년
2011년
2010년
2009년
2008년
2007년

12 사법관계에 해당하는 것은?(다툼이 있는 경우 판례에 의함)

① 구 「토지수용법」상 협의취득

② 국가나 지방자치단체에 근무하는 청원경찰의 근무관계

③ 한국전력공사의 수신료 부과행위

④ 서울특별시무용단원의 위촉과 해촉

13 판례가 행정처분으로 인정한 것이 아닌 것은?

① 운전면허 행정처분처리대장상 벌점의 배점

② 구 「남녀차별금지 및 구제에 관한 법률」상 국가인권위원회의 성희롱결정 및 시정조치권고

③ 행정청이 건축물대장의 용도변경신청을 거부한 행위

④ 거부처분 이후 동일한 내용의 새로운 신청에 대하여 다시 거부한 경우

14 「행정심판법」에 따른 내용으로 옳지 않은 것은?

① 행정청이란 행정에 관한 의사를 결정하여 표시하는 국가 또는 지방자치단체의 기관, 그밖에 법령 또는 자치법규에 따라 행정권한을 가지고 있거나 위탁을 받은 공공단체나 그 기관 또는 사인(私人)을 말한다.

② 대통령의 처분 또는 부작위에 대하여는 다른 법률에서 행정심판을 청구할 수 있도록 정한 경우 외에는 행정심판을 청구할 수 없다.

③ 행정심판은 처분이 있음을 알게 된 날부터 90일 이내에 청구하여야 한다.

④ 행정심판이 청구된 후에 피청구인이 심판청구의 대상인 처분을 변경한 경우, 청구인은 해당 청구를 취하 후 다시 청구하여야 한다.

15 기본권을 침해한다고 본 사례가 아닌 것은?(다툼이 있는 경우 판례에 의함)

① 미결수용자가 수감되어 있는 동안 수사 또는 재판을 받을 때에도 사복을 입지 못하게 하고 재소자용 의류를 입게 한 것

② 자동차 등을 이용하여 범죄행위를 하기만 하면 그 범죄행위의 경중에 대한 고려 없이 무조건 운전면허를 취소하도록 한 규정

③ 일정 지역에서 일정 기간 변호사 개업을 금지한 「변호사법」 규정

④ 교도소 수용자에게 반입이 금지된 일용품 등을 전달하여 주고 그 가족 등으로부터 금품 및 향응을 제공받은 교도관에 대한 해임처분

16 행정주체가 될 수 없는 것은?

① 국가

② 지방자치단체

③ 행정기관

④ 사인

17 특별권력관계 중 공법상 특별감독관계에 해당하는 경우는?

① 공무원 관계

② 국·공립학교 재학관계

③ 국가와 별정우체국장의 관계

④ 공공조합과 그 조합원의 관계

18 행정상 확약과 가장 관계가 깊은 것은?

① 비례의 원칙

② 신뢰보호의 원칙

③ 과잉금지의 원칙

④ 부당결부금지의 원칙

19 행정소송의 관할에 대한 내용으로 옳지 않은 것은?

① 취소소송의 제1심 관할법원은 피고의 소재지를 관할하는 행정법원으로 한다.

② 토지의 수용 기타 부동산 또는 특정의 장소에 관계되는 처분 등에 대한 취소소송은 그 부동산 또는 장소의 소재지를 관할하는 행정법원에 이를 제기할 수 있다.

③ 행정법원은 제기된 행정소송의 전부 또는 일부에 대하여 관할권이 없다고 인정하는 경우에는 판결로써 이를 관할법원에 이송한다.

④ 원고의 고의 또는 중대한 과실 없이 행정소송이 심급을 달리하는 법원에 잘못 제기된 경우에는 결정으로 이를 관할법원에 이송한다.

20 헌법상 손실보상과 관련하여 (   )에 들어갈 내용으로 적절한 것은?

공공필요에 의한 재산권의 수용·사용 또는 제한 및 그에 대한 보상은 법률로써 하되, (   )을 지급하여야 한다(헌법 제23조 제3항).

① 정당한 보상

② 상당한 보상

③ 최대한의 보상

④ 최소한의 보상

21 행정상 즉시강제에 대한 내용으로 옳은 것은?(다툼이 있는 경우 판례에 의함)

① 행정상 즉시강제에는 과잉금지의 원칙이 적용될 여지가 없다.

② 행정상 즉시강제는 행정강제의 일종으로, 행정청의 편의에 따라 시행할 수 있는 수단이다.

③ 행정상 즉시강제의 행사는 필요 최소한도에 그쳐야 함을 내용으로 하는 조리상의 한계에 기속된다.

④ 강제집행과 더불어 구체적인 의무불이행을 전제로 한다.

22 「공공기관의 정보공개에 관한 법률」상 비공개 대상 정보에 해당하지 않는 것은?

① 조례에 따라 비공개 사항으로 규정된 정보

② 직무를 수행한 공무원의 성명ㆍ직위

③ 공개될 경우 국민의 생명ㆍ신체 및 재산의 보호에 현저한 지장을 초래할 우려가 있다고 인정되는 정보

④ 개인의 경영상ㆍ영업상 비밀에 관한 사항으로서 공개될 경우 개인의 정당한 이익을 현저히 해칠 우려가 있다고 인정되는 정보

23 부관에 대한 내용으로 옳은 것은?(다툼이 있는 경우 판례에 의함)

① 부관은 국민의 권익을 보장한다는 순기능도 있는 반면, 행정의 탄력성을 저해하는 역기능이 있다.

② 주된 행정행위가 효력이 발생하지 않는 경우에 부관의 효력이 발생한다.

③ 부담부 행정처분에 있어서 상대방이 그 부담을 이유로 한 처분도 취소가 가능하다.

④ 철회권의 유보 사실의 발생 시 그 행정행위의 효력은 별도의 의사표시 없이 당연히 소멸된다.

24 광주광역시장의 처분 또는 부작위에 대한 심판청구를 심리ㆍ재결하는 기관으로 옳은 것은?

① 서울특별시장

② 광주행정법원

③ 광주지방법원

④ 중앙행정심판위원회

25 공물에 대한 판례의 태도로 옳지 않은 것은?

① 자연의 상태 그대로 공공용에 제공될 수 있는 실체를 갖추고 있는 이른바 자연공물은 시효취득의 대상이 되지 않는다.

② 자연공물인 바다의 일부가 매립에 의해 토지로 변경된 경우에도 공용폐지가 가능하다.

③ 공물이 본래의 용도에 사용되고 있지 않다는 사실이 있으면 용도폐지의 의사표시가 있다고 볼 수 있다.

④ 행정목적을 위하여 공용되는 행정재산은 취득시효의 대상이 되지 않는다.

CHAPTER 08 | 2014년 행정법 기출문제

Civilian Worker In The Military **PART 01**

국방부(육·해·공군) 시행 필기시험(2014.07.05)

01 특별권력관계에 해당하지 않는 것은?

① 전염병환자에 대한 강제입원

② 국공립학교 학생의 재학관계

③ 교도소 수용관계

④ 서울특별시 지하철공사 임직원의 근무관계

02 빈 칸에 들어갈 행정법의 일반원칙은?

지방자치단체장이 사업자에게 주택사업계획승인을 하면서 그 주택사업과는 아무런 관련이 없는 토지를 기부채납하도록 하는 부관을 주택사업계획승인에 붙인 경우, 그 부관은 ( )에 위반되어 위법하다.

① 부당결부금지의 원칙

② 권리남용금지의 원칙

③ 신의성실의 원칙

④ 신뢰보호의 원칙

03 통치행위에 관한 내용으로 옳지 않은 것은?(다툼이 있는 경우 판례에 의함)

① 통치행위란 고도의 정치성을 가지는 국가기관의 행위로, 법원의 사법심사가 제한되는 행위를 말한다.

② 헌법재판소는 국군의 이라크 파견결정을 그 성격상 국방 및 외교에 관련된 고도의 정치적 결단을 요하는 것으로 보아 이에 대한 심판은 자제되어야 한다고 보았다.

③ 남북정상회담의 개최과정에서 북한 측에 사업권의 대가 명목으로 송금한 행위는 사법심사의 대상이 된다.

④ 법원은 대통령의 계엄선포행위에 대하여 계엄선포의 요건 구비여부, 선포의 당·부당을 심사할 수 있는 것으로 보았다.

04 행정입법에 대한 내용으로 옳은 것은?(다툼이 있는 경우 판례에 의함)

① 법규명령은 행정기관 내부에서만 효력을 갖는 일반적 · 추상적 규정이다.

② 법규명령 중 집행명령은 새로이 국민의 권리 · 의무에 관한 사항을 규정할 수 있다.

③ 위임의 근거 없이 무효인 법규명령이라도 위임의 근거가 사후에 부여되면 그때부터 유효한 법규명령이 된다.

④ 판례는 행정규칙의 법규성을 절대적으로 부정한다.

05 침익적 행정행위와 수익적 행정행위의 구별에 대한 내용으로 옳지 않은 것은?

① 보통 침익적 행정행위는 상대방의 신청으로, 수익적 행정행위는 직권으로 발하여진다.

② 침익적 행정행위는 사전통지절차와 같은 일정한 제한이 있으나, 수익적 행정행위는 이러한 제한이 완화되어 있다.

③ 침익적 행정행위는 법률에 근거가 있을 것을 요하는 반면, 수익적 행정행위는 일반적으로 이보다 규율의 강도가 낮다고 볼 수 있다.

④ 침익적 행정행위의 철회는 원칙적으로 제한이 없으나, 수익적 행정행위의 철회는 신뢰보호의 원칙상 일정한 제한이 따른다.

06 청문에 대한 내용으로 옳은 것은?

① 행정청은 청문이 시작되는 날부터 3일 전까지 청문 주재자에게 청문과 관련한 필요한 자료를 미리 통지하여야 한다.

② 청문 주재자는 당사자 등이 주장한 사실에 대하여만 조사하여야 한다.

③ 청문 주재자는 행정청의 관리 · 감독에 따라 직무를 수행하며, 그 직무수행을 이유로 본인의 의사에 반하여 신분상 어떠한 불이익도 받지 아니한다.

④ 청문은 당사자가 공개를 신청하는 때에는 공익 또는 제3자의 정당한 이익을 현저히 해칠 우려가 있지 않는 경우 공개할 수 있다.

07 법적 성질이 다른 하나는?

① 공증   ② 확인   ③ 하명   ④ 통지

08 행정상 실효성 확보수단에 대한 내용으로 옳지 않은 것은?(다툼이 있는 경우 판례에 의함)

① 과태료의 부과는 죄형법정주의의 규율대상이다.

② 대집행은 계고 – 통지 – 실행 – 비용징수의 절차로 이루어진다.

③ 행정벌은 의무위반에 대한 제재로서의 의미 외에도, 이러한 제재를 사전에 예고하여 의무이행을 확보하는 역할을 한다.

④ 공급거부는 행정법상의 의무를 위반한 자에 대하여 행정상의 서비스 또는 재화의 공급을 거부하는 행위를 말한다.

09 하자의 승계에 대한 내용으로 옳지 않은 것은?(다툼이 있는 경우 판례에 의함)

① 하자의 승계는 선행 행정행위에 하자가 존재하고, 그 하자가 취소사유인 경우에 문제된다.

② 하자의 승계는 선행 행정행위와 후행 행정행위 모두 처분성을 가질 것을 전제로 한다.

③ 판례는 계고처분과 대집행비용징수처분 사이에 하자의 승계를 긍정한다.

④ 판례는 선행 행정행위와 후행 행정행위가 서로 결합하여 1개의 법률효과를 완성하는가, 또는 서로 독립하여 별개의 법률효과를 목적으로 하는가의 기준에 따라 예외 없이 하자의 승계 여부를 판단한다.

10 행정행위의 부관에 대한 내용으로 옳지 않은 것은?(다툼이 있는 경우 판례에 의함)

① 부관은 주된 의사표시에 부가하여 주된 행정행위의 효력을 발생·변경·소멸시키는 종된 의사표시이다.

② 조건은 행정행위 효과의 발생·소멸을 장래 발생이 불확실한 사실에 의존시키는 부관이다.

③ 부담부 행정처분에 있어서 처분의 상대방이 부담을 이행하지 아니한 경우라도, 허가받은 자의 이익을 번복하는 처분(철회)은 할 수 없다.

④ 부담은 주된 행정행위와 독립하여 행정쟁송의 대상이 된다.

11 행정지도에 대한 내용으로 옳지 않은 것은?

① 행정지도란 행정기관이 그 소관 사무의 범위에서 일정한 행정목적을 실현하기 위하여 특정인에게 일정한 행위를 하거나 하지 아니하도록 지도, 권고, 조언 등을 하는 행정작용을 말한다.

② 행정지도는 그 목적 달성에 필요한 최소한도에 그쳐야 한다.

③ 행정지도의 상대방이 행정지도를 따르지 아니하는 경우 행정기관은 일정한 불이익한 조치를 할 수 있다.

④ 행정기관이 같은 행정목적을 실현하기 위하여 많은 상대방에게 행정지도를 하려는 경우에는 특별한 사정이 없으면 행정지도에 공통적인 내용이 되는 사항을 공표하여야 한다.

12 공물에 대한 내용으로 옳지 않은 것은?(다툼이 있는 경우 판례에 의함)

① 공물이란 행정주체가 직접 공적 목적을 위하여 제공한 개개의 유체물을 말한다.

② 공용폐지의 의사표시는 적법한 의사표시가 있어야 하며, 명시적·묵시적임을 묻지 않는다.

③ 행정목적을 위하여 공용되는 행정재산은 취득시효의 대상이 될 수 없다.

④ 공물이 본래의 용도에 사용되고 있지 않는다는 사실만으로도 용도폐지의 의사표시가 있다고 볼 수 있다.

13 재량준칙적 행정규칙의 법규성의 인정 근거에 대한 판례의 입장에 해당하는 것은?

① 비례의 원칙

② 평등의 원칙

③ 신의성실의 원칙

④ 법률유보의 원칙

14 대집행의 대상이 될 수 있는 것은 몇 개인가?(다툼이 있는 경우 판례에 의함)

ㄱ. 구 「토지수용법」상 피수용자 등이 기업자에 대하여 부담하는 수용대상 토지의 인도의무
ㄴ. 도시공원시설 점유자의 퇴거 및 명도의무
ㄷ. 공유재산 대부계약 해지에 따른 원상회복을 위하여 실시하는 지상물 철거의무
ㄹ. 관계 법령에 위반하여 장례식장 영업을 하고 있는 자의 장례식장 사용중지의무

① 1개

② 2개

③ 3개

④ 4개

15 비례의 원칙을 위반한 처분에 해당하지 않는 것은?(다툼이 있는 경우 판례에 의함)

① 외부에 자신의 상사를 비판하는 의견을 발표한 검사에 대한 면직처분

② 단지 1회 훈령에 위반하여 요정 출입을 하다가 적발된 공무원에 대한 면직처분

③ 재직 중 다른 징계를 받은 바 없는 공무원이 담당하던 업무와 관련하여 수뢰한 비위에 대하여 행하여진 해임처분

④ 주유소 영업의 양도인이 등유가 섞인 유사휘발유를 판매한 위법사유를 들어 그 양수인에게 대하여 한 6월의 석유판매업 영업정지처분

16 행정상 공법관계인 것은 몇 개인가?

• 수도요금 부과징수 관계   • 공무원연금관리공단의 급여결정
• 지방자치단체의 지방채 모집   • 국립극장 무료이용관계
• 공공용지의 협의취득   • 국가나 지방자치단체에서 근무하는 청원경찰관계

① 2개   ② 3개   ③ 4개   ④ 5개

17 「국가배상법」과 관련한 내용으로 옳지 않은 것은?(다툼이 있는 경우 판례에 의함)

① 국가나 지방자치단체는 공무원 또는 공무를 위탁받은 사인이 직무를 집행하면서 고의 또는 중대한 과실로 법령을 위반하여 타인에게 손해를 입힌 경우 그 손해를 배상하여야 하며, 이 경우 그 공무원에게 구상할 수 있다.

② 국가나 지방자치단체의 손해배상 책임에 관하여 「국가배상법」상 규정된 사항 외에는 「민법」에 따른다.

③ 생명·신체의 침해로 인한 국가배상을 받을 권리는 양도하거나 압류하지 못한다.

④ 「국가배상법」에 따른 손해배상의 소송은 사전에 배상심의회에 배상신청을 하지 아니하면 제기할 수 없다.

18 하명에 대한 내용으로 옳지 않은 것은?

① 하명에 위반한 행위는 그 법률상 효력이 부인된다.

② 하명의 대상은 법률행위뿐만 아니라 사실행위도 포함된다.

③ 하명은 그 내용에 따라 작위·부작위·급부·수인하명으로 구분된다.

④ 하명은 불특정 다수에 대하여 할 수도 있다.

19 행정계획에 대한 내용으로 옳지 않은 것은?(다툼이 있는 경우 판례에 의함)

① 정보제공적 행정계획은 권력적 사실행위로서의 성격을 갖는다.

② 도시설계는 건축물규제의 성격과 관련 「건축법」 규정에 비추어보면 도시설계지구 내의 모든 건축물에 대하여 구속력을 가지는 구속적 행정계획의 법적 성격을 갖는다.

③ 환지계획은 항고소송의 대상이 되는 행정처분이 아니다.

④ 「도시재개발법」상의 관리처분계획은 항고소송의 대상이 되는 행정처분이다.

20 「행정대집행법」에 대한 내용으로 옳은 것은?

① 행정청은 스스로 의무자가 하여야 할 행위를 하거나 또는 제3자로 하여금 이를 하게 하여 그 비용을 의무자와 분담하여 부담할 수 있다.

② 행정청은 대집행에 앞서 계고를 통하여 사회통념상 해당 의무를 이행하는 데 필요한 이행기간이 확보되도록 하여야 한다.

③ 해가 지기 전에 대집행을 착수한 때에는 해가 진 후에도 대집행을 하여서는 아니 된다.

④ 대집행에 대하여는 행정심판을 제기할 수 없다.

21 「공공기관의 정보공개에 관한 법률」에 대한 내용으로 옳지 않은 것은?

① 국내에 일정한 주소를 두고 거주하거나 학술·연구를 위하여 일시적으로 체류하는 외국인은 정보의 공개를 청구할 수 있다.

② 공공기관은 그 기관이 보유·관리하는 정보에 대하여 국민이 쉽게 알 수 있도록 정보목록을 작성하여 갖추어 두고, 그 목록을 정보통신망을 활용한 정보공개시스템 등을 통하여 공개하여야 한다.

③ 정보의 공개 및 우송 등에 드는 비용은 실비(實費)의 범위에서 공공기관이 부담한다.

④ 공개 청구한 정보가 비공개 대상정보와 공개 가능한 부분이 혼합되어 있는 경우로서 공개 청구의 취지에 아니하는 범위에서 두 부분을 분리할 수 있는 경우에는 비공개 대상정보에 해당하는 부분을 제외하고 공개하여야 한다.

22 국무총리 소속이 아닌 것은?

① 국가보훈처　　　② 인사혁신처　　　③ 국무조정실　　　④ 감사원

23 「행정절차법」상 행정청의 관할에 대한 내용으로 옳지 않은 것은?

① 행정청이 그 관할에 속하지 아니하는 사안을 접수한 경우에는 지체 없이 이를 관할 행정청에 이송하여야 한다.

② 행정청이 그 관할에 속하지 아니하는 사안을 접수한 후 관할이 변경된 경우에는 지체 없이 이를 관할 행정청에 이송하여야 한다.

③ 행정청의 관할이 분명하지 아니한 경우에는 해당 행정청을 공통으로 감독하는 상급 행정청이 그 관할을 결정한다.

④ 행정청의 관할이 분명하지 아니하고 해당 행정청을 공통으로 감독하는 상급 행정청이 없는 경우에는 대법원이 그 관할을 결정한다.

24 「행정절차법」상 청문에 대한 내용으로 옳지 않은 것은?(다툼이 있는 경우 판례에 의함)

① 청문이란 행정청이 어떠한 처분을 하기 전에 당사자 등의 의견을 직접 듣고 증거를 조사하는 절차를 말한다.

② 행정청은 필요한 처분기준을 해당 처분의 성질에 비추어 되도록 구체적으로 정하여 공표하여야 하며, 처분기준을 변경하는 경우에도 또한 같다.

③ 법령 등에서 요구된 자격이 없거나 없어지게 되면 반드시 일정한 처분을 하여야 하는 경우에 그 자격이 없거나 없어지게 된 사실이 법원의 재판 등에 의하여 객관적으로 증명된 경우에는 처분의 사전 통지를 하지 아니할 수 있다.

④ 「행정절차법」상 청문제도의 취지 및 행정처분의 근거 법령 등에서 청문의 실시를 규정하고 있는 경우, 청문절차를 결여한 처분이라고 하더라도 이를 위법한 처분으로 볼 수는 없다.

25 군무원은 「국가공무원법」상 어떤 공무원인가?

① 일반직 공무원
② 특정직 공무원
③ 별정직 공무원
④ 정무직 공무원

국방부(육·해·공군) 시행 필기시험(2013.06.29)

01 통치행위에 대하여 판례가 취하고 있는 이론적 근거에 해당하는 것은?

① 권력분립설
② 대권행위설
③ 사법자제설
④ 재량행위설

02 공법상 사무관리의 예에 해당하지 않는 것은?

① 시청이 사인의 토지를 무단으로 점유하는 경우
② 사인이 비상재해 시 행정사무의 일부를 관리하는 경우
③ 시에서 행려병자를 관리하는 경우
④ 교육위원회가 문제 있는 사립재단학교를 강제관리하는 경우

03 행정법상 신뢰보호원칙에 대한 내용으로 옳지 않은 것은?(다툼이 있는 경우 판례에 의함)

① 사인이 행정기관의 어떤 행위가 존속될 것이라고 정당하게 신뢰한 경우, 그러한 정당한 신뢰가 보호되어야 한다는 원칙이다.
② 신뢰보호의 원칙은 「행정절차법」상 명문으로 규정되어 있지는 않지만, 행정법의 일반원칙으로서 당연히 적용된다.
③ 신뢰보호원칙의 위반 여부를 판단함에 있어서는 침해받은 신뢰이익의 보호가치 등과 새로운 입법을 통해 실현하고자 하는 공익적 목적을 종합적으로 비교·형량하여야 한다.
④ 무효인 행정행위에 대하여 신뢰보호의 원칙을 주장할 수는 없다.

04 무효와 취소의 구별실익으로 옳지 않은 것은?

① 선결문제
② 사정변경
③ 행정쟁송의 형태
④ 하자의 치유와 전환

05 「공공기관의 정보공개에 관한 법률」의 내용으로 옳지 않은 것은?

① 공공기관 중 중앙행정기관 및 대통령령으로 정하는 기관은 전자적 형태로 보유·관리하는 정보 중 공개대상으로 분류된 정보를 국민의 정보공개 청구가 없더라도 정보통신망을 활용한 정보공개시스템 등을 통하여 공개하여야 한다.

② 공공기관은 정보공개의 청구를 받으면 그 청구를 받은 날부터 30일 이내에 공개 여부를 결정하여야 한다.

③ 공공기관은 부득이한 사유로 법에 따른 기간 이내에 공개 여부를 결정할 수 없을 때에는 그 기간이 끝나는 날의 다음 날부터 기산(起算)하여 10일의 범위에서 공개 여부 결정기간을 연장할 수 있다.

④ 공공기관은 전자적 형태로 보유·관리하는 정보에 대하여 청구인이 전자적 형태로 공개하여 줄 것을 요청하는 경우에는 그 정보의 성질상 현저히 곤란한 경우를 제외하고는 청구인의 요청에 따라야 한다.

06 「질서위반행위규제법」에 따른 다수인의 질서위반행위 가담에 대한 규정으로 옳지 않은 것은?

① 2인 이상이 질서위반행위에 가담한 때에는 각자가 질서위반행위를 한 것으로 본다.

② 신분에 의하여 성립하는 질서위반행위에 신분이 없는 자가 가담한 때에는 신분이 있는 자에 대하여만 질서위반행위가 성립한다.

③ 신분에 의하여 과태료를 감경 또는 가중한 때에는 그 신분의 효과는 신분이 없는 자에게는 미치지 아니한다.

④ 신분에 의하여 과태료를 부과하지 아니하는 때에는 그 신분의 효과는 신분이 없는 자에게는 미치지 아니한다.

07 「행정심판법」상 규정으로 옳지 않은 것은?

① 대통령의 처분 또는 부작위에 대하여는 행정심판을 청구할 수 있는 것이 원칙이다.

② 행정심판위원회의 위원은 제척·기피·회피 규정이 적용된다.

③ 위원 중 공무원이 아닌 위원은 「형법」과 그 밖의 법률에 따른 벌칙을 적용할 때에는 공무원으로 본다.

④ 심판청구는 처분의 효력이나 그 집행 또는 절차의 속행(續行)에 영향을 주지 아니한다.

08 행정행위의 철회(취소)에 대한 내용으로 옳은 것은?(다툼이 있는 경우 판례에 의함)

① 수익적 행정행위의 철회는 예외적인 경우에 한하여 허용된다.

② 법위반에 대한 행정행위의 취소에는 재량권 남용 등이 고려될 여지가 없다.

③ 건축허가를 받은 자가 그 허가를 받은 날로부터 1년 이내에 공사에 착수하지 아니한 경우 건축허가를 필수적으로 취소하도록 한 「건축법」 규정은 건축주의 재산권을 침해한다.

④ 행정행위의 철회는 법령의 근거가 있는 경우에 한하여 가능하다.

09 법규명령에 대한 내용으로 옳지 않은 것은?(다툼이 있는 경우 판례에 의함)

① 법규명령은 특별한 규정이 없는 한 공포한 날로부터 20일을 경과함으로써 효력이 발생한다.

② 어느 시행령의 규정이 모법에 저촉되는지의 여부가 명백하지 아니한 경우에는 법률합치적 해석을 통하여 판단하여야 한다는 것이 판례의 입장이다.

③ 처분권한의 근거 조례가 무효인 경우, 그 근거 규정에 기하여 한 행정처분은 당연무효이다.

④ 법규명령의 위임근거가 되는 법률에 대하여 위헌결정이 선고되면 그 위임에 근거하여 제정된 법규명령도 원칙적으로 효력을 상실한다.

10 손해배상청구권의 소멸시효는 피해자나 그 법정대리인이 그 손해 및 가해자를 안 날로부터 얼마인가?

① 1년 　　　　　② 3년 　　　　　③ 5년 　　　　　④ 10년

11 행정개입청구권과 관련된 내용으로 옳지 않은 것은?(다툼이 있는 경우 판례에 의함)

① 행정청이 인접 토지 소유자의 장애물 철거 요구를 거부한 행위는 항고소송의 대상이 되는 거부처분에 해당한다.

② 행정개입청구권은 실체적 권리이다.

③ 주거지역 내의 법의 제한면적을 초과한 연탄공장 건축허가처분으로 불이익을 받고 있는 제3거주자는 비록 당해 행정처분의 상대자가 아니라 하더라도 그 행정처분으로 법률상 보호되는 이익을 침해받고 있다면 행정개입청구권이 인정된다.

④ 지방자치단체장이 공장시설을 신축하는 회사에 대하여 사업 승인시까지 신축공사를 중지하라는 명령을 한 경우, 중지명령의 원인사유가 해소되었음을 이유로 해당 명령의 해제를 요구할 수 있는 조리상 권리가 있다.

12 국가배상에 대한 내용으로 옳지 않은 것은?(다툼이 있는 경우 판례에 의함)

① 도로·하천, 그 밖의 공공의 영조물(營造物)의 설치나 관리에 하자(瑕疵)가 있기 때문에 타인에게 손해를 발생하게 하였을 때에는 국가나 지방자치단체는 그 손해를 배상하여야 한다.

② 「국가배상법」은 외국인이 피해자인 경우에는 해당 국가와 상호 보증이 있을 때에만 적용한다.

③ 국가나 지방자치단체에 대한 배상신청사건을 심의하기 위하여 법무부에 본부심의회를 두며, 군인이나 군무원이 타인에게 입힌 손해에 대한 배상신청사건을 심의하기 위하여 국방부에 특별심의회를 둔다.

④ 위법한 행정대집행이 완료되면 그 처분의 무효확인 또는 취소를 구할 소의 이익이 없을 때는 미리 그 행정처분의 취소판결이 있어야만 그 행정처분의 위법임을 이유로 한 손해배상을 청구할 수 있다.

13 행정법의 법원(法源)에 대한 내용으로 옳지 않은 것은?(다툼이 있는 경우 판례에 의함)

① 판례법도 행정법의 법원이 될 수 있다.

② 헌법에 의하여 체결·공포된 조약과 일반적으로 승인된 국제법규는 행정법의 법원이 될 수 있다.

③ 성문법이 제정된 후 관습법과 충돌하는 경우에도 관습법이 소멸하지는 않는다.

④ 지방자치단체가 제정한 조례가 '1994년 관세 및 무역에 관한 일반협정'에 위반되는 경우, 그 조례의 효력에는 영향이 없다.

14 「공익사업을 위한 토지 등의 취득 및 보상에 관한 법률」에서 규정하고 있는 이주대책에 대한 내용으로 옳은 것은?(다툼이 있는 경우 판례에 의함)

① 법으로 이주대책의 대상자에서 세입자를 제외하고 있는 것은 세입자의 재산권을 침해하는 것이다.

② 공익사업의 시행자의 이주대책 수립은 법정 이주대책대상자에 한정되며, 그 밖의 이해관계인에게까지 대상자를 넓혀 이주대책 수립 등을 시행할 수는 없다.

③ '공익사업을 위한 관계 법령에 의한 고시 등이 있은 날' 당시 주거용 건물이 아니었던 건물이 그 후에 주거용으로 개조된 경우에도 이주대책 대상이 되는 주거용 건축물에 해당한다.

④ 도시개발사업의 사업시행자는 이주대책기준을 정하여 이주대책대상자 가운데 이주대책을 수립·실시하여야 할 자를 선정하여 그들에게 공급할 택지 등을 정하는 데 재량을 가진다.

15 「행정절차법」에 대한 내용으로 옳지 않은 것은?

① 행정청은 필요한 처분기준을 해당 처분의 성질에 비추어 되도록 구체적으로 정하여 공표하여야 하며, 처분기준을 변경하는 경우에도 또한 같다.

② 행정청은 당사자에게 의무를 부과하거나 권익을 제한하는 처분을 하는 경우에는 미리 법에서 정한 사항을 당사자 등에게 통지하여야 한다.

③ 입법예고기간은 예고할 때 정하되, 특별한 사정이 없으면 20일(자치법규는 10일) 이상으로 한다.

④ 행정청이 처분을 할 때에는 다른 법령 등에 특별한 규정이 있는 경우를 제외하고는 문서로 하여야 하며, 전자문서로 하는 경우에는 당사자 등의 동의가 있어야 한다.

16 형식적·실질적 행정에 속하는 것은 무엇인가?

① 국회사무총장의 직원 임명 ② 법관의 임명

③ 행정심판의 재결 ④ 공무원의 징계처분

17 「행정절차법」상 행정지도절차에 관한 내용으로 옳은 것은?

① 행정지도란 행정기관이 그 소관 사무의 범위에서 일정한 행정목적을 실현하기 위하여 특정인에게 일정한 행위를 하거나 하지 아니하도록 강제, 지도, 권고, 조언 등을 하는 행정작용을 말한다.

② 행정지도는 그 목적 달성에 필요한 최소한도인 경우에는 상대방의 의사에 반하여 부당하게 강요할 수 있다.

③ 행정지도를 하는 자는 그 상대방에게 그 행정지도의 취지 및 내용을 밝혀야 하며, 신분을 밝혀서는 아니 된다.

④ 행정기관이 같은 행정목적을 실현하기 위하여 많은 상대방에게 행정지도를 하려는 경우에는 특별한 사정이 없으면 행정지도에 공통적인 내용이 되는 사항을 공표하여야 한다.

18 사인의 공법행위로 볼 수 없는 것은?

① 국가와 사인간 물품납부계약
② 행정심판의 청구
③ 영업허가의 신청
④ 국민투표행위

19 판례가 기속행위로 판단한 사례가 아닌 것은?

① 「건축법」상 건축허가
② 음주측정거부를 이유로 한 운전면허의 취소
③ 구 「식품위생법」상 위생접객업 영업허가
④ 공유수면매립면허

20 인가(認可)에 대한 내용 중 옳지 않은 것은?(다툼이 있는 경우 판례에 의함)

① 인가는 법률행위를 대상으로 하며, 사실행위에는 적용되지 않는다.
② 무효인 기본행위에 대한 인가가 있더라도 그 기본행위가 무효임에는 변함이 없다.
③ 하자 있는 기본행위에 대한 인가가 있는 경우 그 기본행위는 유효한 것으로 된다.
④ 인가가 있은 후 기본행위가 실효되면 그 인가도 효력을 상실한다.

21 「행정소송법」상 집행정지의 요건으로 옳지 않은 것은?

① 본안 소송이 적법하게 계속 중일 것
② 회복하기 어려운 손해발생의 우려가 있을 것
③ 공공복리에 중대한 영향을 미치게 할 우려가 없을 것
④ 본안 청구가 이유 없음이 명백할 것

22 행정법상 비례의 원칙에 관한 내용으로 옳지 않은 것은?(다툼이 있는 경우 판례에 의함)

① 비례의 원칙은 헌법 제37조 제2항에서 그 근거를 찾을 수 있다.

② 비례의 원칙은 적합성의 원칙, 필요성의 원칙, 상당성의 원칙을 그 내용으로 한다.

③ 일정지역에서 일정기간 변호사 개업을 금지한 「변호사법」 규정은 비례의 원칙에 위배되지 않는다.

④ 교도소 수용자에게 반입이 금지된 일용품 등을 전달하여 주고 그 가족 등으로부터 금품 및 향응을 제 공받은 교도관에 대한 해임처분은 적법하다.

23 행정상 강제집행에 대한 내용으로 옳지 않은 것은?

① 행정상 강제집행에는 행정대집행, 강제징수, 직접강제, 집행벌이 있다.

② 행정상 강제집행은 국민의 기본권에 대한 제한을 수반하므로 그 실행에 있어서는 법적 근거를 필요로 한다.

③ 행정대집행과 직접강제는 직접적인 의무이행 확보수단인 데 반해, 집행벌은 간접적인 의무이행 수단이다.

④ 행정상 강제징수는 행정상 강제집행 중 국민의 기본권을 가장 크게 제약하는 것이기 때문에 최후의 수 단으로 인정되어야 한다.

24 행정상 손해전보에 대한 내용으로 옳지 않은 것은?

① 행정기관의 직무집행으로 인하여 개인에게 특별한 손해를 주는 경우 그 손실을 전보하여 주는 행정구 제제도이다.

② 공무원의 직무상 불법행위로 인한 손해배상에 대하여 헌법의 규정은 없으나, 「국가배상법」에서 별도로 규정하고 있다.

③ 손해배상은 위법, 손실보상은 적법한 행정작용에 의해 타인의 이익이 침해된 경우의 구제수단이라는 점에서 차이가 있다.

④ 손실보상은 법률로써 하되, 정당한 보상을 지급하여야 한다.

25 다음 판례의 내용으로 옳지 않은 것은?

① 공무원의 직무상 의무위반으로 피해자가 입은 손해에 대하여는 상당인과관계가 인정되는 범위 내에서 국가가 배상책임을 진다.

② 영조물이 완전무결한 상태에 있지 아니하고 그 기능상 어떠한 결함이 있다는 것만으로도 「국가배상법」 에서 정한 영조물의 설치 또는 관리의 하자를 인정할 수 있다.

③ 농지개량조합과 그 직원과의 관계는 공법상의 특별권력관계이므로, 그 조합의 직원에 대한 징계처분 의 취소를 구하는 소송은 행정소송사항에 속한다.

④ 행정처분의 직접 상대방이 아닌 제3자라 하더라도 당해 행정처분으로 인하여 법률상 보호되는 이익을 침해당한 경우에는 그 처분의 무효확인을 구하는 행정소송을 제기하여 그 당부의 판단을 받을 자격이 있다.

국방부(육·해·공군) 시행 필기시험(2012.06.30)

01 행정법상 확약에 대한 설명 중 옳지 않은 것은?

① 본처분에 관해 권한이 없는 행정청의 확약은 무효이다.

② 확약의 이론적 근거로 '신뢰보호설'을 들 수 있다.

③ 구술에 의한 확약도 가능하다.

④ 행정청이 본처분에 대한 권한이 있는 것과는 별개로 확약에서는 확약에 대한 별도의 법적 근거가 있을 것을 요한다.

02 재량행위에 관한 내용으로 옳지 않은 것은?(다툼이 있는 경우 판례에 의함)

① 단순한 재량위반은 부당에 그치지만, 재량의 일탈·남용은 당해 재량행위의 위법 사유에 해당한다.

② 공유수면점용허가는 명시되어 있는 허가요건이 모두 충족된 경우라 하더라도 행정청은 공익을 이유로 들어 허가를 거부할 수 있다.

③ 현행법상 재량권의 한계를 넘은 경우의 사법심사에 관한 명문의 규정은 존재하지 않는다.

④ 행정청의 재량행위에 남용이 있는 경우 법원은 이를 취소할 수 있다.

03 행정행위에 관한 설명 중 옳지 않은 것은?

① 인가의 대상이 되는 기본행위는 법률행위뿐 아니라 사실행위도 포함한다.

② 인가의 대상이 되는 기본행위가 무효이면 이에 따른 인가도 당연히 무효가 된다.

③ 특별한 규정이 없는 한 수정인가는 허용되지 않는다.

④ 무허가 행위의 사법상 효력은 영향이 없으나, 무인가 행위의 사법상 효력은 부인된다.

04 다음 중 옳은 내용은?(다툼이 있는 경우 판례에 의함)

① 판례는 부령형식으로 제재적 처분기준을 규정한 것을 법규명령으로 보았다.

② 위임명령이 상위법에 위반하여 위법하더라도 위임의 근거가 있으면 유효하다.

③ 위임명령의 근거가 된 법이 법원에서 위헌판정을 받으면 그 시행령에 따른 위임명령은 당연무효가 된다.

④ 행정규칙의 대외적 공포는 그 효력발생요건이다.

05 행정심판 당사자에게 보장된 절차적 권리가 아닌 것은?

① 행정심판위원회의 직원에 대한 회피 신청권　　② 구술심리신청권

③ 보충서면제출권　　　　　　　　　　　　　　④ 증거조사신청권

06 무효와 취소에 대한 내용으로 옳지 않은 것은?

① 공무원의 권한 외 행위는 무효이다.

② 담당공무원이 피한정후견인이라면 그의 행위는 취소사유이다.

③ 저항할 수 없는 강박에 의한 행정행위는 무효이다.

④ 정당한 대리권 없는 자의 행위는 원칙적으로 무효이다.

07 행정행위의 실효사유가 아닌 것은?

① 정지조건부 행정행위에 있어서 조건이 성취된 경우

② 새로 제정된 법률에 당해 행정행위의 효력을 부인하는 규정을 두고 있는 경우

③ 철거명령을 받은 건축물이 지진에 붕괴되어 소멸된 경우

④ 운전면허를 받은 자의 사망으로 인한 운전면허의 실효

08 행정규칙에 관한 내용으로 옳은 것은?(다툼이 있는 경우 판례에 의함)

① 판례는 제재처분의 기준이 부령으로 된 경우에는 대외적으로 국민을 구속하는 힘이 있다고 보았다.

② 판례는 구 「청소년보호법」 시행령상의 과징금 처분기준을 재량법규로 보았다.

③ 판례는 행정규칙의 법규성을 일반적으로 인정하고 있다.

④ 행정규칙은 외부에 고시되어야만 그 효력이 발생한다.

09 연결이 옳지 않은 것은?(다툼이 있는 경우 판례에 의함)

① 「국토의 계획 및 이용에 관한 법률」상 토지거래 허가 – 허가

② 행려병자·사자의 유류품 처분 – 대리

③ 공유수면매립면허 – 특허

④ 여권의 발급 – 공증

10 허가에 관한 내용으로 옳은 것은?

① 허가는 보통 재량행위이다.

② 대물적 허가의 경우 그 효력이 승계되는 것이 원칙이다.

③ 허가는 신청이 없는 경우에는 인정되지 아니한다.

④ 허가는 새로운 권리를 창설하는 성격을 갖고 있다.

11 청원이 수리될 수 있는 경우에 해당하는 것은?

① 조사·불복 또는 구제절차가 진행 중인 사항

② 허위의 사실로 타인으로 하여금 형사처분 또는 징계처분을 받게 하거나 국가기관 등을 중상모략하는 사항

③ 사인간 권리관계 또는 개인의 사생활에 관한 사항

④ 법률의 개정에 관한 사항

12 헌법과 「국가배상법」상의 이중배상금지대상에 해당하지 않는 자는?

① 군무원 　　　　　　　　　　　② 향토예비군대원

③ 공익근무요원 　　　　　　　　④ 경찰공무원

13 행정행위의 부관에 대한 내용으로 옳지 않은 것은?(다툼이 있는 경우 판례에 의함)

① 부관은 행정행위의 효과를 제한하는 기능만을 갖는 것이 아니라, 행정행위의 요건을 충족시키는 기능도 가진다.

② 법률효과의 일부배제는 법률자체가 인정하고 있는 법률효과의 일부를 행정기관이 배제하는 것이므로 법률에 근거가 있어야 한다.

③ 대법원은 수익적 행정처분이라 하더라도 법령상 근거가 있어야 그 부관으로서 부담을 붙일 수 있다고 한다.

④ 대법원은 종교단체에 대해 기본재산전환인가를 함에 있어 인가조건을 부가하고 이를 이행하지 않을 시에는 인가를 취소할 수 있도록 한 경우, 인가조건의 의미는 철회권을 유보한 것이라고 본다.

14 비례의 원칙에 대한 내용으로 옳지 않은 것은?

① 상당성은 사익의 침해 정도와 달성하고자 하는 공익 간 비례가 요구된다는 것을 의미한다.

② 필요성은 최소침해의 원칙이라고도 하며 특정한 수단을 통해 이루어진 행정조치의 결과가 여러 적합한 수단 중에서도 당사자의 권리나 자유에 가장 적은 침해만을 입히는 수단이 되어야 한다는 것을 의미한다.

③ 적합성은 행정권이 발동될 시에는 행정청이 달성하려는 행정목적에 적합한 수단을 이용하여야 한다는 것을 의미한다.

④ 비례의 원칙에 위반한 경우에도 위법한 것이라고 볼 수는 없다.

15 조약과 국제법규에 관한 내용으로 옳지 않은 것은?

① 국가 간 협정과 국가와 국제기구 간 협정은 명칭에 관계없이 서면으로 체결되며 법적 효력이 있다.

② 국제법과 국내법관계 이원론에는 국제법 우위설, 국내법 우위설, 동위설이 있다.

③ 헌법에 의해 체결 · 공포된 조약과 일반적으로 승인된 국제법규는 국내법과 같은 효력이 인정된다.

④ 조약과 국제법규가 동일한 효력을 가진 국내 법률, 명령과 충돌하는 경우 신법우위의 원칙 및 특별법 우위의 원칙이 적용된다.

16 대집행에 대한 내용으로 옳지 않은 것은?(다툼이 있는 경우 판례에 의함)

① 토지 · 건물의 인도의무는 대집행의 대상이 아니다.

② 계고와 통지는 대집행 절차이므로 생략이 불가능하다.

③ 대집행에 요한 비용은 「국세징수법」의 예에 의하여 징수할 수 있다.

④ 「행정대집행법」상 대집행의 대상이 되는 대체적 작위의무는 공법상 의무이어야 한다.

17 「행정절차법」에 대한 내용으로 옳지 않은 것은?

① 「행정절차법」상 의견제출이란 행정청이 어떠한 행정작용을 하기 전에 당사자 등이 의견을 제시하는 절차로서 청문이나 공청회 등이 이에 해당된다.

② 행정청은 부득이한 사유로 처리기간 내에 처분을 처리하기 곤란한 경우에는 해당 처분의 처리기간의 범위에서 한 번만 그 기간을 연장할 수 있다.

③ 행정청은 필요한 처분기준을 해당 처분에 비추어 되도록 구체적으로 정하여 공표하여야 한다.

④ 행정청은 처분에 오기(誤記), 오산(誤算) 또는 그밖에 이에 준하는 명백한 잘못이 있을 때에는 직권으로 또는 신청에 따라 지체 없이 정정하고 그 사실을 당사자에게 통지하여야 한다.

18 행정상 손실보상에 대한 설명 중 옳은 것은?(다툼이 있는 경우 판례에 의함)

① 손실보상에 따른 금전의 지급방법은 선불, 개별불, 전액일시불을 원칙으로 한다.

② 위법한 행정작용에 대한 구제수단이다.

③ 공시지가를 기준으로 보상을 산정하도록 하는 것은 헌법상 정당한 보상 원리에 위배되어 위헌이다.

④ 행정상 손실보상은 공익의 보장을 위한 개인적 청구권의 성질을 갖는다.

19 사정판결(사정재결)에 관한 내용으로 옳은 것은?(다툼이 있는 경우 판례에 의함)

① 사정판결이란 원고의 청구가 이유있다고 인정하는 경우에도 처분 등을 취소하는 것이 현저히 공공복리에 적합하지 않다고 인정되는 경우에 그 원고의 청구를 각하하는 판결을 말한다.

② 원고의 청구를 받아들이지 않는 것이므로 처분 등의 위법 여부를 주문에 명시할 필요가 없다.

③ 사정재결은 무효등확인심판에도 적용된다.

④ 행정처분이 당연무효인 경우에는 사정판결을 할 수 없다.

20 위임에 관한 내용으로 옳지 않은 것은?(다툼이 있는 경우 판례에 의함)

① 포괄적 위임금지란 위임을 할 때에는 구체적으로 범위를 정하여 위임하여야 하며, 일반적 · 포괄적 위임은 허용하지 않는다는 것을 말한다.

② 추후 내재적인 위임의 범위나 한계를 객관적으로 분명히 확정할 수 있더라도 외형상 일반적 · 포괄적 위임으로 보인다면 포괄적 위임금지에 반한다.

③ 일반적, 추상적, 개괄적인 규정이라 할지라도 법관의 법보충 작용으로서의 해석을 통하여 그 의미가 구체화 · 명확화 될 수 있다면 명확성의 원칙에 반하지 않는다.

④ 원칙적으로 위임받은 사항을 하위법령에 다시 재위임하는 것은 허용될 수 없다.

21 행정행위의 하자에 대한 내용으로 옳지 않은 것은?(다툼이 있는 경우 판례에 의함)

① 행정행위의 성립요건 및 효력요건을 갖추지 못한 행정행위를 하자 있는 행정행위라 한다.

② 단순한 계산의 착오만으로는 법규에 특별한 규정이 없는 한 행정행위의 효력에는 영향이 없다.

③ 무효인 행정행위에도 하자의 치유가 인정된다.

④ 행정처분의 위법 여부는 처분시를 기준으로 판단한다.

22 국가긴급권에 대한 다음 설명 중 옳지 않은 것은?(다툼이 있는 경우 판례에 의함)

① 대통령의 긴급명령은 행정법의 법원이 된다.

② 대통령의 긴급재정경제명령은 국가긴급권에 해당한다.

③ 대통령의 긴급재정경제명령은 고도의 정치적 결단에 의하여 발동되는 통치행위이므로, 어떠한 경우에도 헌법재판소의 심판대상이 될 수 없다.

④ 대통령은 계엄 선포시 지체 없이 국회에 통고하여야 하며, 국회가 재적의원 과반수의 찬성으로 계엄의 해제를 요구한 때에는 대통령은 이를 해제하여야 한다.

23 「국가배상법」상 영조물 책임에 대한 내용으로 옳지 않은 것은?(다툼이 있는 경우 판례에 의함)

① 「국가배상법」상 영조물의 설치·관리상의 하자라 함은 영조물의 설치 및 관리에 불완전한 점이 있어 이 때문에 영조물 자체가 통상 갖추어야 할 안전성을 갖추지 못한 상태에 있는 것을 말하는 것이다.

② 「국가배상법」상 공공의 영조물이라 함은 국가 또는 지방자치단체가 권한에 기하여 관리하고 있는 경우를 말하며, 사실상의 관리를 하고 있는 경우는 해당되지 않는다.

③ 국가 또는 지방자치단체는 영조물의 설치·관리상의 하자로 인하여 타인에게 손해를 가한 경우에 그 손해의 방지에 필요한 주의를 해태하지 아니하였다 하여 면책을 주장할 수 없다

④ 「국가배상법」과 「민법」이 경합하는 경우에는 「국가배상법」이 적용된다.

24 행정소송의 종류에 대한 내용으로 옳지 않은 것은?

① 항고소송 – 행정청의 처분 등이나 부작위에 대하여 제기하는 소송

② 당사자소송 – 행정청의 처분 등을 원인으로 하는 법률관계에 관한 소송 그밖에 공법상의 법률관계에 관한 소송으로서 그 법률관계의 한쪽 당사자를 피고로 하는 소송

③ 민중소송 – 국가 또는 공공단체의 기관이 법률에 위반되는 행위를 한 때에 직접 자기의 법률상 이익과 관계없이 그 시정을 구하기 위하여 제기하는 소송

④ 기관소송 – 헌법재판소의 관장사항인 국가 또는 공공단체의 기관 상호간에 있어서의 권한의 존부 또는 그 행사에 관한 다툼이 있을 때에 이에 대하여 제기하는 소송

25 행정심판에 관한 내용으로 옳지 않은 것은?(다툼이 있는 경우 판례에 의함)

① 대통령의 처분 또는 부작위에 대하여는 다른 법률에서 행정심판을 청구할 수 있도록 정한 경우 외에는 행정심판을 청구할 수 없다

② 「감사원법」에 의한 심사청구절차는 행정심판에 해당한다.

③ 법인이 아닌 사단 또는 재단으로서 대표자나 관리인이 정하여져 있는 경우에는 그 사단이나 재단의 이름으로 심판청구를 할 수 있다.

④ 심판청구는 처분의 효력이나 그 집행 또는 절차의 속행(續行)에 영향을 주지 아니한다.

국방부(육·해·공군) 시행 필기시험(2011.06.25)

01 행정에 대한 분류 중 주체에 의한 행정이 아닌 것은?

① 위임행정 ② 국가행정

③ 자치행정 ④ 관리행정

02 공정력에 대한 내용으로 옳지 않은 것은?

① 입증책임은 공정력과는 연관이 없다.

② 행정소송이 제기되면 처분의 효력이 정지된다.

③ 공정력은 취소할 수 있는 행정행위에만 인정된다.

④ 집행부정지에 관한 규정은 공정력의 실정법적 근거가 될 수 있다.

03 다음 내용과 가장 관련이 있는 행정행위의 효력은?

> 법무부장관이 甲에 대하여 귀화허가를 하였다면, 행정자치부장관은 그 귀화허가가 당연무효가 아닌 한 甲을 외국인으로 취급하여서는 안 된다.

① 집행력 ② 공정력

③ 불가쟁력 ④ 구성요건적 효력

04 다음 중 옳지 않은 것은?(다툼이 있는 경우 판례에 의함)

① 헌법재판소는 평등의 원칙 또는 신뢰보호의 원칙을 근거로 자기구속의 원칙을 인정한다.

② 법률유보의 원칙은 행정의 모든 영역에 적용된다고 보는 것이 일관된 견해이다.

③ 신뢰보호의 원칙과 공익이 충돌하는 경우에는 이익형량을 하여야 한다.

④ 기술적으로 입법이 어려운 부분이나 변화가 잦은 부분에 있어서는 명확성의 원칙을 완화하여 적용해야 한다.

05 행정입법에 대한 내용으로 옳지 않은 것은?(다툼이 있는 경우 판례에 의함)

① 상급기관은 하급기관이 제정한 법규명령에 구속되지 않는다.

② 법률의 위임은 구체적·개별적으로 한정된 사항에 대하여 가능하다.

③ 범죄구성요건의 구체적 위임은 죄형법정주의에 반하지 않는다.

④ 법원 및 헌법재판소는 법규명령에 대하여 직접·간접 통제를 인정한다.

06 법령에 대한 내용으로 옳지 않은 것은?

① 집행명령은 상위법령의 근거 없이 제정이 가능하다.

② 「행정절차법」상 모든 법령은 입법예고를 요한다.

③ 법규명령은 조문의 형식으로 한다.

④ 대통령령은 법제처 심사와 국무회의 심의, 총리령과 부령은 법제처 심사로서 제정된다.

07 다음 중 성격이 다른 하나는?

① 인가　　　　　　② 허가　　　　　　③ 하명　　　　　　④ 면제

08 취소권이 제한되는 것이 아닌 것은?

① 과세처분　　　　　　　　　　　② 부담적 행정행위의 취소

③ 포괄적 신분관계설정행위　　　　④ 불가변력이 인정되는 행정행위

09 취소와 철회에 대한 내용으로 옳지 않은 것은?(다툼이 있는 경우 판례에 의함)

① 철회권이 유보되어 있으면 제한 없이 철회할 수 있다.

② 하자 있는 행정처분을 취소함에는 취소하여야 할 공익상의 필요와 취소로 인하여 당사자가 입을 불이익 등을 비교교량하여 그 취소여부를 결정하여야 한다.

③ 위법한 행정행위를 한 처분청은 그 행위에 하자가 있는 경우에 별도의 법적 근거가 없더라도 스스로 취소할 수 있다는 것이 판례의 태도이다.

④ 철회란 일단 유효하게 성립된 행정행위가 사후적으로 발생한 새로운 사정으로 인하여 그 효력의 전부 또는 일부를 장래에 향해 소멸시키는 행정행위를 말한다.

10 부관에 대한 내용으로 옳지 않은 것은?(다툼이 있는 경우 판례에 의함)

① 조건은 행정행위의 효력의 발생·소멸을 장래의 불확실한 사실에 의존하게 하는 행정청의 종된 의사표시를 말한다.

② 기한은 행정행위의 효력의 발생·소멸을 장래의 확실한 사실에 의존하게 하는 행정청의 의사표시를 말한다.

③ 부관은 행정행위의 효과를 제한하기 위하여 행정기관에 의해 주된 의사표시의 내용에 붙여진 종된 의사표시를 말한다.

④ 행정행위의 부관 중 행정행위에 부수하여 그 상대방에게 일정한 의무를 부과하는 행정청의 의사표시인 부담은 그 자체만으로 행정쟁송의 대상이 될 수 없다.

11 실권의 법리에 대한 내용으로 옳은 것은?(다툼이 있는 경우 판례에 의함)

① 우리나라의 「행정절차법」은 실권의 법리를 규정하고 있다.

② 판례는 실권의 법리를 법의 일반원리인 신의성실의 원칙에 바탕을 둔 파생원칙으로 보고 있다.

③ 철회사유가 발생 시, 행정청이 일정기간 철회권을 행사하지 않은 경우라도 그 행위를 철회할 수 있다는 것이다.

④ 실권의 법리을 적용하기 위한 요건 충족 여부는 일률적인 기준에 따라 판단하여야 한다.

12 행정법의 영역에서만 적용되는 것이 아닌 것은?

① 강제징수   ② 행정상 쟁송

③ 대집행의 계고   ④ 신뢰보호의 원칙

13 행정조사에 대한 내용으로 옳지 않은 것은?

① 행정기관이 정책을 결정하거나 직무를 수행하는 데 필요한 정보나 자료를 수집하기 위하여 현장조사 등을 하거나 조사대상자에게 보고요구·자료제출요구 등을 행하는 활동을 말한다.

② 행정조사는 조사목적을 달성하는데 필요한 최소한의 범위 안에서 실시하여야 하며, 다른 목적 등을 위하여 조사권을 남용하여서는 아니 된다.

③ 행정기관은 조사대상자가 자발적으로 협조를 하더라도 법령 등에서 행정조사를 규정하고 있지 않으면 행정조사를 실시할 수 없다.

④ 행정기관의 장은 조사대상자로 하여금 조사사항을 스스로 신고하도록 하는 제도를 운영할 수 있으며, 이 경우 행정조사의 감면 또는 행정·세제상의 지원을 하는 등 필요한 혜택을 부여할 수 있다.

14 「행정절차법」상 용어의 정의가 옳지 않은 것은?

① 처분이란 행정청이 행하는 구체적 사실에 관한 법 집행으로서의 공권력의 행사 또는 그 거부와 그밖에 이에 준하는 행정작용(行政作用)을 말한다.

② 행정지도란 행정기관이 그 소관 사무의 범위에서 일정한 행정목적을 실현하기 위하여 특정인에게 일정한 행위를 하거나 하지 아니하도록 강제하는 행정작용을 말한다.

③ 청문이란 행정청이 어떠한 처분을 하기 전에 당사자 등의 의견을 직접 듣고 증거를 조사하는 절차를 말한다.

④ 의견제출이란 행정청이 어떠한 행정작용을 하기 전에 당사자 등이 의견을 제시하는 절차로서 청문회나 공청회에 해당하지 아니하는 절차를 말한다.

15 「공공기관의 정보공개에 관한 법률」상 규정으로 옳지 않은 것은?

① 정보공개는 공공기관만을 대상으로 한다.

② 공공기관이 보유·관리하고 있는 정보만 청구가 가능하다.

③ 공공기관은 정보공개의 청구를 받으면 그 청구를 받은 날부터 10일 이내에 공개 여부를 결정하여야 한다.

④ 정보공개와 관련한 공공기관의 결정에 대하여는 행정소송을 제기할 수 없다.

16 「질서위반행위규제법」 적용의 시간적·장소적 범위에 대한 내용으로 옳지 않은 것은?

① 질서위반행위에 대한 과태료 처분은 처분 시의 법률에 따른다.

② 행정청의 과태료 처분이나 법원의 과태료 재판이 확정된 후 법률이 변경되어 그 행위가 질서위반행위에 해당하지 아니하게 된 때에는 변경된 법률에 특별한 규정이 없는 한 과태료의 징수 또는 집행을 면제한다.

③ 「질서위반행위규제법」은 대한민국 영역 밖에서 질서위반행위를 한 대한민국의 국민에게도 적용한다.

④ 「질서위반행위규제법」은 대한민국 영역 밖에 있는 대한민국의 선박 또는 항공기 안에서 질서위반행위를 한 외국인에게 적용한다.

17 입증책임에 대한 내용으로 옳지 않은 것은?(다툼이 있는 경우 판례에 의함)

① 무효원인의 입증책임은 피고가 하여야 한다.

② 행정소송에서의 입증책임은 원칙적으로 민사소송의 일반원칙에 따라 당사자 간에 분배된다.

③ 사정판결의 필요성에 대한 당사자의 주장이 없어도 법원이 직권으로 판단할 수 있다.

④ 행정소송에 있어서 특단의 사정이 있는 경우를 제외하면 당해 행정처분의 적법성에 관하여는 당해 처분청이 이를 주장·입증하여야 한다.

18 손해배상에 대한 내용으로 옳지 않은 것은?(다툼이 있는 경우 판례에 의함)

① 국가행정사무를 위임처리하던 지방자치단체의 장의 위법행위에 대하여 지방자치단체는 손해배상책임이 있다.

② 공무원의 직무상 의무 위반으로 국가배상책임이 인정되기 위하여는 공무원의 직무상 의무 위반과 피해자가 입은 손해 사이에 상당인과관계가 인정되어야 한다.

③ 한계를 일탈하지 않은 행정지도로 인하여 상대방에게 손해가 발생한 경우 행정기관은 그에 대한 손해배상책임이 없다.

④ 공무원이 직무수행 중 불법행위로 타인에게 손해를 입힌 경우, 원칙적으로 피해자에게 손해를 직접 배상한 경과실이 있는 공무원은 국가에 대하여 구상권을 취득한다.

19 행정소송에 대한 내용으로 옳지 않은 것은?(다툼이 있는 경우 판례에 의함)

① 민중소송 및 기관소송은 법률이 정한 경우에는 법률에 정한 자에 한하여 제기할 수 있다.

② 처분의 효과가 기간의 경과로 인하여 소멸된 뒤에도 그 처분의 취소로 인하여 회복되는 법률상 이익이 있는 자는 취소소송을 제기할 수 있다.

③ 취소청구가 사정판결에 의하여 기각된 경우의 소송비용은 피고의 부담으로 한다.

④ 국가를 상대로 하는 당사자소송의 경우에는 가집행선고를 할 수 있다.

20 항고소송에 대한 내용으로 옳지 않은 것은?(다툼이 있는 경우 판례에 의함)

① 국가보훈처장 등에게 독립운동가들에 대한 서훈추천을 다시 하고, 독립운동에 관한 책자 등을 고쳐서 편찬·보급할 의무가 있음의 확인을 구하는 청구는 항고소송의 대상이 아니다.

② 대리권을 수여받은 행정청이 대리관계를 밝힘이 없이 자신의 명의로 행정처분을 한 경우 원칙적으로 처분명의자인 당해 행정청이 항고소송의 피고가 되어야 한다.

③ 상급행정청이나 타 행정청의 지시나 통보, 권한의 위임이나 위탁은 항고소송의 대상이 되는 행정처분이다.

④ 취소소송은 처분 등의 취소를 구할 법률상 이익이 있는 자가 제기할 수 있다.

21 행정소송에 대한 내용으로 옳지 않은 것은?

① 토지의 수용 기타 부동산 또는 특정의 장소에 관계되는 처분 등에 대한 취소소송은 그 부동산 또는 장소의 소재지를 관할하는 행정법원에 이를 제기할 수 있다.

② 중앙행정기관의 장이 피고인 경우 취소소송을 제기하는 경우에는 대법원 소재지를 관할하는 행정법원을 제1심 관할법원으로 한다.

③ 취소소송은 법령의 규정에 의하여 당해 처분에 대한 행정심판을 제기할 수 있는 경우에는 이를 거친 후 제기하여야 한다.

④ 취소소송은 처분 등을 대상으로 하나, 재결취소소송의 경우에는 재결 자체에 고유한 위법이 있음을 이유로 하는 경우에 한한다.

22 행정대집행에 대한 내용으로 옳지 않은 것은?(다툼이 있는 경우 판례에 의함)

① 도시공원시설 점유자의 퇴거 및 명도의무는 「행정대집행법」에 의한 대집행의 대상이 된다.

② 「행정대집행법」상 대집행의 대상이 되는 대체적 작위의무는 공법상 의무이어야 한다.

③ 아무런 권원 없이 국유재산에 설치한 시설물에 대하여 행정청이 행정대집행을 할 수 있음에도 민사소송의 방법으로 그 시설물의 철거를 구하는 것은 허용되지 않는다.

④ 대집행은 계고, 통지, 실행, 비용 납부명령 등의 단계적인 일련의 절차로 연속하여 행하여진다.

23 지방자치에 대한 내용으로 옳은 것은?

① 지방의회는 주민에게 과도한 부담을 주거나 중대한 영향을 미치는 지방자치단체의 주요 결정사항 등에 대하여 주민투표에 부칠 수 있다.

② 광역자치단체는 몇 개의 기초자치단체로 구성되어 있고, 기초자치단체가 그 능력으로써 수행할 수 없거나 수행해서는 안 될 사무를 수행한다.

③ 지방자치단체는 법령에 위반하여 그 사무를 처리할 수 없지만 상급 지방자치단체의 조례를 위반하는 자치사무를 처리할 수 있다.

④ 지방자치단체의 구성은 헌법에 규정되어 있다.

24 다음 중 옳지 않은 것은?

① 행정청이 상대방에게 어떤 처분을 하겠다고 확약을 한 후 사실적·법률적 상태가 변경되었다면 그 확약은 별도의 행정청의 의사표시가 있어야 실효된다.

② 행정권한의 위임 및 위탁에 관한 규정에서는 명문으로 감독청의 취소권을 인정하고 있다.

③ 행정상 즉시강제는 영장주의가 적용되는 것이 원칙이나, 예외적으로 영장주의가 배제되는 경우가 있다.

④ 이행강제금은 행정법상의 부작위의무 또는 비대체적 작위의무를 이행하지 않은 경우에 의무자에게 심리적 압박을 주어 장래를 향하여 의무의 이행을 확보하려는 간접적인 행정상 강제집행 수단이다.

25 환경행정법의 기본원칙이 아닌 것은?

① 사전배려의 원칙   ② 존속보호의 원칙

③ 신뢰보호의 원칙   ④ 원인자책임의 원칙

국방부(육 · 해 · 공군) 시행 필기시험(2010.06.26)

01 행정행위의 효력에 대한 내용으로 옳지 않은 것은?(다툼이 있는 경우 판례에 의함)

① 제소기간이 도과하여 불가쟁력이 생긴 행정처분에 대하여 원칙적으로 국민에게 그 변경을 구할 신청권이 없다.

② 불가변력과 불가쟁력은 서로 무관하며, 하나가 발생하더라도 다른 하나가 당연히 발생하는 것은 아니다.

③ 공정력은 취소할 수 있는 행정행위뿐만 아니라 무효나 부존재인 행정행위에도 인정된다는 것이 통설과 판례의 입장이다.

④ 공정력은 행정행위의 상대방인 국민에 대한 구속력인 데 반해, 구성요건적 효력은 타 국가기관에 대한 구속력이다.

02 「공공기관의 정보공개에 관한 법률」에 대한 내용으로 옳은 것은?

① 공공기관은 전자적 형태로 보유 · 관리하는 정보에 대하여 청구인이 전자적 형태로 공개하여 줄 것을 요청하는 경우에는 이를 거부하여야 한다.

② 정보의 공개 및 우송 등에 드는 비용은 실비(實費)의 범위에서 청구인이 부담하며, 이 비용은 감면할 수 없다.

③ 정보공개의 청구는 문서로만 할 수 있다.

④ 정보공개와 관련한 이의신청 시 30일 이내 해당 공공기관에 문서로 가능하다.

03 처분성이 인정되지 않는 것은?(다툼이 있는 경우 판례에 의함)

① 도시관리계획 결정

② 임용기간만료의 통지

③ 해양수산항만 명칭 결정

④ 공무원연금관리공단의 급여에 관한 결정

04 행정입법예고에 관하여 옳지 않은 것은?

① 입법예고기간은 예고할 때 정하되, 특별한 사정이 없는 한 40일(자치법규는 20일) 이상으로 한다.

② 행정청은 대통령령·총리령·부령·고시 등을 입법예고하는 경우 이를 국회 소관 상임위원회에 제출하여야 한다.

③ 단순한 표현·자구를 변경하는 경우에는 입법예고를 하지 아니할 수 있다.

④ 행정청은 예고된 입법안의 전문에 대하여 열람 또는 복사를 요청받았을 때에는 특별한 사유가 없으면 그 요청에 따라야 한다.

05 행정계획에 대한 내용으로 옳지 않은 것은?(다툼이 있는 경우 판례에 의함)

① 판례는 행정계획의 주체에 대하여 광범위한 형성의 자유를 인정한다.

② 행정계획은 구속력에 따라 구속적 계획과 비구속적 계획으로 나눌 수 있다.

③ 「택지개발촉진법」상 택지개발사업 시행자의 택지공급방법결정은 행정처분으로 볼 수 없다.

④ 도시계획의 입안에 있어 공고 및 공람 절차에 하자가 있다고 하더라도 도시계획결정을 위법이라고 볼 수는 없다.

06 법치행정의 원리에 대한 내용으로 옳지 않은 것은?

① 재량행위에 대해서는 원칙적으로 법률유보의 원칙이 적용된다.

② 법률우위의 원칙은 소극적 의미의 법률적합성 원칙이다.

③ 법률유보의 원칙에서 '법률'은 원칙적으로 의회가 제정한 형식적 의미의 법률을 의미한다.

④ 법률우위의 원칙에서 '법률'은 헌법, 형식적 의미의 법률, 법규명령과 관습법 등 모든 법규범을 포함하나 행정규칙은 포함되지 않는다.

07 행정지도에 대한 내용으로 옳지 않은 것은?

① 행정지도는 그 목적달성에 필요한 최소한도에 그쳐야 하고, 행정지도의 상대방의 의사에 반하여 부당하게 강요하여서는 아니 된다.

② 행정지도는 비권력적 사실행위로서 처분의 성질을 갖지 못하기 때문에 행정쟁송의 대상이 될 수 없다.

③ 행정기관은 행정지도의 상대방이 행정지도에 따르지 아니하는 경우 일정한 불이익 조치를 할 수 있다.

④ 행정기관이 같은 행정목적을 실현하기 위하여 많은 상대방에게 행정지도를 하려는 경우에는 특별한 사정이 없으면 행정지도에 공통적인 내용이 되는 사항을 공표하여야 한다.

08 행정소송에 있어 소의 이익에 관한 판례의 입장과 다른 것은?(다툼이 있는 경우 판례에 의함)

① 시외버스운송사업계획변경인가처분으로 시외버스 운행노선 중 일부가 기존의 시내버스 운행노선과 중복하게 되어 기존 시내버스사업자의 수익감소가 예상되는 경우, 기존의 시내버스운송사업자에게 위 처분의 취소를 구할 법률상의 이익이 있다.

② 지방의회의원 제명의결은 소의 이익이 없다.

③ 개발제한구역 안에서의 공장설립을 승인한 처분이 위법하다는 이유로 쟁송취소되었으나 그 승인처분에 기초한 공장건축허가처분이 잔존하는 경우, 인근 주민들에게 공장건축허가처분의 취소를 구할 법률상 이익이 있다.

④ 사법시험 1차 시험에 불합격한 후 새로 실시된 사법시험 1차 시험에 합격하면, 더 이상 불합격처분의 취소를 구할 법률상의 이익이 없다.

09 하명에 대한 내용으로 옳지 않은 것은?

① 하명에 위반된 행정행위의 효력 자체가 부인되지는 않는 것이 원칙이다.

② 하명은 주로 사실상의 행위에 행해지나 법률행위에 대해서도 행해진다.

③ 하명은 수익적 행정행위이기 때문에 자유재량행위이다.

④ 위법·부당한 하명에 의하여 권리나 이익을 침해당한 자는 행정쟁송절차를 통하여 그 하명의 취소나 변경을 구할 수 있다.

10 허가에 대한 내용으로 옳지 않은 것은?(다툼이 있는 경우 판례에 의함)

① 허가의 효과는 제한되었던 자유를 회복시켜주는 것이다.

② 강학상 허가는 수익적 성질을 가지므로 재량행위이다.

③ 무허가행위 자체의 법률상 효력은 원칙적으로 부인되지 않는다.

④ 종전 허가의 유효기간이 지난 후에 한 기간연장신청은 종전과 별도로 새로운 허가를 구하는 것이라 보아야 한다.

11 행정행위에 대한 내용으로 옳지 않은 것은?(다툼이 있는 경우 판례에 의함)

① 자동차운전면허는 대인적 행정행위이다.

② 건축물 사용승인(준공검사)은 대물적 행정행위이다.

③ 석유판매업(주유소)허가는 대인적 행정행위이다.

④ 의사면허는 대인적 행정행위이다.

12 개인적 공권의 특징으로 볼 수 없는 것은?

① 이전의 제한   ② 포기의 제한

③ 불행사의 제한   ④ 권리구제의 특수성

13 행정상 손실보상에 대한 내용으로 옳지 않은 것은?(다툼이 있는 경우 판례에 의함)

① 행정상 손실보상에 대하여 헌법에서 그 근거를 두고 있다.

② 사업시행자는 재결신청의 청구를 받은 때에는 그 청구가 있은 날부터 60일 이내에 관할 토지수용위원회에 재결을 신청하여야 한다.

③ 협의가 성립되지 아니하거나 협의를 할 수 없을 때에는 사업시행자는 사업인정고시가 된 날부터 1년 이내에 관할 토지수용위원회에 재결을 신청할 수 있다.

④ 자연적 · 문화적 · 학술적 가치도 특별한 사정이 없는 한 손실보상의 대상이 된다.

14 집행정지에 관한 내용으로 옳지 않은 것은?

① 집행부정지의 원칙은 행정의 신속성, 행정객체의 권리보호 차원에서 행해진다.

② 처분 등 집행이나 절차의 속행을 정지하여 목적을 달성할 수 있는 경우에는 허용되지 아니한다.

③ 정지사유가 없어진 때에는 당사자의 신청이나 직권에 의해 집행정지결정을 취소할 수 있다.

④ 무효인 행정행위에는 불가쟁력이 발생하지 않는다.

15 행정행위의 확정력에 대한 내용으로 옳지 않은 것은?(다툼이 있는 경우 판례에 의함)

① 불가변력이 있는 행정행위는 행정청도 취소할 수 없다.

② 불가쟁력이 발생한 후에는 처분청이 직권으로 취소힐 수 없다.

③ 무효인 행정행위에는 불가변력이 인정되지 않는다.

④ 불가쟁력은 처분청이 아닌 국민을 대상으로 한다.

16 행정과 행정법에 대한 내용으로 옳지 않은 것은?

① 공익과 사익의 구별은 보편타당하게 존재하는 선험적인 구별이다.

② 행정법은 행정에 관한 공법 중에서 국내법만을 의미한다.

③ 영 · 미의 행정법은 「행정절차법」을 중심으로 발전하였다는 특색이 있다.

④ 대륙법계 국가에서는 법치주의와 행정제도의 발달을 전제로 행정법이 성립되었다.

17 행정상 확약에 해당하는 것은?(다툼이 있는 경우 판례에 의함)

① 교시   ② 행정지도

③ 공법상 계약   ④ 어업면허 우선순위결정

18 판례에 따른 「국가배상법」상 공무원이 아닌 자에 해당하는 것을 모두 고르면?

㉠ 청원경찰	㉡ 의용소방대원
㉢ 시영버스 운전자	㉣ 미군부대 카투사
㉤ 소집 중인 예비군대원	

① ㉠, ㉡   ② ㉡, ㉢   ③ ㉢, ㉤   ④ ㉣, ㉤

19 행정상 손실보상원칙과 거리가 먼 것은?

① 전액보상원칙   ② 사전보상원칙

③ 개인별보상원칙   ④ 현물보상원칙

20 공법과 사법에 관한 설명으로 옳지 않은 것은?

① 공법관계에 대해서는 행정소송을 통해 구제할 수 있다.

② 행정심판은 공법관계에서만 인정되고, 사법관계에서 인정되지 않는다.

③ 공법에 대한 사법적용을 부정하는 것이 일반적이다.

④ 공법적 행위로 인하여 사법적 효과가 발생하는 경우도 있다.

21 공법상 계약에 대한 내용으로 옳지 않은 것은?

① 사인 상호 간의 공법상 계약도 있다.

② 공법상 계약에 관한 일반법은 없다.

③ 복수당사자의 서로 반대방향 의사표시의 합치에 의하여 성립된다.

④ 공법상 계약은 문서로 하여야 하며, 구두에 의한 공법상 계약은 효력이 없다.

22 사인의 공법행위에 대한 내용으로 옳지 않은 것은?

① 사인의 공법행위 전반을 규율하는 일반법은 없다.

② 사인의 공법행위에도 의사능력은 필요하다.

③ 사인의 공법행위는 법률에 특별한 규정이 없는 한 도달주의에 의한다.

④ 진의 아닌 의사표시의 무효에 관한 「민법」 규정은 사인의 공법행위에도 적용된다.

23 행정쟁송에 관한 내용으로 옳지 않은 것은?

① 행정소송을 제기하여도 처분의 집행은 중단되지 않는다.

② 행정심판에서 인용재결이 이루어진 후 제기된 행정소송은 각하된다.

③ 「행정소송법」상 취소소송은 처분 등이 있음을 안 날부터 180일 내에 제기하여야 한다.

④ 제3자효적 행정행위에 대한 처분 등의 취소나 무효의 확인 및 부작위의 위법을 확인하는 확정판결은 제3자에 대하여도 효력이 있다.

24 「행정절차법」에 관한 내용으로 옳지 않은 것은?

① 당사자 등이 사망하였을 때의 상속인과 다른 법령 등에 따라 당사자 등의 권리 또는 이익을 승계한 자는 당사자 등의 지위를 승계한다.

② 「행정절차법」은 실체법적인 조항은 없이 절차법적인 조항만으로 이루어져 있다.

③ 송달은 다른 법령 등에 특별한 규정이 있는 경우를 제외하고는 해당 문서가 송달받을 자에게 도달됨으로써 그 효력이 발생한다.

④ 행정청은 처분을 할 때에는 법률이 정한 경우를 제외하고는 당사자에게 그 근거와 이유를 제시하여야 한다.

25 상급기관이 직원 또는 하급기관의 문의나 신청에 대하여 개별적 · 구체적으로 발하는 명령은 무엇인가?

① 예규　　　　　② 훈령　　　　　③ 고시　　　　　④ 지시

국방부(육 · 해 · 공군) 시행 필기시험(2009.06.27)

01 도로공사가 장기간 계속됨으로 인해 영업손실을 입은 인근 상인의 피해를 보상해 주어야 한다는 것과 가장 관련이 깊은 것은?

① 희생보상

② 수용적 침해

③ 수용유사적 침해

④ 공법상 결과제거청구권

02 다음 중 신뢰보호의 원칙과 가장 관련이 없는 것은?(다툼이 있는 경우 판례에 의함)

① 행정기관의 의사표시가 일반론적인 견해표명인 경우에는 이 원칙을 적용하지 않는다.

② 주택사업계획승인에 주택사업과는 아무런 관련이 없는 토지를 기부채납하도록 하는 부관을 붙인 것은 이 원칙에 위배된다.

③ 행정청이 아무런 조치를 취하지 않고 장기간 방치하다가 3년여가 지난 후에 운전면허취소처분을 한 것은 이 원칙에 위배된다.

④ 수익적 처분이 상대방의 허위 기타 부정한 방법으로 인하여 행해졌다면 상대방은 그 처분이 그와 같은 사유로 인하여 취소될 것임을 예상할 수 없었다고 할 수 없으므로, 이러한 경우에까지 상대방의 신뢰를 보호하여야 하는 것은 아니다.

03 국유일반재산의 대부행위와 국유림에 관한 대부료의 납입고지는 어떤 관계인가?

① 권력관계

② 공법상 계약

③ 사법관계

④ 관리관계

04 도로의 인접주민에 대한 고양된 일반사용권에 대한 설명으로 옳은 것은?

① 도로에 근접한 주민의 권리가 더욱 보장되어야 한다.

② 도로점용허가는 법률상 이익이 아니라 반사적 이익이다.

③ 도로의 인접주민이라는 사정만으로 고양된 일반 사용권이 인정된다.

④ 판례에 의하면, 도로점용허가에서 부관인 점용기간을 정함에 있어서 위법사유가 있다 하더라도 도로점용허가 전체가 위법하게 되지는 않는다.

05 다음 중 부관에 대한 설명으로 옳지 않은 것은?

① 부관은 주된 의사표시에 부가하여 주된 행정행위의 효력을 발생·변경·소멸시키는 종된 의사표시를 말한다.

② 부관 중 기한과 부담은 독립적인 쟁송이 가능하다.

③ 부담부 행정행위의 경우 부담의 이행 여부와 상관없이 행정행위의 효력이 발생한다.

④ 부담은 조건과 달리 독립하여 강제집행의 대상이 될 수 있다.

06 다음 중 행정지도에 대한 설명으로 옳은 것은?

① 행정지도는 처분성이 인정된다.

② 행정지도는 반드시 문서로만 해야 한다.

③ 행정지도는 사실상 강제력으로 인하여 권력적 행정행위에 해당한다.

④ 행정지도는 법률의 근거 여부와 상관없이 행정법의 일반 원칙을 따라야 한다.

07 다음 중 재량행위에 대한 설명으로 옳지 않은 것은?

① 판례는 판단여지와 행정재량을 구별하고 있다.

② 법률효과의 일부배제 부관을 인정한다.

③ 판례는 판단여지를 부정하는 입장이다.

④ 재량행위에는 취소소송이 명문으로 규정되어 있다.

08 다음 중 행정행위에 대한 연결이 올바른 것은?

① 조세의 납부독촉 – 하명

② 공무원의 임명행위 – 확인

③ 학교법인이사의 취임승인 – 인가

④ 선거인 명부에의 등록행위 – 허가

09 다음 중 행정절차법에 대한 설명으로 옳지 않은 것은?

① 행정절차에 관한 일반법으로서의 성격을 가진다.

② 행정절차법에는 행정계획에 관한 절차가 규정되어 있다.

③ 행정절차법은 행정청 간의 협조의무와 행정청 상호 간의 행정응원에 대하여 규정하고 있다.

④ 현행 행정절차법은 신뢰보호의 원칙은 물론 신의성실의 원칙을 명문으로 규정하고 있다.

10 다음 중 행정대집행의 대상이 아닌 것은?

① 무허가건물의 철거

② 위법한 건축물의 철거

③ 불법 선전광고물의 제거

④ 불법점유토지 퇴거명령

11 행정청의 부작위로 인하여 권익을 침해당한 자가 행정청에 대하여 제3자에 대한 단속을 청구할 수 있는 권리로 가장 옳은 것은?

① 계획보장청구권

② 행정개입청구권

③ 행정행위발급청구권

④ 무하자재량행사청구권

12 행정소송에 관한 설명 중 옳지 않은 것은?(다툼이 있는 경우 판례에 의함)

① 행정소송법상 관련청구소송의 이송 및 병합이 인정된다.

② 법원은 필요하다가 인정할 때에는 직권으로 증거조사를 할 수 있다.

③ 우리나라 행정소송법은 행정소송의 대상에 관해 열기주의를 택하고 있다.

④ 취소소송이 제기되어도 원칙적으로 해당 처분의 효력은 정지되지 않는다.

13 다음에서 甲의 현행 행정쟁송법상의 권리구제수단에 관한 설명으로 옳지 않은 것은?

> 甲은 자신의 주거지 인근에 위치한 대기오염을 야기하는 공장에 대하여 관할관청에 대기환경보전법의 관련규정에 의거하여 개선명령을 발동해 줄 것을 요구하였으나, 이에 대하여 주무부장관인 환경부장관은 아무런 응답이 없었다.

① 甲은 이 경우 의무이행심판을 청구할 수 있으나 취소심판을 청구할 수는 없다.

② 의무이행심판의 인용재결의 경우는 중앙행정심판위원회의 의결에 따라 환경부장관이 스스로 甲의 신청에 따르는 처분을 하면 된다.

③ 甲은 행정소송으로서 부작위위법확인소송을 제기할 수 있으나, 이 소송에서 법원은 부작위가 위법함을 확인하는 데 그쳐야 하고, 그 이상으로 행정청이 발급하여야 할 실체적 처분의 내용까지 심리할 수 없다고 보는 것이 대법원의 입장이다.

④ 대법원의 입장에 따르면 부작위위법확인소송에서 법원의 인용판결이 있으면 환경부장관은 판결의 기속력에 따라 적극적으로 개선명령을 발동하여야 하고, 또 다시 거부처분과 같은 소극적 처분을 하여서는 안 된다.

14 행정상 실효성 확보수단에 대한 설명으로 옳지 않은 것은?(다툼이 있는 경우 판례에 의함)

① 행정법을 의무위반에 대한 사후적인 제재로서의 성질을 갖는다.

② 과징금은 의무 불이행 시 행정청이 강제로 실현하는 수단이다.

③ 가산세는 세법에 규정하는 의무의 성실한 이행을 확보하기 위하여 산출된 세액에 가산하여 징수는 금액이다.

④ 이행강제금은 비대체적 작위의무 또는 부작위의무를 불이행한 경우 그 의무이행을 강제하기 위하여 부과하는 금전적 부담이다.

15 공청회의 통지날짜와 행정예고기간의 연결이 바른 것은?

	공청회	행정예고기간
①	10일 전	14일 이상
②	14일 전	20일 이상
③	14일 전	30일 이상
④	20일 전	30일 이상

16 행정행위의 철회에 대한 설명으로 옳지 않은 것은?

① 법령위반행위를 이유로 한 영업허가취소는 강학상 철회이다.

② 행정행위의 성립 당시에는 하자가 없었으나 사후에 발생한 사유를 원인으로 한다.

③ 철회권의 유보는 상대방의 신뢰보호원칙의 주장을 배제시키는 기능을 한다.

④ 불가쟁력이 발생한 행정행위는 취소권을 가진 처분청이라도 직권으로 취소 또는 철회할 수 없다.

17 다음 설명 중 옳은 것은?(다툼이 있는 경우 판례에 의함)

① 헌법은 통치행위를 명시적으로 규정하고 있다.

② 행정은 추상적·구체적 사안에 대한 규율을 행한다.

③ 헌법재판소는 대통령의 사면행위를 통치행위로 판시한 바 있다.

④ 행정법은 주로 효력규정으로 되어 있어 이에 위반하면 법적 효력이 없게 된다.

18 다음 중 판결의 효력에 대한 설명으로 옳은 것은?

① 기판력도 행정소송법에 규정되어 있다.

② 기속력은 간접강제, 재처분의무 등에서 인정된다.

③ 기속력 성질에 대하여는 기판력설과 특수효력설이 대립하는 바, 학설과 판례는 기판력설을 취한다.

④ 판결이 난 이후에 판결 전과 같은 사유로 행정청이 동일한 처분을 하게 되면 당연무효라는 것이 판례의 입장이다.

19 다음 중 행정행위의 하자 승계가 인정되지 않는 경우는?(다툼이 있는 경우 판례에 의함)

① 개별공시지가결정과 과세처분 사이

② 공무원의 직위해제처분과 면직처분의 사이

③ 조세체납처분에 있어서의 독촉과 압류

④ 표준공시지가결정과 수용·재결 사이

20 다음 중 행정입법부작위에 관한 설명으로 옳은 것은?(다툼이 있는 경우 판례에 의함)

① 부진정입법부작위는 입법부작위를 이유로 헌법소원을 제기할 수 있다.

② 대법원은 행정입법부작위가 부작위위법확인소송의 대상이 된다고 본다.

③ 헌법재판소는 행정입법부작위가 헌법소원의 대상이 될 수 없다고 본다.

④ 진정입법부작위로 인하여 국민에게 손해가 발생한 경우에는 국가배상이 인정된다.

21 다음 중 행정입법에 대한 설명으로 옳지 않은 것은?(다툼이 있는 경우 판례에 의함)

① 법규명령을 위반한 행정행위는 위법하며 무효사유가 된다.

② 행정규칙은 법적근거를 요하지 않는다.

③ 행정규칙은 원칙적으로 법원성이 인정되지 않으나 예외적으로 행정규칙의 법원성이 인정되는 경우 처분성이 인정된다.

④ 법규명령이 직접적으로 국민의 권리·의무에 영향을 미치는 경우 처분성이 인정된다.

22 다음 중 국개배상법상 손해배상에 관한 설명으로 옳지 않은 것은?(다툼이 있는 경우 판례에 의함)

① 비권력적인 행위는 손해배상의 대상이 되지 않는다.

② 손해배상 요건 중 하나인 '공무원의 직무상 불법행위'에서의 '공무원'은 국가공무원법상의 공무원만을 의미하지는 않는다.

③ 공무를 위임받은 사인에 의한 손해의 배상에도 국가배상법이 적용된다.

④ 생명·신체의 침해에 대한 배상청구권은 이를 양도하거나 압류할 수 없다.

23 행정소송법상 집행정지에 관한 설명 중 옳지 않은 것은?

① 집행정지결정에는 기판력이 인정되지 않는다.

② 집행정지는 최소소송과 무효등확인소송에 인정된다.

③ 집행정지는 당사자의 신청이나 직권에 의해 행해진다.

④ 집행정지신청은 항소심과 상고심에서는 불가능하다.

24 다음 중 행정절차법에 대한 내용으로 옳지 않은 것은?

① 행정절차법은 신의성실의 원칙과 신뢰보호의 원칙을 규정하고 있다.

② 행정청은 처분을 할 때에 당사자 등이 제출한 의견이 상당한 이유가 있다고 인정하는 경우에는 이를 반영하여야 한다.

③ 신청인은 처분이 있기 전에는 그 신청의 내용을 보완하거나 변경 또는 취하할 수 있다.

④ 행정청에 대하여 처분을 구하는 신청을 함에 있어 전자문서로 하는 경우에는 행정청의 컴퓨터 등에 입력된 때의 익일에 신청한 것으로 본다.

25 관련법에서 정한 요건을 구비하여 행정청에 음식점 영업허가 신청을 하였는데 거부를 당하였다. 행정청의 거부처분에 대한 구제수단으로 옳은 것은?

① 거부처분에 대해서 무효등확인소송, 부작위위법확인소송을 청구할 수 있다.

② 거부처분에 대해서 의무이행소송, 당사자소송을 청구할 수 있다.

③ 거부처분에 대해서 취소심판, 취소소송, 의무이행심판의 청구가 가능하다.

④ 거부처분에 대해서 손해배상을 청구할 수 있다.

국방부(육 · 해 · 공군) 시행 필기시험(2008.06.14)

01 다음 중 실질적 · 형식적 행정에 모두 속하는 것은?

① 행정심판의 재결   ② 공무원의 징계처분

③ 법규명령의 제정   ④ 국회사무총장의 직원 임명

02 법률유보에 대한 설명으로 옳지 않은 것은?

① 전부유보설은 3권분립의 원칙에 가장 부합하는 주장이다.

② 의회유보설은 의회의 입법기관으로서 권한과 의무를 강조하는 것이다.

③ 급부행정유보설은 침해행정은 물론 수익적 행정행위에 대해서도 법률의 근거가 필요하다고 본다.

④ 신침해유보설은 특별권력관계에 있어서도 구성원의 자유와 권리를 침해하기 위해서는 법률의 수권이 필요하다고 보는 점에서 전통적인 침해유보설과 구별된다.

03 다음 중 통치행위와 관련이 없는 것은?

① 불침투성 이론   ② 권력분립설

③ 재량행위설   ④ 독자성설

04 다음 중 특별권력관계가 아닌 것은?

① 조세부과처분   ② 초등학생의 입학 동의

③ 국공립학교 학생의 재학관계   ④ 법정 감염병환자의 강제입원

05 행정법의 법원(法源)에 대한 설명으로 옳지 않은 것은?

① 불문법계 국가에서는 전혀 문제가 되지 않는다.

② 행정법은 단일 형태의 법전이 존재하지 않는다.

③ 법원(法源)이란 인식 근거 또는 법의 존재 형식에 관한 문제이다.

④ 일반적으로 성문법의 형식으로 존재하나, 불문법의 형식으로도 존재한다.

06 비례의 원칙과 관련이 없는 것은?

① 침소침해의 원칙 ② 필요성의 원칙

③ 적절성의 원칙 ④ 자의금지의 원칙

07 신뢰보호의 원칙에 관한 설명으로 옳지 않은 것은?

① 영·미법계의 금반언의 원리와 유사하다.

② 신뢰보호의 원칙의 이론적 근거로 신의칙설이 현재의 다수설이다.

③ 행정확약이나 계획보장청구권의 보장 등에 이용될 수 있다.

④ 우리나라의 행정절차법은 신뢰보호의 원칙을 명문으로 규정하고 있다.

08 과징금에 대한 설명으로 옳지 않은 것은?(다툼이 있는 경우 판례에 의함)

① 과징금은 행정상의 제재금으로서 처벌에 해당하지 않는다.

② 과징금은 행정청이 직접 부과·징수하므로 체납처분이 가능하다.

③ 과징금이란 경찰법상의 의무위반자에게 당해 위반행위로 경제적 이익이 발생한 경우에, 행정청이 그 이익을 박탈하기 위하여 가하는 금전적 제재를 말한다.

④ 행정법규의 위반으로 인하여 영업정지처분을 하여야 하는 경우에 그 영업정지처분이 국민들에게 심한 불편을 주거나 공익을 해칠 우려가 있는 때에는 행정청이 그 영업정지처분에 갈음하여 과징금을 부과할 수 있다.

09 취소소송의 원고적격에 대한 설명으로 옳지 않은 것은?(다툼이 있는 경우 판례에 따름)

① 법률상 이익의 의미에 관하여 법률상 보호이익설(법률상 이익구제설)은 위법한 처분에 의하여 침해되고 있는 이익이 근거 법률에 의하여 보호되고 있는 이익인 경우에는 그러한 이익이 침해된 자에게 당해 처분의 취소를 구할 원고적격이 인정된다고 한다.

② 원고적격은 사실심변론종결시는 물론 상고심에서도 존속하여야 하며 재판 도중 소송요건이 충족되지 않을 경우 각하판결이 이루어진다.

③ 법인격이 없는 단체도 구체적인 분쟁대상과 관련하여 권리를 가질 수 있는 범위 안에서 원고적격이 인정된다.

④ 행정처분의 직접 상대방이 아닌 제3자에게는 당해 행정처분 취소를 구할 법률상 이익이 있더라도 원고적격이 인정되지 않는다.

10 행정행위의 공정력에 관한 설명 중 옳지 않은 것은?

① 행정행위의 공정력은 민사법원에도 원칙적으로 미친다.

② 입증책임에 대해서는 영향을 미치지 않는다는 것이 통설이다.

③ 형사법원은 행정행위의 위법 여부가 재판의 전제가 된 경우에는 독자적으로 판단할 수 있다고 본다.

④ 행정행위가 당연무효가 아닌 한 직권 또는 쟁송취소되기 전까지는 그 적법성이 추정된다는 것이 통설이다.

11 다음 중 사인의 공법행위에 해당하지 않는 것은?

① 영업허가의 출원
② 건물임대차 계약
③ 행정심판의 청구
④ 선거에서의 투표행위

12 다음 중 공법과 사법의 구분에 관한 설명으로 옳지 않은 것은?

① 신주체설은 행정주체가 한쪽 당사자이면 공법이고, 사인 상호 간이면 사법이라고 한다.

② 생활관계설은 생활관계 그 자체에 구별의 표준을 두어, 단체적 생활관계를 규율하는 법이 공법이고, 개인적 생활관계를 규율하는 법이 사법이라고 한다.

③ 이익설은 법률관계의 목적이 공익인가 사익인가에 따라 공법과 사법으로 구별하는 입장이다.

④ 권력설은 법률관계의 성질을 기준으로 하여 상하관계를 규율하는 법을 공법으로 보고 대등한 관계를 규율하는 법을 사법으로 이해한다.

13 하명에 대한 설명으로 옳지 않은 것은?

① 하명행위의 대상은 사실행위와 법률행위이다.

② 하명에 위반한 행위는 무효이다.

③ 하명행위의 불이행 시 강제집행이나 행정벌의 대상이 된다.

④ 하명은 내용에 따라 작위하명, 부작위하명, 급부하명, 수인하명 등으로 구분된다.

14 다음 중 행정행위의 부관을 붙이기에 적절하지 않은 것은?

① 광업허가

② 귀화허가

③ 음식점영업허가

④ 공유수면매립면허

15 행정행위의 부관에 대한 설명 중 가장 잘못된 것은?

① 행정행위의 부관은 행정청의 의사에 기한 것이므로 상위 규정 이외의 한계는 없다.

② 철회권이 유보된 경우라도 철회의 일반적 요건이 충족되어야 철회가 가능하다.

③ 행정행위의 거부 대신 제한적 허가를 할 수 있게 함으로써 행정에 탄력성을 부여하는 기능을 한다.

④ 부관의 성질이 조건인지 부담인지 불명확한 경우에는 원칙적으로 부담으로 해석해야 한다.

16 행정지도에 관한 설명으로 옳지 않은 것은?

① 행정지도는 문서로만 해야 한다.

② 행정지도의 상대방은 의견제출이 가능하다.

③ 행정지도는 최소한의 범위 내에서 행해져야 한다.

④ 행정지도에 불응했다고 해서 불이익을 주어서는 안 된다.

17 행정상 강제집행에 관한 설명으로 옳지 않은 것은?

① 행정상 강제집행 중 집행벌은 간접적인 수단으로 볼 수 있다.

② 행정처분에 대한 쟁송제기기간 내라도 행정상 강제집행은 가능하다.

③ 행정명령권에는 명령의 강제(실현)권이 포함된다는 것이 현재의 통설이다.

④ 행정상 강제집행의 수단으로는 대집행, 집행벌, 직접강제, 행정상 강제징수 등이 있다.

18 행정상 대집행에 관한 내용으로 옳지 않은 것은?

① 대집행은 제3자에 의하여도 가능하다.

② 대집행의 대상행위는 대체적 작위의무이다.

③ 대집행의 일반법으로 토지수용법을 들 수 있다.

④ 행정법상 작위의무의 불이행이 있어야 한다.

19 행정상 강제징수에 관한 설명 중 옳지 않은 것은?(다툼이 있는 경우 판례에 의함)

① 독촉은 준법률행위적 행정행위인 통지로 보는 것이 일반적이다.

② 판례는 독촉절차 없이 한 압류처분에 중대하고 명백한 하자가 있다고 본다.

③ 국제징수법은 행정상 강제징수에 관하여 일반법적 지위를 가진다.

④ 강제징수는 독촉, 체납처분의 단계를 거치고 체납처분은 '압류 − 매각 − 청산'의 3단계로 나누어진다.

20 다음 중 통고처분의 법적 성질과 가장 가까운 것은?

① 판결

② 사실행위

③ 통지

④ 준사법적 행정행위

21 다음 중 행정소송법상 집행정지의 요건에 해당하지 않는 것은?

① 대상이 되는 처분이 존재할 것

② 본안소송이 적법하게 계속되어 있을 것

③ 회복하기 어려운 손해발생의 우려가 있을 것

④ 공공복리에 중대한 영향을 미칠 우려가 있을 것

22 다음 중 손해배상에 관한 설명으로 옳지 않은 것은?(다툼이 있는 경우 판례에 의함)

① 국가 등이 배상한 경우 국가나 지방자치단체는 가해자인 공무원에게 구상하여야 한다.

② 공공기관이나 영조물에서 근무하는 사람은 국가배상법상 배상책임의 주체에 해당되지 않는다.

③ 법령 위반에는 엄격한 의미의 법령 위반뿐만 아니라 인권존중, 권력남용금지, 신의성실, 공서약속 등의 위반도 포함된다.

④ 직무행위의 범위에는 권력적 작용만이 아니라 비권력적 작용도 포함된다.

23 집행정지에 대한 다음 설명 중 옳지 않은 것은?

① 집행정지결정 시 기속력, 형성력이 인정된다.

② 교수임용신청에 대한 거부처분은 집행정지의 대상이 된다.

③ 당사자와 검사가 과태료 재판에 대해 즉시항고할 경우 항고는 집행정지의 효력이 있다.

④ 처분의 효력정지는 처분의 집행 또는 절차의 속행을 정지함으로써 그 목적을 달성할 수 있을 때에는 허용되지 않는다.

24 甲은 부산광역시의 건축 관련 처분에 대해 행정심판을 제기하였으나 기각판결이 나자 이에 대해 행정소송을 제기하려고 한다. 다음 중 행정소송의 피고와 관할법원이 올바르게 연결된 것은?

① 부산광역시장 – 부산지방법원

② 국토교통부장관 – 서울행정법원

③ 중앙행정심판위원회 – 부산지방법원

④ 중앙행정심판위원회 – 서울행정법원

25 군무원은 국가공무원법상 어느 공무원에 해당하는가?

① 일반직 공무원   ② 특정직 공무원

③ 정무직 공무원   ④ 별정직 공무원

국방부(육 · 해 · 공군) 시행 필기시험(2007.05.12)

01 다음 중 통치행위에 대한 설명으로 옳지 않은 것은?

① 통치행위는 고도의 정치성을 띤 행위라 할 수 있다.

② 우리나라 통설과 판례는 통치행위의 관념을 인정하고 있다.

③ 계엄의 선포, 조약의 체결, 선전포고 및 강화 등을 통치행위의 예로 들 수 있다.

④ 통치행위는 행정소송에 관하여 열기주의를 취하고 있는 국가에서 실익이 크다.

02 국무총리 소속기관이 아닌 것은?

① 법제처   ② 감사원

③ 국무조정실   ④ 국가보훈처

03 다음 중 법규명령을 제정할 수 없는 기관은?

① 대통령   ② 국방부장관

③ 경찰청장   ④ 국무총리

04 행정소송법상 행정청이 아닌 것은?

① 국가   ② 사인

③ 도지사   ④ 국방부장관

05 부산광역시장의 처분에 대한 심판청구를 심리 · 재결하는 기관으로 옳은 것은?

① 부산광역시장   ② 부산행정법원

③ 서울특별시장   ④ 중앙행정심판위원회

06 불가쟁력에 관한 설명으로 옳지 않은 것은?(다툼이 있는 경우 판례에 의함)

① 불복제기간이 지난 경우에는 불가쟁력이 발생한다.

② 무효인 행정행위에는 불가쟁력이 생기지 않는다.

③ 불가쟁력이 발생하면 행정행위의 하자가 치유된다.

④ 불가쟁력이 생긴 행정행위라도 국가배상청구는 가능하다.

07 판례상 공법관계에 해당하는 것은?

① 국고수표발행

② 전화가입계약

③ 잡종재산인 국유림 대부행위

④ 국가나 지방자치단체에 근무하는 청원경찰의 근무관계

08 행정법상 확약에 대한 설명 중 옳지 않은 것은?(다툼이 있는 경우 판례에 의함)

① 확약은 재량행위에만 가능하고 기속행위에는 불가능하다.

② 명문의 근거규정이 없더라도 본 처분을 행할 수 있는 행정청은 그에 대한 확약도 할 수 있다.

③ 확약이 있으면 행정청은 상대방에게 확약된 행위를 할 작위구속적 의무를 지게 된다.

④ 확약의 불이행으로 인하여 손해가 발생한 경우에는 국가배상법에 의거하여 손해배상을 청구할 수 있다.

09 무효와 취소의 구별실익이 아닌 것은?

① 선결문제   ② 쟁송 여부

③ 하자의 승계   ④ 하자의 치유와 전환

10 다음 중 행정행위의 철회에 대한 설명으로 옳지 않은 것은?(다툼이 있는 경우 판례에 의함)

① 철회는 원칙적으로 처분청만이 할 수 있다.

② 철회는 장래를 향하여 행정행위의 효력을 상실시킨다.

③ 법령의 근거가 있어야 철회가 가능하다.

④ 행정행위의 성립 당시에는 하자가 없었으나 사후에 발생한 사유를 원인으로 한다.

11 다음 중 국가 공무원법상의 징계사유에 해당되지 않는 것은?

① 국가공무원법 위반

② 직무명령 위반

③ 직무 외 품위 손상

④ 타인에게 손해를 발생하게 한 경우

12 국가를 당사자 또는 참가인으로 하는 소송에서 국가를 대표하는 기관은?

① 대통령

② 국무총리

③ 법무부장관

④ 중항행정기관의 장

13 행정법상의 의무와 반대급부 간에는 실질적 관련성이 있어야 한다는 원칙으로 옳은 것은?

① 평등의 원칙

② 비례의 원칙

③ 신뢰보호의 원칙

④ 부당결부금지의 원칙

14 공용수용의 목적물이 될 수 없는 것은?

① 광업권

② 행정재산

③ 건물의 전세권

④ 토지에 관한 소유권 이외의 권리

15 다음 중 행정상 즉시강제에 대한 설명으로 옳은 것은?(다툼이 있는 경우 판례에 의함)

① 재산에 대해서만 가능하다.

② 행정상 강제집행수단의 일종이다.

③ 신체에 대해서는 허용되지 않는다.

④ 즉시강제에는 법적 근거가 반드시 있어야 한다.

16 다음 중 행정상 강제집행이 아닌 것은?

① 무허가영업소 폐쇄조치

② 무허가건물의 강제 철거

③ 유해음식물의 무상수거

④ 이행강제금의 부과

17 손해배상청구권은 피해자가 손해 및 가해자를 안 날로부터 몇 년 이내에 행사하여야 하는가?

① 1년 　　　　　　　　　　　　　② 2년

③ 3년 　　　　　　　　　　　　　④ 5년

18 다음 중 손실보상제도와 가장 관련이 없는 것은?

① 특별한 희생 　　　　　　　　　② 사회보장제도

③ 법률유보의 원칙 　　　　　　　④ 사회적 공평부담의 원리

19 다음 중 국가배상법상 영조물에 해당하지 않는 것은?

① 국유임야 　　　　　　　　　　② 경찰권총

③ 소방자동차 　　　　　　　　　④ 관공서청사

20 부담금과 조세에 관한 사항으로 옳지 않은 것은?

① 양자는 병과가 가능하다.

② 부담금과 조세는 모두 공법상 금전지급의무이다.

③ 부담금과 조세는 모두 담세능력에 기초하여 부담한다.

④ 부담금은 특정 공익사업의 경비충당을 위한 것이고, 조세는 행정주체의 일반경비의 충당을 위한 것이다.

21 화재현장에 있던 사람이 진화작업에 동원되어 불을 끄던 중 사망한 경우 청구할 수 있는 권리는?

① 수용적침해보상청구권 　　　　② 희생보상청구권

③ 손실보상청구권 　　　　　　　④ 국가배상청구권

22 국가배상법 제2조의 손해배상책임 요건에 해당하지 않는 것은?

① 공무원이 법령에 위반하여 행한 행위가 있어야 한다.

② 공무원이 직무행위를 집행하면서 행한 행위가 있어야 한다.

③ 공무원이 타인에게 손해를 가한 경우에 성립한다.

④ 공무원의 중과실이 있어야만 한다.

23 다음 중 행정심판에 대한 설명으로 옳지 않은 것은?

① 재량행위는 행정심판의 대상이 아니다.

② 행정심판의 심리는 서면심리와 구술심리 모두 가능하다.

③ 행정심판의 재결에 대해서는 원칙적으로 다시 행정심판을 제기할 수 없다.

④ 행정심판의 대상에는 위법한 처분뿐 아니라 부당한 처분도 포함된다.

24 손실보상기준으로서 헌법상의 보상의미로 옳은 것은?

① 적정한 보상

② 완전한 보상

③ 정당한 보상

④ 상당한 보상

25 취소소송의 판결효력에 대한 설명으로 틀린 것은?

① 처분 등을 취소하는 확정판결은 제3자에 대하여는 효력이 미치지 않는다.

② 처분 등의 무효를 확인하는 인용판결은 제3자에 대하여도 효력이 미친다.

③ 처분행정청은 기속력의 적극적 효력에 의하여 판결의 취지에 따른 처분을 하여야 하는 재처분의무를 진다.

④ 본안판결은 청부의 당부에 관한 판결로서 청구내용의 전부 또는 일부를 기각하거나 인용하는 것을 내용으로 한다.

P / A / R / T

02

행정법 모의고사

CHAPTER 01

제1회 행정법 모의고사

01 다음 중 공공기관의 정보공개에 관한 법률상의 정보공개에 대한 설명으로 옳지 않은 것은?(다툼이 있는 경우 판례에 의함)

① 모든 국민은 정보의 공개를 청구할 권리를 가지며, 국민 속에는 자연인 · 법인 · 법인격 없는 단체도 포함된다.

② 청구인이 정보공개 청구 후 20일이 경과하도록 정보공개 결정이 없는 때에는 정보공개 청구 후 20일이 경과한 날부터 30일 이내에 해당 공공기관에 문서로 이의신청을 할 수 있다.

③ "정보"란 공공 기관이 직무상 작성 또는 취득하여 관리하고 있는 문서(전자문서를 포함) · 도면 · 사진 · 필름 · 테이프 · 슬라이드 및 그 밖에 이에 준하는 매체 등에 기록된 사항을 말한다.

④ 정보공개 청구인이 공공기관에 대하여 정보공개를 청구하였다가 거부처분을 받은 것은 법률상 이익의 침해에 해당하지 않는다.

02 법치행정의 원리에 대한 내용으로 옳지 않은 것은?

① 법치행정은 행정의 자의를 방지하고 예측가능성을 도모하는 데 의의가 있다.

② 법률의 법규창조력이란 국민의 권리 · 의무에 관한 규율을 창조하는 것은 모두 의회가 정립하는 법률에 의하여야 한다는 것이다.

③ 법치행정이 요구됨에 따라 입법에 대한 행정부의 역할이 감소되고 있다.

④ 법률유보의 원칙은 적극적으로 법률을 행정권의 발동요건으로 하며, 법률우위의 원칙은 소극적으로 법률에 위반하는 행정작용의 금지를 나타낸다.

03 다음 중 대법원 판례의 내용과 다른 것은?(다툼이 있는 경우 판례에 의함)

① 침익적 행정행위의 근거가 되는 행정법규는 엄격하게 해석 · 적용하여야 하고 그 해석이 문언의 통상적인 의미를 벗어나서는 아니 된다.

② 행정처분의 효력정지나 집행정지를 구하는 신청사건에서 행청처분의 효력이나 집행을 정지할 것인가에 관한 소정의 요건의 존부는 원칙적으로 판단의 대상이 아니다.

③ 송달이 부적법하여 송달의 효력이 발생하지 아니하는 이상 상대방이 객관적으로 부과처분의 존재를 인식할 수 있었다 하더라도 송달의 하자가 치유된다고 볼 수 없다.

④ 법률의 시행령의 내용이 모법 조항의 취지에 근거하여 이를 구체화하기 위한 것인 때에는 모법의 규율 범위를 벗어난 것으로 볼 수 없다.

04 도로공사가 장기간 계속됨으로 인해 영업손실을 입은 인근 상인의 피해를 보상해 주어야 한다는 것과 가장 관련이 깊은 것은?

① 수용적 침해
② 수용유사적 침해
③ 희생보상
④ 공법상 결과제거청구권

05 다음 중 행정의 자동결정에 대한 설명으로 옳지 않은 것은?(다툼이 있는 경우 판례에 의함)

① 자동기기에 의한 교통신호나 전산처리를 통한 객관식 시험 채점은 자동결정의 예로 볼 수 있다.
② 행정의 자동결정은 컴퓨터를 통하여 이루어지는 자동적 결정이기 때문에 행정행위의 개념적 요소를 구비하는 경우에도 행정행위로서의 성격을 인정하는 데 어려움이 있다.
③ 행정의 자동결정도 행정작용의 하나이므로 행정의 법률적합성과 행정법의 일반원칙에 의한 법적 한계를 준수하여야 한다.
④ 교통신호의 고장으로 사고가 발생하여 손해가 발생한 경우 국가배상법에 다른 국가배상청구가 가능하다.

06 다음 중 개인정보 보호에 대한 설명으로 옳지 않은 것은?

① 개인정보처리자가 집단분쟁조정을 거부하거나 집단분쟁조정의 결과를 수락하지 아니한 경우에는 법원에 권리침해 행위의 금지·중지를 구하는 단체소송을 제기할 수 있다.
② 개인정보보호법은 외국의 정보통신서비스 제공자 등에 대하여는 개인정보보호규제를 두고 있지 않다.
③ 정보통신서비스 제공자는 이용자가 필요한 최소한의 개인정보 이외의 개인정보를 제공하지 아니한다는 이유로 그 서비스의 제공을 거부해서는 안 된다.
④ 이용자는 정보통신서비스 제공자등에 대하여 언제든지 개인정보 수집·이용·제공 등의 동의를 철회할 수 있다.

07 사인의 공법행위에 대한 내용으로 옳지 않은 것은?

① 사인의 공법행위에 의사능력이 없으면 그 행위는 무효이다.
② 사인의 공법행위에는 원칙적으로 부관을 붙일 수 없다.
③ 사인의 공법행위는 원칙적으로 그를 기초로 한 행정행위의 성립 전에는 이를 철회할 수 있다.
④ 사인의 공법행위는 공정력은 인정되나, 집행력은 인정되지 않는다.

08 행정계획에 대한 설명으로 옳지 않은 것은?(다툼이 있는 경우 판례에 의함)

① 행정계획의 개념은 강학상의 것일 뿐 대법원 판례에서 이를 직접적으로 정의한 바는 없다.

② 비구속적 행정계획에 대하여는 행정소송을 제기할 수 있다.

③ 대법원은 택지개발예정지구 지정처분을 일종의 행정계획으로서 재량행위에 해당한다고 본다.

④ 위법한 행정계획으로 인하여 구체적으로 손해를 입은 경우에는 국가를 상대로 손해배상을 청구할 수 있다.

09 행정규칙의 효력에 대한 내용으로 옳지 않은 것은?(다툼이 있는 경우 판례에 의함)

① 행정규칙은 내부적 구속력이 있으나, 위법함이 명백한 경우에는 복종을 거부할 수 있다.

② 행정규칙은 훈령, 예규, 통첩, 지시, 고시, 각서 등 그 사용명칭 여하에 불구하고 대외적으로는 아무런 구속력을 갖지 않는다.

③ 특허의 인가기준을 법령의 위임을 받아 부령으로 정한 경우 이는 행정청 내부의 사무처리준칙을 규정한 행정규칙에 해당한다.

④ 재량권행사의 준칙인 규칙이 그 정한 바에 따라 되풀이 시행되어 행정관행이 되면, 행정관청은 그 상대방에 대한 관계에서 규칙에 따라야 할 자기구속을 당하게 된다.

10 판례에 따를 때 행정처분으로 본 경우에 해당하는 것은?

① 한국전력공사가 전기공급의 적법 여부를 조회한 데 대한 관할 구청장의 회신

② 국유잡종재산 대부행위에서의 그 대부료 납부고지

③ 임야의 국토이용계획상의 용도지역변경허가신청을 거부·반려한 행위

④ 구「교통안전공단법」상 분담금 납부의무자에 대하여 한 분담금 납부통지

11 신뢰보호 원칙에 대한 설명으로 옳지 않은 것은?(다툼이 있는 경우 판례에 의함)

① 신뢰보호의 원칙이 적용되기 위하여는 행정청이 개인에 대하여 신뢰의 대상이 되는 공적인 견해표명을 하여야 하고, 그 견해표명이 정당하다고 신뢰한 데에 대해 개인에게 귀책사유가 없어야 한다.

② 신의성실의 원칙 내지 금반언의 원칙은 합법성을 희생하여서라도 납세자의 신뢰를 보호함이 정의, 형평에 부합하는 것으로 인정되는 특별한 사정이 있는 경우에 적용되는 것으로서 납세자의 신뢰보호라는 점에 그 법리의 핵심적 요소가 없는 것이므로, 과세관청의 공적 견해표명이 있었는지의 여부를 판단하는 데 있어 반드시 행정조직상의 형식적인 권한분장에 구애된다.

③ 일반적으로 행정상의 법률관계에 있어서 행정청의 견해표명이 반하는 처분을 함으로써 그 견해표명을 신뢰한 개인의 이익이 침해되는 결과가 초래됨이 행정청의 행위에 대하여 신뢰보호의 원칙 요건에 포함된다.

④ 행정청의 관행이 일반적으로 국민들에게 받아들여졌을 때 공익의 이익을 현저히 해칠 우려가 있는 경우를 제외하고 새로운 해석 또는 관행에 따라 소급하여 불리하게 처리하여서는 안 된다.

12 포괄적 위임의 금지에 대한 판례의 태도로 옳지 않은 것은?

① 외형상으로는 포괄적으로 위임한 것처럼 보이더라도 그 법률의 전반적인 체계 등을 고려하여 그 내재적인 위임의 범위나 한계를 분명히 확정할 수 있는 것이라면 이는 포괄적인 위임이 아니다.

② 위임명령은 법률이나 상위명령에서 구체적으로 범위를 정한 개별적인 위임이 있을 때에 가능하고, 누구라도 당해 법령이나 상위법령으로부터 위임명령에 규정될 내용의 대강을 예측할 수 있어야 한다.

③ 위임입법이 대법원규칙인 경우에도 수권법률에서 포괄위임금지원칙을 준수하여야 한다.

④ 법관의 법보충 작용으로서의 해석을 통하여 그 의미가 구체화 · 명확화 될 수 있더라도 해당 규정이 일반적, 추상적, 개괄적인 규정인 경우에는 명확성의 원칙에 반한다.

13 행정행위의 통지에 대한 내용으로 옳지 않은 것은?(다툼이 있는 경우 판례에 의함)

① 공정거래위원회는 국내에 주소 · 거소 · 영업소 또는 사무소가 없는 외국사업자에 대하여 우편송달의 방법으로 문서를 송달할 수 있다.

② 정보통신망을 이용한 송달은 송달받을 자가 동의한 경우에만 하며, 이 경우 송달받을 자가 지정한 컴퓨터 등에 입력된 때에 도달된 것으로 본다.

③ 보통우편의 방법으로 우편물을 발송한 사실만으로는 그 송달을 추정할 수 없다.

④ 납세의무자가 거주하지 아니하는 주민등록상 주소지로 납세고지서를 등기우편으로 발송한 후 반송된 사실이 없는 경우에는 납세의무자에게 송달된 것이라고 본다.

14 판례가 당연무효로 판단한 경우가 아닌 것은?

① 부동산을 양도한 사실이 없음에도 행한 양도소득세 부과처분

② 분배신청을 한 바 없고 분배받은 사실조차 알지 못하고 있는 자에 대한 농지분배

③ 법령에서 보전임지를 다른 용도로 이용하기 위한 사업에 대하여 승인 등 처분을 하기 전에 미리 산림청장과 협의를 하라는 규정상 협의를 거치지 아니한 승인처분

④ 위헌결정된 법률규정에 의하여 이루어진 면직처분

15 행정상 확약에 대한 내용으로 옳지 않은 것은?(다툼이 있는 경우 판례에 의함)

① 확약에는 공정력과 불가쟁력이 인정된다.

② 확약을 한 행정기관은 상대방에게 그 내용에 따른 행정행위를 해야 할 의무를 부담한다.

③ 행정기관의 확약이 있은 후 사실적 · 법률적 상태가 변경되었다면 확약은 행정청의 별다른 의사표시를 기다리지 않고 실효된다.

④ 행정기관의 확약 불이행 시 확약의 상대방은 이에 대하여 의무이행심판 또는 부작위위법확인소송을 제기할 수 있다.

16 공청회에 대한 내용으로 옳지 않은 것은?

① 행정청이 공청회를 개최하려는 경우에는 공청회 개최 14일 전까지 당사자 등에게 통지하고 관보, 공보, 인터넷 홈페이지 또는 일간신문 등에 공고하는 방법으로 널리 알려야 한다.

② 행정청은 해당 공청회의 사안과 관련된 분야에 전문적 지식이 있거나 그 분야에 종사한 경험이 있는 사람으로서 대통령령으로 정하는 자격을 가진 사람 중에서 공청회의 주재자를 선정한다.

③ 공청회의 주재자는 공청회를 공정하게 진행하여야 하며, 발표 내용을 제한해서는 안 된다.

④ 행정청은 처분을 할 때에 공청회, 전자공청회 및 정보통신망 등을 통하여 제시된 사실 및 의견이 상당한 이유가 있다고 인정하는 경우에는 이를 반영하여야 한다.

17 대집행에 대한 내용으로 옳지 않은 것은?(다툼이 있는 경우 판례에 의함)

① 대집행계고처분을 하기 위하여는 법령에 의하여 직접 명령되거나 법령에 근거한 행정청의 명령에 의한 의무자의 대체적 작위의무 위반행위가 있어야 한다.

② 대집행할 행위의 내용과 범위를 구체적으로 특정하지 아니한 계고처분은 위법하다.

③ 행정대집행절차가 인정되는 공법상 의무의 이행은 민사소송의 방법으로 구할 수는 없다.

④ 계고서라는 명칭의 1장의 문서로서 일정기간 내에 위법건축물의 자진철거를 명함과 동시에 그 소정기한 내에 자진철거를 하지 아니할 때에는 대집행할 뜻을 미리 계고한 경우라도, 추후 별도로 「행정대집행법」에 의한 계고처분을 하여야 한다.

18 행정의 실효성 확보수단에 대한 설명으로 옳지 않은 것은?(다툼이 있는 경우 판례에 의함)

① 도시공원시설 점유자의 퇴거 및 명도의무는 대집행의 대상이 된다.

② 행정상 강제집행이 인정된다면 별도의 민사상 강제집행은 허용되지 않는다.

③ 이행강제금은 반복적인 부과가 가능하다.

④ 직접강제는 기본권 침해의 가능성이 큰 수단이므로 비례의 원칙의 준수가 더욱 요구된다.

19 「행정기본법」에 대한 설명으로 옳지 않은 것은?

① 행정은 공공의 이익을 위하여 적극적으로 추진되어야 한다.

② 행정청은 행정작용을 할 때 상대방에게 해당 행정작용과 실질적인 관련이 없는 의무를 부과해서는 아니 된다.

③ 행정청은 위법 또는 부당한 처분의 일부를 소급하여 취소할 수 없다.

④ 행정청은 처분에 재량이 있는 경우에는 부관(조건, 기한, 부담, 철회권의 유보 등을 말한다)을 붙일 수 있다.

20 행정소송에 관한 설명 중 옳지 않은 것은?(다툼이 있는 경우 판례에 의함)

① 법원은 필요하다고 인정할 때에는 직권으로 증거조사를 할 수 있다.

② 행정소송법상 관련청구소송의 이송 및 병합이 인정된다.

③ 우리나라 행정소송법은 행정소송의 대상에 관해 열기주의를 택하고 있다.

④ 취소소송이 제기되어도 원칙적으로 해당 처분의 효력은 정지되지 않는다.

21 「국가배상법」에 따른 내용으로 옳지 않은 것은?

① 「국가배상법」에 따른 배상 시, 피해자가 손해를 입은 동시에 이익을 얻은 경우에는 손해배상액에서 그 이익에 상당하는 금액을 빼야 한다.

② 생명 · 신체의 침해로 인한 국가배상을 받을 권리는 양도하거나 압류하지 못한다.

③ 「국가배상법」은 외국인이 피해자인 경우에는 해당 국가와 상호 보증이 있을 때에만 적용한다.

④ 「국가배상법」에 따른 손해배상의 소송은 배상심의회에 배상신청을 거친 후 제기할 수 있다.

22 손실보상청구권의 성립요건으로 옳지 않은 것은?

① 공공필요에 의한 재산권의 침해일 것

② 사회적 제약을 넘는 특별한 손해일 것

③ 위법한 행정작용에 의한 침해

④ 보상규정이 존재할 것

23 행정심판에 대한 내용으로 옳지 않은 것은?(다툼이 있는 경우 판례에 의함)

① 행정심판의 재결기간은 최장 60일까지이나.

② 행정심판에서는 변경재결과 같이 원처분을 적극적으로 변경하는 것도 가능하다.

③ 행정청이 당사자에게 행정처분을 고지함에 있어 심판청구기간을 알리지 않았다면 당사자는 위 처분이 있은 날로부터 180일 이내에 심판청구를 제기할 수 있다.

④ 행정심판이 청구된 후에 피청구인이 새로운 처분을 하거나 심판청구의 대상인 처분을 변경한 경우에는 청구인은 새로운 처분이나 변경된 처분에 맞추어 청구의 취지나 이유를 변경할 수 있다.

24 행정조사에 대한 내용으로 옳지 않은 것은?(다툼이 있는 경우 판례에 의함)

① 행정조사는 법령의 위반에 대한 처벌보다는 법령을 준수하도록 유도하는 데 중점을 두어야 한다.

② 조사대상자의 자발적인 협조가 있는 경우에는 법령에 행정조사를 규정하고 있지 않더라도 행정조사를 실시할 수 있다.

③ 세무조사결정은 항고소송의 대상이 되는 행정처분으로 볼 수 없다.

④ 세무조사대상 선정사유가 없음에도 세무조사대상으로 선정하여 과세자료를 수집하여 그에 기하여 과세처분을 하는 것은 적법절차의 원칙 위반에 따른 위법한 과세처분이다.

25 행정법의 일반원칙에 대한 설명으로 옳지 않은 것은?(다툼이 있는 경우 판례에 의함)

① 제1종 보통면허로 운전할 수 있는 차량을 음주운전한 경우에 이와 관련된 면허인 제1종 대형면허와 원동기장치 자전거 면허까지 취소할 수 있다.

② 재량권 행사의 준칙인 행정규칙이 그 정한 바에 따라 되풀이 시행되어 행정관행이 이루어지게 되면 평등의 원칙이나 신뢰보호의 원칙에 따라 행정기관은 그 상대방에 대한 관계에서 그 규칙에 따라야 할 자기구속을 받게 된다.

③ 지방자치단체장이 사업자에게 주택사업계획승인을 하면서 그 주택사업과는 무관한 토지를 기부채납하도록 하는 부관을 주택사업계획승인에 붙인 경우, 그 부관은 부당결부금지의 원칙에 위반된다고 본다.

④ 위법한 행정처분이 수차례에 걸쳐 반복적으로 행하여졌다면 행정청에 대하여 자기구속력을 가지게 된다.

01 통치행위에 대한 판례의 태도로 옳지 않은 것은?

① 비록 고도의 정치적 결단에 의하여 행해지는 국가작용이라고 할지라도 그것이 국민의 기본권침해와 직접 관련되는 경우에는 헌법재판소의 심판대상이 될 수 있다.

② 남북정상회담의 개최과정에서 북한 측에 사업권의 대가 명목으로 송금한 행위는 사법심사의 대상이 된다.

③ 「군사시설보호법」에 의한 군사시설보호구역의 설정, 변경 또는 해제와 같은 행위는 통치행위이다.

④ 대통령의 계엄선포행위는 그 선포가 당연무효라도 고도의 정치적, 군사적 성격을 띠는 행위라고 할 것이어서 법원이 이에 대한 당, 부당을 심사하는 것은 사법권의 내재적인 본질적 한계를 넘어서게 된다.

02 법령의 효력발생시기에 대한 내용으로 옳은 것은?

① 법률은 공포한 날로부터 30일을 경과함으로써 효력을 발생한다.

② 대통령령, 총리령 및 부령은 특별한 규정이 없으면 공포한 날로부터 15일이 경과함으로써 효력을 발생한다.

③ 조례와 규칙은 특별한 규정이 없으면 공포한 날부터 20일이 지나면 효력을 발생한다.

④ 국민의 권리 제한 또는 의무 부과와 직접 관련되는 부령은 공포일부터 적어도 20일이 경과한 날부터 시행되어야 한다.

03 통고처분에 대한 설명으로 옳지 않은 것은?(다툼이 있는 경우 판례에 의함)

① 조세범처벌절차법에 의한 통고처분은 그 처분을 받은 자가 통고취지를 이행하지 아니한 때에는 세무관서의 고발에 의하여 형사절차로 옮아가 처분의 대상이 된 사실은 그 절차에 의하여 최종적으로 결정될 것이고 통고처분은 따로히 그대로 존속하여 별개의 효력을 나타낼 수 있는 것이 아니므로 행정소송의 대상이 되지 않는다.

② 「도로교통법」에서 규정하는 경찰서장의 통고처분은 행정소송의 대상이되는 행정처분이므로 그 처분의 취소를 구하는 소송은 적법하다.

③ 「관세법」 규정에 의하면 세관장은 관세범에 대하여 통고처분을 할 수 있고, 범죄의 정상이 징역형에 처하여질 것으로 인정되는 때에는 즉시 고발하여야 하며, 통고처분을 할 것인지의 여부는 관세청장 또는 세관장의 재량에 맡겨져 있다.

④ 통고처분할 권한이 없는 세무공무원이 권한자에게 범칙사건 조사 결과에 따른 통고처분을 건의하는 등 조치를 취하지 아니하였더라도 직무유기에 해당하지 않는다.

04 판례가 공법관계로 판단한 경우에 해당하는 것은?

① 농지개량조합과 그 직원과의 관계

② 입찰보증금 국고귀속 조치에 관한 분쟁

③ 한국조폐공사의 임원과 직원의 근무관계

④ 공무원 및 사립학교교직원 의료보험관리공단 직원의 근무관계

05 다음 중 법규명령의 통제에 대한 설명으로 옳지 않은 것은?

① 대법원은 구체적 규범통제를 행하면서 법규명령의 특정 조항이 위헌·위법인 경우 무효라고 판시하며, 이 경우 무효로 판시된 당해 조항은 일반적으로 효력이 부인된다.

② 국민권익위원회는 법률·대통령령·총리령·부령 및 그 위임에 따른 훈령·예규·고시·공고와 조례·규칙의 부패유발요인을 분석·검토하여 그 법령 등의 소관 기관의 장에게 그 개선을 위하여 필요한 사항을 권고할 수 있다.

③ 행정소송법은 행정소송에 대한 대법원 판결에 의하여 명령·규칙이 헌법 또는 법률에 위반된다는 것이 확정된 경우에는 대법원은 지체 없이 그 사유를 행정안전부장관에게 통보하여야 하고, 규정에 의한 통보를 받은 행정안전부장관은 지체없이 이를 관보에 게재하여야 한다.

④ 재량권 행사의 준칙인 행정규칙이 그 정한 바에 따라 되풀이 시행되어 행정관행이 성립되어 평등의 원칙이나 신뢰보호의 원칙에 따라 행정기관이 그 상대방에 대한 관계에서 그 규칙에 따라야 할 자기구속을 받게 되는 경우에는 대외적인 구속력을 가지게 되어 헌법소원의 대상이 된다.

06 「행정소송법」상 당사자소송에 대한 설명으로 옳지 않은 것은?

① 공법상 당사자소송이란 행정청의 처분 등을 원인으로 하는 법률관계에 관한 소송 그 밖에 공법상의 법률관계에 관한 소송으로서 그 법률관계의 한쪽 당사자를 피고로 하는 소송을 말한다.

② 공법상 계약의 한쪽 당사자가 다른 당사자를 상대로 효력을 다투거나 이행을 청구하는 소송은 공법상의 법률관계에 관한 분쟁이므로 분쟁의 실질이 공법상 권리·의무의 존부·범위에 관한 다툼에 관해서는 공법상 당사자소송으로 제기하여야 한다.

③ 원고가 고의 또는 중대한 과실 없이 행정소송으로 제기하여야 할 사건을 민사소송으로 잘못 제기한 경우, 그 행정소송에 대한 관할을 가지고 있지 아니하다면 이를 부적법한 소라고 하여 각하한다.

④ 당사자소송의 경우 법원은 필요하다고 인정할 때에는 직권으로 증거조사를 할 수 있으며, 당사자가 주장하지 아니한 사실에 대하여도 판단할 수 있다.

07 재량권을 일탈·남용하지 않은 경우는?(다툼이 있는 경우 판례에 의함)

① 과징금 임의적 감경사유가 있음에도 이를 전혀 고려하지 않거나 감경사유에 해당하지 않는다고 오인하여 과징금을 감경하지 않은 경우, 그 과징금 부과처분

② 초음파 검사를 통하여 알게 된 태아의 성별을 고지한 의사에 대한 의사면허자격정지처분

③ 학위논문심사에 통과한 자에 대하여 정당한 이유 없이 학위수여를 부결한 행정처분

④ 당해 공무원의 동의 없는 위법한 전출명령이 적법함을 전제로 내린 징계처분

08 허가에 대한 내용으로 옳은 것은?

① 허가는 절대적 금지를 해제하여 자유를 회복시켜주는 행위이다.

② 허가는 법령에 특별한 규정이 없는 한 기속행위임이 원칙이며, 예외적으로 재량행위로 보아야 하는 경우도 있다.

③ 허가는 사실행위만을 그 대상으로 한다.

④ 무허가행위의 법률상 효력은 원칙적으로 무효이다.

09 부관에 대한 내용으로 옳지 않은 것은?

① 부관의 하자가 중대·명백한 경우 그 부관은 무효이며, 하자가 경미한 때에는 취소사유가 된다.

② 부담은 그 자체만으로 독립하여 행정소송의 대상이 될 수는 없다.

③ 부관의 사후변경은 법률에 명문의 규정이 있는 경우에 허용된다.

④ 부관은 행정을 수행함에 있어서 유연성 및 탄력성을 보장하는 기능을 한다.

10 행정행위의 효력에 대한 내용으로 옳지 않은 것은?(다툼이 있는 경우 판례에 의함)

① 공정력은 행정행위가 위법하더라도 취소되지 않는 한 유효한 것으로 통용되는 효력을 의미한다.

② 행정행위의 존속력에는 불가쟁력과 불가변력이 있다.

③ 불가쟁력이 발생한 행정행위에 대하여 행정청은 이를 취소할 수 있다.

④ 그 대상을 달리하는 동종의 행정행위에는 행정행위의 불가변력이 인정된다.

11 행정심판청구의 기간에 대한 내용으로 옳지 않은 것은?

① 행정심판은 처분이 있음을 알게 된 날부터 90일 이내에 청구하여야 한다.

② 청구인이 천재지변, 전쟁, 사변(事變), 그 밖의 불가항력으로 인하여 법에서 정한 기간에 심판청구를 할 수 없었을 때에는 그 사유가 소멸한 날부터 30일 이내에 행정심판을 청구할 수 있다.

③ 행정심판은 처분이 있었던 날부터 180일이 지나면 청구하지 못한다.

④ 행정청이 심판청구 기간을 법에서 정한 기간보다 긴 기간으로 잘못 알린 경우 그 잘못 알린 기간에 심판청구가 있으면 그 행정심판은 법에서 정한 기간에 청구된 것으로 본다.

12 판례가 하자의 승계를 인정한 경우는?

① 사위의 방법으로 응시자격인정 결정을 받고 취득한 한지의사 면허처분을 취소

② 선행 직위해제 처분의 위법사유를 들어 후행 면직처분의 효력을 다투는 경우

③ 공청회와 이주대책이 없는 도시계획수립행위의 위법과 수용재결처분의 취소

④ 구 헌법기관인 심계원의 변상책임 판정에 위법이 있다는 이유로 변상명령에 대하여 그 취소변경을 소구

13 「공공기관의 정보공개에 관한 법률」에 대한 설명으로 옳지 않은 것은?

① 모든 국민은 정보의 공개를 청구할 권리를 가진다.

② 공공기관은 예산집행의 내용과 사업평가 결과 등 행정감시를 위하여 필요한 정보에 대해서는 공개의 구체적 범위, 주기, 시기 및 방법 등을 미리 정하여 정보통신망 등을 통하여 알리고, 이에 따라 정기적으로 공개하여야 한다.

③ 공공기관의 정보공개 담당자(정보공개 청구대상 정보와 관련된 업무 담당자를 포함한다)는 정보공개 업무를 성실하게 수행하여야 하며, 공개 여부의 자의적인 결정, 고의적인 처리 지연 또는 위법한 공개 거부 및 회피 등 부당한 행위를 하여서는 아니 된다.

④ 공공기관은 정보공개 업무를 주관하는 부서 및 담당하는 인력을 최소한으로 두어야 하며, 정보통신망을 활용한 정보공개시스템 등을 구축하도록 노력하여야 한다.

14 행정계획에 대한 내용으로 옳지 않은 것은?(다툼이 있는 경우 판례에 의함)

① 행정주체는 구체적인 행정계획을 입안 · 결정함에 있어서 비교적 광범위한 형성의 자유를 가진다.

② 행정계획은 공권력의 행사가 아니므로 헌법소원의 대상이 될 수 없다.

③ 비구속적 계획은 일반국민에 대한 직접적인 구속력이 없다.

④ 도시계획구역 내 토지를 소유하고 있는 주민에게는 입안권자에게 도시계획입안을 요구할 수 있는 신청권이 있다.

15 행정의 실효성 확보수단에 대한 내용으로 옳지 않은 것은?(다툼이 있는 경우 판례에 의함)

① 타인이 대신해서 행할 수 없는 작위의무는 대집행의 대상이 될 수 없다.

② 행정상 강제집행이 법률에 규정되어 있는 경우에도 민사상 강제집행이 가능하다.

③ 행정상 강제집행과 행정벌은 같은 의무의 불이행에 대하여 병과할 수 있다.

④ 행정질서벌은 죄형법정주의의 규율대상이 아니다.

16 다음 중 판례의 입장과 다른 것은?

① 국가가 사인과 계약을 체결할 때에는 국가계약법령에 따른 계약서를 따로 작성하는 등 요건과 절차를 이행하여야 할 것이고, 설령 국가와 사인 사이에 계약이 체결되었더라도 이러한 법령상 요건과 절차를 거치지 아니한 계약은 효력이 없다.

② 어업권면허에 선행하는 우선순위결정은 행정청이 우선권자로 결정된 자의 신청이 있으면 어업권면허 처분을 하겠다는 것을 약속하는 행위로서 강학상 확약에 불과하고 행정처분은 아니다.

③ 계약직공무원에 관한 현행 법령의 규정에 비추어 볼때, 계약직공무원 채용계약 해지의 의사표시는 행정처분과 같이 행정절차법에 의하여 근거와 이유를 제시하여야 한다. 계약직공무원에 관한 현행 법령의 규정에 비추어 볼 때, 계약직공무원 채용계약해지의 의사표시는 항고소송의 대상이 되는 처분 등의 성격을 가진 것으로 인정되며, 행정처분과 같이 행정절차법에 의하여 근거와 이유를 제시하여야 한다.

④ 위법한 행정지도에 따라 행한 사인의 행위는 법령에 명시적으로 규정하고 있지 않는 한 위법성이 조각 된다고 할 수 없다.

17 「행정조사기본법」상 행정조사에 대한 내용으로 옳은 것은?

① 행정조사를 행하는 행정기관은 법령에 따라 행정권한이 있는 기관을 의미하며, 그 권한을 위임·위탁 받은 개인은 포함하지 않는다.

② 어떠한 경우에도 행정조사의 대상자 또는 행정조사의 내용을 공표하거나 직무상 알게 된 비밀을 누설 하여서는 아니 된다.

③ 행정기관의 장은 조사대상자에 대한 조사만으로는 당해 행정조사의 목적을 달성할 수 없는 경우에는 제3자의 동의가 없더라도 제3자에 대하여 보충조사를 할 수 있다.

④ 정기조사 또는 수시조사를 실시한 행정기관의 장은 동일한 사안에 대하여 동일한 조사대상자를 재조 사 하여서는 아니 된다.

18 「국가배상법」에 따른 배상책임에 대한 내용으로 옳지 않은 것은?

① 공공의 영조물에는 국가 또는 지방자치단체가 소유권, 임차권 그 밖의 권한에 기하여 관리하고 있는 경우를 말하며, 사실상의 관리를 하고 있는 경우를 포함하지 않는다.

② 설치상의 하자라 함은 공공의 목적에 공여된 영조물이 그 용도에 따라 통상 갖추어야 할 안전성을 갖추지 못한 상태에 있음을 말한다.

③ 영조물 설치의 하자라 함은 영조물의 축조에 불완전한 점이 있어 이 때문에 영조물 자체가 통상 갖추어야 할 완전성을 갖추지 못한 상태에 있음을 말한다고 할 것이다.

④ 공공시설 등의 하자로 인한 책임으로 국가나 지방자치단체가 타인에게 손해를 배상한 경우, 손해의 원인에 대하여 책임을 질 자가 따로 있으면 그 자에게 구상할 수 있다.

19 「행정소송법」상 당사자에 대한 내용으로 옳지 않은 것은?

① 처분의 효과가 소멸되었더라도 그 처분의 취소로 인하여 회복되는 법률상 이익이 있는 자는 취소소송을 제기할 수 있다.

② 행정청의 처분이 있은 뒤에 처분에 관계되는 권한이 다른 행정청에 승계된 때에는 그 처분에 관한 사무가 귀속되는 국가 또는 공공단체를 피고로 한다.

③ 법원은 소송의 결과에 따라 권리 또는 이익의 침해를 받을 제3자가 있는 경우에는 당사자 또는 제3자의 신청 또는 직권에 의하여 결정으로써 그 제3자를 소송에 참가시킬 수 있다.

④ 법원은 다른 행정청을 소송에 참가시킬 필요가 있다고 인정할 때에는 당사자 또는 당해 행정청의 신청 또는 직권에 의하여 결정으로써 그 행정청을 소송에 참가시킬 수 있다.

20 행정상 손실보상에 대한 내용으로 옳지 않은 것은?(다툼이 있는 경우 판례에 의함)

① 판례에 의하면 하천구역 편입토지에 대한 손실보상청구권은 공법상의 권리이며, 손실보상금의 지급청구는 행정소송절차에 의하여야 한다.

② 헌법상 손실보상에서의 정당한 보상이란 원칙적으로 피수용재산의 객관적인 재산가치를 완전하게 보상하여야 한다는 완전보상을 뜻하는 것이다.

③ 손실보상은 다른 법률에 특별한 규정이 있는 경우를 제외하고는 현금으로 지급하여야 한다.

④ 중앙토지수용위원회의 재결에 이의가 있는 경우 중앙토지수용위원회에 이의신청을 할 수 있으며, 이 경우 행정소송은 허용되지 않는다.

21 〈보기〉 중 행정상 공법관계인 것을 올바르게 짝지은 것은?

> 〈보기〉
> (가) 국유일반재산에 대한 대부료 납입고지
> (나) 입찰보증금 국고귀속조치
> (다) 창덕궁 비원 안내원의 채용계약
> (라) 국유재산 무단점유자에 대한 변상금 부과
> (마) 국가 또는 지방자치단체에 근무하는 청원경찰의 근무관계

① (가), (나)　　　② (나), (라)　　　③ (라), (마)　　　④ (가), (마)

22 행정소송의 제소기간에 대한 내용으로 옳지 않은 것은?(다툼이 있는 경우 판례에 의함)

① 행정소송이 제소기간 내에 제기되었는지 여부는 법원의 직권조사사항이다.

② 제소기간의 제한은 원칙적으로 취소소송에만 적용되고, 무효등확인소송에는 적용되지 않는다.

③ 제소기간의 기산점인 '처분이 있음을 안 날'이란 구체적으로 그 행정처분의 위법 여부를 판단한 날을 말한다.

④ 취소소송의 제소기간은 불변기간으로, 법원이 그 기간을 연장하거나 단축할 수 없다.

23 권리보호의 필요성(협의의 소의 이익)에 대한 판례의 태도로 옳지 않은 것은?

① 파면처분이 있은 후에 금고 이상의 형을 선고받아 당연퇴직된 경우에도 위 파면처분의 취소를 구할 이익이 있다.

② 원상회복이 불가능한 경우 위법한 행정처분의 취소를 구할 소의 이익이 없다.

③ 처분의 효과가 처분의 집행으로 인하여 소멸된 뒤에도 그 처분의 취소로 인하여 회복되는 법률상 이익이 있는 경우에는 취소소송을 제기할 수 있다.

④ 불합격처분 이후 새로 실시된 치과의사국가시험에 합격한 경우 불합격처분의 취소를 구할 법률상 이익이 있다.

24 집행정지에 대한 내용으로 옳지 않은 것은?(다툼이 있는 경우 판례에 의함)

① 집행정지는 공공복리에 중대한 영향을 미칠 우려가 있을 때에는 허용되지 않는다.

② 집행정지의 결정 또는 기각의 결정에 대하여는 즉시항고할 수 있으며, 이 경우 결정의 집행을 정지하는 효력이 발생한다.

③ 집행정지의 요건인 회복하기 어려운 손해에 대한 주장·소명책임은 원칙적으로 신청인 측에 있다.

④ 집행정지의 결정이 확정된 후 집행정지가 공공복리에 중대한 영향을 미치거나 그 정지사유가 없어진 때에는 당사자의 신청 또는 직권에 의하여 결정으로써 집행정지의 결정을 취소할 수 있다.

25 「공공기관의 정보공개에 관한 법률」에 따른 내용으로 옳지 않은 것은?

① 공공기관이 보유·관리하는 정보는 국민의 알권리 보장 등을 위하여 이 법에서 정하는 바에 따라 적극적으로 공개하여야 한다.

② 정보의 공개를 청구하는 자는 해당 정보를 보유하거나 관리하고 있는 공공기관에 정보공개 청구서를 제출하거나 말로써 정보의 공개를 청구할 수 있다.

③ 공공기관은 정보공개의 청구를 받으면 그 청구를 받은 날부터 10일 이내에 공개 여부를 결정하여야 한다.

④ 정보공개와 관련한 공공기관의 비공개 결정으로 인한 불복 시 청구인은 행정심판에 앞서 이의신청을 거쳐야 한다.

CHAPTER 03 제3회 행정법 모의고사

Civilian Worker In The Military **PART 02**

01 행정법의 법원에 대한 내용으로 옳지 않은 것은?(다툼이 있는 경우 판례에 의함)

① 우리 행정법은 성문법주의를 취하고 있으며, 조리는 행정법의 법원으로서 기능할 수 없다.

② 행정법의 법원으로서의 법률은 국회에서 제정한 법률만을 의미한다.

③ 헌법에 의하여 체결·공포된 조약과 일반적으로 승인된 국제법규는 행정법의 법원이 된다.

④ 하급심 법원은 유사 사건의 대법원 판례에 기속되지 않고 다른 견해를 취하여 판결할 수 있다.

02 비례의 원칙에 위반한 경우가 아닌 것은?(다툼이 있는 경우 판례에 의함)

① 대리운전금지조건 위배로 1회 운행정지처분을 받은 사실을 알지 못한 채 개인택시운송사업면허를 양수한 자가 지병 등으로 쉬면서 일시 대리운전을 하게 하여 2회 적발된 경우의 자동차운송사업면허취소처분

② 미결수용자가 수감되어 있는 동안 수사 또는 재판을 받을 때에도 사복을 입지 못하게 하고 재소자용 의류를 입게 한 행위

③ 교도소 수용자에게 반입이 금지된 일용품 등을 전달하여 주고 그 가족 등으로부터 금품 및 향응을 제공받은 교도관에 대한 해임처분

④ 주유소 영업의 양도인이 등유가 섞인 유사휘발유를 판매한 위법사유를 들어 그 양수인에게 대하여 한 6월의 석유판매업영업정지처분

03 부작위위법확인소송에 대한 설명으로 옳지 않은 것은?(다툼이 있는 경우 판례에 의함)

① 부작위상태가 계속되는 한 부작위위법의 확인을 구할 이익이 있다고 보아야 하므로 제소기간의 제한을 받지 않는다.

② 부작위가 성립되기 위해서는 당사자의 신청이 있어야 하며 신청의 내용으로서는 비권력적 사실행위의 요구 또는 사경제적계약의 체결 요구 등도 이에 포함된다.

③ 부작위의 직접 상대방이 아닌 제3자라 하여도 당해 행정처분의 부작위위법확인을 구할 법률상의 이익이 있는 경우에는 원고적격이 인정된다.

④ 부작위위법확인소송은 처분의 신청을 한 자로서 부작위의 위법의 확인을 구할 법률상 이익이 있는 자만이 제기할 수 있다.

04 사인의 공법행위에 대한 내용으로 옳지 않은 것은?(다툼이 있는 경우 판례에 의함)

① 사인의 공법행위에는 공정력 또는 집행력 등이 인정되지 않는다.

② 원칙적으로 부관을 붙일 수 없다.

③ 의사능력이 없는 사인의 공법행위는 무효이다.

④ 사인의 공법행위에는 민법상 비진의 의사표시 단서규정이 적용된다.

05 「행정절차법」상 청문에 대한 설명으로 옳지 않은 것은?

① 청문 주재자는 직권으로 또는 당사자의 신청에 따라 필요한 조사를 할 수 있으며, 당사자등이 주장하지 아니한 사실에 대하여도 조사할 수 있다.

② 청문 주재자가 청문을 시작할 때에는 먼저 예정된 처분의 내용, 그 원인이 되는 사실 및 법적 근거 등을 설명하여야 한다.

③ 청문을 계속할 경우에 행정청은 당사자등에게 다음 청문의 일시 및 장소에 대한 서면 통지만 가능하다.

④ 행정청은 청문을 마친 후 처분을 할 때까지 새로운 사정이 발견되어 청문을 재개(再開)할 필요가 있다고 인정할 때에는 청문조서 등을 되돌려 보내고 청문의 재개를 명할 수 있다.

06 다음 중 대법원 판례의 내용과 다른 것은?(다툼이 있는 경우 판례에 의함)

① 행정청 내부에서의 행위나 알선, 권유, 사실상의 통지 등과 같이 상대방 또는 기타 관계자들의 법률상 지위에 직접적인 법률적 변동을 일으키지 아니하는 행위는 항고소송의 대상이 아니다.

② 행정의사가 외부에 표시되어 행정청이 자유롭게 취소·철회할 수 없는 구속을 받게 되는 시점에 처분이 성립하고, 그 성립 여부는 행정청이 행정의사를 공식적인 방법으로 외부에 표시하였는지를 기준으로 판단해야 한다.

③ 상급행정기관이 하급행정기관에 대하여 업무처리지침이나 법령의 해석 기준을 정해 주는 '행정규칙'은 일반적으로 행정조직 내부에서만 효력을 가지며, 처분이 행정규칙을 위반하였다고 해서 곧바로 위법하게 되는 것은 아니다.

④ 조달청이 계약이행내역 점검 결과 일부 제품이 계약 규격과 다르다는 이유로 물품구매계약 추가특수조건 규정에 따라 甲 회사에 대하여 6개월의 나라장터 종합쇼핑몰 거래정지 조치한 것은 항고소송의 대상인 행정처분에 해당하지 아니한다.

07 행정법상 신뢰보호의 원칙의 일반적 요건에 해당하지 않는 것은?

① 행정청의 선행조치가 있을 것

② 행정객체의 신뢰가 보호가치가 있을 것

③ 비례의 원칙에 위배되지 않는 침해일 것

④ 선행조치에 반하는 후행조치로 손해가 발생할 것

08 다음 중 대법원 판례의 내용과 다른 것은?(다툼이 있는 경우 판례에 의함)

① 「공익사업을 위한 토지 등의 취득 및 보상에 관한 법률」에 따라 잔여지 수용청구권은 토지수용위원회의 재결이 없으면 그 청구에 의하여 수용의 효과가 발생하는 형성권적 성질을 가지지 아니한다.

② 취소소송의 제기기간을 경과하여 확정력이 발생한 행정처분에는 위헌결정의 소급효가 미치지 않는다고 보아야 한다.

③ 선행처분과 후행처분이 서로 독립하여 별개의 법률효과를 목적으로 하는 때에도 선행처분이 당연무효이면 선행처분의 하자를 이유로 후행처분의 효력을 다툴 수 있다

④ 시정명령을 받은 의무자가 정당한 방법으로 행정청에 신고를 하였으나 행정청이 위법하게 이를 거부함으로써 결국 그 처분이 취소되었다면 그 시정명령의 불이행을 이유로 이행강제금을 부과할 수는 없다.

09 행정규칙에 대한 내용으로 옳지 않은 것은?

① 행정규칙에는 훈령, 예규, 지시 등이 있다.

② 판례는 법령보충적 행정규칙에 대하여 법적 구속력을 인정한다.

③ 부령 형식의 제재적 처분기준에 위반한 처분은 위법이 된다.

④ 행정규칙에 위반되는 행위를 한 공무원은 징계의 대상이 될 수 있다.

10 수익적 · 침익적 행정행위에 대한 내용으로 옳지 않은 것은?

① 수익적 행정행위는 주로 협력을 요하며, 침익적 행정행위는 일방적이다.

② 부관은 수익적 행정행위와 가까우며, 침익적 행정행위와는 멀다.

③ 수익적 행정행위는 강제집행이 따르지 않으나, 침익적 행정행위에는 따를 수 있다.

④ 신뢰보호의 원칙에 따라 침익적 행정행위의 철회는 제한되며, 수익적 행정행위의 철회는 제한이 없다.

11 판례가 기속행위로 판단한 경우에 해당하는 것은?

① 공중위생법상 위생접객업허가

② 「주택건설촉진법」상 주택건설사업계획 승인처분

③ 실효된 공유수면매립면허의 효력을 회복시키는 처분

④ 「광업법」 및 「토지수용법」상의 토지수용을 위한 사업인정

12 허가와 인가의 차이에 대한 내용으로 옳지 않은 것은?

① 허가는 자연적 자유를 회복하는 것이고, 인가는 제3자의 법률적 행위를 보충하여 그 효과를 완성하는 것이다.

② 허가는 원칙적으로 신청을 요하고 수정허가 가능하나, 인가는 반드시 신청을 하여야 하며 수정인가는 불가능하다.

③ 다수인을 대상으로 하는 허가는 가능하나, 인가는 특정인에 대해서만 가능하다.

④ 허가받지 않은 행위의 효력은 원칙적으로 무효이나, 인가받지 않은 행위의 효력은 원칙적으로 유효하다.

13 다음 사례에 대한 설명으로 옳지 않은 것은?

> 병무청장이 법무부장관에게 '가수 甲이 공연을 위하여 국외여행허가를 받고 출국한 후 미국 시민권을 취득함으로써 사실상 병역의무를 면탈하였으므로 재외동포 자격으로 재입국하고자 하는 경우 국내에서 취업, 가수활동 등 영리활동을 할 수 없도록 하고, 불가능할 경우 입국 자체를 금지해 달라'고 요청함에 따라 법무부장관이 甲의 입국을 금지하는 결정을 하고, 그 정보를 내부 전산망인 '출입국관리정보시스템'에 입력하였으나, 甲에게는 통보하지 않았다.

① 위 입국금지결정은 항고소송의 대상이 되는 '처분'에 해당한다.

② 행정의사가 외부에 표시되어 행정청이 자유롭게 취소ㆍ철회할 수 없는 구속을 받게 되는 시점에 처분이 성립한다.

③ 그 성립 여부는 행정청이 행정의사를 공식적인 방법으로 외부에 표시하였는지를 기준으로 판단해야 한다.

④ 일반적으로 처분이 주체ㆍ내용ㆍ절차와 형식의 요건을 모두 갖추고 외부에 표시된 경우에는 처분의 존재가 인정된다.

14 행정행위 하자의 승계를 다투기 전에 확인하여야 할 전제로 옳지 않은 것은?

① 선행행위가 무효일 것   ② 선행행위에 불가쟁력이 발생할 것

③ 후행행위 고유의 위법사유가 없을 것   ④ 선행ㆍ후행행위 모두 처분성을 가질 것

15 행정계획에 대한 내용으로 옳지 않은 것은?(다툼이 있는 경우 판례에 의함)

① 도시기본계획은 일반국민에 대해서 직접적인 구속력을 가지지 않는다.

② 행정계획을 근거지우는 수권규범은 조건-결과 프로그램으로 이루어져 있다.

③ 행정주체가 이익형량의 고려대상에 마땅히 포함시켜야 할 사항을 누락한 경우의 그 행정계획결정은 재량권을 일탈ㆍ남용한 위법한 처분이다.

④ 비구속적 행정계획안이나 행정지침이라도 헌법소원의 대상이 될 수 있다.

16 행정강제에 대한 설명으로 옳지 않은 것은?(다툼이 있는 경우 판례에 의함)

① 행정상 강제집행이 가능하기 위해서는 법적 근거가 있어야 한다.

② 대집행을 위해서는 먼저 의무의 이행을 최고하는 행위로서의 계고를 하여야 한다.

③ 비대체적 작위의무 또는 부작위의무를 이행하지 아니하는 경우에 그 의무자에게 심리적 압박을 가하여 의무의 이행을 강제하기 위하여 과하는 금전벌을 직접강제라 한다.

④ 강제징수를 위한 독촉은 통지행위인 점에서 대집행에 있어서의 계고와 성질이 같다.

17 행정심판에 대한 내용으로 옳은 것은?

① 행정심판위원회의 위원은 제척·기피·회피 규정의 적용을 받지 않는다.

② 무효등확인심판은 처분을 신청한 자로서 행정청의 거부처분 또는 부작위에 대하여 일정한 처분을 구할 법률상 이익이 있는 자가 청구할 수 있다.

③ 청구인이 사망한 경우에는 상속인이나 그 밖에 법령에 따라 심판청구의 대상에 관계되는 권리나 이익을 승계한 자가 청구인의 지위를 승계한다.

④ 청구인은 청구의 기초 범위와 관계없이 청구의 취지나 이유를 변경할 수 있다.

18 집행정지와 관련한 판례의 태도로 옳지 않은 것은?(다툼이 있는 경우 판례에 의함)

① 집행정지의 요건 중 '회복하기 어려운 손해'는 금전보상 불능인 경우 등을 의미한다.

② 집행정지사건 자체에 의하여도 신청인의 본안청구가 적법한 것이어야 한다는 점은 집행정지의 요건에 해당한다.

③ 행정처분의 집행정지신청을 기각한 결정에 대하여 행정처분 자체의 적법 여부를 가지고 불복사유로 삼을 수 있다.

④ 과징금납부명령의 처분이 사업자의 자금사정이나 경영 전반에 미치는 파급효과가 매우 중대한 경우 그로 인한 손해는 집행정지의 적극적 요건인 '회복하기 어려운 손해'에 해당한다.

19 행정심판에 대한 내용으로 옳지 않은 것은?

① 대통령의 처분 또는 부작위에 대하여는 다른 법률에서 행정심판을 청구할 수 있도록 정한 경우 외에는 행정심판을 청구할 수 없다.

② 행정심판위원회의 위원 중 공무원이 아닌 자는 형법과 그 밖의 법률에 따른 벌칙을 적용할 때에는 공무원으로 본다.

③ 법인이 아닌 사단 또는 재단으로서 대표자나 관리인이 정하여져 있는 경우에는 그 대표자나 관리인의 이름으로 심판청구를 하여야 한다.

④ 위원회는 필요하면 관련되는 심판청구를 병합하여 심리하거나 병합된 관련 청구를 분리하여 심리할 수 있다.

20 「행정심판법」상 재결에 대한 내용으로 옳은 것은?

① 위원회는 당사자의 권리 및 권한의 범위에서 직권으로 심판청구의 신속하고 공정한 해결을 위하여 조정을 할 수 있다.

② 위원회는 심판청구가 이유가 있다고 인정하는 경우에도 이를 인용(認容)하는 것이 공공복리에 크게 위배된다고 인정하면 그 심판청구를 각하(却下)하는 사정재결을 할 수 있다.

③ 위원회는 심판청구의 대상이 되는 처분 또는 부작위 외의 사항에 대하여는 재결하지 못하며, 심판청구의 대상이 되는 처분보다 청구인에게 불리한 재결을 하지 못한다.

④ 심판청구에 대한 재결이 있으면 이에 대하여 행정심판을 청구할 수 있다.

21 질서위반행위규제법에 대한 설명으로 옳지 않은 것은?(다툼이 있는 경우 판례에 의함)

① 행정청이 질서위반행위에 대하여 과태료를 부과하고자 하는 때에는 미리 당사자에게 대통령령으로 정하는 사항을 통지하고, 10일 이상의 기간을 정하여 의견을 제출할 기회를 주어야 한다.

② 질서위반행위를 한 자가 자신의 책임 없는 사유로 위반행위에 이르렀다고 주장하는 경우 법원으로서는 그 내용을 살펴 행위자에게 고의나 과실이 있는지를 따져보아야 하는 것은 아니다.

③ 행정청의 과태료 부과에 불복하는 당사자는 과태료 부과 통지를 받은 날부터 60일 이내에 해당 행정청에 서면으로 이의제기를 할 수 있다.

④ 행정청의 과태료 처분이나 법원의 과태료 재판이 확정된 후 법률이 변경되어 그 행위가 질서위반행위에 해당하지 아니하게 된 때에는 변경된 법률에 특별한 규정이 없는 한 과태료의 징수 또는 집행을 면제한다.

22 행정상 입법예고 의무가 적용되지 않는 경우로 적절하지 않은 것은?

① 신속한 국민의 권리 보호 또는 예측 곤란한 특별한 사정의 발생 등으로 입법이 긴급을 요하는 경우

② 입법내용이 국민의 일상생활과 관련이 있는 경우

③ 단순한 표현·자구를 변경하는 경우

④ 예고함이 공공의 안전 또는 복리를 현저히 해칠 우려가 있는 경우

23 행정지도에 대한 내용으로 옳지 않은 것은?(다툼이 있는 경우 판례에 의함)

① 전문적인 지도를 통하여 새로운 지식·정보 등을 제공할 수 있다.

② 행정지도는 그 목적 달성에 필요한 최소한도에 그쳐야 하며, 상대방의 의사에 반하여 부당하게 강요하여서는 아니 된다.

③ 행정기관은 행정지도의 상대방이 행정지도에 따르지 아니하였다는 것을 이유로 불이익한 조치를 하여서는 아니 된다.

④ 행정지도가 강제성을 띠지 않은 비권력적 작용으로서 행정지도의 한계를 일탈하지 아니하였더라도, 그로 인하여 상대방에게 어떤 손해가 발생하였다면 행정기관은 그에 대한 손해배상이 있다.

24 행정소송의 심리에 대한 내용으로 옳지 않은 것은?(다툼이 있는 경우 판례에 의함)

① 원칙적으로 항고소송에 있어서 행정청이 당초 처분의 근거로 삼은 사유와 기본적 사실관계가 동일하지 아니한 별개의 사실을 들어 처분사유로 주장할 수 없다.

② 행정처분의 당연무효를 구하는 소송에 있어서 하자에 대한 입증책임은 그 무효를 구하는 사람에게 있다.

③ 행정소송은 원칙적으로 변론주의가 적용되나, 「행정소송법」상 변론주의의 예외도 규정되어 있다.

④ 행정청의 재량에 속하는 처분이라도 그 재량이 부당한 때에는 법원은 이를 취소할 수 있다.

25 다음 중 공법상 부당이득에 관한 설명으로 옳지 않은 것은?

① 공법상 부당이득이란 법률상 원인 없이 타인의 재산 또는 노무로 인하여 이득을 얻고 타인에게 손해를 가한 자에 대하여 그 이득의 반환의무를 과하는 것을 말한다.

② 개발부담금 부과처분이 취소된 이상 그 후의 부당이득으로서의 과오납금 반환에 관한 법률관계는 단순한 민사 관계에 불과한 것이 아니며 행정소송절차에 따라 반환청구를 하여야 한다.

③ 원천징수의무자가 원천납세의무자로부터 원천징수대상이 아닌 소득에 대하여 세액을 징수·납부하였거나 징수하여야 할 세액을 초과하여 징수·납부하였다면, 국가는 원천징수의무자로부터 이를 납부받는 순간 아무런 법률상의 원인 없이 보유하는 부당이득이 된다.

④ 조세부과처분이 무효임을 전제로 하여 이미 납부한 세금의 반환을 청구하는 것은 민사상의 부당이득 반환청구로서 민사소송절차에 따라야 한다.

P / A / R / T

03

히든카드

CHAPTER 01 | 행정법 Hidden Card

SECTION 1 통치행위

이 사건 파병결정은 대통령이 파병의 정당성뿐만 아니라 북한 핵 사태의 원만한 해결을 위한 동맹국과의 관계, 우리나라의 안보문제, 국·내외 정치관계 등 국익과 관련한 여러 가지 사정을 고려하여 파병부대의 성격과 규모, 파병기간을 국가안전보장회의의 자문을 거쳐 결정한 것으로, 그 후 국무회의 심의·의결을 거쳐 국회의 동의를 얻음으로써 헌법과 법률에 따른 절차적 정당성을 확보했음을 알 수 있다. 그렇다면 이 사건 파견결정은 그 성격상 국방 및 외교에 관련된 고도의 정치적 결단을 요하는 문제로서, 헌법과 법률이 정한 절차를 지켜 이루어진 것임이 명백하므로, 대통령과 국회의 판단은 존중되어야 하고 헌법재판소가 사법적 기준만으로 이를 심판하는 것은 자제되어야 한다(헌재 2004.4.29., 2003헌마814).

남북정상회담의 개최는 고도의 정치적 성격을 지니고 있는 행위라 할 것이므로 특별한 사정이 없는 한 그 당부를 심판하는 것은 사법권의 내재적·본질적 한계를 넘어서는 것이 되어 적절하지 못하지만, 남북정상회담의 개최과정에서 재정경제부장관에게 신고하지 아니하거나 통일부장관의 협력사업 승인을 얻지 아니한 채 북한 측에 사업권의 대가 명목으로 송금한 행위 자체는 헌법상 법치국가의 원리와 법 앞에 평등원칙 등에 비추어 볼 때 사법심사의 대상이 된다(대판 2004.3.26., 2003도7878).

대통령의 긴급재정경제명령은 국가긴급권의 일종으로서 고도의 정치적 결단에 의하여 발동되는 행위이고 그 결단을 존중하여야 할 필요성이 있는 행위라는 의미에서 이른바 통치행위에 속한다고 할 수 있으나, 통치행위를 포함하여 모든 국가작용은 국민의 기본권적 가치를 실현하기 위한 수단이라는 한계를 반드시 지켜야 하는 것이고, 헌법재판소는 헌법의 수호와 국민의 기본권 보장을 사명으로 하는 국가기관이므로 비록 고도의 정치적 결단에 의하여 행해지는 국가작용이라고 할지라도 그것이 국민의 기본권 침해와 직접 관련되는 경우에는 당연히 헌법재판소의 심판대상이 된다(헌재 1996.2.29., 93헌마186).

구 상훈법(2011. 8. 4. 법률 제10985호로 개정되기 전의 것) 제8조는 서훈취소의 요건을 구체적으로 명시하고 있고 절차에 관하여 상세하게 규정하고 있다. 그리고 서훈취소는 서훈수여의 경우와는 달리 이미 발생된 서훈대상자 등의 권리 등에 영향을 미치는 행위로서 관련 당사자에게 미치는 불이익의 내용과 정도 등을 고려하면 사법심사의 필요성이 크다. 따라서 기본권의 보장 및 법치주의의 이념에 비추어 보면, 비록 서훈취소가 대통령이 국가원수로서 행하는 행위라고 하더라도 법원이 사법심사를 자제하여야 할 고도의 정치성을 띤 행위라고 볼 수는 없다(대판 2015.4.23., 2012두26920).

신행정수도건설이나 수도이전의 문제가 정치적 성격을 가지고 있는 것은 인정할 수 있지만, 그 자체로 고도의 정치적 결단을 요하여 사법심사의 대상으로 하기에는 부적절한 문제라고까지는 할 수 없다. 더구나 이 사건 심판의 대상은 이 사건 법률의 위헌여부이고 대통령의 행위의 위헌여부가 아닌바, 법률의 위헌여부가 헌법재판의 대상으로 된 경우 당해 법률이 정치적인 문제를 포함한다는 이유만으로 사법심사의 대상에서 제외된다고 할 수는 없다(헌재 2004.10.21., 2004헌마554).

통치행위의 개념을 인정한다고 하더라도 과도한 사법심사의 자제가 기본권을 보장하고 법치주의 이념을 구현하여야 할 법원의 책무를 태만히 하거나 포기하는 것이 되지 않도록 그 인정을 지극히 신중하게 하여야 하며, 그 판단은 오로지 사법부만에 의하여 이루어져야 한다(대판 2004.3.26., 2003도7878).

SECTION 2 손실보상

구 공유수면매립법 제17조가 "매립의 면허를 받은 자는 제16조 제1항의 규정에 의한 보상이나 시설을 한 후가 아니면 그 보상을 받을 권리를 가진 자에게 손실을 미칠 공사에 착수할 수 없다. 다만, 그 권리를 가진 자의 동의를 받았을 때에는 예외로 한다."고 규정하고 있으나, 손실보상은 공공필요에 의한 행정작용에 의하여 사인에게 발생한 특별한 희생에 대한 전보라는 점에서 그 사인에게 특별한 희생이 발생하여야 하는 것은 당연히 요구되는 것이고, 공유수면 매립면허의 고시가 있다고 하여 반드시 그 사업이 시행되고 그로 인하여 손실이 발생한다고 할 수 없으므로, 매립면허 고시 이후 매립공사가 실행되어 관행어업권자에게 실질적이고 현실적인 피해가 발생한 경우에만 공유수면매립법에서 정하는 손실보상청구권이 발생하였다고 할 것이다(대판 2010.12.9., 2007두6571).

공유수면매립사업으로 인하여 관행어업권을 상실하게 된 자는 구 공유수면매립법 제6조 제2호가 정한 입어자로서 같은 법 제16조 제1항의 공유수면에 대하여 권리를 가진 자에 해당하므로 그가 매립사업으로 인하여 취득한 손실보상청구권은 직접 같은 법 조항에 근거하여 발생한 것이라 할 것이어서, 공유수면매립사업법 제16조 제2항, 제3항이 정한 재정과 그에 대한 행정소송의 방법에 의하여 권리를 주장하여야 할 것이고 민사소송의 방법으로는 그 손실보상청구권을 행사할 수 없다(대판 2001.6.29., 99다56468).

이 사건 수용조항은 산업입지의 원활한 공급과 산업의 합리적 배치를 통하여 균형있는 국토개발과 지속적인 산업발전을 촉진함으로써 국민경제의 건전한 발전에 이바지하고자 하고, 나아가 산업의 적정한 지방 분산을 촉진하고 지역경제의 활성화를 목적으로 하는 것이다. (중략) 또한, 산업입지법상 규정들은 산업단지개발사업의 시행자인 민간기업이 자신의 이윤 추구에 치우친 나머지 애초 산업단지를 조성함으로써 달성, 견지하고자 한 공익목적을 해태하지 않도록 규율하고 있다는 점도 함께 고려한다면, 이 사건 수용조항은 헌법 제23조 제3항의 '공공필요성'을 갖추고 있다고 보인다(헌재 2009.9.24., 2007헌바114).

헌법 제23조 제3항에서 규정한 "정당한 보상"이란 원칙적으로 피수용재산의 객관적인 재산가치를 완전하게 보상하여야 한다는 완전보상을 뜻하는 것이지만, 공익사업의 시행으로 인한 개발이익은 완전보상의 범위에 포함되는 피수용토지의 객관적 가치 내지 피수용자의 손실이라고는 볼 수 없다(헌재 1991.2.11., 90헌바17).

수용대상토지의 보상가격을 정함에 있어 표준지 공시지가를 기준으로 비교한 금액이 수용대상토지의 수용 사업인정 전의 개별공시지가보다 적은 경우가 있다고 하더라도, 이것만으로 지가공시 및 토지 등의 평가에 관한 법률 제9조, 토지수용법 제46조가 정당한 보상 원리를 규정한 헌법 제23조 제3항에 위배되어 위헌이라고 할 수는 없다(대판 2001.3.27., 99두7968).

문화적, 학술적 가치는 특별한 사정이 없는 한 그 토지의 부동산으로서의 경제적, 재산적 가치를 높여 주는 것이 아니므로 토지수용법 제51조 소정의 손실보상의 대상이 될 수 없으니, 이 사건 토지가 철새 도래지로서 자연 문화적인 학술가치를 지녔다 하더라도 손실보상의 대상이 될 수 없다(대판 1989.9.12., 88누11216).

SECTION 3 행정계획

행정계획이라 함은 행정에 관한 전문적 · 기술적 판단을 기초로 하여 도시의 건설 · 정비 · 개량 등과 같은 특정한 행정목표를 달성하기 위하여 서로 관련되는 행정수단을 종합 · 조정함으로써 장래의 일정한 시점에 있어서 일정한 질서를 실현하기 위한 활동기준으로 설정된 것으로서, 도시계획법 등 관계 법령에는 추상적인 행정목표와 절차만이 규정되어 있을 뿐 행정계획의 내용에 대하여는 별다른 규정을 두고 있지 아니하므로 행정주체는 구체적인 행정계획을 입안 · 결정함에 있어서 비교적 광범위한 형성의 자유를 가진다(대판 1996.11.29., 96누8567).

구 국토이용관리법상 주민이 국토이용계획의 변경에 대하여 신청을 할 수 있다는 규정이 없을 뿐만 아니라, 국토건설종합계획의 효율적인 추진과 국토이용질서를 확립하기 위한 국토이용계획은 장기성, 종합성이 요구되는 행정계획이어서 원칙적으로는 그 계획이 일단 확정된 후에 어떤 사정의 변동이 있다고 하여 그러한 사유만으로는 지역주민이나 일반 이해관계인에게 일일이 그 계획의 변경을 신청할 권리를 인정하여 줄 수는 없을 것이지만, 장래 일정한 기간 내에 관계 법령이 규정하는 시설 등을 갖추어 일정한 행정처분을 구하는 신청을 할 수 있는 법률상 지위에 있는 자의 국토이용계획변경신청을 거부하는 것이 실질적으로 당해 행정처분 자체를 거부하는 결과가 되는 경우에는 예외적으로 그 신청인에게 국토이용계획변경을 신청할 권리가 인정된다고 봄이 상당하므로, 이러한 신청에 대한 거부행위는 항고소송의 대상이 되는 행정처분에 해당한다(대판 2003.9.23., 2001두10936).

비구속적 행정계획안이나 행정지침이라도 국민의 기본권에 직접적으로 영향을 끼치고, 앞으로 법령의 뒷받침에 의하여 그대로 실시될 것이 틀림없을 것으로 예상될 수 있을 때에는 공권력행위로서 예외적으로 헌법소원의 대상이 될 수 있다(헌재 2000.6.1.,99헌마538).

도시계획구역 내 토지 등을 소유하고 있는 주민으로서는 입안권자에게 도시계획입안을 요구할 수 있는 법규상 또는 조리상의 신청권이 있다고 할 것이고, 이러한 신청에 대한 거부행위는 항고소송의 대상이 되는 행정처분에 해당한다(대판 2004.4.28., 2003두1806).

도시설계에 의한 건축물규제의 성격과 도시설계와 관련한 건축법 규정에 비추어 보면, 도시설계는 도시계획구역의 일부분을 그 대상으로 하여 토지의 이용을 합리화하고, 도시의 기능 및 미관을 증진시키며 양호한 도시환경을 확보하기 위하여 수립하는 도시계획의 한 종류로서 도시설계지구 내의 모든 건축물에 대하여 구속력을 가지는 구속적 행정계획의 법적 성격을 갖는다고 할 것이다(헌재 2003.6.26., 2002헌마402).

토지구획정리사업법 제57조, 제62조 등의 규정상 환지예정지 지정이나 환지처분은 그에 의하여 직접 토지소유자 등의 권리의무가 변동되므로 이를 항고소송의 대상이 되는 처분이라고 볼 수 있으나, 환지계획은 위와 같은 환지예정지 지정이나 환지처분의 근거가 될 뿐 그 자체가 직접 토지소유자 등의 법률상의 지위를 변동시키거나 또는 환지예정지 지정이나 환지처분과는 다른 고유한 법률효과를 수반하는 것이 아니어서 이를 항고소송의 대상이 되는 처분에 해당한다고 할 수가 없다(대판 1999.8.20., 97누6889).

도시재개발법에 의한 재개발조합은 조합원에 대한 법률관계에서 적어도 특수한 존립목적을 부여받은 특수한 행정주체로서 국가의 감독 하에 그 존립 목적인 특정한 공공사무를 행하고 있다고 볼 수 있는 범위 내에서는 공법상의 권리의무 관계에 서 있는 것이므로 분양신청 후에 정하여진 관리처분계획의 내용에 관하여 다툼이 있는 경우에는 그 관리처분계획은 토지 등의 소유자에게 구체적이고 결정적인 영향을 미치는 것으로서 조합이 행한 처분에 해당하므로 항고소송의 방법으로 그 무효확인이나 취소를 구할 수 있다(대판 2002.12.10., 2001두6333).

도시계획법 제16조의2 제2항과 같은 법 시행령 제14조의2 제6항 내지 제8항의 규정을 종합하여 보면 도시계획의 입안에 있어 해당 도시계획안의 내용을 공고 및 공람하게 한 것은 다수 이해관계자의 이익을 합리적으로 조정하여 국민의 권리자유에 대한 부당한 침해를 방지하고 행정의 민주화와 신뢰를 확보하기 위하여 국민의 의사를 그 과정에 반영시키는 데 있는 것이므로 이러한 공고 및 공람 절차에 하자가 있는 도시계획결정은 위법하다(대판 2000.3.23., 98두2768).

택지개발촉진법 제18조, 제20조의 규정에 따라 택지개발사업 시행자가 건설부장관으로부터 승인을 받아 택지의 공급방법을 결정하였더라도 그 공급방법의 결정은 내부적인 행정계획에 불과하여 그것만으로 택지공급희망자의 권리나 법률상 이익에 개별적이고 구체적인 영향을 미치는 것은 아니므로, 택지개발사업시행자가 그 공급방법을 결정하여 통보한 것은 분양계약을 위한 사전 준비절차로서의 사실행위에 불과하고 항고소송의 대상이 되는 행정처분으로 볼 수 없다(대판 1993.7.13., 93누36).

국가배상법 제5조 소정의 영조물의 설치·관리상의 하자로 인한 책임은 무과실책임이고 나아가 민법 제758조 소정의 공작물의 점유자의 책임과는 달리 면책사유도 규정되어 있지 않으므로, 국가 또는 지방자치단체는 영조물의 설치·관리상의 하자로 인하여 타인에게 손해를 가한 경우에 그 손해의 방지에 필요한 주의를 해태하지 아니하였다 하여 면책을 주장할 수 없다(대판 1994.11.22., 94다32924).

국가배상법 제5조 제1항 소정의 '공공의 영조물'이라 함은 국가 또는 지방자치단체에 의하여 특정 공공의 목적에 공여된 유체물 내지 물적 설비를 말하며, 국가 또는 지방자치단체가 소유권, 임차권 그 밖의 권한에 기하여 관리하고 있는 경우뿐만 아니라 사실상의 관리를 하고 있는 경우도 포함된다(대판 1998.10.23., 98다17381).

국가배상법 제5조 제1항에 정하여진 '영조물 설치·관리상의 하자'라 함은 공공의 목적에 공여된 영조물이 그 용도에 따라 통상 갖추어야 할 안전성을 갖추지 못한 상태에 있음을 말하는바, 영조물의 설치 및 관리에 있어서 항상 완전무결한 상태를 유지할 정도의 고도의 안전성을 갖추지 아니하였다고 하여 영조물의 설치 또는 관리에 하자가 있다고 단정할 수 없는 것이고, 영조물의 설치자 또는 관리자에게 부과되는 방호조치의무는 영조물의 위험성에 비례하여 사회통념상 일반적으로 요구되는 정도의 것을 의미하므로 영조물인 도로의 경우도 다른 생활필수시설과의 관계나 그것을 설치하고 관리하는 주체의 재정적, 인적, 물적 제약 등을 고려하여 그것을 이용하는 자의 상식적이고 질서 있는 이용방법을 기대한 상대적인 안전성을 갖추는 것으로 족하다(대판 2002.8.23., 2002다9158).

편도 2차선 도로의 1차선 상에 교통사고의 원인이 될 수 있는 크기의 돌멩이가 방치되어 있었고, 도로의 점유·관리자인 피고가 그것에 대한 관리 가능성이 없다는 입증을 하지 못하고 있는 이 사건에서 이는 도로 관리·보존상의 하자에 해당한다 할 것이다(대판 1998.2.10., 97다32536).

영조물 설치의 하자라 함은 영조물의 축조에 불완전한 점이 있어 이 때문에 영조물 자체가 통상 갖추어야 할 완전성을 갖추지 못한 상태에 있음을 말한다고 할 것인바 그 하자 유무는 객관적 견지에서 본 안전성의 문제이고 그 설치자의 재정사정이나 영조물의 사용목적에 의한 사정은 안전성을 요구하는데 대한 정도 문제로서 참작사유에는 해당할지언정 안전성을 결정지을 절대적 요건에는 해당하지 아니한다 할 것이다(대판 1967.2.21., 66다1723).

법률조항의 포괄위임 여부는 당해 조항 및 관련규정과 종합하여 유기적 · 체계적으로 판단하여야 할 것이므로, 어느 법률조항이 외형적으로는 아무런 위임의 한계가 없는 것으로 보이는 경우라고 하더라도 관련조항과 종합하여 유기적 · 체계적으로 보아 위임범위의 대강을 객관적으로 예측할 수 있으면 포괄위임에 해당한다고 할 수 없다(헌재 2002.8.29., 2000헌바50).

헌법 제75조는 "대통령은 법률에서 구체적 범위를 정하여 위임받은 사항에 관하여 대통령령을 발할 수 있다."고 규정하고 있으므로, 법률의 위임은 반드시 구체적이고 개별적으로 한정된 사항에 관하여 행해져야 할 것이고, 여기서 구체적이라는 것은 일반적 · 추상적이어서는 안 된다는 것을, 범위를 정한다는 것은 포괄적 · 전면적이어서는 아니 된다는 것을 각 의미하고, 이러한 구체성의 요구의 정도는 규제 대상의 종류와 성격에 따라 달라진다고 할 것이므로 보건위생 등 급부행정 영역에서는 기본권 침해 영역보다는 구체성의 요구가 다소 약화되어도 무방하다고 해석된다(대결 1995.12.8., 95카기16).

이른바 법령보충적 행정규칙이라도 그 자체로서 직접적으로 대외적인 구속력을 갖는 것은 아니다. 즉, 상위법령과 결합하여 일체가 되는 한도 내에서 상위법령의 일부가 됨으로써 대외적 구속력이 발생되는 것일 뿐 그 행정규칙 자체는 대외적 구속력을 갖는 것은 아니라 할 것이다(헌재 2004.10.28., 99헌바91).

헌법 제107조 제2항이 규정한 명령 · 규칙에 대한 대법원의 최종심사권이란 구체적인 소송사건에서 명령 · 규칙의 위헌여부가 재판의 전제가 되었을 경우 법률의 경우와는 달리 헌법재판소에 제청할 것 없이 대법원이 최종적으로 심사할 수 있다는 의미이며, 명령 · 규칙 그 자체에 의하여 직접 기본권이 침해되었음을 이유로 하여 헌법소원심판을 청구하는 것은 위헌법규정과는 아무런 상관이 없는 문제이다. 따라서 입법부 · 행정부 · 사법부에서 제정한 규칙이 별도의 집행행위를 기다리지 않고 직접 기본권을 침해하는 것일 때에는 모두 헌법소원심판의 대상이 될 수 있는 것이다(헌재 1990.10.15., 89헌마178).

일반적으로 법률의 위임에 의하여 효력을 갖는 법규명령의 경우, 구법에 위임의 근거가 없어 무효였더라도 사후에 법개정으로 위임의 근거가 부여되면 그때부터는 유효한 법규명령이 되나, 반대로 구법의 위임에 의한 유효한 법규명령이 법개정으로 위임의 근거가 없어지게 되면 그때부터 무효인 법규명령이 되므로, 어떤 법령의 위임 근거 유무에 따른 유효 여부를 심사하려면 법개정의 전 · 후에 걸쳐 모두 심사하여야만 그 법규명령의 시기에 따른 유효 · 무효를 판단할 수 있다(대판 1995.6.30., 93추83).

소득세법 시행령 제170조 제4항 제2호에 의하여 투기거래를 규정한 재산제세조사사무처리규정(국세청훈령 제980호)은 그 형식은 행정규칙으로 되어 있으나 위 시행령의 규정을 보충하는 기능을 가지면서 그와 결합하여 법규명령과 같은 효력(대외적인 구속력)을 가지는 것이므로 과세관청이 위 규정에 정하는 바에 따라 양도소득세 공정과세위원회의 자문을 거치지 아니하고 위 규정 제72조 제3항 제8호 소정의 투기거래로 인정하여 양도소득세를 과세하는 것은 위법이다(대판 1989.11.14., 89누5676).

위임입법에 관한 헌법 제75조는 처벌법규에도 적용되는 것이지만 처벌법규의 위임은 특히 긴급한 필요가 있거나 미리 법률로써 자세히 정할 수 없는 부득이한 사정이 있는 경우에 한정되어야 하고 이 경우에도 법률에서 범죄의 구성요건은 처벌대상인 행위가 어떠한 것일 것이라고 이를 예측할 수 있을 정도로 구체적으로 정하고 형벌의 종류 및 그 상한과 폭을 명백히 규정하여야 한다(헌재 1991.7.8., 91헌가4).

SECTION 6 | 이행강제금

전통적으로 행정대집행은 대체적 작위의무에 대한 강제집행수단으로, 이행강제금은 부작위의무나 비대체적 작위의무에 대한 강제집행수단으로 이해되어 왔으나, 이는 이행강제금제도의 본질에서 오는 제약은 아니며, 이행강제금은 대체적 작위의무의 위반에 대하여도 부과될 수 있다. 현행 건축법상 위법건축물에 대한 이행강제수단으로 대집행과 이행강제금(제83조 제1항)이 인정되고 있는데, 양 제도는 각각의 장ㆍ단점이 있으므로 행정청은 개별사건에 있어서 위반내용, 위반자의 시정의지 등을 감안하여 대집행과 이행강제금을 선택적으로 활용할 수 있으며, 이처럼 그 합리적인 재량에 의해 선택하여 활용하는 이상 중첩적인 제재에 해당한다고 볼 수 없다(헌재 2004.2.26., 2001헌바80).

이행강제금 납부의무는 상속인 기타의 사람에게 승계될 수 없는 일신전속적인 성질의 것이므로 이미 사망한 사람에게 이행강제금을 부과하는 내용의 처분이나 결정은 당연무효이고, 이행강제금을 부과받은 사람의 이의에 의하여 비송사건절차법에 의한 재판절차가 개시된 후에 그 이의한 사람이 사망한 때에는 사건 자체가 목적을 잃고 절차가 종료한다(대결 2006.12.8., 자 2006마470).

계고처분의 후속절차인 대집행에 위법이 있다고 하더라도, 그와 같은 후속절차에 위법성이 있다는 점을 들어 선행절차인 계고처분이 부적법하다는 사유로 삼을 수는 없다(대판 1997.2.14., 96누15428).

선행처분과 후행처분이 서로 독립하여 별개의 효과를 목적으로 하는 경우에도 선행처분의 불가쟁력이나 구속력이 그로 인하여 불이익을 입게 되는 자에게 수인한도를 넘는 가혹함을 가져오며, 그 결과가 당사자에게 예측가능한 것이 아닌 경우에는 국민의 재판받을 권리를 보장하고 있는 헌법의 이념에 비추어 선행처분의 후행처분에 대한 구속력은 인정될 수 없다(대판 1994.1.25., 93누8542).

안경사가 되고자 하는 자는 보건사회부의 소속기관인 국립보건원장이 시행하는 안경사 국가시험에 합격한 후 보건사회부장관의 면허를 받아야 하고 보건사회부장관은 안경사 국가시험에 합격한 자에게 안경사면허를 주도록 규정하고 있으므로, 국립보건원장이 같은 법 제7조 제2항에 의하여 안경사 국가시험의 합격을 무효로 하는 처분을 함에 따라 보건사회부장관이 안경사면허를 취소하는 처분을 한 경우 합격무효처분과 면허취소처분은 동일한 행정목적을 달성하기 위하여 단계적인 일련의 절차로 연속하여 행하여지는 행정처분으로서, 안경사 국가시험에 합격한 자에게 주었던 안경사면허를 박탈한다는 하나의 법률효과를 발생시키기 위하여 서로 결합된 선행처분과 후행처분의 관계에 있다(대판 1993.2.9., 92누4567).

구 경찰공무원법 제50조 제1항에 의한 직위해제처분과 같은 제3항에 의한 면직처분은 후자가 전자의 처분을 전제로 한 것이기는 하나 각각 단계적으로 별개의 법률효과를 발생하는 행정처분이어서 선행직위 해제처분의 위법사유가 면직처분에는 승계되지 아니한다 할 것이므로 선행된 직위해제 처분의 위법사유를 들어 면직처분의 효력을 다툴 수는 없다(대판 1984.9.11., 84누191).

도시계획의 수립에 있어서 도시계획법 제16조의2 소정의 공청회를 열지 아니하고 공공용지의 취득 및 손실보상에 관한 특례법 제8조 소정의 이주대책을 수립하지 아니하였더라도 이는 절차상의 위법으로서 취소사유에 불과하고 그 하자가 도시계획결정 또는 도시계획사업시행인가를 무효라고 할 수 있을 정도로 중대하고 명백하다고는 할 수 없으므로 이러한 위법을 선행처분인 도시계획결정이나 사업시행인가 단계에서 다투지 아니하였다면 그 쟁송기간이 이미 도과한 후인 수용재결단계에 있어서는 도시계획수립 행위의 위와 같은 위법을 들어 재결처분의 취소를 구할 수는 없다고 할 것이다(대판 1990.1.23., 87누947).

도시재개발법에 의한 재개발사업의 시행을 위하여 토지 등을 수용하는 경우 도시재개발법 제17조 등에 의한 재개발사업시행인가는 토지수용법 제14조 소정의 사업인정으로 볼 것인 바, 재개발사업시행인가처분 자체의 위법은 사업시행인가단계에서 다투어야 하고 이미 그 쟁송기간이 도과한 수용재결단계에서는 그 인가처분이 당연무효라고 볼 만한 특단의 사정이 없는 한 그 위법을 이유로 토지수용재결처분의 취소를 구할 수는 없다(대판 1992.12.11., 92누5584).

SECTION 8 **행정행위의 하자**

위헌인 법률에 근거한 행정처분이 당연무효인지의 여부는 위헌결정의 소급효와는 별개의 문제로서, 위헌결정의 소급효가 인정된다고 하여 위헌인 법률에 근거한 행정처분이 당연무효가 된다고는 할 수 없고 오히려 이미 취소소송의 제기기간을 경과하여 확정력이 발생한 행정처분에는 위헌결정의 소급효가 미치지 않는다고 보아야 할 것이므로, 어느 행정처분에 대하여 그 행정처분의 근거가 된 법률이 위헌이라는 이유로 무효확인청구의 소가 제기된 경우에는 다른 특별한 사정이 없는 한 법원으로서는 그 법률이 위헌인지 여부에 대하여는 판단할 필요 없이 위 무효확인청구를 기각하여야 할 것이다(대판 1994.10.28., 92누9463).

법률에 근거하여 행정처분이 발하여진 후에 헌법재판소가 그 행정처분의 근거가 된 법률을 위헌으로 결정하였다면 결과적으로 행정처분은 법률의 근거가 없이 행하여진 것과 마찬가지가 되어 하자가 있는 것이 되나, 하자 있는 행정처분이 당연무효가 되기 위하여는 그 하자가 중대할 뿐만 아니라 명백한 것이어야 하는데, 일반적으로 법률이 헌법에 위반된다는 사정이 헌법재판소의 위헌결정이 있기 전에는 객관적으로 명백한 것이라고 할 수는 없으므로 헌법재판소의 위헌결정 전에 행정처분의 근거되는 당해 법률이 헌법에 위반된다는 사유는 특별한 사정이 없는 한 그 행정처분의 취소소송의 전제가 될 수 있을 뿐 당연무효사유는 아니라고 봄이 상당하다(대판 1994.10.28., 92누9463).

조세 부과의 근거가 되었던 법률규정이 위헌으로 선언된 경우, 비록 그에 기한 과세처분이 위헌결정 전에 이루어졌고, 과세처분에 대한 제소기간이 이미 경과하여 조세채권이 확정되었으며, 조세채권의 집행을 위한 체납처분의 근거규정 자체에 대하여는 따로 위헌결정이 내려진 바 없다고 하더라도, 위와 같은 위헌결정 이후에 조세채권의 집행을 위한 새로운 체납처분에 착수하거나 이를 속행하는 것은 더 이상 허용되지 않고, 나아가 이러한 위헌결정의 효력에 위배하여 이루어진 체납처분은 그 사유만으로 하자가 중대하고 객관적으로 명백하여 당연무효라고 보아야 한다(대판(全) 2012.2.16., 2010두10907).

징계처분이 중대하고 명백한 흠 때문에 당연무효의 것이라면 징계처분을 받은 자가 이를 용인하였다 하여 그 흠이 치료되는 것은 아니다(대판 1989.12.12., 88누8869).

행정행위의 부관은 부담인 경우를 제외하고는 독립하여 행정소송의 대상이 될 수 없는바, 기부채납받은 행정재산에 대한 사용·수익허가에서 공유재산의 관리청이 정한 사용·수익허가의 기간은 그 허가의 효력을 제한하기 위한 행정행위의 부관으로서 이러한 사용·수익허가의 기간에 대해서는 독립하여 행정소송을 제기할 수 없다(대판 2001.6.15., 99두509).

행정행위의 부관은 부담의 경우를 제외하고는 독립하여 행정소송의 대상이 될 수 없는 것인바, 행정청이 한 공유수면매립준공인가 중 매립지 일부에 대하여 한 국가귀속처분은 매립준공인가를 함에 있어서 매립의 면허를 받은 자의 매립지에 대한 소유권취득을 규정한 공유수면매립법 제14조의 효과 일부를 배제하는 부관을 붙인 것이므로 이러한 행정행위의 부관에 대하여는 독립하여 행정소송의 대상으로 삼을 수 없다(대판 1991.12.13., 90누8503).

행정처분에 이미 부담이 부가되어 있는 상태에서 그 의무의 범위 또는 내용 등을 변경하는 부관의 사후변경은, 법률에 명문의 규정이 있거나 그 변경이 미리 유보되어 있는 경우 또는 상대방의 동의가 있는 경우에 한하여 허용되는 것이 원칙이지만, 사정변경으로 인하여 당초에 부담을 부가한 목적을 달성할 수 없게 된 경우에도 그 목적달성에 필요한 범위 내에서 예외적으로 허용된다(대판 1997.5.30., 97누2627).

행정처분에 부담인 부관을 붙인 경우 부관의 무효화에 의하여 본체인 행정처분 자체의 효력에도 영향이 있게 될 수는 있지만, 그 처분을 받은 사람이 부담의 이행으로 사법상 매매 등의 법률행위를 한 경우에는 그 부관은 특별한 사정이 없는 한 법률행위를 하게 된 동기 내지 연유로 작용하였을 뿐이므로 이는 법률행위의 취소사유가 될 수 있음은 별론으로 하고 그 법률행위 자체를 당연히 무효화하는 것은 아니다(대판 2009.6.25., 2006다18174).

하천부지 점용허가 여부는 관리청의 자유재량에 속하고, 재량행위에 있어서는 법령상의 근거가 없다고 하더라도 부관을 붙일 것인가의 여부는 당해 행정청의 재량에 속한다고 할 것이고, 또한 같은 법 제25조 단서가 하천의 오염방지에 필요한 부관을 붙이도록 규정하고 있으므로 하천부지 점용허가의 성질의 면으로 보나 법규정으로 보나 부관을 붙일 수 있음은 명백하다(대판 1991.10.11., 90누8688).

부담부 행정처분에 있어서 처분의 상대방이 부담(의무)을 이행하지 아니한 경우에 처분행정청으로서는 이를 들어 당해 처분을 취소(철회)할 수 있는 것이다(대판 1989.10.24., 89누2431).

수익적 행정처분에 있어서는 법령에 특별한 근거규정이 없다고 하더라도 그 부관으로서 부담을 붙일 수 있고, 그와 같은 부담은 행정청이 행정처분을 하면서 일방적으로 부가할 수도 있지만 부담을 부가하기 이전에 상대방과 협의하여 부담의 내용을 협약의 형식으로 미리 정한 다음 행정처분을 하면서 이를 부가할 수도 있다(대판 2009.2.12., 2005다65500).

행정행위의 취소는 일단 유효하게 성립한 행정행위를 그 행위에 위법 또는 부당한 하자가 있음을 이유로 소급하여 그 효력을 소멸시키는 별도의 행정처분이고, 행정행위의 철회는 적법요건을 구비하여 완전히 효력을 발하고 있는 행정행위를 사후적으로 그 행위의 효력의 전부 또는 일부를 장래에 향해 소멸시키는 행정처분이다. 그러므로 행정행위의 취소사유는 행정행위의 성립 당시에 존재하였던 하자를 말하고, 철회사유는 행정행위가 성립된 이후에 새로이 발생한 것으로서 행정행위의 효력을 존속시킬 수 없는 사유를 말한다고 할 것이다. 이 사건 기본재산전환인가의 인가조건으로 되어 있는 사유들은 모두 위 인가처분의 효력이 발생하여 기본재산 처분행위가 유효하게 이루어진 이후에 비로소 이행할 수 있는 것들이고, 인가처분 당시에 그 처분에 그와 같은 흠이 존재하였던 것은 아니므로, 위 법리에 의하면, 위 사유들은 모두 인가처분의 철회사유에 해당한다고 보아야 하고, 인가처분을 함에 있어 위와 같은 철회사유를 인가조건으로 부가하면서 비록 철회권 유보라고 명시하지 아니한 채 조건불이행시 인가를 취소할 수 있다는 기재를 하였다 하더라도 위 인가조건의 전체적 의미는 인가처분에 대한 철회권을 유보한 것이라고 봄이 상당하다(대판 2003.5.30., 2003다6422).

행정행위의 부관은 행정행위의 일반적인 효력이나 효과를 제한하기 위하여 의사표시의 주된 내용에 부가되는 종된 의사표시이지 그 자체로서 직접 법적 효과를 발생하는 독립된 처분이 아니므로 현행 행정쟁송제도 아래서는 부관 그 자체만을 독립된 쟁송의 대상으로 할 수 없는 것이 원칙이나 행정행위의 부관 중에서도 행정행위에 부수하여 그 행정행위의 상대방에게 일정한 의무를 부과하는 행정청의 의사표시인 부담의 경우에는 다른 부관과는 달리 행정행위의 불가분적인 요소가 아니고 그 존속이 본체인 행정행위의 존재를 전제로 하는 것일 뿐이므로 부담 그 자체로서 행정쟁송의 대상이 될 수 있다(대판 1992.1.21., 91누1264).

SECTION 10 처분

토지대장은 토지의 소유권을 제대로 행사하기 위한 전제요건으로서 토지 소유자의 실체적 권리관계에 밀접하게 관련되어 있으므로, 이러한 토지대장을 직권으로 말소한 행위는 국민의 권리관계에 영향을 미치는 것으로서 항고소송의 대상이 되는 행정처분에 해당한다(대판 2013.10.24., 2011두13286).

한국자산공사가 당해 부동산을 인터넷을 통하여 재공매(입찰)하기로 한 결정 자체는 내부적인 의사결정에 불과하여 항고소송의 대상이 되는 행정처분이라고 볼 수 없고, 또한 한국자산공사가 공매통지는 공매의 요건이 아니라 공매사실 자체를 체납자에게 알려주는 데 불과한 것으로서, 통지의 상대방의 법적 지위나 권리·의무에 직접 영향을 주는 것이 아니라고 할 것이므로 이것 역시 행정처분에 해당한다고 할 수 없다(대판 2007.7.27., 2006두8464).

수도권매립지관리공사가 갑에게 입찰참가자격을 제한하는 내용의 부정당업자제재처분을 하자, 갑이 제재처분의 무효확인 또는 취소를 구하는 행정소송을 제기하면서 제재처분의 효력정지신청을 한 사안에서, 수도권매립지관리공사는 행정소송법에서 정한 행정청 또는 그 소속기관이거나 그로부터 제재처분의 권한을 위임받은 공공기관에 해당하지 않으므로, 수도권매립지관리공사가 한 위 제재처분은 행정소송의 대상이 되는 행정처분이 아니라 단지 갑을 자신이 시행하는 입찰에 참가시키지 않겠다는 뜻의 사법상의 효력을 가지는 통지에 불과하다(대결 2010.11.26., 자 2010무137).

건축법 제69조 제2항, 제3항의 규정에 비추어 보면, 행정청이 위법 건축물에 대한 시정명령을 하고 나서 위반자가 이를 이행하지 아니하여 전기·전화의 공급자에게 그 위법 건축물에 대한 전기·전화공급을 하지 말아 줄 것을 요청한 행위는 권고적 성격의 행위에 불과한 것으로서 전기·전화공급자나 특정인의 법률상 지위에 직접적인 변동을 가져오는 것은 아니므로 이를 항고소송의 대상이 되는 행정처분이라고 볼 수 없다(대판 1996.3.22., 96누433).

한국마사회가 조교사 또는 기수의 면허를 부여하거나 취소하는 것은 경마를 독점적으로 개최할 수 있는 지위에서 우수한 능력을 갖추었다고 인정되는 사람에게 경마에서의 일정한 기능과 역할을 수행할 수 있는 자격을 부여하거나 이를 박탈하는 것에 지나지 아니하므로, 이는 국가 기타 행정기관으로부터 위탁받은 행정권한의 행사가 아니라 일반 사법상의 법률관계에서 이루어지는 단체 내부에서의 징계 내지 제재처분이다(대판 2008.1.31., 2005두8269).

지방의회를 대표하고 의사를 정리하며 회의장 내의 질서를 유지하고 의회의 사무를 감독하며 위원회에 출석하여 발언할 수 있는 등의 직무권한을 가지는 지방의회 의장에 대한 불신임의결은 의장으로서의 권한을 박탈하는 행정처분의 일종으로서 항고소송의 대상이 된다(대결 1994.10.11., 자94두23).

구 남녀차별금지 및 구제에 관한 법률(2003. 5. 29. 법률 제6915호로 개정되기 전의 것) 제28조에 의하면, 국가인권위원회의 성희롱결정과 이에 따른 시정조치의 권고는 불가분의 일체로 행하여지는 것인데 국가인권위원회의 이러한 결정과 시정조치의 권고는 성희롱 행위자로 결정된 자의 인격권에 영향을 미침과 동시에 공공기관의 장 또는 사용자에게 일정한 법률상의 의무를 부담시키는 것이므로 국가인권위원회의 성희롱결정 및 시정조치권고는 행정소송의 대상이 되는 행정처분에 해당한다고 보지 않을 수 없다(대결 2005.7.8., 2005두487).

운전면허 행정처분처리대장상 벌점의 배점은 도로교통법규 위반행위를 단속하는 기관이 도로교통법 시행규칙 별표 16의 정하는 바에 의하여 도로교통법규 위반의 경중, 피해의 정도 등에 따라 배정하는 점수를 말하는 것으로 자동차운전면허의 취소·정지처분의 기초자료로 제공하기 위한 것이고 그 배점 자체만으로는 아직 국민에 대하여 구체적으로 어떤 권리를 제한하거나 의무를 명하는 등 법률적 규제를 하는 효과를 발생하는 요건을 갖춘 것이 아니어서 그 무효확인 또는 취소를 구하는 소송의 대상이 되는 행정처분이라고 할 수 없다(대판 1994.8.12., 94누2190).

구 건축법의 규정은 건축물의 소유자에게 건축물대장의 용도변경신청권을 부여한 것이고, 한편 건축물의 용도는 토지의 지목에 대응하는 것으로서 건물의 이용에 대한 공법상의 규제, 건축법상의 시정명령, 지방세 등의 과세대상 등 공법상 법률관계에 영향을 미치고, 건물소유자는 용도를 토대로 건물의 사용 · 수익 · 처분에 일정한 영향을 받게 된다. 이러한 점 등을 고려해 보면, 건축물대장의 용도는 건축물의 소유권을 제대로 행사하기 위한 전제요건으로서 건축물 소유자의 실체적 권리관계에 밀접하게 관련되어 있으므로, 건축물대장 소관청의 용도변경신청 거부행위는 국민의 권리관계에 영향을 미치는 것으로서 항고소송의 대상이 되는 행정처분에 해당한다(대판 2009.1.30., 2007두7277).

거부처분은 관할 행정청이 국민의 처분신청에 대하여 거절의 의사표시를 함으로써 성립되고, 그 이후 동일한 내용의 새로운 신청에 대하여 다시 거절의 의사표시를 한 경우에는 새로운 거부처분이 있는 것으로 보아야 할 것이다(대판 2002.3.29., 2000두6084).

'신항'의 명칭 결정은 행정기관 내부의 행위에 지나지 않으므로 그로 인해 이 사건 청구인들인 경상남도나 진해시가 어떤 법적 불이익을 받는 것은 아니고 청구인들이 주장하는 불이익은 단지 심리적, 정서적 불이익에 불과할 뿐이다. 그렇다면 '신항'의 명칭 결정은 경상남도나 진해시의 권리 의무나 법률 관계에 직접 영향을 미치지 않으므로 이 사건 심판청구는 처분성 요건을 갖추지 못하여 부적법하다 할 것이다(헌재 2008.3.27., 2006헌라1).

도시계획법 제12조 소정의 고시된 도시계획결정은 특정 개인의 권리 내지 법률상의 이익을 개별적이고 구체적으로 규제하는 효과를 가져오게 하는 행정청의 처분이라 할 것이고, 이는 행정소송의 대상이 된다(대판 1982.3.9., 80누105).

기간제로 임용되어 임용기간이 만료된 국 · 공립대학의 조교수는 교원으로서의 능력과 자질에 관하여 합리적인 기준에 의한 공정한 심사를 받아 위 기준에 부합되면 특별한 사정이 없는 한 재임용되리라는 기대를 가지고 재임용 여부에 관하여 합리적인 기준에 의한 공정한 심사를 요구할 법규상 또는 조리상 신청권을 가진다고 할 것이니, 임용권자가 임용기간이 만료된 조교수에 대하여 재임용을 거부하는 취지로 한 임용기간만료의 통지는 위와 같은 대학교원의 법률관계에 영향을 주는 것으로서 행정소송의 대상이 되는 처분에 해당한다(대판(全) 2004.4.22., 2000두7735).

법 소정의 급여는 급여를 받을 권리를 가진 자가 당해 공무원이 소속하였던 기관장의 확인을 얻어 신청하는 바에 따라 공무원연금관리공단이 그 지급결정을 함으로써 그 구체적인 권리가 발생하는 것이므로, 공무원연금관리공단의 급여에 관한 결정은 국민의 권리에 직접 영향을 미치는 것이어서 행정처분에 해당하고, 공무원연금관리공단의 급여결정에 불복하는 자는 공무원연금급여재심위원회의 심사결정을 거쳐 공무원연금관리공단의 급여결정을 대상으로 행정소송을 제기하여야 한다(대판 1996.12.6., 96누6417).

행정지도가 강제성을 띠지 않은 비권력적 작용으로서 행정지도의 한계를 일탈하지 아니하였다면, 그로 인하여 상대방에게 어떤 손해가 발생하였다 하더라도 행정기관은 그에 대한 손해배상책임이 없다(대판 2008.9.25., 2006다18228).

교육인적자원부장관의 대학총장들에 대한 이 사건 학칙시정요구는 고등교육법 제6조 제2항, 동법 시행령 제4조 제3항에 따른 것으로서 그 법적 성격은 대학총장의 임의적인 협력을 통하여 사실상의 효과를 발생시키는 행정지도의 일종이지만, 그에 따르지 않을 경우 일정한 불이익조치를 예정하고 있어 사실상 상대방에게 그에 따를 의무를 부과하는 것과 다를 바 없으므로 단순한 행정지도로서의 한계를 넘어 규제적·구속적 성격을 상당히 강하게 갖는 것으로서 헌법소원의 대상이 되는 공권력의 행사라고 볼 수 있다(헌재 2003.6.26., 2002헌마337).

행정대집행법상 대집행의 대상이 되는 대체적 작위의무는 공법상 의무이어야 할 것인데, 구 공공용지의 취득 및 손실보상에 관한 특례법에 따른 토지 등의 협의취득은 공공사업에 필요한 토지 등을 그 소유자와의 협의에 의하여 취득하는 것으로서 공공기관이 사경제주체로서 행하는 사법상 매매 내지 사법상 계약의 실질을 가지는 것이므로, 그 협의취득시 건물소유자가 매매대상 건물에 대한 철거의무를 부담하겠다는 취지의 약정을 하였다고 하더라도 이러한 철거의무는 공법상의 의무가 될 수 없고, 이 경우에도 행정대집행법을 준용하여 대집행을 허용하는 별도의 규정이 없는 한 위와 같은 철거의무는 행정대집행법에 의한 대집행의 대상이 되지 않는다(대판 2006.10.13., 2006두7096).

공유재산의 점유자가 그 공유재산에 관하여 대부계약 외 달리 정당한 권원이 있다는 자료가 없는 경우 그 대부계약이 적법하게 해지된 이상 그 점유자의 공유재산에 대한 점유는 정당한 이유 없는 점유라 할 것이고, 따라서 지방자치단체의 장은 지방재정법 제85조에 의하여 행정대집행의 방법으로 그 지상물을 철거시킬 수 있다(대판 2001.10.12., 2001두4078).

피수용자 등이 기업자에 대하여 부담하는 수용대상 토지의 인도의무에 관한 구 토지수용법 규정에서의 '인도'에는 명도도 포함되는 것으로 보아야 하고, 이러한 명도의무는 그것을 강제적으로 실현하면서 직접적인 실력행사가 필요한 것이지 대체적 작위의무라고 볼 수 없으므로 특별한 사정이 없는 한 행정대집행법에 의한 대집행의 대상이 될 수 있는 것이 아니다(대판 2005.8.19., 2004다2809).

도시공원시설인 매점의 관리청이 그 공동점유자 중의 1인에 대하여 소정의 기간 내에 위 매점으로부터 퇴거하고 이에 부수하여 그 판매 시설물 및 상품을 반출하지 아니할 때에는 이를 대집행하겠다는 내용의 계고처분은 그 주된 목적이 매점의 원형을 보존하기 위하여 점유자가 설치한 불법 시설물을 철거하고자 하는 것이 아니라, 매점에 대한 점유자의 점유를 배제하고 그 점유이전을 받는 데 있다고 할 것인데, 이러한 의무는 그것을 강제적으로 실현함에 있어 직접적인 실력행사가 필요한 것이지 대체적 작위의무에 해당하는 것은 아니어서 직접강제의 방법에 의하는 것은 별론으로 하고 행정대집행법에 의한 대집행의 대상이 되는 것은 아니다(대판 1998.10.23., 97누157).

행정대집행법 제2조는 '행정청의 명령에 의한 행위로서 타인이 대신하여 행할 수 있는 행위를 의무자가 이행하지 아니하는 경우'에 대집행할 수 있도록 규정하고 있는데, 이 사건 용도위반 부분을 장례식장으로 사용하는 것이 관계 법령에 위반한 것이라는 이유로 장례식장의 사용을 중지할 것과 이를 불이행할 경우 행정대집행법에 의하여 대집행하겠다는 내용의 이 사건 처분은, 이 사건 처분에 따른 '장례식장 사용중지 의무'가 원고 이외의 '타인이 대신'할 수도 없고, 타인이 대신하여 '행할 수 있는 행위'라고도 할 수 없는 비대체적 부작위 의무에 대한 것이므로, 그 자체로 위법함이 명백하다(대판 2005.9.28., 2005두7464).

대집행의 계고, 대집행영장에 의한 통지, 대집행의 실행, 대집행에 요한 비용의 납부명령 등은 타인이 대신하여 행할 수 있는 행정의무의 이행을 의무자의 비용부담 하에 확보하고자 하는, 동일한 행정목적을 달성하기 위하여 단계적인 일련의 절차로 연속하여 행하여지는 것이다(대판 1996.2.9., 95누12507).

SECTION 13　소의 이익

공익근무요원 소집해제신청을 거부한 후에 원고가 계속하여 공익근무요원으로 복무함에 따라 복무기간 만료를 이유로 소집해제처분을 한 경우, 원고가 입게 되는 권리와 이익의 침해는 소집해제처분으로 해소되었으므로 위 거부처분의 취소를 구할 소의 이익이 없다(대판 2005.5.13., 2004두4369).

피고의 위법한 처분이 있게 됨에 따라 당연히 합격하였어야 할 원고들이 불합격처리되고 불합격되었어야 할 자들이 합격한 결과가 되었다면 원고들은 입학정원에 들어가는 자들이라고 하지 않을 수 없다고 할 것이므로 원고들로서는 피고의 불합격처분의 적법여부를 다툴 만한 법률상의 이익이 있다고 할 것이다(대판 1990.8.23., 89누8255).

징계처분으로서 감봉처분이 있은 후 공무원의 신분이 상실된 경우에도 위법한 감봉처분의 취소가 필요한 경우에는 위 감봉처분의 취소를 구할 소의 이익이 있다(대판 1977.7.12., 74누147).

현역입영대상자로서는 현실적으로 입영을 하였다고 하더라도, 입영 이후의 법률관계에 영향을 미치고 있는 현역병입영통지처분 등을 한 관할지방병무청장을 상대로 위법을 주장하여 그 취소를 구할 소송상의 이익이 있다(대판 2003.12.26., 2003두1875).

SECTION 14 기속 · 재량행위

국유재산의 무단점유 등에 대한 변상금징수의 요건은 국유재산법 제51조 제1항에 명백히 규정되어 있으므로 변상금을 징수할 것인가는 처분청의 재량을 허용하지 않는 기속행위이다(대판 2000.1.28., 97누4098).

귀화허가의 근거 규정의 형식과 문언, 귀화허가의 내용과 특성 등을 고려하여 보면, 법무부장관은 귀화신청인이 법률이 정하는 귀화요건을 갖추었다고 하더라도 귀화를 허가할 것인지 여부에 관하여 재량권을 가진다(대판 2010.7.15., 2009두19069).

재량행위에 대한 사법심사에 있어서는 행정청의 재량에 기한 공익판단의 여지를 감안하여 법원은 독자의 결론을 도출함이 없이 당해 행위에 재량권의 일탈 · 남용이 있는지 여부만을 심사하게 되고, 이러한 재량권의 일탈 · 남용 여부에 대한 심사는 사실오인, 비례 · 평등의 원칙 위배 등을 그 판단 대상으로 한다(대판 2010.9.9., 2010다39413).

기속행위와 재량행위의 구분은 근거가 된 법규의 체재 · 형식과 그 문언, 당해 행위가 속하는 행정 분야의 주된 목적과 특성, 당해 행위 자체의 개별적 성질과 유형 등을 모두 고려하여 판단하여야 한다(대판 2001.2.9., 98두17593).

도시의 무질서한 확산을 방지하고 도시주변의 자연환경을 보전하여 도시민의 건전한 생활환경을 확보하기 위하여 지정되는 개발제한구역 내에서는 (중략). 따라서 그 위법 여부에 대한 심사는 재량권 일탈 · 남용의 유무를 그 대상으로 한다고 할 것이다(대판 2001.2.9., 98두17593).

공유수면매립면허는 설권행위인 특허의 성질을 갖는 것이므로 원칙적으로 행정청의 자유재량에 속하며, 일단 실효된 공유수면매립면허의 효력을 회복시키는 행위도 특단의 사정이 없는 한 새로운 면허부여와 같이 면허관청의 자유재량에 속한다고 할 것이므로 공유수면매립법(1986.12.31. 개정) 부칙 제4항의 규정에 의하여 위 법 시행 전에 같은 법 제25조 제1항의 규정에 의하여 효력이 상실된 매립면허의 효력을 회복시키는 처분도 특단의 사정이 없는 한 면허관청의 자유재량에 속하는 행위라고 봄이 타당하다(대판 1989.9.12., 88누9206).

건축허가권자는 건축허가신청이 건축법, 도시계획법 등 관계 법규에서 정하는 어떠한 제한에 배치되지 않는 이상 당연히 같은 법조에서 정하는 건축허가를 하여야 하고 위 관계 법규에서 정하는 제한사유 이외의 사유를 들어 거부할 수는 없다(대판 1995.12.12., 95누9051).

도로교통법 제78조 제1항 단서 제8호의 규정에 의하면, 술에 취한 상태에 있다고 인정할 만한 상당한 이유가 있음에도 불구하고 경찰공무원의 측정에 응하지 아니한 때에는 필요적으로 운전면허를 취소하도록 되어 있어 처분청이 그 취소 여부를 선택할 수 있는 재량의 여지가 없음이 그 법문상 명백하다(대판 2004.11.12., 2003두12042).

공중위생법상의 위생접객업허가는 그 성질상 일반적 금지의 해제에 불과하므로 허가권자는 법에서 정한 요건을 구비한 때에는 이를 반드시 허가하여야 한다(대판 1995.7.28., 94누13497).

채광계획인가를 받으면 공유수면 점용허가를 받은 것으로 의제되고, 이 공유수면 점용허가는 공유수면 관리청이 공공 위해의 예방 경감과 공공복리의 증진에 기여함에 적당하다고 인정하는 경우에 그 자유재량에 의하여 허가의 여부를 결정하여야 할 것이므로, 공유수면 점용허가를 필요로 하는 채광계획 인가신청에 대하여도, 공유수면 관리청이 재량적 판단에 의하여 공유수면 점용을 허가 여부를 결정할 수 있고, 그 결과 공유수면 점용을 허용하지 않기로 결정하였다면, 채광계획 인가관청은 이를 사유로 하여 채광계획을 인가하지 아니할 수 있는 것이다(대판 2002.10.11., 2001두151).

SECTION 15 특별권력관계

서울특별시 지하철공사의 임원과 직원의 근무관계의 성질은 지방공기업법의 모든 규정을 살펴보아도 공법상의 특별권력관계라고는 볼 수 없다(대판 1989.9.12., 89누2103).

행정소송의 대상이 되는 행정처분이란 행정청이 행하는 구체적 사실에 관한 법집행으로서의 공권력의 행사 또는 그 거부와 그밖에 이에 준하는 행정작용을 말하는 것인바, 국립 교육대학 학생에 대한 퇴학처분은, 국가가 설립·경영하는 교육기관인 동 대학의 교무를 통할하고 학생을 지도하는 지위에 있는 학장이 교육목적실현과 학교의 내부질서유지를 위해 학칙 위반자인 재학생에 대한 구체적 법집행으로서 국가공권력의 하나인 징계권을 발동하여 학생으로서의 신분을 일방적으로 박탈하는 국가의 교육행정에 관한 의사를 외부에 표시한 것이므로, 행정처분임이 명백하다(대판 1991.11.22., 91누2144).

농지개량조합과 그 직원과의 관계는 사법상의 근로계약관계가 아닌 공법상의 특별권력관계이고, 그 조합의 직원에 대한 징계처분의 취소를 구하는 소송은 행정소송사항에 속한다(대판 1995.6.9., 94누10870).

위임입법에 있어서 위임의 구체성·명확성의 요구 정도는 규제대상의 종류와 성격에 따라서 달라진다. 즉 급부행정 영역에서는 기본권침해 영역보다는 구체성의 요구가 다소 약화되어도 무방하다고 해석되며, 다양한 사실관계를 규율하거나 사실관계가 수시로 변화될 것이 예상될 때에는 위임의 명확성의 요건이 완화된다(헌재 1997.12.24., 95헌마390).

조례의 제정권자인 지방의회는 선거를 통해서 그 지역적인 민주적 정당성을 지니고 있는 주민의 대표기관이고 헌법이 지방자치단체에 포괄적인 자치권을 보장하고 있는 취지로 볼 때, 조례에 대한 법률의 위임은 법규명령에 대한 법률의 위임과 같이 반드시 구체적으로 범위를 정하여 할 필요가 없으며 포괄적인 것으로 족하다(헌재 1995.4.20., 92헌마264).

법률이 공법적 단체 등의 정관에 자치법적 사항을 위임한 경우에는 헌법 제75조가 정하는 포괄적인 위임입법의 금지는 원칙적으로 적용되지 않는다고 봄이 상당하고, 그렇다 하더라도 그 사항이 국민의 권리·의무에 관련되는 것일 경우에는 적어도 국민의 권리·의무에 관한 기본적이고 본질적인 사항은 국회가 정하여야 한다(대판 2007.10.12., 2006두14476).

위임입법의 경우 그 한계는 예측가능성인바, 이는 법률에 이미 대통령령으로 규정될 내용 및 범위의 기본사항이 구체적으로 규정되어 있어서 누구라도 당해 법률로부터 대통령령 등에 규정될 내용의 대강을 예측할 수 있어야 함을 의미하고, 이러한 예측가능성의 유무는 당해 특정조항 하나만을 가지고 판단할 것은 아니고 관련 법조항 전체를 유기적·체계적으로 종합 판단하여야 하며 각 대상법률의 성질에 따라 구체적·개별적으로 검토하여 법률조항과 법률의 입법 취지를 종합적으로 고찰할 때 합리적으로 그 대강이 예측될 수 있는 것이라면 위임의 한계를 일탈하지 아니한 것이다(대판 2007.10.26., 2007두9884).

지방자치법 규정에 의하면, 서울특별시립무용단원의 공연 등 활동은 지방문화 및 예술을 진흥시키고자 하는 서울특별시의 공공적 업무수행의 일환으로 이루어진다고 해석될 뿐 아니라, 단원으로 위촉되기 위하여는 일정한 능력요건과 자격요건을 요하고, 계속적인 재위촉이 사실상 보장되며, 공무원연금법에 따른 연금을 지급받고, 단원의 복무규율이 정해져 있으며, 정년제가 인정되고, 일정한 해촉사유가 있는 경우에만 해촉되는 등 서울특별시립무용단원이 가지는 지위가 공무원과 유사한 것이라면, 서울특별시립무용단 단원의 위촉은 공법상의 계약이라고 할 것이고, 따라서 그 단원의 해촉에 대하여는 공법상의 당사자소송으로 그 무효확인을 청구할 수 있다(대판 1995.12.22., 95누4636).

도시 및 주거환경정비법상 행정주체인 주택재건축정비사업조합을 상대로 관리처분계획안에 대한 조합 총회결의의 효력 등을 다투는 소송은 행정처분에 이르는 절차적 요건의 존부나 효력 유무에 관한 소송으로서 그 소송결과에 따라 행정처분의 위법 여부에 직접 영향을 미치는 공법상 법률관계에 관한 것이므로, 이는 행정소송법상의 당사자소송에 해당한다(대판(全) 2009.9.17., 2007다2428).

하천법 등의 규정들에 의한 손실보상청구권은 1984. 12. 31. 전에 토지가 하천구역으로 된 경우에는 당연히 발생되는 것이지, 관리청의 보상금지급결정에 의하여 비로소 발생하는 것은 아니므로, 위 규정들에 의한 손실보상금의 지급을 구하거나 손실보상청구권의 확인을 구하는 소송은 행정소송법 제3조 제2호 소정의 당사자소송에 의하여야 한다(대판(全) 2006.5.18., 2004다6207).

SECTION 18 비례의 원칙

교도소 수용자에게 반입이 금지된 일용품 등을 전달하여 주고 그 가족 등으로부터 금품 및 향응을 제공받은 교도관에 대한 해임처분은 적법하다(대판 1998.11.10., 98두12017).

수사 및 재판단계에서 유죄가 확정되지 아니한 미결수용자에게 재소자용 의류를 입게 하는 것은 미결수용자로 하여금 모욕감이나 수치심을 느끼게 하고, 심리적인 위축으로 방어권을 제대로 행사할 수 없게 하여 실체적 진실의 발견을 저해할 우려가 있으므로, 도주 방지 등 어떠한 이유를 내세우더라도 그 제한은 정당화될 수 없어 헌법 제37조 제2항의 기본권 제한에서의 비례원칙에 위반되는 것이다(헌재 1999.5.27., 97헌마137).

이 사건 규정은 자동차 등을 이용하여 범죄행위를 하기만 하면 그 범죄행위가 얼마나 중한 것인지, 그러한 범죄행위를 행함에 있어 자동차 등이 당해 범죄 행위에 어느 정도로 기여했는지 등에 대한 아무런 고려 없이 무조건 운전면허를 취소하도록 하고 있으므로 이는 구체적 사안의 개별성과 특수성을 고려할 수 있는 여지를 일체 배제하고 그 위법의 정도나 비난의 정도가 극히 미약한 경우까지도 운전면허를 취소할 수밖에 없도록 하는 것으로 최소침해성의 원칙에 위반된다 할 것이다(헌재 2005.11.24., 2004헌가28).

변호사법 제10조 제2항은 직업선택의 자유를 제한함에 있어서 비례의 원칙에 벗어난 것이고, 합리적인 이유 없이 변호사로 개업하고자 하는 공무원을 차별하고 있으며, 병역의무의 이행을 위하여 군법무관으로 복무한 후 개업하는 경우에는 병역의무의 이행으로 불이익한 처우를 받게 되어 비례의 원칙에 위반된다(헌재 1989.11.20., 89헌가102).

공무원으로 재직하면서 다른 징계를 받은 바 없고, 2회에 걸쳐 장관급 표창을 받은 것과 가정형편을 감안하더라도, 직무와 관련한 부탁을 받거나 때로는 스스로 사례를 요구하여 5차례에 걸쳐 합계 금 3,100,000원을 수수하였다면 이에 대하여 행하여진 해임처분이 징계권의 범위를 일탈한 것이 아니다(대판 1996.5.10., 96누2903).

이른바 '원고 사건'에서의 면직처분이, 징계면직된 검사가 그 징계사유인 비행에 이르게 된 동기와 경위, 그 비행의 내용과 그로 인한 검찰조직과 국민에게 끼친 영향의 정도, 그 검사의 직위와 그 동안의 행적 및 근무성적, 징계처분으로 인한 불이익의 정도 등 제반 사정에 비추어, 비례의 원칙에 위반된 재량권 남용으로서 위법하다(대판 2001.8.24., 2000두7704).

단지 1회 훈령에 위반하여 요정 출입을 하다가 적발된 것만으로는 공무원의 신분을 보유케 할 수 없을 정도로 공무원의 품위를 손상케 한 것이라 단정키 어려운 한편, 원고를 면직에 처함으로서만 위와 같은 훈령의 목적을 달할 수 있다고 볼 사유를 인정할 자료가 없고, 오히려 원고의 비행정도라면 이보다 가벼운 징계처분으로서도 능히 위 훈령의 목적을 달할 수 있다고 볼 수 있는 점, 징계처분중 면직 처분은 타 징계처분과 달라 공무원의 신분을 박탈하는 것이므로 그 징계사유는 적어도 공무원의 신분을 그대로 보유케 하는 것이 심히 부당하다고 볼 정도의 비행이 있는 경우에 한하는 점 등에 비추어 생각하면 이 사건 파면처분은 이른바 비례의 원칙에 어긋난 것이다(대판 1967.5.2., 67누24).

주유소 영업의 양도인이 등유가 섞인 유사휘발유를 판매한 바를 모르고 이를 양수한 석유판매영업자에게 전 운영자인 양도인의 위법사유를 들어 사업정지기간 중 최장기인 6월의 사업정지에 처한 영업정지처분이 석유사업법에 의하여 실현시키고자 하는 공익목적의 실현보다는 양수인이 입게 될 손실이 훨씬 커서 재량권을 일탈한 것이다(대판 1992.2.25., 91누13106).

SECTION 19 행정강제

행정강제는 행정상 강제집행을 원칙으로 하며, 법치국가적 요청인 예측가능성과 법적 안정성에 반하고, 기본권 침해의 소지가 큰 권력작용인 행정상 즉시강제는 어디까지나 예외적인 강제수단이라고 할 것이다. 이러한 행정상 즉시강제는 엄격한 실정법상의 근거를 필요로 할 뿐만 아니라, 그 발동에 있어서는 법규의 범위 안에서도 다시 행정상의 장해가 목전에 급박하고, 다른 수단으로는 행정목적을 달성할 수 없는 경우이어야 하며, 이러한 경우에도 그 행사는 필요 최소한도에 그쳐야 함을 내용으로 하는 조리상의 한계에 기속된다(헌재 2002.10.31., 2000헌가12).

행정상 즉시강제란 행정강제의 일종으로서 목전의 급박한 행정상 장해를 제거할 필요가 있는 경우에, 미리 의무를 명할 시간적 여유가 없을 때 또는 그 성질상 의무를 명하여 가지고는 목적달성이 곤란할 때에, 직접 국민의 신체 또는 재산에 실력을 가하여 행정상 필요한 상태를 실현하는 작용이다(헌재 2002.10.31., 2000헌가12).

공공기관의 정보공개에 관한 법률(이하 '정보공개법'이라 한다)의 입법 목적, 정보공개의 원칙, 비공개대상정보의 규정 형식과 취지 등을 고려하면, 법원 이외의 공공기관이 정보공개법 제9조 제1항 제4호에서 정한 '진행 중인 재판에 관련된 정보'에 해당한다는 사유로 정보공개를 거부하기 위하여는 반드시 그 정보가 진행 중인 재판의 소송기록 자체에 포함된 내용일 필요는 없다. 그러나 재판에 관련된 일체의 정보가 그에 해당하는 것은 아니고 진행 중인 재판의 심리 또는 재판결과에 구체적으로 영향을 미칠 위험이 있는 정보에 한정된다고 보는 것이 타당하다(대판 2011.11.24., 2009두19021).

녹음물을 폐기한 행위는 조서 작성의 편의와 조서 기재 내용의 정확성을 보장하기 위하여 속기·녹음을 실시한 후 형사 공판조서 등의 작성에 관한 예규 제13조 제3항에 따른 단순한 사무집행으로서 법원행정상의 구체적인 사실행위에 불과할 뿐이고, 청구인이 처한 현재의 사실관계나 법률관계를 적극적으로 변경시키거나 특별한 부담이나 의무를 부여하는 것이 아니어서 청구인에 대한 구체적이고 직접적인 법적 불이익을 내포한다고 할 수 없으므로, 행정청이 우월적 지위에서 일방적으로 강제하는 권력적 사실행위로서 헌법소원의 대상이 되는 공권력의 행사에 해당한다고 볼 수 없다(헌재 2013.12.10., 2013헌마721).

방송법이라는 특별법에 의하여 설립 운영되는 한국방송공사(KBS)는 공공기관의 정보공개에 관한 법률 시행령 제2조 제4호의 '특별법에 의하여 설립된 특수법인'으로서 정보공개의무가 있는 공공기관의 정보공개에 관한 법률 제2조 제3호의 '공공기관'에 해당한다(대판 2010.12.23., 2008두13101).

국민의 정보공개청구는 정보공개법 제9조에 정한 비공개 대상 정보에 해당하지 아니하는 한 원칙적으로 폭넓게 허용되어야 하지만, 실제로는 해당 정보를 취득 또는 활용할 의사가 전혀 없이 정보공개 제도를 이용하여 사회통념상 용인될 수 없는 부당한 이득을 얻으려 하거나, 오로지 공공기관의 담당공무원을 괴롭힐 목적으로 정보공개청구를 하는 경우처럼 권리의 남용에 해당하는 것이 명백한 경우에는 정보공개청구권의 행사를 허용하지 아니하는 것이 옳다(대판 2014.12.24., 2014두9349).

공공기관의정보공개에관한법률 제6조 제1항은 "모든 국민은 정보의 공개를 청구할 권리를 가진다."고 규정하고 있는데, 여기에서 말하는 국민에는 자연인은 물론 법인, 권리능력 없는 사단·재단도 포함되고, 법인, 권리능력 없는 사단·재단 등의 경우에는 설립목적을 불문하며, 한편 정보공개청구권은 법률상 보호되는 구체적인 권리이므로 청구인이 공공기관에 대하여 정보공개를 청구하였다가 거부처분을 받은 것 자체가 법률상 이익의 침해에 해당한다(대판 2003.12.12., 2003두8050).

법령을 위반하였다 함은 엄격한 의미의 법령 위반뿐 아니라 인권존중, 권력남용금지, 신의성실과 같이 공무원으로서 마땅히 지켜야 할 준칙이나 규범을 지키지 아니하고 위반한 경우를 포함하여 널리 그 행위가 객관적인 정당성을 결여하고 있음을 뜻하는 것이므로, 국가배상법상의 '법령위반' 행위에 해당하는 경우에는 국가에서 배상할 의무를 부담한다(대판 2008.6.12., 2007다64365).

국가배상법 제2조 제1항의 "직무를 집행함에 당하여"라 함은 직접 공무원의 직무집행 행위이거나 그와 밀접한 관계에 있는 행위를 포함하고, 이를 판단함에 있어서는 행위 자체의 외관을 객관적으로 관찰하여 공무원의 직무행위로 보여질 때에는 비록 그것이 실질적으로 직무행위가 아니거나 또는 행위자로서는 주관적으로 공무집행의 의사가 없었다고 하더라도 그 행위는 공무원이 "직무를 집행함에 당하여"한 것으로 보아야 한다(대판 1995.4.21., 93다14240).

어떠한 행정처분이 위법하다고 할지라도 그 자체만으로 곧바로 그 행정처분이 공무원의 고의 또는 과실로 인한 불법행위를 구성한다고 단정할 수 는 없고, 공무원의 고의 또는 과실의 유무에 대하여는 별도의 판단을 요한다고 할 것인바, 그 이유는 행정청이 관계 법령의 해석이 확립되기 전에 어느 한 설을 취하여 업무를 처리한 것이 결과적으로 위법하게 되어 그 법령의 부당집행이라는 결과를 빚었다고 하더라도 처분 당시 그와 같은 처리방법 이상의 것을 성실한 평균적 공무원에게 기대하기 어려웠던 경우라면 특별한 사정이 없는 한 이를 두고 공무원의 과실로 인한 것이라고 볼 수는 없기 때문이다(대판 2004.6.11., 2002다31018).

국가배상법 제2조 제1항 단서 규정은 다른 법령에 보상제도가 규정되어 있고, 그 법령에 규정된 상이등급 또는 상애등급 등의 요건에 해당되어 그 권리가 발생한 이상, 실제로 그 권리를 행사하였는지 또는 그 권리를 행사하고 있는지 여부에 관계없이 적용된다고 보아야 하고, 그 각 법률에 의한 보상금청구권이 시효로 소멸되었다 하여 적용되지 않는다고 할 수는 없다(대판 2002.5.10., 2000다39735).

국유재산법 제51조 제1항은 국유재산의 무단점유자에 대하여는 대부 또는 사용, 수익허가 등을 받은 경우에 납부하여야 할 대부료 또는 사용료 상당액 외에도 그 징벌적 의미에서 국가측이 일방적으로 그 2할 상당액을 추가하여 변상금을 징수토록 하고 있으며 동조 제2항은 변상금의 체납시 국세징수법에 의하여 강제징수토록 하고 있는 점 등에 비추어 보면 국유재산의 관리청이 그 무단점유자에 대하여 하는 변상금부과처분은 순전히 사경제 주체로서 행하는 사법상의 법률행위라 할 수 없고 이는 관리청이 공권력을 가진 우월적 지위에서 행한 것으로서 행정소송의 대상이 되는 행정처분이라고 보아야 한다(대판 1988.2.23., 87누1046,1047).

국가나 지방자치단체에 근무하는 청원경찰은 국가공무원법이나 지방공무원법상의 공무원은 아니지만, 다른 청원경찰과는 달리 그 임용권자가 행정기관의 장이고, 국가나 지방자치단체로부터 보수를 받으며, 산업재해보상보험법이나 근로기준법이 아닌 공무원연금법에 따른 재해보상과 퇴직급여를 지급받고, 직무상의 불법행위에 대하여도 민법이 아닌 국가배상법이 적용되는 등의 특질이 있으며 그외 임용자격, 직무, 복무의무 내용 등을 종합하여 볼때, 그 근무관계를 사법상의 고용계약관계로 보기는 어려우므로 그에 대한징계처분의 시정을 구하는 소는 행정소송의 대상이지 민사소송의 대상이 아니다(대판 1993.7.13., 선고 92다47564).

공공하수도 사용료는 공공하수도의 사용에 따른 대가로서 실제로 공공하수도를 사용하여 하수를 배출한 자만이 그 하수의 양 등에 따라 하수도 사용료의 납부의무를 진다고 해석함이 상당하고, 배수구역 내의 하수배출자가 하수도법 제24조에 따라 하수를 공공하수도에 유입시킬 의무나 배수설비를 설치할 의무에 위반하는 경우에도, 그에 대한 같은 법 소정의 제재를 받는 것은 별론으로 하고 그러한 공법상 의무가 있다는 사정만으로 실제 하수도 시설의 사용 여부에 관계없이 곧바로 하수도 사용료 납부의무를 진다고 볼 수 없다(대판 2003.6.24., 2001두8865).

국가나 지방자치단체에 근무하는 청원경찰은 국가공무원법이나 지방공무원법상의 공무원은 아니지만, 다른 청원경찰과는 달리 그 임용권자가 행정기관의 장이고, 국가나 지방자치단체로부터 보수를 받으며, 산업재해보상보험법이나 근로기준법이 아닌 공무원연금법에 따른 재해보상과 퇴직급여를 지급받고, 직무상의 불법행위에 대하여도 민법이 아닌 국가배상법이 적용되는 등의 특질이 있으며 그외 임용자격, 직무, 복무의무 내용 등을 종합하여 볼때, 그 근무관계를 사법상의 고용계약관계로 보기는 어려우므로 그에 대한징계처분의 시정을 구하는 소는 행정소송의 대상이지 민사소송의 대상이 아니다(대판 1993.7.13., 92다47564).

기간제로 임용되어 임용기간이 만료된 국·공립대학의 조교수는 교원으로서의 능력과 자질에 관하여 합리적인 기준에 의한 공정한 심사를 받아 위 기준에 부합되면 특별한 사정이 없는 한 재임용되리라는 기대를 가지고 재임용 여부에 관하여 합리적인 기준에 의한 공정한 심사를 요구할 법규상 또는 조리상 신청권을 가진다고 할 것이니, 임용권자가 임용기간이 만료된 조교수에 대하여 재임용을 거부하는 취지로 한 임용기간만료의 통지는 위와 같은 대학교원의 법률관계에 영향을 주는 것으로서 행정소송의 대상이 되는 처분에 해당한다(대판 2004.4.22., 2000두7735).

지방공무원법 제8조, 제38조 제1항, 지방공무원임용령 제38조의3의 각 규정을 종합하면, 2급 내지 4급 공무원의 승진임용은 임용권자가 행정실적·능력·경력·전공분야·인품 및 적성 등을 고려하여 하되 인사위원회의 사전심의를 거치도록 하고 있는 바, 4급 공무원이 당해 지방자치단체 인사위원회의 심의를 거쳐 3급 승진대상자로 결정되고 임용권자가 그 사실을 대내외에 공표까지 하였다면, 그 공무원은 승진임용에 관한 법률상 이익을 가진 자로서 임용권자에 대하여 3급 승진임용 신청을 할 조리상의 권리가 있다(대판 2008.4.10., 2007두18611).

도시계획법 제12조 제3항의 위임에 따라 제정된 도시계획시설기준에관한규칙 제125조 제1항이 화장장의 구조 및 설치에 관하여는 매장및묘지등에관한법률이 정하는 바에 의한다고 규정하고 있어, 도시계획의 내용이 화장장의 설치에 관한 것일 때에는 도시계획법 제12조뿐만 아니라 매장및묘지등에관한법률 및 같은법시행령 역시 그 근거 법률이 된다고 보아야 할 것이므로, 같은법 시행령 제4조 제2호가 공설화장장은 20호 이상의 인가가 밀집한 지역, 학교 또는 공중이 수시 집합하는 시설 또는 장소로부터 1,000m 이상 떨어진 곳에 설치하도록 제한을 가하고, 같은법시행령 제9조가 국민보건상 위해를 끼칠 우려가 있는 지역, 도시계획법 제17조의 규정에 의한 주거지역, 상업지역, 공업지역 및 녹지지역 안의 풍치지구 등에의 공설화장장 설치를 금지함에 의하여 보호되는 부근 주민들의 이익은 위 도시계획결정처분의 근거 법률에 의하여 보호되는 법률상 이익이다(대판 1995.9.26., 94누14544).

환경상의 이익은 주민 개개인에 대하여 개별적으로 보호되는 직접적·구체적 이익으로서 그들에 대하여는 특단의 사정이 없는 한 환경상 이익에 대한 침해 또는 침해 우려가 있는 것으로 사실상 추정되어 법률상 보호되는 이익으로 인정됨으로써 원고적격이 인정되며, 그 영향권 밖의 주민들은 당해 처분으로 인하여 그 처분 전과 비교하여 수인한도를 넘는 환경피해를 받거나 받을 우려가 있다는 자신의 환경상 이익에 대한 침해 또는 침해 우려가 있음을 입증하여야만 법률상 보호되는 이익으로 인정되어 원고적격이 인정된다(대판 2009.9.24., 2009두2825).

MEMO

정답 및 해설편

2022 9급 군무원 15개년 기출문제집 행정법

기출문제

2021년

1	2	3	4	5	6	7	8	9	10
④	②	①	①	④	③	②	①	④	①
11	12	13	14	15	16	17	18	19	20
③	②	①	④	④	③	③	③	②	②
21	22	23	24	25					
④	③	③	②	④					

2020년

1	2	3	4	5	6	7	8	9	10
④	③	②	②	①	②	③	③	①	④
11	12	13	14	15	16	17	18	19	20
①	④	④	②	①	①	①	①	②	④
21	22	23	24	25					
③	③	②	③	③					

2019년

1	2	3	4	5	6	7	8	9	10
③	④	②	①	④	③	④	②	②	④
11	12	13	14	15	16	17	18	19	20
③	③	②	①	②	①	③	③	④	④
21	22	23	24	25					
③	①	②	②	②					

2018년

1	2	3	4	5	6	7	8	9	10
②	③	④	③	①	②	④	③	②	④
11	12	13	14	15	16	17	18	19	20
④	④	①	①	①	③	①	②	③	③
21	22	23	24	25					
④	④	②	②	①					

2017년

1	2	3	4	5	6	7	8	9	10
④	②	③	④	②	③	④	③	①	④
11	12	13	14	15	16	17	18	19	20
③	②	③	②	②	②	③	③	②	
21	22	23	24	25					
①	①	④	①	①					

2016년

1	2	3	4	5	6	7	8	9	10
①	③	④	③	②	③	①	④	①	②
11	12	13	14	15	16	17	18	19	20
②	③	①	③	①	②	④	②	②	③
21	22	23	24	25					
②	②	①	①	③					

2015년

1	2	3	4	5	6	7	8	9	10
③	②	②	③	①	②	③	①	④	④
11	12	13	14	15	16	17	18	19	20
②	①	①	④	④	③	③	②	③	①
21	22	23	24	25					
③	②	③	④	③					

2014년

1	2	3	4	5	6	7	8	9	10
④	①	④	③	①	④	③	①	④	③
11	12	13	14	15	16	17	18	19	20
③	④	②	①	③	③	④	①	①	②
21	22	23	24	25					
③	④	④	④	②					

2013년

1	2	3	4	5	6	7	8	9	10
③	①	②	③	②	②	①	①	③	②
11	12	13	14	15	16	17	18	19	20
①	③	④	④	③	④	④	①	④	③
21	22	23	24	25					
④	③	④	②	②					

2012년

1	2	3	4	5	6	7	8	9	10
④	③	①	③	②	②	①	②	①	②
11	12	13	14	15	16	17	18	19	20
④	③	③	④	②	②	①	①	④	②
21	22	23	24	25					
③	②	④	②						

2011년

1	2	3	4	5	6	7	8	9	10
④	②	④	②	①	②	①	②	①	④
11	12	13	14	15	16	17	18	19	20
②	④	③	②	④	①	①	①	④	③
21	22	23	24	25					
③	①	②	①	③					

2010년

1	2	3	4	5	6	7	8	9	10
③	④	③	②	④	①	③	③	③	②
11	12	13	14	15	16	17	18	19	20
③	③	④	①	②	①	④	②	④	③
21	22	23	24	25					
④	④	③	②	④					

2009년

1	2	3	4	5	6	7	8	9	10
②	②	③	①	②	④	①	③	②	④
11	12	13	14	15	16	17	18	19	20
②	③	④	②	②	④	③	④	②	④
21	22	23	24	25					
①	①	④	④	③					

2008년

1	2	3	4	5	6	7	8	9	10
②	①	①	①	①	④	②	③	④	④
11	12	13	14	15	16	17	18	19	20
②	①	②	②	①	①	③	③	②	④
21	22	23	24	25					
④	①	②	①	②					

2007년

1	2	3	4	5	6	7	8	9	10
④	②	③	①	④	③	④	①	②	③
11	12	13	14	15	16	17	18	19	20
④	③	④	②	④	③	③	②	①	③
21	22	23	24	25					
②	④	①	③	①					

모의고사

1회

1	2	3	4	5	6	7	8	9	10
④	③	②	①	②	②	④	①	③	④
11	12	13	14	15	16	17	18	19	20
②	④	④	③	①	③	④	①	③	③
21	22	23	24	25					
④	③	③	①	④					

2회

1	2	3	4	5	6	7	8	9	10
④	③	②	①	①	③	②	②	②	④
11	12	13	14	15	16	17	18	19	20
②	①	②	④	②	③	④	②	①	④
21	22	23	24	25					
③	③	④	②	④					

3회

1	2	3	4	5	6	7	8	9	10
①	③	②	④	③	④	③	①	③	④
11	12	13	14	15	16	17	18	19	20
①	④	①	④	②	③	③	③	③	③
21	22	23	24	25					
②	②	④	④	②					

P / A / R / T

04

행정법 기출문제
정답 및 해설

국방부(육·해·공군) 시행 필기시험(2021.07.24)

1	2	3	4	5	6	7	8	9	10
④	②	①	①	④	③	②	①	④	①
11	12	13	14	15	16	17	18	19	20
③	②	①	④	④	③	③	③	②	②
21	22	23	24	25					
④	④	③	②	④					

01

정답 | ④

해설 | 건축신고를 하려는 자는 인·허가의제사항 관련 법령에서 제출하도록 의무화하고 있는 신청서와 구비서류를 제출하여야 하는데, 이는 건축신고를 수리하는 행정청으로 하여금 인·허가의제사항 관련 법률에 규정된 요건에 관하여도 심사를 하도록 하기 위한 것으로 볼 수밖에 없다. 따라서 <u>인·허가의제 효과를 수반하는 건축신고는 일반적인 건축신고와는 달리, 특별한 사정이 없는 한 행정청이 그 실체적 요건에 관한 심사를 한 후 수리하여야 하는 이른바 '수리를 요하는 신고'로 보는 것이 옳다</u>(대판 2011.1.20., 2010두14954).

① 국민이 어떤 신청을 한 경우에 그 신청의 근거가 된 조항의 해석상 행정발동에 대한 개인의 신청권을 인정하고 있다고 보이면 <u>그 거부행위는 항고소송의 대상이 되는 처분으로 보아야 하고, 구체적으로 그 신청이 인용될 수 있는가 하는 점은 본안에서 판단하여야 할 사항이다</u>(대판 2009.9.10., 2007두20638).

② 「민원사무처리에관한법률」에 의하면, 행정기관은 민원사항의 신청이 있는 때에는 다른 법령에 특별한 규정이 있는 경우를 제외하고는 그 접수를 보류하거나 거부할 수 없으며, 민원서류에 흠이 있는 경우에는 보완에 필요한 상당한 기간을 정하여 지체 없이 민원인에게 보완을 요구하고 … 위 규정 소정의 보완의 대상이 되는 흠은 보완이 가능한 경우이어야 함은 물론이고, 그 내용 또한 형식적·절차적인 요건이거나, 실질적인 요건에 관한 흠이 있는 경우라도 그것이 민원인의 단순한 착오나 일시적인 사정 등에 기한 경우 등이라야 한다(대판 2004.10.15., 2003두6573).

③ 신고제하에서도 건축신고가 반려될 경우 당해 건축물의 건축을 개시하면 시정명령, 이행강제금, 벌금의 대상이 되거나 당해 건축물을 사용하여 행할 행위의 허가가 거부될 우려가 있어 불안정한 지위에 놓이게 된

다. 따라서 건축신고 반려행위가 이루어진 단계에서 당사자로 하여금 반려행위의 적법성을 다투어 … 근본적으로 해결할 수 있게 하는 것이 법치행정의 원리에 부합한다. 그러므로 <u>건축신고 반려행위는 항고소송의 대상이 된다고 보는 것이 옳다</u>(대판 2010.11.18., 2008두167).

02

정답 | ②

해설 | 평등의 원칙이란 행정작용에 있어서 특별히 합리적인 사유가 존재하지 않는 이상 상대방인 국민을 공평하게 처우해야 한다는 것을 말한다. 여기에서의 평등은 동일한 것 사이에서의 평등뿐만 아니라 상이한 것에 대한 차별의 정도에서의 평등을 포함한다. 2021년 시행된 「행정기본법」에서는 이러한 '합리적 이유 없는 차별금지'를 명문화하였다.

> **「행정기본법」 제9조(평등의 원칙)**
> 행정청은 합리적 이유 없이 국민을 차별하여서는 아니 된다.

① 국가유공자의 가족들에게 만점의 10%라는 높은 가산점을 부여하고 있는바, 그러한 가산점 부여 대상자의 광범위성과 가산점 10%의 심각한 영향력과 차별효과를 고려할 때, … 이 사건 조항의 차별로 인한 불평등 효과는 입법목적과 그 달성수단 간의 비례성을 현저히 초과하는 것이므로, <u>이 사건 조항은 청구인들과 같은 일반 공직시험 응시자들의 평등권을 침해한다. 이 사건 조항이 공무담임권의 행사에 있어서 일반 응시자들을 차별하는 것이 평등권을 침해하는 것이라면, 같은 이유에서 이 사건 조항은 그들의 공무담임권을 침해하는 것이다</u>(헌재 2006.2.23., 2004헌마675).

③ 자기구속의 원칙에 있어 재량준칙이 존재하는 경우 판례는 행정선례를 요구한다.

④ <u>재량권 행사의 준칙인 행정규칙이 그 정한 바에 따라 되풀이 시행되어 행정관행이 이루어지게 되면 평등의 원칙이나 신뢰보호의 원칙에 따라 행정기관은 그 상대방에 대한 관계에서 그 규칙에 따라야 할 자기구속을 받게 되므로, 이러한 경우에는 특별한 사정이 없는 한 그를 위반하는 처분은 평등의 원칙이나 신뢰보호의 원칙에 위배되어 재량권을 일탈·남용한 위법한 처분이 된다</u>(대판 2009.12.14., 2009두7967).

03

정답 | ①

해설 | 개별법령에 합의제기관의 장을 피고로 한다는 명문규정이 없는 한 합의제 행정기관 명의로 한 행정처분의 취소소송의 피고적격자는 합의제 행정기관의 장이 아닌 당해 합의제 행정기관이다.

> **합의제 행정청의 처분**
> • 원칙 : 합의제 행정청이 피고적격자
>   <u>예</u> 공정거래위원회, 토지수용위원회, 방송통신위원회
> • 예외 : 합의제 행정청의 장이 피고적격자
>   <u>예</u> 중앙노동위원회, 중앙해양안전심판원, 시도인사위원회

② 「행정소송법」 제14조에 의한 피고경정은 사실심 변론종결에 이르기까지 허용되는 것으로 해석하여야 할 것이고, 굳이 제1심 단계에서만 허용되는 것으로 해석할 근거는 없다(대결 2006.2.23., 2005부4).

③ 「행정소송법」 제21조, 제42조

> **「행정소송법」 제21조(소의 변경)**
> ① 법원은 취소소송을 당해 처분등에 관계되는 사무가 귀속하는 국가 또는 공공단체에 대한 당사자소송 또는 취소소송외의 항고소송으로 변경하는 것이 상당하다고 인정할 때에는 청구의 기초에 변경이 없는 한 사실심의 변론종결시까지 원고의 신청에 의하여 결정으로써 소의 변경을 허가할 수 있다.
>
> **「행정소송법」 제42조(소의 변경)**
> 제21조의 규정은 당사자소송을 항고소송으로 변경하는 경우에 준용한다.

④ 「행정소송법」 제14조, 제44조

> **「행정소송법」 제14조(피고경정)**
> ① 원고가 피고를 잘못 지정한 때에는 법원은 원고의 신청에 의하여 결정으로써 피고의 경정을 허가할 수 있다.
>
> **「행정소송법」 제44조(준용규정)**
> ① 제14조 내지 제17조, 제22조, 제25조, 제26조, 제30조제1항, 제32조 및 제33조의 규정은 당사자소송의 경우에 준용한다.

04

정답 | ①

해설 | 수익적 행정행위를 취소 또는 철회하거나 중지시키는 경우에는 이미 부여된 국민의 기득권을 침해하는 것이 되므로, 비록 취소 등의 사유가 있다고 하더라도 그 취소권 등의 행사는 기득권의 침해를 정당화할 만한 중대한 공익상의 필요 또는 제3자의 이익을 보호할 필요가 있고, 이를 상대방이 받는 불이익과 비교·교량하여 볼 때 공익상의 필요 등이 상대방이 입을 불이익을 정당화할 만큼 강한 경우에 한하여 허용될 수 있다(대판 2017.3.15., 2014두41190).

②, ④ 행정행위를 한 처분청은 비록 그 처분 당시에 별다른 하자가 없었고, 또 그 처분 후에 이를 철회할 별도의 법적 근거가 없다 하더라도 원래의 처분을 존속시킬 필요가 없게 된 사정변경이 생겼거나 또는 중대한 공익상의 필요가 발생한 경우에는 그 효력을 상실케 하는 별개의 행정행위로 이를 철회할 수 있다(대판 2004.11.26., 2003두10251, 10268).

③ 「행정기본법」 제19조

> **「행정기본법」 제19조(적법한 처분의 철회)**
> ① 행정청은 적법한 처분이 다음 각 호의 어느 하나에 해당하는 경우에는 그 처분의 전부 또는 일부를 장래를 향하여 철회할 수 있다.
>   1. 법률에서 정한 철회 사유에 해당하게 된 경우
>   2. 법령등의 변경이나 사정변경으로 처분을 더 이상 존속시킬 필요가 없게 된 경우
>   3. 중대한 공익을 위하여 필요한 경우
> ② 행정청은 제1항에 따라 처분을 철회하려는 경우에는 철회로 인하여 당사자가 입게 될 불이익을 철회로 달성되는 공익과 비교·형량하여야 한다.

05

정답 | ④

해설 | 법령불소급의 원칙은 법령의 효력발생 전에 완성된 요건 사실에 대하여 당해 법령을 적용할 수 없다는 의미일 뿐, 계속 중인 사실이나 그 이후에 발생한 요건 사실에 대한 법령 적용까지를 제한하는 것은 아니다(대판 2014.4.24., 2013두26552).

① 조례와 규칙은 특별한 규정이 없으면 공포한 날부터 20일이 지나면 효력을 발생한다(「지방자치법」 제26조).

② 법령은 형벌법규가 시행된 이후의 행위에 대해서만 그 법규를 적용해야 하고 법 시행 이전의 행위에 대해서 소급 적용해서는 안 된다는 소급효 금지의 원칙을 따른다. 「행정기본법」 제14조는 이와 관련한 법 적용의 기준을 명문화하였다.

> **「행정기본법」 제14조(법 적용의 기준)**
> ① 새로운 법령등은 법령등에 특별한 규정이 있는 경우를 제외하고는 그 법령등의 효력 발생 전에 완성되거나 종결된 사실관계 또는 법률관계에 대해서는 적용되지 아니한다.

③ 법령의 소급적용, 특히 행정법규의 소급적용은 일반적으로는 법치주의의 원리에 반하고, 개인의 권리·자유에 부당한 침해를 가하며, 법률생활의 안정을 위협하는 것이어서, 이를 인정하지 않는 것이 원칙이고(법률불소급의 원칙 또는 행정법규불소급의 원칙), 다만 법령을 소급적용하더라도 일반 국민의 이해에 직접 관계가 없는 경우, 오히려 그 이익을 증진하는 경우, 불이익이나 고통을 제거하는 경우 등의 특별한 사정이 있는 경우에 한하여 예외적으로 법령의 소급적용이 허용된다(대판 2005.5.13., 2004다8630).

06

정답 | ③

해설 | 청문 주재자는 직권으로 또는 당사자의 신청에 따라 필요한 조사를 할 수 있으며, 당사자등이 주장하지 아니한 사실에 대하여도 조사할 수 있다(「행정절차법」 제33조).
① 「행정절차법」 제29조

> **「행정절차법」 제29조(청문 주재자의 제척·기피·회피)**
> ② 청문 주재자에게 공정한 청문 진행을 할 수 없는 사정이 있는 경우 당사자등은 행정청에 기피신청을 할 수 있다.

② 「행정절차법」 제31조

> **「행정절차법」 제31조(청문의 진행)**
> ① 청문 주재자가 청문을 시작할 때에는 먼저 예정된 처분의 내용, 그 원인이 되는 사실 및 법적 근거 등을 설명하여야 한다.

④ 「행정절차법」 제36조

> **「행정절차법」 제36조(청문의 재개)**
> 행정청은 청문을 마친 후 처분을 할 때까지 새로운 사정이 발견되어 청문을 재개(再開)할 필요가 있다고 인정할 때에는 제35조제4항에 따라 받은 청문조서 등을 되돌려 보내고 청문의 재개를 명할 수 있다. 이 경우 제31조제5항을 준용한다.

07

정답 | ②

해설 | 건축법 규정에 비추어 보면, 행정청이 위법 건축물에 대한 시정명령을 하고 나서 위반자가 이를 이행하지 아니하여 전기·전화의 공급자에게 그 위법 건축물에 대한 전기·전화공급을 하지 말아 줄 것을 요청한 행위는 권고적 성격의 행위에 불과한 것으로서 전기·전화공급자나 특정인의 법률상 지위에 직접적인 변동을 가져오는 것은 아니므로 이를 항고소송의 대상이 되는 행정처분이라고 볼 수 없다(대판 1996.3.22., 96누433).
① 행정지도가 강제성을 띠지 않은 비권력적 작용으로서 행정지도의 한계를 일탈하지 아니하였다면, 그로 인하여 상대방에게 어떤 손해가 발생하였다 하더라도 행정기관은 그에 대한 손해배상책임이 없다(대판 2008.9.25., 2006다18228).
③ 「행정절차법」 제48조

> **「행정절차법」 제48조(행정지도의 원칙)**
> ② 행정기관은 행정지도의 상대방이 행정지도에 따르지 아니하였다는 것을 이유로 불이익한 조치를 하여서는 아니 된다.

④ 국가배상법이 정한 배상청구의 요건인 '공무원의 직무'에는 권력적 작용만이 아니라 행정지도와 같은 비권력적 작용도 포함되며 단지 행정주체가 사경제주체로서 하는 활동만 제외된다(대판 1998.7.10., 96다38971).

08

정답 | ①

해설 | 「개인정보 보호법」 제39조의3에 따르면 정보통신서비스 제공자는 이용자가 필요한 최소한의 개인정보 이외의 개인정보를 제공하지 아니한다는 이유로 그 서비스의 제공을 거부해서는 아니 된다.

> **「개인정보 보호법」 제39조의3(개인정보의 수집·이용 동의 등에 대한 특례)**
> ③ 정보통신서비스 제공자는 이용자가 필요한 최소한의 개인정보 이외의 개인정보를 제공하지 아니한다는 이유로 그 서비스의 제공을 거부해서는 아니 된다. 이 경우 필요한 최소한의 개인정보는 해당 서비스의 본질적 기능을 수행하기 위하여 반드시 필요한 정보를 말한다.

② 「개인정보 보호법」 제51조

> **「개인정보 보호법」 제51조(단체소송의 대상 등)**
> 다음 각 호의 어느 하나에 해당하는 단체는 개인정보처리자가 제49조에 따른 집단분쟁조정을 거부하거나 집단분쟁조정의 결과를 수락하지 아니한 경우에는 법원에 권리침해 행위의 금지·중지를 구하는 소송(이하 "단체소송"이라 한다)을 제기할 수 있다.

③「개인정보 보호법」제39조의13

> **「개인정보 보호법」제39조의13(상호주의)**
> 제39조의12에도 불구하고 개인정보의 국외 이전을 제한하는 국가의 정보통신서비스 제공자등에 대하여는 해당 국가의 수준에 상응하는 제한을 할 수 있다. 다만, 조약 또는 그 밖의 국제협정의 이행에 필요한 경우에는 그러하지 아니하다.

④「헌법」제10조의 인간의 존엄과 가치, 행복추구권과 헌법 제17조의 사생활의 비밀과 자유에서 도출되는 <u>개인정보자기결정권은 자신에 관한 정보가 언제 누구에게 어느 범위까지 알려지고 또 이용되도록 할 것인지를 정보주체가 스스로 결정할 수 있는 권리이다.</u> 개인정보자기결정권의 보호대상이 되는 개인정보는 개인의 신체, 신념, 사회적 지위, 신분 등과 같이 인격주체성을 특징짓는 사항으로서 개인의 동일성을 식별할 수 있게 하는 일체의 정보를 의미하며, 반드시 개인의 내밀한 영역에 속하는 정보에 국한되지 않고 공적 생활에서 형성되었거나 이미 공개된 개인정보까지도 포함한다(대판 2016.3.10., 2012다105482).

09
정답 | ④

해설 | 「행정소송법」제26조, 제44조에 따라 당사자소송의 경우 법원은 필요하다고 인정할 때에는 직권으로 증거조사를 할 수 있고, 당사자가 주장하지 아니한 사실에 대하여도 판단할 수 있다.

> **「행정소송법」제26조(직권심리)**
> 법원은 필요하다고 인정할 때에는 직권으로 증거조사를 할 수 있고, 당사자가 주장하지 아니한 사실에 대하여도 판단할 수 있다.

> **「행정소송법」제44조(준용규정)**
> ① 제14조 내지 제17조, 제22조, 제25조, 제26조, 제30조제1항, 제32조 및 제33조의 규정은 당사자소송의 경우에 준용한다.

①「행정소송법」제3조

> **「행정소송법」제3조(행정소송의 종류)**
> 2. 당사자소송 : 행정청의 처분등을 원인으로 하는 법률관계에 관한 소송 그 밖에 공법상의 법률관계에 관한 소송으로서 그 법률관계의 한쪽 당사자를 피고로 하는 소송

② 공법상 계약의 한쪽 당사자가 다른 당사자를 상대로 그 효력을 다투거나 그 이행을 청구하는 소송은 공법상의 법률관계에 관한 분쟁이므로 분쟁의 실질이 공법상 권리·의무의 존부·범위에 관한 다툼이 아니라 손해배상액의 구체적인 산정방법·금액에 국한되는 등

의 특별한 사정이 없는 한 공법상 당사자소송으로 제기하여야 한다(대판 2021.2.4., 2019다277133).

③ 원고가 고의 또는 중대한 과실 없이 행정소송으로 제기하여야 할 사건을 민사소송으로 잘못 제기한 경우, 수소법원으로서는 만약 그 행정소송에 대한 관할도 동시에 가지고 있다면 이를 행정소송으로 심리·판단하여야 하고, 그 행정소송에 대한 관할을 가지고 있지 아니하다면 당해 소송이 이미 행정소송으로서의 전심절차 및 제소기간을 도과하였거나 행정소송의 대상이 되는 처분 등이 존재하지도 아니한 상태에 있는 등 행정소송으로서의 소송요건을 결하고 있음이 명백하여 행정소송으로 제기되었더라도 어차피 부적법하게 되는 경우가 아닌 이상 <u>이를 부적법한 소라고 하여 각하할 것이 아니라 관할 법원에 이송하여야 한다</u>(대판 1997.5.30., 95다28960).

10
정답 | ①

해설 | 무허가행위는 위법한 행위가 되고, 통상 법률에서 그에 대한 행정형벌을 부과한다. 그러나 당해 무허가행위의 사법상 법적 효력이 부인되는 것은 아니며, 허가 없이 한 행위라도 다른 규정이 없는 한 <u>사법상 효력은 인정된다.</u>

② 허가는 법령에 의한 일반적 또는 상대적인 금지를 해제해 줌으로써 사실상 상대방에게 특정한 행위 가능성을 부여하는 법률행위적 행정행위를 말한다. 허가의 대상은 상대적 금지에 한하며 절대적으로 금지된 것은 그 대상이 아니다.

③ 종래의 통설에서 허가는 권리를 설정하여 주는 행위가 아니라 상대적 금지를 해제시켜 자연적 자유를 회복시켜지는 행위를 말한다.

④ 허가는 실정법상 면허, 인가, 허가 또는 등록 등의 용어가 있으나 실정법에서의 허가라는 용어가 반드시 학문상의 허가를 의미하는 것이 아니기 때문에 그것이 학문상 개념인 허가에 해당하는지를 검토할 필요가 있다.

11
정답 | ③

해설 | ㄱ.「행정기본법」제4조

> **「행정기본법」제4조(행정의 적극적 추진)**
> ① 행정은 공공의 이익을 위하여 적극적으로 추진되어야 한다.

ㄴ.「행정기본법」제8조

> **「행정기본법」제8조(법치행정의 원칙)**
> 행정작용은 법률에 위반되어서는 아니 되며, 국민의 권리를 제한하거나 의무를 부과하는 경우와 그 밖에 국민생활에 중요한 영향을 미치는 경우에는 법률에 근거하여야 한다.

ㄷ. 「행정기본법」 제9조

> **「행정기본법」 제9조(평등의 원칙)**
> 행정청은 합리적 이유 없이 국민을 차별하여서는 아니 된다.

ㄹ. 「행정기본법」 제13조

> **「행정기본법」 제13조(부당결부금지의 원칙)**
> 행정청은 행정작용을 할 때 상대방에게 해당 행정작용과 실질적인 관련이 없는 의무를 부과해서는 아니 된다.

ㅁ. 「행정기본법」 제17조

> **「행정기본법」 제17조(부관)**
> ① 행정청은 처분에 재량이 있는 경우에는 부관(조건, 기한, 부담, 철회권의 유보 등을 말한다. 이하 이 조에서 같다)을 붙일 수 있다.

12

정답 | ②

해설 | 광업권설정허가처분과 그에 따른 광산 개발로 인하여 재산상·환경상 이익의 침해를 받거나 받을 우려가 있는 토지나 건축물의 소유자와 점유자 또는 이해관계인 및 주민들은 그 처분 전과 비교하여 수인한도를 넘는 재산상·환경상 이익의 침해를 받거나 받을 우려가 있다는 것을 증명함으로써 <u>그 처분의 취소를 구할 원고적격을 인정받을 수 있다</u>(대판 2008.9.11., 2006두7577).

① 일반적으로 면허나 인허가 등의 수익적 행정처분의 근거가 되는 법률이 해당 업자들 사이의 과당경쟁으로 인한 경영의 불합리를 방지하는 것도 목적으로 하고 있는 경우, 다른 업자에 대한 면허나 인허가 등의 수익적 행정처분에 대하여 미리 같은 종류의 면허나 인허가 등의 수익적 행정처분을 받아 영업을 하고 있는 <u>기존의 업자는 경업자에 대하여 이루어진 면허나 인허가 등 행정처분의 상대방이 아니라고 하더라도 당해 행정처분의 무효확인 또는 취소를 구할 이익이 있다</u>(대판 2020.4.9., 2019두49953).

③ 행정처분의 직접 상대방이 아닌 제3자라 하더라도 당해 행정처분으로 인하여 법률상 보호되는 이익을 침해당한 경우에는 그 처분의 취소나 무효확인을 구하는 행정소송을 제기하여 그 당부의 판단을 받을 자격, 즉 원고적격이 있다(대판 2007.4.12., 2004두7924).

④ 일반적으로 법인의 주주는 당해 법인에 대한 행정처분에 관하여 사실상이나 간접적인 이해관계를 가질 뿐이어서 스스로 그 처분의 취소를 구할 원고적격이 없는 것이 원칙이라고 할 것이지만, <u>그 처분으로 인하여 궁극적으로 주식이 소각되거나 주주의 법인에 대한 권리가 소멸하는 등 주주의 지위에 중대한 영향을 초래하게 되는데도 그 처분의 성질상 당해 법인이 이를 다툴</u> 것을 기대할 수 없고 달리 주주의 지위를 보전할 구제방법이 없는 경우에는 주주도 그 처분에 관하여 직접적이고 구체적인 법률상 이해관계를 가진다고 보이므로 그 취소를 구할 원고적격이 있다(대판 2004.12.23., 2000두2648).

13

정답 | ①

해설 | 공법상 결과제거청구권이란 공행정작용으로 인하여 야기된 위법한 상태로 인하여 자기의 권익을 침해받고 있는 자가 행정주체에 대하여 그 위법상태를 제거하여 줄 것을 청구하는 권리를 말한다. 결과제거청구권은 손해배상에 있어 부적법한 행정작용을 통해 발생된 상당인과관계 있는 모든 결과를 제거하는 것을 내용으로 하는 것이 아니라 위법한 행정작용의 직접적인 결과의 제거만을 그 내용으로 한다.

② 결과제거청구는 권력작용뿐만 아니라 관리작용에 의한 침해의 경우에도 인정되며, 법적 행위뿐만 아니라 사실행위에 의한 침해의 경우에도 인정된다.

③ 공법상 결과제거청구는 원상회복이 행정주체에게 기대가능한 것이어야 한다. 원상회복에 대한 기대가능성이 부인될 경우 침해행위의 적법·위법 여부에 따른 손실보상 혹은 손해배상에 의한 구제만이 가능하다.

④ 「민법」상 과실상계에 대한 규정은 공법상 결과제거청구권에 유추적용될 수 있으므로 피해자의 과실이 있다면 이를 참작하여 결과제거청구권이 제한되거나 상실될 수 있다.

> **「민법」 제396조(과실상계)**
> 채무불이행에 관하여 채권자에게 과실이 있는 때에는 법원은 손해배상의 책임 및 그 금액을 정함에 이를 참작하여야 한다.

14

정답 | ④

해설 | 재결 기간은 강행규정이 아닌 훈시규정이다.

> **「행정심판법」 제45조(재결 기간)**
> ① 재결은 제23조에 따라 피청구인 또는 위원회가 심판청구서를 받은 날부터 60일 이내에 하여야 한다. 다만, 부득이한 사정이 있는 경우에는 위원장이 직권으로 30일을 연장할 수 있다.

① 기각재결은 본안심리의 결과 그 심판청구가 이유없다고 인정하여 청구를 배척하고 원처분을 지지하는 재결을 의미한다. 재결의 기속력은 인용재결에서 인정되며 기각재결에는 인정되지 않는다. 따라서 기각재결이 있은 후에도 원처분청은 원처분을 직권으로 취소 또는 변경할 수 있다.

② 반복금지효란 취소판결이 확정되면 처분청 및 관계행

정청은 판결의 취지에 저촉되는 처분을 하여서는 안된다는 구속을 받는 것을 말한다. 또한 원상회복의무란 행정청이 위법·부당으로 명시된 처분에 의해 야기된 위법한 상태를 제거하여야 할 의무를 부담하는 것을 의미한다. 재결의 기속력에는 이러한 반복금지효와 원상회복의무가 포함된다.

③ 「행정심판법」 제47조에는 국민의 권리구제를 도모하기 위한 불고불리의 원칙과 불이익변경금지의 원칙을 규정하고 있다. 또한 「행정심판법」 제49조 제1항에 따라 재결은 피청구인인 행정청과 관계행정청을 기속하므로 인용재결이 있는 경우 피청구인인 행정청은 재결의 내용에 따라 처분을 취소 내지 변경할 의무가 있으며 처분행정청이 재결에 불복하여 행정소송을 제기할 수 없다.

> **「행정심판법」 제47조(재결의 범위)**
> ① 위원회는 심판청구의 대상이 되는 처분 또는 부작위 외의 사항에 대하여는 재결하지 못한다.
> ② 위원회는 심판청구의 대상이 되는 처분보다 청구인에게 불리한 재결을 하지 못한다.
>
> **「행정심판법」 제49조(재결의 기속력 등)**
> ① 심판청구를 인용하는 재결은 피청구인과 그 밖의 관계 행정청을 기속(羈束)한다.

15

정답 | ④

해설 | 행정청이 행정의사를 외부에 표시하여 행정청이 자유롭게 취소·철회할 수 없는 구속을 받기 전에는 '처분'이 성립하지 않으므로, 법무부장관이 위와 같은 법령에 따라 이 사건 입국금지결정을 했다고 해서 '처분'이 성립한다고 볼 수는 없다. 이 사건 입국금지결정은 법무부장관의 의사가 공식적인 방법으로 외부에 표시된 것이 아니라 단지 그 정보를 내부전산망인 '출입국관리정보시스템'에 입력하여 관리한 것에 지나지 않으므로, 항고소송의 대상이 될 수 있는 '처분'에 해당하지 않는다(대판 2019.7.11., 2017두38874).

①, ②, ③ 일반적으로 처분이 주체·내용·절차와 형식의 요건을 모두 갖추고 외부에 표시된 경우에는 처분의 존재가 인정된다. 행정의사가 외부에 표시되어 행정청이 자유롭게 취소·철회할 수 없는 구속을 받게 되는 시점에 처분이 성립하고, 그 성립 여부는 행정청이 행정의사를 공식적인 방법으로 외부에 표시하였는지를 기준으로 판단해야 한다(대판 2019.7.11., 2017두38874).

16

정답 | ③

해설 | 행정주체는 구체적인 행정계획을 입안·결정함에 있어서 비교적 광범위한 형성의 자유를 가지는 것이지만, 행정주체가 가지는 이와 같은 형성의 자유는 무제한적인 것이 아니라 그 행정계획에 관련되는 자들의 이익을 공익과 사익 사이에서는 물론이고 공익 상호간과 사익 상호간에도 정당하게 비교교량하여야 한다는 제한이 있으므로, 행정주체가 행정계획을 입안·결정함에 있어서 이익형량을 전혀 행하지 아니하거나 이익형량의 고려 대상에 마땅히 포함시켜야 할 사항을 누락한 경우 또는 이익형량을 하였으나 정당성과 객관성이 결여된 경우에는 위법하다(대판 2006.9.8., 2003두5426).

① 통상적인 재량행위와 계획재량을 비교하여 그 법적 성질이 같은지에 대해 다양한 견해가 존재하는데, 질적 차이를 부정하는 견해는 계획재량에서의 형량명령이 그 실질적 내용이 협의의 비례원칙에 해당하는 것이지 계획재량에만 특유한 것이 아니므로 재량의 범위에서 양적 차이만 있다고 본다. 따라서 계획재량의 하자이론으로 제시되는 형량명령은 비례원칙의 계획재량에 있어서의 적용이론일 뿐이라고 보는 것이다.

17

정답 | ③

해설 | 「행정조사기본법」 제4조에 따르면 행정조사는 법령등의 위반에 대한 처벌보다는 법령등을 준수하도록 유도하는 데 중점을 두어야 한다.

> **「행정조사기본법」 제4조(행정조사의 기본원칙)**
> ① 행정조사는 조사목적을 달성하는 데 필요한 최소한의 범위 안에서 실시하여야 하며, 다른 목적 등을 위하여 조사권을 남용하여서는 아니 된다.
> ③ 행정기관은 유사하거나 동일한 사안에 대하여는 공동조사 등을 실시함으로써 행정조사가 중복되지 아니하도록 하여야 한다.
> ④ 행정조사는 법령등의 위반에 대한 처벌보다는 법령등을 준수하도록 유도하는 데 중점을 두어야 한다.
> ⑥ 행정기관은 행정조사를 통하여 알게 된 정보를 다른 법률에 따라 내부에서 이용하거나 다른 기관에 제공하는 경우를 제외하고는 원래의 조사목적 이외의 용도로 이용하거나 타인에게 제공하여서는 아니 된다.

18

정답 | ③

해설 | 국립대학인 서울대학교의 "94학년도 대학입학고사주요요강"은 사실상의 준비행위 내지 사전안내로서 행정쟁송의 대상이 될 수 있는 행정처분이나 공권력의 행사는 될 수 없지만 그 내용이 국민의 기본권에 직접 영향을 끼치는 내용이고 앞으로 법령의 뒷받침에 의하여 그대로 실시될 것이 틀림없을 것으로 예상되어 그로 인하여 직접적으로 기본권 침해를 받게 되는 사람에게는 사실상의 규범작용으로 인한 위험성이 이미 현실적으로 발생하였다고 보아야 할 것이므로 이는 헌법소원의 대상이 되는 헌법재판소법 제68조 제1항 소정의 공권력의 행사에 해당된다고 할 것이며, 이 경우 헌법소원 외에 달리 구제방법이 없다(헌재 1992.10.1., 92헌마68 등).

① 일반적으로 행정 각부의 장이 정하는 고시라 하더라도 그것이 특히 법령의 규정에서 특정 행정기관에게 법령내용의 구체적 사항을 정할 수 있는 권한을 부여함으로써 그 법령 내용을 보충하는 기능을 가질 경우에는 그 형식과 상관없이 근거 법령 규정과 결합하여 대외적으로 구속력이 있는 법규명령으로서의 효력을 가지는 것이나 이는 어디까지나 법령의 위임에 따라 그 법령 규정을 보충하는 기능을 가지는 점에 근거하여 예외적으로 인정되는 효력이므로 … 위와 같은 법규명령으로서의 대외적 구속력을 인정할 여지는 없다(대판 1999.11.26., 97누13474).

② 행정규칙은 행정규칙의 적용을 받는 행정조직 내부의 상대방을 직접 구속하는 것으로 행정내부사항을 규율하기 위하여 제정되는 것일 뿐, 행정규칙을 제정한 행정기관에 대하여는 대내적으로 법적 구속력을 갖지 않는다.

④ 행정규칙은 일반적으로 대외적 구속력을 갖지 않는다.

19

정답 | ②

해설 | 환매권의 발생기간을 제한한 것은 사업시행자의 지위나 이해관계인들의 토지이용에 관한 법률관계 안정, 토지의 사회경제적 이용 효율 제고, 사회일반에 돌아가야 할 개발이익이 원소유자에게 귀속되는 불합리 방지 등을 위한 것인데, 그 입법목적은 정당하고 이와 같은 제한은 입법목적 달성을 위한 유효적절한 방법이라 할 수 있다(헌재 2020.11.26., 2019헌바131).

① 「공익사업을 위한 토지 등의 취득 및 보상에 관한 법률」 제91조

> **「공익사업을 위한 토지 등의 취득 및 보상에 관한 법률」 제91조(환매권)**
> ① 공익사업의 폐지·변경 또는 그 밖의 사유로 취득한 토지의 전부 또는 일부가 필요 없게 된 경우 토지의 협의취득일 또는 수용의 개시일(이하 이 조에서 "취득일"이라 한다) 당시의 토지소유자 또는 그 포괄승계인(이하 "환매권자"라 한다)은 다음 각 호의 구분에 따른 날부터 10년 이내에 그 토지에 대하여 받은 보상금에 상당하는 금액을 사업시행자에게 지급하고 그 토지를 환매할 수 있다.
> 1. 사업의 폐지·변경으로 취득한 토지의 전부 또는 일부가 필요 없게 된 경우 : 관계 법률에 따라 사업이 폐지·변경된 날 또는 제24조에 따른 사업의 폐지·변경 고시가 있는 날

※ 해당 문제 선지 ①은 본래 다음과 같았으나, 헌법불합치판정(2020.11.26.) 및 개정법률(2020.11.26.)의 시행에 따라 ①의 선지를 수정·변경하였음

> **2021년 행정법 19번 기출 원형**
> 19. 「공익사업을 위한 토지 등의 취득 및 보상에 관한 법률」상의 환매권에 대한 설명으로 옳지 않은 것은? (단, 다툼이 있는 경우 판례에 의함)
> ① 토지의 협의취득일 또는 수용의 개시일부터 10년 이내에 해당 사업의 폐지·변경 또는 그밖의 사유로 취득한 토지의 전부 또는 일부가 필요 없게 된 경우 취득일 당시의 토지소유자 또는 그 포괄승계인의 환매권을 행사할 수 있다.

> **헌법불합치결정**
> 공익사업을 위한 토지 등의 취득 및 보상에 관한 법률 제91조 제1항 중 '토지의 협의 취득일 또는 수용의 개시일(이하 이 조에서 "취득일")부터 10년 이내에' 부분은 헌법에 합치되지 아니한다. 법원 기타 국가기관 및 지방자치단체는 입법자가 개정할 때까지 위 법률조항의 적용을 중지하여야 한다

③ 2000년대 이후 다양한 공익사업이 출현하면서 … 인근 주민들의 반대 등에 직면하여 공익사업이 지연되다가 폐지되는 사례가 다수 발생하고 있다. 이와 같은 상황에서 이 사건 법률조항의 환매권 발생기간 '10년'을 예외 없이 유지하게 되면 토지수용 등의 원인이 된 공익사업의 폐지 등으로 공공필요가 소멸하였음에도 단지 10년이 경과하였다는 사정만으로 환매권이 배제되는 결과가 초래될 수 있다. … 이 사건 법률조항은 침해의 최소성 원칙에 어긋난다(헌재 2020.11.26., 2019헌바131).

④ 이 사건 법률조항의 위헌성은 환매권의 발생기간을 제한한 것 자체에 있다기보다는 그 기간을 10년 이내로 제한한 것에 있다. 이 사건 법률조항의 위헌성을 제거하는 다양한 방안이 있을 수 있고 이는 입법재량 영역에 속한다(헌재 2020.11.26., 2019헌바131).

20

정답 | ②

해설 | 「국가배상법」 제2조, 제5조에 따라 공공시설 등의 하자로 인한 책임도 군인·군무원의 2중배상금지에 관한 규정이 적용된다.

> **「국가배상법」 제2조(배상책임)**
> ① 국가나 지방자치단체는 공무원 또는 공무를 위탁받은 사인(이하 "공무원"이라 한다)이 직무를 집행하면서 고의 또는 과실로 법령을 위반하여 타인에게 손해를 입히거나, 「자동차손해배상 보장법」에 따라 손해배상의 책임이 있을 때에는 이 법에 따라 그 손해를 배상하여야 한다. 다만, 군인·군무원·경찰공무원 또는 예비군대원이 전투·훈련 등 직무 집행과 관련하여 전사(戰死)·순직(殉職)하거나 공상(公傷)을 입은 경우에 본인이나 그 유족이 다른 법령에 따라 재해보상금·유족연금·상이연금 등의 보상을 지급받을 수 있을 때에는 이 법 및 「민법」에 따른 손해배상을 청구할 수 없다.
> ② 제1항 본문의 경우에 공무원에게 고의 또는 중대한 과실이 있으면 국가나 지방자치단체는 그 공무원에게 구상(求償)할 수 있다.

> **「국가배상법」 제5조(공공시설 등의 하자로 인한 책임)**
> ① 도로·하천, 그 밖의 공공의 영조물(營造物)의 설치나 관리에 하자(瑕疵)가 있기 때문에 타인에게 손해를 발생하게 하였을 때에는 국가나 지방자치단체는 그 손해를 배상하여야 한다. 이 경우 제2조 제1항 단서, 제3조 및 제3조의2를 준용한다.

21

정답 | ④

해설 | 「공공기관의 정보공개에 관한 법률」 제7조에 따라 공공기관은 예산집행의 내용과 사업평가 결과 등 행정감시를 위하여 필요한 정보에 대해서는 공개의 구체적 범위, 주기, 시기 및 방법 등을 미리 정하여 정보통신망 등을 통하여 알리고, 이에 따라 정기적으로 공개하여야 한다.

> **「공공기관의 정보공개에 관한 법률」 제7조(정보의 사전적 공개 등)**
> ① 공공기관은 다음 각 호의 어느 하나에 해당하는 정보에 대해서는 공개의 구체적 범위, 주기, 시기 및 방법 등을 미리 정하여 정보통신망 등을 통하여 알리고, 이에 따라 정기적으로 공개하여야 한다.
> 1. 국민생활에 매우 큰 영향을 미치는 정책에 관한 정보
> 2. 국가의 시책으로 시행하는 공사(工事) 등 대규모 예산이 투입되는 사업에 관한 정보
> 3. 예산집행의 내용과 사업평가 결과 등 행정감시를 위하여 필요한 정보
> 4. 그 밖에 공공기관의 장이 정하는 정보

① 「공공기관의 정보공개에 관한 법률」 제3조

> **「공공기관의 정보공개에 관한 법률」 제3조(정보공개의 원칙)**
> 공공기관이 보유·관리하는 정보는 국민의 알권리 보장 등을 위하여 이 법에서 정하는 바에 따라 적극적으로 공개하여야 한다.

② 「공공기관의 정보공개에 관한 법률」 제5조

> **「공공기관의 정보공개에 관한 법률」 제5조(정보공개 청구권자)**
> ① 모든 국민은 정보의 공개를 청구할 권리를 가진다.

③ 「공공기관의 정보공개에 관한 법률」 제6조의2

> **「공공기관의 정보공개에 관한 법률」 제6조의2(정보공개 담당자의 의무)**
> 공공기관의 정보공개 담당자(정보공개 청구 대상 정보와 관련된 업무 담당자를 포함한다)는 정보공개 업무를 성실하게 수행하여야 하며, 공개 여부의 자의적인 결정, 고의적인 처리 지연 또는 위법한 공개 거부 및 회피 등 부당한 행위를 하여서는 아니 된다.

22

정답 | ③

해설 | 부과처분을 위한 과세관청의 질문조사권이 행해지는 세무조사결정이 있는 경우 납세의무자는 세무공무원의 과세자료 수집을 위한 질문에 대답하고 검사를 수인하여야 할 법적 의무를 부담하게 되는 점, … 등을 종합하면, 세무조사결정은 납세의무자의 권리·의무에 직접 영향을 미치는 공권력의 행사에 따른 행정작용으로서 항고소송의 대상이 된다(대판 2011.3.10., 2009두23617, 23624).

① 계고서라는 명칭의 1장의 문서로서 일정기간 내에 위법건축물의 자진철거를 명함과 동시에 그 소정기한 내에 자진철거를 하지 아니할 때에는 대집행할 뜻을 미리 계고한 경우라도 「건축법」에 의한 철거명령과 행정대집행법에 의한 계고처분은 독립하여 있는 것으로서 각 그 요건이 충족되었다고 볼 것이다(대판 1992.6.12., 91누13564).

② 이행강제금은 일정한 기한까지 의무를 이행하지 않을 때에는 일정한 금전적 부담을 과할 뜻을 미리 계고함으로써 의무자에게 심리적 압박을 주어 장래에 그 의무를 이행하게 하려는 행정상 간접적인 강제집행 수단의 하나로서 과거의 일정한 법률위반 행위에 대한 제재로서의 형벌이 아니라 장래의 의무이행의 확보를 위한 강제수단일 뿐이어서 범죄에 대하여 국가가 형벌권을 실행한다고 하는 과벌에 해당하지 아니한다(헌재 2011.10.25., 2009헌바140).

④ 피수용자 등이 기업자에 대하여 부담하는 수용대상 토지의 인도의무에 관한 구 「토지수용법」 … 규정에서의 '인도'에는 명도도 포함되는 것으로 보아야 하고, 이러한 명도의무는 그것을 강제적으로 실현하면서 직접적인 실력행사가 필요한 것이지 대체적 작위의무라고 볼 수 없으므로 특별한 사정이 없는 한 「행정대집행법」에 의한 대집행의 대상이 될 수 있는 것이 아니다(대판 2005.8.19., 2004다2809).

23

정답 | ③

해설 | 당사자 사이에 석탄산업법시행령 제41조 제4항 제5호 소정의 재해위로금에 대한 지급청구권에 관한 부제소합의가 있었다고 하더라도 그러한 합의는 무효라고 할 것이다(대판 1986.7.22., 86누203).

① 한의사 면허는 경찰금지를 해제하는 명령적 행위(강학상 허가)에 해당하고, 한약조제시험을 통하여 약사에게 한약조제권을 인정함으로써 한의사들의 영업상 이익이 감소되었다고 하더라도 이러한 이익은 사실상의 이익에 불과하고 약사법이나 의료법 등의 법률에 의하여 보호되는 이익이라고는 볼 수 없으므로, 한의사들이 한약조제시험을 통하여 한약조제권을 인정받은 약사들에 대한 합격처분의 무효확인을 구하는 당해 소는 원고적격이 없는 자들이 제기한 소로서 부적법하다(대판 1998.3.10., 97누4289).

② [1] 회사합병이 있는 경우에는 피합병회사의 권리·의무는 사법상의 관계나 공법상의 관계를 불문하고 그의 성질상 이전을 허용하지 않는 것을 제외하고는 모두 합병으로 인하여 존속한 회사에게 승계되는 것으로 보아야 할 것이고, 공인회계사법에 의하여 설립된 회계법인 간의 흡수합병이라고 하여 이와 달리 볼 것은 아니다.

[2] 구 주식회사의외부감사에관한법률에 규정된 감사인지정 및 같은 법 제16조 제1항에 규정된 감사인 지정제외와 관련한 공법상의 관계는 감사인의 인적·물적 설비와 위반행위의 태양과 내용 등과 같은 객관적 사정에 기초하여 이루어지는 것으로서 합병으로 존속하는 회계법인에게 승계된다.

[3] 구 주식회사의외부감사에관한법률에 정해진 손해배상공동기금 및 같은법시행령에 정해진 손해배상공동기금의 추가적립과 관련한 공법상의 관계는 감사인의 감사보수총액과 위반행위의 태양 및 내용 등과 같은 객관적 사정에 기초하여 이루어지는 것으로서 합병으로 존속회계법인에게 승계된다(대판 2004. 7. 8. 2002두1946).

④ 석유판매업(주유소)허가는 소위 대물적 허가의 성질을 갖는 것이어서 그 사업의 양도도 가능하고 이 경우 양수인은 양도인의 지위를 승계하게 됨에 따라 양도인의 위 허가에 따른 권리의무가 양수인에게 이전되는 것이므로 만약 양도인에게 그 허가를 취소할 위법사유가 있다면 허가관청은 이를 이유로 양수인에게 응분의 제재조치를 취할 수 있다 할 것이고, 양수인이 그 양수후 허가관청으로부터 석유판매업허가를 다시 받았다 하더라도 이는 석유판매업의 양도수도를 전제로 한 것이어서 이로써 양도인의 지위승계가 부정되는 것은 아니므로 양도인의 귀책사유는 양수인에게 그 효력이 미친다(대판 1986.7.22., 86누203).

24

정답 | ②

해설 | 수익적 행정처분에 있어서는 법령에 특별한 근거규정이 없다고 하더라도 그 부관으로서 부담을 붙일 수 있고, 그와 같은 부담은 행정청이 행정처분을 하면서 일방적으로 부가할 수도 있지만 부담을 부가하기 이전에 상대방과 협의하여 부담의 내용을 협약의 형식으로 미리 정한 다음 행정처분을 하면서 이를 부가할 수도 있다(대판 2009.2.12., 2005다65500).

① 재량행위에 있어서는 관계 법령에 명시적인 금지규정이 없는 한 행정목적을 달성하기 위하여 조건이나 기한, 부담 등의 부관을 붙일 수 있고, 그 부관의 내용이 이행 가능하고 비례의 원칙 및 평등의 원칙에 적합하며 행정처분의 본질적 효력을 저해하지 아니하는 이상 위법하다고 할 수 없다(대판 2004.3.25., 2003두12837).

③ 부관의 사후변경은, 법률에 명문의 규정이 있거나 그 변경이 미리 유보되어 있는 경우 또는 상대방의 동의가 있는 경우에 한하여 허용되는 것이 원칙이지만, 사정변경으로 인하여 당초에 부담을 부과한 목적을 달성할 수 없게 된 경우에도 그 목적달성에 필요한 범위 내에서 예외적으로 허용된다(대판 1997.5.30., 97누2627).

④ 건축허가를 하면서 일정 토지를 기부채납하도록 하는 내용의 허가조건은 부관을 붙일 수 없는 기속행위 내지 기속적 재량행위인 건축허가에 붙인 부담이거나 또는 법령상 아무런 근거가 없는 부관이어서 무효이다 (대판 1995.6.13., 94다56883).

「행정기본법」제17조(부관)

① 행정청은 처분에 재량이 있는 경우에는 부관(조건, 기한, 부담, 철회권의 유보 등을 말한다. 이하 이 조에서 같다)을 붙일 수 있다.

② 행정청은 처분에 재량이 없는 경우에는 법률에 근거가 있는 경우에 부관을 붙일 수 있다.

③ 행정청은 부관을 붙일 수 있는 처분이 다음 각 호의 어느 하나에 해당하는 경우에는 그 처분을 한 후에도 부관을 새로 붙이거나 종전의 부관을 변경할 수 있다.

　1. 법률에 근거가 있는 경우

　2. 당사자의 동의가 있는 경우

　3. 사정이 변경되어 부관을 새로 붙이거나 종전의 부관을 변경하지 아니하면 해당 처분의 목적을 달성할 수 없다고 인정되는 경우

④ 부관은 다음 각 호의 요건에 적합하여야 한다.

　1. 해당 처분의 목적에 위배되지 아니할 것

　2. 해당 처분과 실질적인 관련이 있을 것

　3. 해당 처분의 목적을 달성하기 위하여 필요한 최소한의 범위일 것

25

정답 | ④

해설 | 행정소송은 구체적 사건에 대한 법률상 분쟁을 법에 의하여 해결함으로써 법적 안정을 기하자는 것이므로 부작위위법확인소송의 대상이 될 수 있는 것은 구체적 권리의무에 관한 분쟁이어야 하고 추상적인 법령에 관하여 제정의 여부 등은 그 자체로서 국민의 구체적인 권리의무에 직접적 변동을 초래하는 것이 아니어서 그 소송의 대상이 될 수 없다(대판 1992.5.8., 91누11261).

① 삼권분립원칙, 법치행정원칙 등을 전제로 하고 있는 우리나라 헌법하에서 행정권의 법행정의무는 헌법적 의무라고 보아야 한다.

② 국회가 특정한 사항에 대하여 행정부에 위임하였음에도 불구하고 행정부가 정당한 이유 없이 이를 이행하지 않는다면 권력분립의 원칙과 법치국가의 원칙에 위배되는 것이다(헌재 2004.2.26., 2001헌마718).

③ 입법부작위에는 입법자가 헌법상 입법의무가 있는 어떤 사항에 관하여 전혀 입법을 하지 아니함으로써 입법행위의 흠결이 있는 진정입법부작위와 입법자가 어떤 사항에 관하여 입법은 하였으나 그 입법의 내용·범위·절차 등의 당해 사항을 불완전·불충분 또는 불공정하게 규율함으로써 입법행위에 결함이 있는 부진정입법부작위로 나눌 수 있다. 전자인 진정입법부작위는 입법부작위로서 헌법소원의 대상이 될 수 있지만, 후자인 부진정입법부작위의 경우에는 그 불완전한 법규정 자체를 대상으로 하여 그것이 헌법위반이라는 적극적인 헌법소원을 청구할 수 있을 뿐 이를 입법부작위라 하여 헌법소원을 제기할 수 없다(헌재 2014.9.24., 2014헌마737).

국방부(육·해·공군) 시행 필기시험(2020.07.18)

1	2	3	4	5	6	7	8	9	10
④	③	②	②	①	②	③	③	①	④
11	12	13	14	15	16	17	18	19	20
①	④	②	④	①	①	①	①	②	③
21	22	23	24	25					
③	③	②	③	③					

01

정답 | ④

해설 | 기존의 법에 의하여 형성되어 이미 굳어진 개인의 법적 지위를 사후입법을 통하여 박탈하는 것 등을 내용으로 하는 진정소급입법은 개인의 신뢰보호와 법적 안정성을 내용을 하는 법치국가원리에 의하여 특단의 사정이 없는 한 헌법적으로 허용되지 아니하는 것이 원칙이다(헌재 1998. 9. 30., 97헌바38). 부진정소급입법은 과거 법규효력발생일 이전에 시작되었으나 완성되지 않고 법규의 효력발생일까지 계속 진행 중인 사항에 대해서 새로운 법령을 적용하는 것을 의미하는 것으로서 원칙적으로는 허용되지만, 신뢰보호원칙에 반하는 경우 허용되지 않는다(헌재 1998. 11. 26., 97헌바58).

① 행정법규는 시행일부터 그 효력을 발생하는 것이 원칙이다. 시행일에 관하여 특별한 규정이 없는 한 공포한 날로부터 20일을 경과함으로써 효력을 발생한다. 다만 국민의 권리제한, 의무부과와 직접 관련되는 법률, 대통령령, 총리령 및 부령은 특별한 사유가 있는 경우를 제외하고는 공포일로부터 적어도 30일이 경과한 날로부터 시행되도록 하여야 한다(「법령 등 공포에 관한 법률」 제13조, 제13조의 2).

② 법령이 변경된 경우 신 법령이 피적용자에게 유리하여 이를 적용하도록 하는 경과규정을 두는 등의 특별한 규정이 없는 한 헌법 제13조 등의 규정에 비추어 볼 때 그 변경 전에 발생한 사항에 대하여는 변경 후의 신 법령이 아니라 변경 전의 구 법령이 적용되어야 한다(대판 2002. 12. 10., 2001두3228).

③ 조세법령불소급의 원칙이라 함은 그 조세법령의 효력 발생 전에 완성된 과세요건 사실에 대하여 당해 법령을 적용할 수 없다는 의미일 뿐, 계속된 사실이나 그 이후에 발생한 과세요건 사실에 대한 새로운 법령 적용까지를 제한하는 것은 아니므로, 법인 소유의 토지 등의 양도를 과세요건으로 하는 특별부가세에 관한 감면을 폐지하는 새로운 입법이 그 시행 이후에 이루어진 양도에만 적용되는 것으로 규정된 이상, 그 토지 등의 취득시기나 재개발사업의 시행인가가 새로운 입법을 하기 전이라는 사정만으로 이를 가리켜 소급입법이라고 할 수 없다(대판 2002. 7. 6., 2001두11168).

02

정답 | ③

해설 | 행정규칙은 법규명령과 같은 엄격한 제정 및 개정절차를 요하지 아니하므로, 재산권 등과 같은 기본권을 제한하는 작용을 하는 법률이 입법위임을 할 때에는 "대통령령", "총리령", "부령" 등 법규명령에 위임함이 바람직하고, 금융감독위원회의 고시와 같은 형식으로 입법위임을 할 때에는 적어도 행정규제기본법 제4조 제2항 단서에서 정한 바와 같이 법령이 전문적·기술적 사항이나 경미한 사항으로서 업무의 성질상 위임이 불가피한 사항에 한정된다 할 것이고, 그러한 사항이라 하더라도 포괄위임금지의 원칙상 법률의 위임은 반드시 구체적·개별적으로 한정된 사항에 대하여 행하여져야 한다(헌재 2004. 10. 28., 99헌바91).

① 헌법이 인정하고 있는 위임입법의 형식은 예시적인 것으로 보아야 할 것이고, 그것은 법률이 행정규칙에 위임하더라도 그 행정규칙은 위임된 사항만을 규율할 수 있으므로, 국회입법의 원칙과 상치되지도 않는다. 다만, 형식의 선택에 있어서 규율의 밀도와 규율영역의 특성이 개별적으로 고찰되어야 할 것이고, 그에 따라 입법자에게 상세한 규율이 불가능한 것으로 보이는 영역이라면 행정부에게 필요한 보충을 할 책임이 인정되고 극히 전문적인 식견에 좌우되는 영역에서는 행정기관에 의한 구체화의 우위가 불가피하게 있을 수 있다. 그러한 영역에서 행정규칙에 대한 위임입법이 제한적으로 인정될 수 있다(헌재 2004. 10. 28., 99헌바91).

② 헌재 2004. 10. 28., 99헌바91

④ 상급행정기관이 하급행정기관에 대하여 업무처리지침이나 법령의 해석적용에 관한 기준을 정하여 발하는 이른바 행정규칙은 일반적으로 행정조직 내부에서만 효력을 가질 뿐 대외적인 구속력을 갖지 않지만, 법령의 규정이 특정 행정기관에게 그 법령 내용의 구체적 사항을 정할 수 있는 권한을 부여하면서 그 권한 행사의 절차나 방법을 특정하고 있지 않아 수임행정기관이 행정규칙의 형식으로 그 법령의 내용이 될 사항을 구체적으로 정하고 있다면, 그와 같은 행정규칙은 위에서 본 행정규칙이 갖는 일반적 효력으로서가 아니라

행정기관에 법령의 구체적 내용을 보충할 권한을 부여한 법령 규정의 효력에 의하여 그 내용을 보충하는 기능을 갖게 되고, 따라서 이와 같은 **행정규칙은 당해 법령의 위임 한계를 벗어나지 않는 한 그것들과 결합하여 대외적인 구속력이 있는 법규명령으로서의 효력을 가진다**(대판 2008. 3. 27., 2006두3742 · 3759).

03

정답 | ②

해설 | 「외자도입법」 제19조에 따른 기술도입계약에 대한 인가는 기본행위인 기술도입계약을 보충하여 그 법률상 효력을 완성시키는 보충적 행위에 지나지 아니하므로, 기본행위인 기술도입계약이 해지로 인하여 소멸되었다면 위 인가처분은 무효선언이나 그 취소처분이 없어도 당연히 실효된다(대법원 1983. 12. 27., 82누491).

①, ④ 기본행위인 정관변경결의가 적법 · 유효하고 보충행위인 인가처분 자체에만 하자가 있다면 그 인가처분의 무효나 취소를 주장할 수 있지만, 인가처분에 하자가 없다면 기본행위에 하자가 있다 하더라도 기본행위의 무효를 내세워 바로 그에 대한 행정청의 인가처분의 취소 또는 무효확인을 소구할 법률상의 이익이 없다(대판 1996. 5. 16., 95누4810).

③ 「공유수면매립법」 제20조 제1항 및 같은 법 시행령 제29조 제1항 등 관계법령의 규정내용과 공유수면매립의 성질 등에 비추어 볼 때, 공유수면매립의 면허로 인한 권리의무의 양도 · 양수에 있어서의 면허관청의 인가는 효력요건으로서, 위 각 규정은 강행규정이라고 할 것인바, 위 면허의 공동명의자 사이의 면허로 인한 권리의무양도약정은 면허관청의 인가를 받지 않은 이상 법률상 아무런 효력도 발생할 수 없다(대판 1991. 6. 25., 90누5184).

04

정답 | ②

해설 | 행정관청이 토지거래계약신고에 관하여 공시된 기준지가를 기준으로 매매가격을 신고하도록 행정지도하여 왔고 그 기준가격 이상으로 매매가격을 신고한 경우에는 거래신고서를 접수하지 않고 반려하는 것이 관행화되어 있다 하더라도 이는 법에 어긋나는 관행이라 할 것이므로 그와 같은 **위법한 관행에 따라 허위신고행위에 이르렀다고 하여 그 범법행위가 사회상규에 위배되지 않는 정당한 행위라고는 볼 수 없다**(대판 1992. 4. 24., 91도1609).

① 교육인적자원부장관의 대학총장들에 대한 이 사건 학칙시정요구는 「고등교육법」 제6조 제2항, 동법시행령 제4조 제3항에 따른 것으로서 그 법적 성격은 대학총장의 임의적인 협력을 통하여 사실상의 효과를 발생시키는 행정지도의 일종이지만, 그에 따르지 않을 경우 일정한 불이익조치를 예정하고 있어 사실상 상대방에게 그에 따를 의무를 부과하는 것과 다를 바 없으므로

단순한 행정지도로서의 한계를 넘어 규제적 · 구속적 성격을 상당히 강하게 갖는 것으로서 헌법소원의 대상이 되는 공권력의 행사라고 볼 수 있다(헌재 2003. 6. 26., 2002헌마337,2003헌마7 · 8).

③ 국가인권위원회의 성희롱결정과 이에 따른 시정조치의 권고는 불가분의 일체로 행하여지는 것인데 국가인권위원회의 이러한 결정과 시정조치의 권고는 성희롱 행위자로 결정된 자의 인격권에 영향을 미침과 동시에 공공기관의 장 또는 사용자에게 일정한 법률상의 의무를 부담시키는 것이므로 국가인권위원회의 성희롱결정 및 시정조치권고는 행정소송의 대상이 되는 행정처분에 해당한다고 보지 않을 수 없다(대판 2005. 7. 8., 2005두487).

④ 주식매각의 종용이 정당한 법률적 근거 없이 자의적으로 주주에게 제재를 가하는 것이라면 이 점에서 벌써 **행정지도의 영역을 벗어난 것이라고 보아야 할 것이고 만일 이러한 행위도 행정지도에 해당된다고 한다면 이는 행정지도라는 미명하에 법치주의의 원칙을 파괴하는 것이라고 하지 않을 수 없으며**, 더구나 그 주주가 주식매각의 종용을 거부한다는 의사를 명백하게 표시하였음에도 불구하고, 집요하게 위협적인 언동을 함으로써 그 매각을 강요하였다면 이는 위법한 강박행위에 해당한다고 하지 않을 수 없다. 따라서 정부의 재무부 이재국장 등이 국제그룹 정리방안에 따라 신한투자금융주식회사의 주식을 주식회사 제일은행에게 매각하도록 종용한 행위가 행정지도에 해당되어 위법성이 조각된다는 주장은 잘못되었다(대판 1994. 12. 13., 93다49482).

05

정답 | ①

해설 | 군인과 군무원은 모두 국군을 구성하며 국토수호라는 목적을 위해 국가와 국민에게 봉사하는 특정직 공무원이기는 하지만 각각의 책임 · 직무 · 신분 및 근무 조건에는 상당한 차이가 존재한다. 이 사건 법률조항이 현역군인에게만 국방부 등의 보조기관 등에 보해질 수 있는 특례를 인정한 것은 국방부 등이 담당하고 있는 지상 · 해상 · 상륙 및 항공작전임무와 그 임무를 수행하기 위한 교육훈련업무에는 평소 그 업무에 종사해 온 현역군인들의 작전 및 교육경험을 활용할 필요성이 인정되는 반면, 군무원들이 주로 담당해 온 정비 · 보급 · 수송 등의 군수지원분야의 업무, 행정 업무 그리고 일부 전투지원분야의 업무는 국방부 등에 근무하는 일반직공무원 · 별정직공무원 및 계약직공무원으로서도 충분히 감당할 수 있다는 입법자의 합리적인 재량 판단에 의한 것이다. 따라서 이와 같은 차별이 입법재량의 범위를 벗어나 현저하게 불합리한 것이라 볼 수는 없으므로 이 사건 법률조항은 청구인들의 **평등권을 침해하지 않는다**(헌재 2008. 6. 26., 2005헌마1275).

② 행정소송에 있어서 처분청의 처분권한 유무는 직권 조사 사항이라고 할 수 없다(대판 1997. 6. 19., 95누 8669). 원고는 피고가 원고에 대하여 파면처분을 할 권한을 가지고 있지 아니하다는 점에 관하여 원심에 전혀 다투지 아니하다가 상고이유에서 비로소 피고가 원고에 대하여 파면처분을 할 권한이 없기 때문에 이 사건 파면 처분이 위법하다고 주장하고 있으나, 처분 청이 처분권한을 가지고 있는가 하는 점은 직권조사 사항이 아니므로 원심이 이에 관하여 아무런 판단을 하지 아니하였다 하여 여기에 논하는 바와 같은 석명 의무 위반이나 심리미진의 위법이 있다고 할 수 없다 (대판 1996. 6. 25., 96누570).

③ 유원지에 대한 도시계획시설의 설치, 정비, 개량에 관 한 계획의 결정 및 변경결정에 관한 권한은 건설부장 관으로부터 시, 도지사에게 위임된 것이고, 이와 같이 권한의 위임이 행하여진 때에는 위임관청은 그 사무를 처리할 권한을 잃는다 할 것이므로, 피고인 건설부장 관은 이 사건 도시계획시설결정 당시 기존의 도시계획 시설(유원지)결정을 취소, 폐지 또는 변경할 권한이 없 었다 할 것이다(대판 1992. 9. 22., 91누11292).

④ 자동차운전면허시험 관리업무는 국가행정사무이고 지방자치단체의 장인 서울특별시장은 국가로부터 그 관리업무를 기관위임받아 국가행정기관의 지위에서 그 업무를 집행하므로, 국가는 면허시험장의 설치 및 보존의 하자로 인한 손해배상책임을 부담한다(대판 1991. 12. 24., 91다34097).

06
정답 | ②

해설 | 일괄적으로 동의를 받아야 하는 것이 아니라 별도의 동의 를 받아야 한다.

> **「개인정보 보호법」 제24조(고유식별정보의 처리 제한)**
> ① 개인정보처리자는 다음 각 호의 경우를 제외하고 는 법령에 따라 개인을 고유하게 구별하기 위하여 부여된 식별정보로서 대통령령으로 정하는 정보 (이하 "고유식별정보"라 한다)를 처리할 수 없다.
> 1. 정보주체에게 제15조제2항 각 호 또는 제17조 제2항 각 호의 사항을 알리고 다른 개인정보의 처리에 대한 동의와 별도로 동의를 받은 경우
> 2. 법령에서 구체적으로 고유식별정보의 처리를 요구하거나 허용하는 경우

① 「개인정보 보호법」 시행령 제19조

> **「개인정보 보호법」 시행령 제19조(고유식별정보의 범위)**
> 법 제24조 제1항 각 호 외의 부분에서 "대통령령으로 정하는 정보"란 다음 각 호의 어느 하나에 해당하는 정보를 말한다. 다만, 공공기관이 법 제18조 제2항 제 5호부터 제9호까지의 규정에 따라 다음 각 호의 어느 하나에 해당하는 정보를 처리하는 경우의 해당 정보 는 제외한다.
> 1. 「주민등록법」 제7조의2 제1항에 따른 주민등록번호
> 2. 「여권법」 제7조 제1항 제1호에 따른 여권번호
> 3. 「도로교통법」 제80조에 따른 운전면허의 면허번호
> 4. 「출입국관리법」 제31조 제5항에 따른 외국인등록 번호

③ 「개인정보 보호법」 제24조

> **「개인정보 보호법」 제24조(고유식별정보의 처리 제한)**
> ③ 개인정보처리자가 제1항 각 호에 따라 고유식별 정보를 처리하는 경우에는 그 고유식별정보가 분 실·도난·유출·위조·변조 또는 훼손되지 아니 하도록 대통령령으로 정하는 바에 따라 암호화 등 안전성 확보에 필요한 조치를 하여야 한다.

④ 「개인정보 보호법」 제24조의2

> **「개인정보 보호법」 제24조의2(주민등록번호 처리의 제한)**
> ① 제24조 제1항에도 불구하고 개인정보처리자는 다 음 각 호의 어느 하나에 해당하는 경우를 제외하고 는 주민등록번호를 처리할 수 없다.
> 1. 법률·대통령령·국회규칙·대법원규칙·헌법 재판소 규칙·중앙선거관리위원회규칙 및 감사 원규칙에서 구체적으로 주민등록번호의 처리를 요구하거나 허용한 경우
> 2. 정보주체 또는 제3자의 급박한 생명, 신체, 재산 의 이익을 위하여 명백히 필요하다고 인정되는 경우
> 3. 제1호 및 제2호에 준하여 주민등록번호 처리가 불가피한 경우로서 보호위원회가 고시로 정하 는 경우

07
정답 | ③

해설 | 실권 또는 실효의 법리는 법의 일반원리인 신의성실원칙 에 바탕을 둔 파생원칙이므로 공법관계 가운데 관리관계 는 물론이고 권력관계도 적용되어야 한다(대판 1988. 6. 14., 80다3231).

① 사법(私法)으로부터 발달한 신의성실의 원칙이 행정법 관계에도 적용된다는 신의칙설(독일 미망인 사건은 신 의칙설에 근거)과, 헌법상의 법치국가원리는 행정의

법률적합성의 원칙과 법적 안정성의 원칙으로 구성되는 바, 신뢰보호원칙은 법치국가원리로부터 도출하는 법적 안정성설이 다수설과 판례이다(대판 1987. 9. 8., 87누373).

② 「행정절차법」 제4조 제2항, 「국세기본법」 제18조 제3항

> **행정절차법 제4조 제2항**
> 행정청은 법령 등의 해석 또는 행정청의 관행이 일반적으로 국민들에게 받아들여졌을 때에는 공익 또는 제3자의 정당한 이익을 현저히 해칠 우려가 있는 경우를 제외하고는 새로운 해석 또는 관행에 따라 소급하여 불리하게 처리하여서는 아니 된다.
>
> **국세기본법 제18조 제3항**
> 세법의 해석이나 국세행정의 관행이 일반적으로 납세자에게 받아들여진 후에는 그 해석이나 관행에 의한 행위 또는 계산은 정당한 것으로 보며, 새로운 해석이나 관행에 의하여 소급하여 과세되지 아니한다.

④ 행정청 내부의 사무처리준칙에 해당하는 지침의 공표만으로는 신청인은 보호가치 있는 신뢰를 갖게 된다고 볼 수 없고, 행정청 내부의 사무처리준칙에 해당하는 이 사건 지침이 그 정한 바에 따라 되풀이 시행되어 행정관행이 이루어졌다고 인정할 만한 자료가 필요하다(대법원 2009. 12. 24., 2009두7967).

08

정답 | ③

해설 | 공공기관이 정보공개에 관한 법률 제21조(제3자의 비공개 요청 등) 따라 동법 제11조제3항에 따라 공개 청구된 사실을 통지받은 제3자는 그 통지를 받은 날부터 <u>3일 이내</u>에 해당 공공기관에 대하여 자신과 관련된 정보를 공개하지 아니할 것을 요청할 수 있다.

① 「공공기관이 정보공개에 관한 법률」 제10조

> **「공공기관이 정보공개에 관한 법률」 제10조(정보공개의 청구방법)**
> ① 정보의 공개를 청구하는 자(이하 "청구인"이라 한다)는 해당 정보를 보유하거나 관리하고 있는 공공기관에 다음 각 호의 사항을 적은 정보공개 청구서를 제출하거나 말로써 정보의 공개를 청구할 수 있다.
> 　1. 청구인의 성명·주민등록번호·주소 및 연락처(전화번호·전자우편주소 등을 말한다)
> 　2. 공개를 청구하는 정보의 내용 및 공개방법

② 「공공기관이 정보공개에 관한 법률」 제11조

> **「공공기관이 정보공개에 관한 법률」 제11조(정보공개 여부의 결정)**
> ③ 공공기관은 공개 청구된 공개 대상 정보의 전부 또는 일부가 제3자와 관련이 있다고 인정할 때에는 그 사실을 제3자에게 지체 없이 통지하여야 하며, 필요한 경우에는 그의 의견을 들을 수 있다.

④ 「공공기관이 정보공개에 관한 법률」 제21조

> **「공공기관이 정보공개에 관한 법률」 제21조(제3자의 비공개 요청 등)**
> ② 제1항에 따른 비공개 요청에도 불구하고 공공기관이 공개결정을 할 때에는 공개 결정 이유와 공개 실시일을 분명히 밝혀 지체 없이 문서로 통지하여야 하며, 제3자는 해당 공공기관에 문서로 이의신청을 하거나 행정심판 또는 행정소송을 제기할 수 있다. 이 경우 이의신청은 통지를 받은 날부터 7일 이내에 하여야 한다.

09

정답 | ①

해설 | 통고처분과 고발의 법적 성질 및 효과 등을 조세범칙사건의 처리 절차에 관한 조세범 처벌절차법 관련 규정들의 내용과 취지에 비추어 보면, 지방국세청장 또는 세무서장이 「조세범 처벌절차법」 제17조 제1항에 따라 통고처분을 거치지 아니하고 즉시 고발하였다면 이로써 조세범칙사건에 대한 조사 및 처분 절차는 종료되고 형사사건 절차로 이행되어 지방국세청장 또는 세무서장으로서는 동일한 조세범칙행위에 대하여 더 이상 통고처분을 할 권한이 없다. 따라서 <u>지방국세청장 또는 세무서장이 조세범칙행위에 대하여 고발을 한 후에 동일한 조세범칙행위에 대하여 통고처분을 하였더라도, 이는 법적 권한 소멸 후에 이루어진 것으로서 특별한 사정이 없는 한 효력이 없고, 조세범칙행위자가 이러한 통고처분을 이행하였더라도 조세범 처벌절차법 제15조 제3항에서 정한 일사부재리의 원칙이 적용될 수 없다</u>(대판 2016. 9. 28., 2014도10748).

② 「도로교통법」 제118조에서 규정하는 경찰서장의 통고처분은 행정소송의 대상이 되는 행정처분이 아니므로 그 처분의 취소를 구하는 소송은 부적법하고 도로교통법상의 통고처분을 받은 자가 그 처분에 대하여 이의가 있는 경우에는 통고처분에 따른 범칙금의 납부를 이행하지 아니함으로써 경찰서장의 즉결심판청구에 이하여 법원의 심판을 받을 수 있게 될 뿐이다(대판 1995. 6. 29., 95누4674).

③ 「도로교통법」상의 통고처분은 처분을 받은 당사자의 임의의 승복을 발효요건으로 하고 있으며, 행정공무원에 의하여 발하여지는 것이지만, 통고처분에 따르지 않고자 하는 당사자에게는 정식재판의 절차가 보장되어 있다. 통고처분 제도는 경미한 교통법규 위반자로 하여금 형사처벌절차에 수반되는 심리적 불안, 시간과 비용의 소모, 명예와 신용의 훼손 등의 여러 불이익을 당하지 않고 범칙금 납부로써 위반행위에 대한 제재를 신속·간편하게 종결할 수 있게 하여주며, 교통법규위반행위가 홍수를 이루고 있는 현실에서 행정공무원에 의한 전문적이고 신속한 사건처리를 가능하게 하고, 검찰 및 법원의 과중한 업무 부담을 덜어 준다. 또한

통고처분제도는 형벌의 비범죄화 정신에 접근하는 제도이다. 이러한 점들을 종합할 때, 통고처분 제도의 근거규정인 도로교통법 제118조 본문이 적법절차원칙이나 사법권을 법원에 둔 권력분립원칙에 위배된다거나, 재판청구권을 침해하는 것이라 할 수 없다(헌재 2003. 10. 30., 2002헌마275).

④ 통고처분을 할 것인지의 여부는 관세청장 또는 세관장의 재량에 맡겨져 있고, 따라서 관세청장 또는 세관장이 관세범에 대하여 통고처분을 하지 아니한 채 고발하였다는 것만으로는 그 고발 및 이에 기한 공소의 제기가 부적법하게 되는 것은 아니다(대판 2007. 5. 11., 선고 2006도1993).

10

정답 | ④

해설 | 대통령의 긴급재정경제명령은 국가긴급권의 일종으로서 고도의 정치적 결단에 의하여 발동되는 행위이고 그 결단을 존중하여야 할 필요성이 있는 행위라는 의미에서 이른바 통치행위에 속한다고 할 수 있으나, 통치행위를 포함하여 모든 국가작용은 국민의 기본권적 가치를 실현하기 위한 수단이라는 한계를 반드시 지켜야 하는 것이고, 헌법재판소는 헌법의 수호와 국민의 기본권 보장을 사명으로 하는 국가기관이므로 비록 고도의 정치적 결단에 의하여 행해지는 국가작용이라고 할지라도 그것이 <u>국민의 기본권 침해와 직접 관련되는 경우에는 당연히 헌법재판소의 심판대상이 된다</u>(헌재 1996. 2. 29., 93헌마186).

11

정답 | ①

해설 | 일정한 자격을 갖추고 소정의 절차에 따라 대학의 장에 의하여 임용된 조교는 법정된 근무기간 동안 신분이 보장되는 교육공무원법상의 교육공무원 내지 국가공무원법상의 특정직공무원 지위가 부여되고, <u>근무관계는 사법상의 근로계약관계가 아닌 공법상 근무관계에 해당한다</u>(대판 2019. 11. 14., 2015두52531).

② 상급행정기관이 소속 공무원이나 하급행정기관에 대하여 세부적인 업무처리절차나 법령의 해석·적용 기준을 정해 주는 '행정규칙'은 상위법령의 구체적 위임이 있지 않는 한 행정조직 내부에서만 효력을 가질 뿐 대외적으로 국민이나 법원을 구속하는 효력이 없다. 다만 행정규칙이 이를 정한 행정기관의 재량에 속하는 사항에 관한 것인 때에는 그 규정 내용이 객관적 합리성을 결여하였다는 등의 특별한 사정이 없는 한 법원은 이를 존중하는 것이 바람직하다. 그러나 <u>행정규칙의 내용이 상위법령에 반하는 것이라면 법치국가원리에서 파생되는 법질서의 통일성과 모순 금지 원칙에 따라 그것은 법질서상 당연무효이고, 행정내부적 효력도 인정될 수 없다. 이러한 경우 법원은 해당 행정규칙이 법질서상 부존재하는 것으로 취급하여 행정기관이</u>

한 조치의 당부를 상위법령의 규정과 입법 목적 등에 따라서 판단하여야 한다(대판 2019. 10. 31., 2013두20011).

③ 계약직공무원에 관한 현행 법령의 규정에 비추어 볼 때, 계약직공무원 채용계약해지의 의사표시는 일반공무원에 대한 징계처분과는 달라서 항고소송의 대상이 되는 처분 등의 성격을 가진 것으로 인정되지 아니하고, 일정한 사유가 있을 때에 국가 또는 지방자치단체가 채용계약 관계의 한쪽 당사자로서 대등한 지위에서 행하는 의사표시로 취급되는 것으로 이해되므로, 이를 징계해고 등에서와 같이 그 징계사유에 한하여 효력 유무를 판단하여야 하거나, 행정처분과 같이 행정절차법에 의하여 근거와 이유를 제시하여야 하는 것은 아니다(대판 2002. 11. 26., 2002두5948).

④ 「국가공무원법」 제69조에 의하면 공무원이 제33조 각 호의 1에 해당할 때에는 당연히 퇴직한다고 규정하고 있으므로, 국가공무원법상 당연퇴직은 결격사유가 있을 때 법률상 당연히 퇴직하는 것이지 공무원관계를 소멸시키기 위한 별도의 행정처분을 요하는 것이 아니며, 당연퇴직의 인사발령은 법률상 당연히 발생하는 퇴직사유를 공적으로 확인하여 알려주는 이른바 관념의 통지에 불과하고 공무원의 신분을 상실시키는 새로운 형성적 행위가 아니므로 행정소송의 대상이 되는 독립한 행정처분이라고 할 수 없다(대판 1995. 11. 14., 95누2036).

12

정답 | ④

해설 | 구 「병역법」(1999. 12. 28. 법률 제6058호로 개정되기 전의 것) 제2조 제1항 제2호, 제9호, 제5조, 제11조, 제12조, 제14조, 제26조, 제29조, 제55조, 제56조의 각 규정에 의하면, 보충역편입처분 등의 병역처분은 구체적인 병역의무부과를 위한 전제로서 징병검사 결과 신체등위와 학력·연령 등 자질을 감안하여 역종을 부과하는 처분임에 반하여, 공익근무요원소집 처분은 보충역편입처분을 받은 공익근무요원소집대상자에게 기초적 군사훈련과 구체적인 복무기관 및 복무분야를 정한 공익근무요원으로서의 복무를 명하는 구체적인 행정처분이므로, <u>위 두 처분은 후자의 처분이 전자의 처분을 전제로 하는 것이기는 하나 각각 단계적으로 별개의 법률효과를 발생하는 독립된 행정처분이라고 할 것이므로, 따라서 보충역편입처분의 기초가 되는 신체등위 판정에 잘못이 있다는 이유로 이를 다투기 위하여는 신체등위 판정을 기초로 한 보충역편입처분에 대하여 쟁송을 제기하여야 할 것이며, 그 처분을 다투지 아니하여 이미 불가쟁력이 생겨 그 효력을 다툴 수 없게 된 경우에는, 병역처분변경신청에 의하는 경우는 별론으로 하고, 보충역편입처분에 하자가 있다고 할지라도 그것이 당연무효라고 볼만한 특단의 사정이 없는 한 그 위법을 이유로 공익근무요원소집처분의 효력을 다툴 수 없다</u>(대판 2002. 12. 10., 2001두5422).

① 현역입영대상자인 피고인이 정당한 사유 없이 병역의
무부과통지서인 현역입영통지서의 수령을 거부하였다
고 인정하여 이 사건 예비적 공소사실을 유죄로 판단
한 것은 정당하다. 피고인이 이 사건 현역입영통지서
수령을 거절하였을 뿐 이를 적법하게 수령하였다고 볼
수 없다는 이유로 현역병입영대상자인 피고인이 현역
입영통지서를 받았음에도 정당한 사유 없이 입영기일
부터 3일이 경과하여도 입영하지 않았다는 이 사건 주
위적 공소사실에 대하여는 그 범죄의 증명이 없는 때
에 해당한다고 판단한 것은 정당하다(대판 2009. 6.
25., 2009도3387).
② 병역의무부과통지서인 현역입영통지서는 그 병역의
무자에게 이를 송달함이 원칙이고(병역법 제6조 제1
항 참조), 이러한 송달은 병역의무자의 현실적인 수령
행위를 전제로 하고 있다고 보아야 하므로, 병역의무
자가 현역입영통지의 내용을 이미 알고 있는 경우에도
여전히 현역입영통지서의 송달은 필요하고, 다른 법령
상의 사유가 없는 한 병역의무자로부터 근거리에 있는
책상 등에 일시 현역입영통지서를 둔 것만으로는 병역
의무자의 현실적인 수령행위가 있었다고 단정할 수 없
다(대판 2009. 6. 25., 2009도3387).
③ 현역입영대상자로서는 현실적으로 입영을 하였다고
하더라도, 입영 이후의 법률관계에 영향을 미치고 있
는 현역병입영통지처분 등을 한 관할지방병무청장을
상대로 위법을 주장하여 그 취소를 구할 소송상의 이
익이 있다(대판 2003. 12. 26., 2003두1875).

13

정답 | ④

해설 | 「행정절차법」 제11조 제6항에 따르면 행정청의 통지는 대
표자 1인이 아니라 대표자 모두에게 하여야 효력이 있다.

행정절차법 제11조(대표자)
① 다수의 당사자등이 공동으로 행정절차에 관한 행위
를 할 때에는 대표자를 선정할 수 있다.
② 행정청은 제1항에 따라 당사자등이 대표자를 선정
하지 아니하거나 대표자가 지나치게 많아 행정절차
가 지연될 우려가 있는 경우에는 그 이유를 들어 상
당한 기간 내에 3인 이내의 대표자를 선정할 것을
요청할 수 있다. 이 경우 당사자등이 그 요청에 따르
지 아니하였을 때에는 행정청이 직접 대표자를 선정
할 수 있다.
③ 당사자등은 대표자를 변경하거나 해임할 수 있다.
④ 대표자는 각자 그를 대표자로 선정한 당사자등을 위
하여 행정절차에 관한 모든 행위를 할 수 있다. 다
만, 행정절차를 끝맺는 행위에 대하여는 당사자등의
동의를 받아야 한다.
⑤ 대표자가 있는 경우에는 당사자등은 그 대표자를 통
하여서만 행정절차에 관한 행위를 할 수 있다.

---

⑥ 다수의 대표자가 있는 경우 그중 1인에 대한 행정청
의 행위는 모든 당사자등에게 효력이 있다. 다만, 행
정청의 통지는 대표자 모두에게 하여야 그 효력이
있다.

14

정답 | ②

해설 | 사회복지법인으로서는 보고명령 및 관련서류 제출명령을
이행하기 위하여 위 시정지시에 따른 시정조치의 이행이
사실상 강제되어 있다고 할 것이고, 만일 피고의 위 명령
을 이행하지 않는 경우 시정명령을 받거나 법인설립허가
가 취소될 수 있고, 자신이 운영하는 사회복지시설에 대
한 개선 또는 사업정지 명령을 받거나 그 시설의 장의 교
체 또는 시설의 폐쇄와 같은 불이익을 받을 위험이 있으
며…위 시정지시는 단순한 권고적 효력만을 가지는 비권
력적 사실행위에 불과하다고 볼 수는 없고, <u>사회복지법
인에 대하여 의무의 부담을 명하거나 기타 법률상 효과
를 발생하게 하는 것으로서 항고소송의 대상이 되는 행정
처분에 해당한다고 해석함이 상당하다고 할 것이다</u>(대판
2008. 4. 24., 2008두3500).
① 교도소장이 수형자 갑을 '접견내용 녹음·녹화 및 접
견 시 교도관 참여대상자'로 지정한 사안에서, 위 지
정행위는 수형자의 구체적 권리의무에 직접적 변동을
가져오는 행정청의 공법상 행위로서 항고소송의 대상
이 되는 '처분'에 해당한다(대판 2014. 2. 13., 2013두
20899).
③ 교도소 수형자에게 소변을 받아 제출하게 한 것은, 교
도소 내의 안전과 질서유지를 위하여 실시하였고, 일
방적으로 강제하는 측면이 존재하며, 응하지 않을 경
우 직접적인 징벌 등의 제재는 없다고 하여도 불리한
처우를 받을 수 있다는 심리적 압박이 존재하리라는
것을 충분히 예상할 수 있는 점에 비추어, 권력적 사실
행위로서 헌법재판소법 제68조 제1항의 공권력의 행
사에 해당한다(헌재 2006. 7. 27., 2005헌마277).
④ 국세징수법에 의한 체납처분의 집행으로서 한 본건 압
류처분은, 나라의 행정청인 피고가 한 공법상의 처분
이고, 따라서 그 처분이 위법이라고 하여 그 취소를 구
하는 이 소송은 행정소송이라 할 것이다(대판 1969. 4.
29., 69누12).

15

정답 | ①

해설 | 「환경정책기본법」 제44조 제1항은 민법의 불법행위 규정
에 대한 특별 규정으로서, 환경오염 또는 환경훼손의 피
해자가 그 원인을 발생시킨 자(이하 "원인자"라 한다)에게
손해배상을 청구할 수 있는 근거규정이다. 위에서 본 규
정 내용과 체계에 비추어 보면, 환경오염 또는 환경훼손
으로 인한 책임이 인정되는 경우는 사업장에서 발생되는

것에 한정되지 않고, 원인자는 사업자인지와 관계없이 그로 인한 피해에 대하여 「환경정책기본법」 제44조 제1항에 따라 귀책사유를 묻지 않고 배상할 의무가 있다. 방사능에 오염된 고철은 원자력안전법 등의 법령에 따라 처리되어야 하고 유통되어서는 안 된다. 사업활동 등을 하던 중 고철을 방사능에 오염시킨 자는 원인자로서 관련 법령에 따라 고철을 처리함으로써 오염된 환경을 회복·복원할 책임을 진다. 이러한 조치를 취하지 않고 방사능에 오염된 고철을 타인에게 매도하는 등으로 유통시킴으로써 거래 상대방이나 전전 취득한 자가 방사능오염으로 피해를 입게 되면 그 원인자는 방사능오염 사실을 모르고 유통시켰더라도 「환경정책기본법」 제44조 제1항에 따라 피해자에게 피해를 배상할 의무가 있다(대판 2018. 9. 13., 2016다35802).

② 건설폐기물의 재활용촉진에 관한 법률과 그 시행령 및 토양환경보전법의 각 규정을 종합하면, 토양은 폐기물 기타 오염물질에 의하여 오염될 수 있는 대상일 뿐 오염토양이라 하여 동산으로서 '물질'인 폐기물에 해당한다고 할 수 없고, 나아가 오염토양은 법령상 절차에 따른 정화 대상이 될 뿐 법령상 금지되거나 그와 배치되는 개념인 투기나 폐기 대상이 된다고 할 수 없다. 따라서 오염토양 자체의 규율에 관하여는 '사람의 생활이나 사업 활동에 필요하지 아니 하게 된 물질'의 처리를 목적으로 하는 구 폐기물관리법에서 처리를 위한 별도의 근거 규정을 두고 있지 아니한 이상 구 폐기물관리법의 규정은 성질상 적용될 수 없고, 이는 오염토양이 구 폐기물관리법상의 폐기물이나 구성요소인 오염물질과 섞인 상태로 되어 있다거나 그 부분 오염토양이 정화작업 등의 목적으로 해당 부지에서 반출되어 동산인 '물질'의 상태를 일시 갖추게 되었더라도 마찬가지이다(대판 2011. 5. 26., 2008도2907).

③ 행정청이 폐기물처리사업계획서 부적합 통보를 하면서 처분서에 불확정개념으로 규정된 법령상의 허가기준 등을 충족하지 못하였다는 취지만을 간략히 기재하였다면, 부적합 통보에 대한 취소소송절차에서 행정청은 그 처분을 하게 된 판단 근거나 자료 등을 제시하여 구체적 불허가사유를 분명히 하여야 한다. 이러한 경우 재량행위인 폐기물처리사업계획서 부적합 통보의 효력을 다투는 원고로서는 행정청이 제시한 구체적인 불허가사유에 관한 판단과 근거에 재량권 일탈·남용의 위법이 있음을 밝히기 위하여 소송절차에서 추가적 주장을 하고 자료를 제출할 필요가 있다(대판 2019. 12. 24., 2019두45579).

④ 불법행위로 영업을 중단한 자가 영업 중단에 따른 손해배상을 구하는 경우 영업을 중단하지 않았으면 얻었을 순이익과 이와 별도로 영업 중단과 상관없이 불가피하게 지출해야 하는 비용도 특별한 사정이 없는 한 손해배상의 범위에 포함될 수 있다. 위와 같은 순이익과 비용의 배상을 인정하는 것은 이중배상에 해당하지 않는다. 이러한 법리는 「환경정책기본법」 제44조 제1항에 따라 그 피해의 배상을 인정하는 경우에도 적용된다(대판 2018. 9. 13., 2016다35802).

16

정답 | ①

해설 | 행정법규 위반에 대한 제재조치는 행정목적의 달성을 위하여 행정법규 위반이라는 객관적 사실에 착안하여 가하는 제재이므로, 반드시 현실적인 행위자가 아니라도 법령상 책임자로 규정된 자에게 부과되고, 특별한 사정이 없는 한 위반자에게 고의나 과실이 없더라도 부과할 수 있다(대판 2017. 5. 11., 2014두8773).

② 행정처분과 형벌은 각각 그 권력적 기초, 대상, 목적이 다르다. 일정한 법규 위반 사실이 행정처분의 전제 사실이자 형사법규의 위반 사실이 되는 경우에 동일한 행위에 관하여 독립적으로 행정처분이나 형벌을 부과하거나 이를 병과할 수 있다. 법규가 예외적으로 형사소추 선행 원칙을 규정하고 있지 않은 이상 형사판결 확정에 앞서 일정한 위반사실을 들어 행정처분을 하였다고 하여 절차적 위반이 있다고 할 수 없다(대판 2017. 6. 19., 2015두59808).

③ 제재적 행정처분을 위해 항상 철회권이 유보되어 있어야 하는 것은 아니다.
※ 출제의도가 명확하지 않으나 선지 ①이 확실한 오답이므로 정답은 ①이다. 따라서 이 선지는 법률유보의 원칙상 법의 근거가 있는 경우 제재적 행정처분을 할 수 있다는 의미로 보는 것이 적당하다.

④ 「국세징수법」 제7조

> **「국세징수법」 제7조(관허사업의 제한)**
> ① 세무서장은 납세자가 허가·인가·면허 및 등록(이하 "허가등"이라 한다)을 받은 사업과 관련된 소득세, 법인세 및 부가가치세를 대통령령으로 정하는 사유 없이 체납하였을 때에는 해당 사업의 주무관서에 그 납세자에 대하여 허가등의 갱신과 그 허가등의 근거 법률에 따른 신규 허가 등을 하지 아니할 것을 요구할 수 있다.

17

정답 | ①

해설 | 「행정심판법」 제4조(특별행정심판 등) 제3항에 따르면 관계 행정기관의 장이 특별행정심판 또는 이 법에 따른 행정심판 절차에 대한 특례를 신설하거나 변경하는 법령을 제정·개정할 때에는 미리 중앙행정심판위원회와 협의하여야 한다.

②, ③ 「행정심판법」 제3조

> **「행정심판법」 제3조(행정심판의 대상)**
> ① 행정청의 처분 또는 부작위에 대하여는 다른 법률에 특별한 규정이 있는 경우 외에는 이 법에 따라 행정심판을 청구할 수 있다.
> ② 대통령의 처분 또는 부작위에 대하여는 다른 법률에서 행정심판을 청구할 수 있도록 정한 경우 외에는 행정심판을 청구할 수 없다.

④ 「행정심판법」 제2조

> **행정심판법 제2조(정의)**
> 이 법에서 사용하는 용어의 뜻은 다음과 같다.
> 4. "행정청"이란 행정에 관한 의사를 결정하여 표시하는 국가 또는 지방자치단체의 기관, 그 밖에 법령 또는 자치법규에 따라 행정권한을 가지고 있거나 위탁을 받은 공공단체나 그 기관 또는 사인(私人)을 말한다.

18

정답 | ①

해설 | 「노동위원회법」 제19조의2 제1항의 규정은 행정처분의 성질을 가지는 지방노동위원회의 처분에 대하여 중앙노동위원장을 상대로 행정소송을 제기할 경우의 전치요건에 관한 규정이라 할 것이므로 당사자가 지방노동위원회의 처분에 대하여 불복하기 위하여는 처분 송달일로부터 10일 이내에 중앙노동위원회에 재심을 신청하고 중앙노동위원회의 재심판정서 송달일로부터 15일 이내에 중앙노동위원장을 피고로 하여 재심판정취소의 소를 제기하여야 할 것이다(대판 1995. 9. 15., 95누6724).

② 지방의회를 대표하고 의사를 정리하며 회의장 내의 질서를 유지하고 의회의 사무를 감독하며 위원회에 출석하여 발언할 수 있는 등의 직무권한을 가지는 지방의회 의장에 대한 불신임의결은 의장으로서의 권한을 박탈하는 행정처분의 일종으로서 항고소송의 대상이 된다(대판 1994. 10. 11., 94두23).

③ 조례가 집행행위의 개입 없이도 그 자체로서 직접 국민의 구체적인 권리의무나 법적 이익에 영향을 미치는 등의 법률상 효과를 발생하는 경우 그 조례는 항고소송의 대상이 되는 행정처분에 해당하고, 이러한 조례에 대한 무효확인 소송을 제기함에 있어서 피고적격이 있는 처분 등을 행한 행정청은, 행정주체인 지방자치단체 또는 지방자치단체의 내부적 의결기관으로서 지방자치단체의 의사를 외부에 표시한 권한이 없는 지방의회가 아니라, 지방자치단체의 집행기관으로서 조례로서의 효력을 발생시키는 공포권이 있는 지방자치단체의 장이다(대판 1996. 9. 20., 95누8003).

④ 항정신병치료제의 요양급여 인정 기준에 관한 보건복지부 고시가 불특정의 항정신병 치료제 일반을 대상으로 한 것이 아니라 특정 제약회사의 특정 의약품을 규율 대상으로 하는 점 및 의사에 대하여 특정의약품을 처방함에 있어서 지켜야 할 기준을 제시하면서 만일 그와 같은 처방기준에 따르지 않은 경우에는 국민건강보험공단에 대하여 그 약제비용을 보험급여로 청구할 수 없고 환자 본인에 대하여만 청구할 수 있게 한 점 등에 비추어 볼 때, 이 사건 고시는 다른 집행행위의 매개 없이 그 자체로서 제약회사, 요양기관, 환자 및 국민건강보험공단 사이의 법률관계를 직접 규율하는 성격을 가진다고 할 것이므로, 이는 항고소송의 대상이 되는 행정처분으로서의 성격을 갖는다(대판 2003. 10. 9., 2003무23).

19

정답 | ②

해설 | 원자로 및 관계 시설의 부지사전승인처분은 그 자체로서 건설부지를 확정하고 사전공사를 허용하는 법률효과를 지닌 독립한 행정처분이기는 하지만, 건설허가 전에 신청자의 편의를 위하여 미리 그 건설허가의 일부 요건을 심사하여 행하는 사전적 부분 건설허가처분의 성격을 갖고 있는 것이어서 나중에 건설허가처분이 있게 되면 그 건설허가처분에 흡수되어 독립된 존재가치를 상실함으로써 그 건설허가처분만이 쟁송의 대상이 되는 것이므로, 부지사전승인처분의 취소를 구하는 소는 소의 이익을 잃게 되고, 따라서 부지사전승인처분의 위법성은 나중에 내려진 건설허가처분의 취소를 구하는 소송에서 이를 다투면 된다(대판 1998. 9. 4., 97누19588).

① 소음 · 진동배출시설에 대한 설치허가가 취소된 후 그 배출시설이 어떠한 경위로든 철거되어 다시 복구 등을 통하여 배출시설을 가동할 수 없는 상태라면 이는 배출시설 설치허가의 대상이 되지 아니하므로 외형상 설치허가 취소행위가 잔존하고 있다고 하여도 특단의 사정이 없는 한 이제 와서 굳이 위 처분의 취소를 구할 법률상의 이익이 없다(대판 2002. 1. 11., 2000두2457).

③ 법인세 과세표준과 관련하여 과세관청이 법인의 소득처분 상대방에 대한 소득처분을 경정하면서 증액과 감액을 동시에 한 결과 전체로서 소득처분금액이 감소된 경우, 법인이 소득금액변동통지의 취소를 구할 소의 이익이 없다(대판 2012. 4. 13., 2009두5510).

④ 계고처분에 기한 대집행의 실행이 이미 사실행위로서 완료되었다면, 계고처분이나 대집행의 실행행위 자체의 무효확인 또는 취소를 구할 법률상 이익은 없다(대판 1995. 7. 28., 95누2623).

20

정답 | ③

해설 | 이른바 복효적 행정행위, 특히 제3자효를 수반하는 행정행위에 대한 행정심판청구에 있어서 그 청구를 인용하는 내용의 재결로 인하여 비로소 권리이익을 침해받게 되는 자는 그 인용재결에 대하여 다툴 필요가 있고, 그 인용재결은 원처분과 내용을 달리하는 것이므로 그 인용재결의 취소를 구하는 것은 원처분에는 없는 재결에 고유한 하자를 주장하는 셈이어서 당연히 항고소송의 대상이 된다(대판 1997. 12. 23., 96누10911).

①, ② 행정소송법 제19조에서 말하는 '재결 자체에 고유한 위법'이란 원처분에는 없고 재결에만 있는 재결청의 권한 또는 구성의 위법, 재결의 절차나 형식의 위법, 내용의 위법 등을 뜻하고, 그중 내용의 위법에는 위법 · 부당하게 인용재결을 한 경우가 해당한다(대판 1997. 9. 12., 96누14661).

④ 행정처분에 대한 행정심판의 재결에 이유모순의 위법이 있다는 사유는 재결처분 자체에 고유한 하자로서 재결처분의 취소를 구하는 소송에서는 그 위법사유로서 주장할 수 있으나, 원처분의 취소를 구하는 소송에서는 그 취소를 구할 위법사유로서 주장할 수 없다(대판 1996. 2. 13., 95누8027).

21

정답 | ③

해설 | 학교환경위생구역 내 금지행위(숙박시설) 해제결정에 관한 학교환경위생정화위원회의 회의록에 기재된 발언내용에 대한 해당 발언자의 인적사항 부분에 관한 정보는 공공기관의 정보공개에 관한 법률 제7조 제1항 제5호 소정의 비공개 대상에 해당한다(대판 2003. 8. 22., 2002두12946).

① 정보공개법의 입법 목적, 정보공개의 원칙, 위 비공개 대상정보의 규정 형식과 취지 등을 고려하면, 법원 이외의 공공기관이 위 규정이 정한 '진행 중인 재판에 관련된 정보'에 해당한다는 사유로 정보공개를 거부하기 위하여는 반드시 그 정보가 진행 중인 재판의 소송기록 그 자체에 포함된 내용의 정보일 필요는 없으나, 재판에 관련된 일체의 정보가 그에 해당하는 것은 아니고 진행 중인 재판의 심리 또는 재판결과에 구체적으로 영향을 미칠 위험이 있는 정보에 한정된다고 할 것이다(대판 2011. 11. 24., 2009두19021).

② 행정처분의 취소를 구하는 항고소송에 있어 처분청은 당초 처분의 근거로 삼은 사유와 기본적 사실관계가 동일성이 있다고 인정되는 한도 내에서는 다른 사유를 추가하거나 변경할 수도 있으나 기본적 사실관계가 동일하다는 것은 처분사유를 법률적으로 평가하기 이전의 구체적인 사실에 착안하여 그 기초인 사회적 사실관계가 기본적인 점에서 동일한 것을 말하며, 처분청이 처분 당시에 적시한 구체적 사실을 변경하지 아니하는 범위 내에서 단지 그 처분의 근거법령만을 추가 · 변경하거나 당초의 처분사유를 구체적으로 표시하는 것에 불과한 경우에는 새로운 처분사유를 추가하거나 변경하는 것이라고 볼 수 없다(대판 2007. 2. 8., 2006두4899).

④ 공공기관의정보공개에관한법률상 비공개대상정보의 입법 취지에 비추어 살펴보면, 같은 법 제7조 제1항 제5호에서의 '감사 · 감독 · 검사 · 시험 · 규제 · 입찰계약 · 기술개발 · 인사관리 · 의사결정과정 또는 내부검토과정에 있는 사항'은 비공개대상정보를 예시적으로 열거한 것이라고 할 것이므로 의사결정과정에 제공된 회의관련자료나 의사결정과정이 기록된 회의록 등은 의사가 결정되거나 의사가 집행된 경우에는 더 이상 의사결정과정에 있는 사항 그 자체라고는 할 수 없으나, 의사결정과정에 있는 사항에 준하는 사항으로서 비공개대상정보에 포함될 수 있다(대판 2003. 8. 22., 2002두12946).

22

정답 | ③

해설 | 유흥주점에 감금된 채 윤락을 강요받으며 생활하던 여종업원들이 유흥주점에 화재가 났을 때 미처 피신하지 못하고 유독가스에 질식해 사망한 사안에서, 지방자치단체의 담당 공무원이 위 유흥주점의 용도변경, 무허가 영업 및 시설기준에 위배된 개축에 대하여 시정명령 등 식품위생법상 취하여야 할 조치를 게을리 한 직무상 의무위반행위와 위 종업원들의 사망 사이에 상당인과관계가 존재하지 않는다(대판 2008. 4. 10., 2005다48994).

① 구 「교육공무원법」(2005. 1. 27. 법률 제7353호로 개정되기 전의 것)에 의하여 기간제로 임용되어 임용기간이 만료된 국 · 공립대학의 교원도 교원으로서의 능력과 자질에 관하여 합리적인 기준에 의한 공정한 심사를 받아 기준에 부합하면 특별한 사정이 없는 한 재임용되리라는 기대를 가지고 재임용 여부에 관하여 심사를 요구할 법규상 또는 조리상 신청권을 가진다. 그런데 이러한 국 · 공립대학 교원에 대한 재임용거부처분이 재량권을 일탈 · 남용한 것으로 평가되어 그것이 불법행위가 됨을 이유로 국 · 공립대학 교원 임용권자에게 손해배상책임을 묻기 위해서는 당해 재임용거부가 국 · 공립대학 교원 임용권자의 고의 또는 과실로 인한 것이라는 점이 인정되어야 한다. 그리고 위와 같은 고의 · 과실이 인정되려면 국 · 공립대학 교원 임용권자가 객관적 주의의무를 결하여 그 재임용거부처분이 객관적 정당성을 상실하였다고 인정될 정도에 이르러야 한다(대판 2011. 1. 27., 2009다30946).

② 입법부가 법률로써 행정부에게 특정한 사항을 위임했음에도 불구하고 행정부가 정당한 이유 없이 이를 이행하지 않는다면 권력분립의 원칙과 법치국가 내지 법치행정의 원칙에 위배되는 것으로서 위법함과 동시에 위헌적인 것이 되는바, 구 「군법무관임용법」(1967. 3. 3. 법률 제1904호로 개정되어 2000. 12. 26. 법률 제6291호로 전문 개정되기 전의 것) 제5조 제3항과 「군법무관임용 등에 관한 법률」(2000. 12. 26. 법률 제6291호로 개정된 것) 제6조가 군법무관의 보수를 법관 및 검사의 예에 준하도록 규정하면서 그 구체적 내용을 시행령에 위임하고 있는 이상, 위 법률의 규정들은 군법무관의 보수의 내용을 법률로써 일차적으로 형성한 것이고, 위 법률들에 의해 상당한 수준의 보수청구권이 인정되는 것이므로, 위 보수청구권은 단순한 기대이익을 넘어서는 것으로서 법률의 규정에 의해 인정된 재산권의 한 내용이 되는 것으로 봄이 상당하고, 따라서 행정부가 정당한 이유 없이 시행령을 제정하지 않은 것은 위 보수청구권을 침해하는 불법행위에 해당한다(대판 2007. 11. 29., 2006다3561).

④ 공무원의 행위를 원인으로 한 국가배상책임을 인정하기 위하여는 '공무원이 직무를 집행하면서 고의 또는 과실로 법령을 위반하여 타인에게 손해를 입힌 때'라고 하는 「국가배상법」 제2조 제1항의 요건이 충족되어

야 한다. 여기서 '법령을 위반하여'라고 함은 엄격하게 형식적 의미의 법령에 명시적으로 공무원의 행위의무가 정하여져 있음에도 이를 위반하는 경우만을 의미하는 것은 아니고, 인권존중·권력남용금지·신의성실과 같이 공무원으로서 마땅히 지켜야 할 준칙이나 규범을 지키지 아니하고 위반한 경우를 비롯하여 널리 그 행위가 객관적인 정당성을 결여하고 있는 경우도 포함한다(대판 2015. 8. 27., 2012다204587).

23

정답 | ②

해설 | 행정심판전치주의는 무효선언을 구하는 <u>취소소송에서는 적용되지만 무효확인소송에는 적용되지 않는다.</u>
① 사정재결, 사정판결은 무효인 행정행위에는 인정되지 않는다. 사정판결은 취소소송에서, 사정재결은 취소심판과 의무이행심판에서 인정됨다.
③ 무효확인판결에 대해 간접강제는 준용되지 않고 있으나 거부처분에 대한 취소소송에서 간접강제는 인정된다. 현재 판례의 경우 "무효확인 판결에 관하여 취소판결에 관한 규정을 준용함에 있어서 행정소송법 제30조 제2항을 준용한다고 규정하면서도 같은 법 제34조는 이를 준용한다는 규정을 두지 않고 있으므로, 행정처분에 대하여 무효확인 판결이 내려진 경우에는 그 행정처분이 거부처분인 경우에도 행정청에 판결의 취지에 따른 재처분의무가 인정될 뿐 그에 대하여 간접강제까지 허용되는 것은 아니라고 할 것이다(대결 1998. 12. 24., 98무37)"라고 규정하고 있다.
④ 행정처분의 당연무효를 선언하는 의미에서 그 취소를 청구하는 행정소송을 제기하는 경우에도 소원의 전치와 제소기간의 준수등 취소소송의 제소요건을 갖추어야 한다(대판 1984. 5. 29., 84누175).

24

정답 | ③

해설 | 비록 건축주 등이 장기간 시정명령을 이행하지 아니하였더라도, 그 기간 중에는 시정명령의 이행 기회가 제공되지 아니하였다가 뒤늦게 시정명령의 이행기회가 제공된 경우라면, 시정명령의 이행 기회 제공을 전제로 한 1회분의 이행강제금만을 부과할 수 있고, <u>시정명령의 이행 기회가 제공되지 아니한 과거의 기간에 대한 이행강제금까지 한꺼번에 부과할 수는 없다.</u> 그리고 이를 위반하여 이루어진 이행강제금 부과처분은 과거의 위반행위에 대한 제재가 아니라 행정상의 간접강제 수단이라는 이행강제금의 본질에 반하여 구 「건축법」 제80조 제1항, 제4항 등 법규의 중요한 부분을 위반한 것으로서, 그러한 하자는 중대할 뿐만 아니라 객관적으로도 명백하다(대판 2016. 7. 14., 2015두46598).
① 전통적으로 행정대집행은 대체적 작위의무에 대한 강제집행수단으로, 이행강제금은 부작위의무나 비대체적 작위의무에 대한 강제집행수단으로 이해되어 왔으나, 이는 이행강제금제도의 본질에서 오는 제약은 아니며, 이행강제금은 대체적 작위의무의 위반에 대하여도 부과될 수 있다. 현행 건축법상 위법건축물에 대한 이행강제수단으로 대집행과 이행강제금이 인정되고 있는데, 양 제도는 각각의 장단점이 있으므로 행정청은 개별사건에 있어서 위반내용, 위반자의 시정의지 등을 감안하여 대집행과 이행강제금을 선택적으로 활용할 수 있으며, 이처럼 그 합리적인 재량에 의해 선택하여 활용하는 이상 중첩적인 제재에 해당한다고 볼 수 없다(헌재 2004. 2. 26., 2001헌바80).
② 개발제한구역 내의 건축물에 대하여 허가를 받지 않고 한 용도변경행위에 대한 형사처벌과 「건축법」 제83조 제1항에 의한 시정명령 위반에 대한 이행강제금의 부과는 그 처벌 내지 제재대상이 되는 기본적 사실관계로서의 행위를 달리하며, 또한 그 보호법익과 목적에서도 차이가 있으므로 이중처벌에 해당한다고 할 수 없다(대법 2005. 8. 19., 2005마30).
④ 부동산 실권리자명의 등기에 관한 법률상 이행강제금은 소유권이전등기신청의무 불이행이라는 과거의 사실에 대한 제재인 과징금과 달리, 장기 미등기자에게 등기신청의무를 이행하지 아니하면 이행강제금이 부과된다는 심리적 압박을 주어 의무의 이행을 간접적으로 강제하는 행정상의 간접강제 수단에 해당한다. 따라서 장기미등기자가 이행강제금 부과 전에 등기신청의무를 이행하였다면 이행강제금의 부과로써 이행을 확보하고자 하는 목적은 이미 실현된 것이므로 「부동산실명법」 제6조 제2항에 규정된 기간이 지나서 등기신청의무를 이행한 경우라 하더라도 이행강제금을 부과할 수 없다(대판 2016. 6. 23., 2015두36454).

25

정답 | ③

해설 | 「행정절차법」 제17조(처분의 신청) 제5항에 따르면 행정청은 신청에 구비서류의 미비 등 흠이 있는 경우에는 보완에 필요한 상당한 기간을 정하여 지체 없이 신청인에게 보완을 요구하여야 한다.

행정절차법 제17조(처분의 신청)

① 행정청에 처분을 구하는 신청은 문서로 하여야 한다. 다만, 다른 법령등에 특별한 규정이 있는 경우와 행정청이 미리 다른 방법을 정하여 공시한 경우에는 그러하지 아니하다.

② 제1항에 따라 처분을 신청할 때 전자문서로 하는 경우에는 행정청의 컴퓨터 등에 입력된 때에 신청한 것으로 본다.

③ 행정청은 신청에 필요한 구비서류, 접수기관, 처리기간, 그 밖에 필요한 사항을 게시(인터넷 등을 통한 게시를 포함한다)하거나 이에 대한 편람을 갖추어 두고 누구나 열람할 수 있도록 하여야 한다.

④ 행정청은 신청을 받았을 때에는 다른 법령등에 특별한 규정이 있는 경우를 제외하고는 그 접수를 보류 또는 거부하거나 부당하게 되돌려 보내서는 아니 되며, 신청을 접수한 경우에는 신청인에게 접수증을 주어야 한다. 다만, 대통령령으로 정하는 경우에는 접수증을 주지 아니할 수 있다.

⑤ 행정청은 신청에 구비서류의 미비 등 흠이 있는 경우에는 보완에 필요한 상당한 기간을 정하여 지체 없이 신청인에게 <u>보완을 요구하여야 한다.</u>

⑥ 행정청은 신청인이 제5항에 따른 기간 내에 보완을 하지 아니하였을 때에는 그 이유를 구체적으로 밝혀 접수된 신청을 되돌려 보낼 수 있다.

⑦ 행정청은 신청인의 편의를 위하여 다른 행정청에 신청을 접수하게 할 수 있다. 이 경우 행정청은 다른 행정청에 접수할 수 있는 신청의 종류를 미리 정하여 공시하여야 한다.

⑧ 신청인은 처분이 있기 전에는 그 신청의 내용을 보완·변경하거나 취하(取下)할 수 있다. 다만, 다른 법령등에 특별한 규정이 있거나 그 신청의 성질상 보완·변경하거나 취하할 수 없는 경우에는 그러하지 아니하다.

국방부(육·해·공군) 시행 필기시험(2019.06.22)

1	2	3	4	5	6	7	8	9	10
③	④	②	①	④	③	④	②	②	④
11	12	13	14	15	16	17	18	19	20
③	③	②	①	④	①	②	②	④	④
21	22	23	24	25					
③	①	②	②	②					

01

정답 | ③

해설 | 녹음물을 폐기한 행위는 조서 작성의 편의와 조서 기재 내용의 정확성을 보장하기 위하여 속기·녹음을 실시한 후 형사 공판조서 등의 작성에 관한 예규 제13조 제3항에 따른 단순한 사무집행으로서 법원행정상의 구체적인 사실행위에 불과할 뿐이다. 청구인이 처한 현재의 사실관계나 법률관계를 적극적으로 변경시키거나 특별한 부담이나 의무를 부여하는 것이 아니어서 청구인에 대한 구체적이고 직접적인 법적 불이익을 내포한다고 할 수 없으므로, 행정청이 우월적 지위에서 일방적으로 강제하는 권력적 사실행위로서 헌법소원의 대상이 되는 공권력의 행사에 해당한다고 볼 수 없다(헌재 2013. 12. 10., 2013헌마721).

① 공공기관의 정보공개에 관한 법률(이하 '정보공개법'이라 한다)의 입법 목적, 정보공개의 원칙, 비공개대상정보의 규정 형식과 취지 등을 고려하면, 법원 이외의 공공기관이 정보공개법 제9조 제1항 제4호에서 정한 '진행 중인 재판에 관련된 정보'에 해당한다는 사유로 정보공개를 거부하기 위하여는 반드시 그 정보가 진행 중인 재판의 소송기록 자체에 포함된 내용일 필요는 없다. 그러나 재판에 관련된 일체의 정보가 그에 해당하는 것은 아니고 진행 중인 재판의 심리 또는 재판결과에 구체적으로 영향을 미칠 위험이 있는 정보에 한정된다고 보는 것이 타당하다(대판 2011. 11. 24., 2009두19021).

② 방송법이라는 특별법에 의하여 설립 운영되는 한국방송공사(KBS)는 공공기관의 정보공개에 관한 법률 시행령 제2조 제4호의 '특별법에 의하여 설립된 특수법인'으로서 정보공개의무가 있는 공공기관의 정보공개에 관한 법률 제2조 제3호의 '공공기관'에 해당한다(대판 2010. 12. 23., 2008두13101).

④ 국민의 정보공개청구는 정보공개법 제9조에 정한 비공개 대상 정보에 해당하지 아니하는 한 원칙적으로 폭넓게 허용되어야 하지만, 실제로는 해당 정보를 취득 또는 활용할 의사가 전혀 없이 정보공개 제도를 이용하여 사회통념상 용인될 수 없는 부당한 이득을 얻으려 하거나, 오로지 공공기관의 담당공무원을 괴롭힐 목적으로 정보공개청구를 하는 경우처럼 권리의 남용에 해당하는 것이 명백한 경우에는 정보공개청구권의 행사를 허용하지 아니하는 것이 옳다(대판 2014. 12. 24., 2014두9349).

02

정답 | ④

해설 | 건축법 제79조는 시정명령에 대하여 규정하고 있으나, 동법이나 동법 시행령 어디에도 일반국민에게 그러한 시정명령을 신청할 권리를 부여하고 있지 않을 뿐만 아니라, 피청구인에게 건축법 위반이라고 인정되는 건축물의 건축주 등에 대하여 시정명령을 할 것인지와, 구체적인 시정명령의 내용을 무엇으로 할 것인지에 대하여 결정할 재량권을 주고 있으며, 달리 이 사건에서 시정명령을 해야 할 법적 의무가 인정된다고 볼 수 없다(헌재 2010. 4. 20., 2010헌마189).

① 공무원연금법상의 각종 급여는 헌법규정만으로는 이를 실현할 수 없고 법률에 의하여 구체적으로 형성할 것을 필요로 하는바, 연금수급권의 구체적 내용, 즉 수급요건, 수급권자의 범위, 급여금액 등은 법률에 의하여 비로소 확정될 것이므로 연금수급권을 형성함에 있어 입법자는 광범위한 형성의 자유를 가진다(헌재 2011. 12. 29., 2011헌바41).

② 행정처분에 있어서 불이익처분의 상대방은 직접 개인적 이익의 침해를 받은 자로서 원고적격이 인정되지만 수익처분의 상대방은 그의 권리나 법률상 보호되는 이익이 침해되었다고 볼 수 없으므로 달리 특별한 사정이 없는 한 취소를 구할 이익이 없다(대판 1995. 8. 22., 94누8129).

③ 경찰은 범죄의 예방, 진압 및 수사와 함께 국민의 생명, 신체 및 재산의 보호 기타 공공의 안녕과 질서유지를 직무로 하고 있고, 직무의 원활한 수행을 위하여 경찰관 직무집행법, 형사소송법 등 관계 법령에 의하여 여러 가지 권한이 부여되어 있으므로, 구체적인 직무를 수행하는 경찰관으로서는 제반 상황에 대응하여 자신에게 부여된 여러 가지 권한을 적절하게 행사하여 필요한 조치를 할 수 있고, 그러한 권한은 일반적으로 경

찰관의 전문적 판단에 기한 합리적인 재량에 위임되어 있으나, 경찰관에게 권한을 부여한 취지와 목적에 비추어 볼 때 구체적인 사정에 따라 경찰관이 권한을 행사하여 필요한 조치를 하지 아니하는 것이 현저하게 불합리하다고 인정되는 경우에는 권한의 불행사는 직무상 의무를 위반한 것이 되어 위법하게 된다(대판 2016. 4. 15., 2013다20427).

> **참고판례**
> 건물이 건축물의 높이제한 등에 위반하여 시공되어 인접주택의 소유자인 원고의 일조권을 침해하고 있다고 하더라도 원고로서는 이 사건 사용승인처분의 취소를 구할 이익이 없다고 한 원심의 판단은 정당하고, 거기에 상고이유에서 주장하는 바와 같은 사용승인처분 취소에 관한 법리오해 등의 위법이 없다. (대판 2007. 4. 26., 2006두18409)

03

정답 | ②

해설 | 지하철공사의 근로자가 지하철 연장운행 방해행위로 유죄판결을 받았으나, 그 후 공사와 노조가 위 연장운행과 관련하여 조합간부 및 조합원의 징계를 최소화하며 해고자가 없도록 한다는 내용의 합의를 한 경우, 이는 적어도 해고의 면에서는 그 행위자를 면책하기로 한다는 합의로 풀이되므로, 공사가 취업규칙에 근거하여 위 근로자에 대하여 한 당연퇴직 조치는 위 면책합의에 배치된다(대법원 2007. 10. 25., 2007두2067).

① 일반적으로 법률의 위임에 의하여 효력을 갖는 법규명령의 경우, 구법에 위임의 근거가 없어 무효였더라도 사후에 법개정으로 위임의 근거가 부여되면 그때부터는 유효한 법규명령이 되나, 반대로 구법의 위임에 의한 유효한 법규명령이 법개정으로 위임의 근거가 없어지게 되면 그때부터 무효인 법규명령이 된다(대판 2012. 7. 5., 2010다72076).

③ 행정소송법상 행정청이 일정한 처분을 하지 못하도록 그 부작위를 구하는 청구는 허용되지 않는 부적법한 소송이다(대판 2006. 5. 25., 2003두11988).

④ 대판 2009. 2. 12., 2008다56262

04

정답 | ①

해설 | 우리나라는 구체적 규범통제를 원칙으로 하고 명령이나 규칙이 위헌·위법이라고 대법원에서 확정된 경우, 무효로 판시된 당해 조항은 당해 개별 사건에 한하여 적용되지 않는다. 따라서 무효로 판시된 당해 특정 조항이 일반적으로 효력이 부인되는 것이 아니라 개별 사건에 한하여 부인된다.

② 「부패방지 및 국민권익위원회의 설치와 운영에 관한 법률」 제28조 제1항

③ 「행정소송법」 제6조

④ 행정규칙은 일반적으로 행정조직 내부에서만 효력을 가지고 대외적 구속력을 갖는 것이 아니어서 원칙적으로 헌법소원의 대상이 되는 '공권력의 행사'에 해당하지 않는다. 다만 행정규칙이 재량권행사의 준칙으로서 그 정한 바에 따라 되풀이 시행되어 행정관행을 이루게 되어 평등의 원칙이나 신뢰보호의 원칙에 따라 행정기관이 그 상대방에 대한 관계에서 그 규칙에 따라야 할 자기구속을 당하게 되는 경우에는 대외적인 구속력을 갖게 되어 헌법소원의 대상이 된다(2011. 10. 25., 2009헌마588)

05

정답 | ④

해설 | 정보공개청구권은 법률상 보호되는 구체적인 권리이므로 청구인이 공공기관에 대하여 정보공개를 청구하였다가 거부처분을 받은 것 자체가 법률상 이익의 침해에 해당한다고 할 것이고, 거부처분을 받은 것 이외에 추가로 어떤 법률상의 이익을 가질 것을 요구하는 것은 아니다.

① 「공공기관의 정보공개에 관한 법률」 제6조 제1항은 "모든 국민은 정보의 공개를 청구할 권리를 가진다."고 규정하고 있는데, 여기에서 말하는 국민에는 자연인은 물론 법인, 권리능력 없는 사단·재단도 포함되고, 법인, 권리능력 없는 사단·재단 등의 경우에는 설립목적을 불문하며, 한편 정보공개청구권은 법률상 보호되는 구체적인 권리이므로 청구인이 공공기관에 대하여 정보공개를 청구하였다가 거부처분을 받은 것 자체가 법률상 이익의 침해에 해당한다.(대판 2003. 12. 12., 2003두8050)

② 「공공기관의 정보공개에 관한 법률」 제18조 제1항

③ 「공공기관의 정보공개에 관한 법률」 제2조

06

정답 | ③

해설 | 행정소송의 대상은 공익에 관계되는 사항이므로 행정소송의 심리에 있어서는 민사소송과는 달리 사실의 주장과 증거를 제출하는 책임을 당사자에게만 지우지 않고 법원이 직권으로도 조사를 할 수 있으며, 당사자가 주장하지 않는 사실에 관해서도 판단할 수 있다.

① 행정소송의 소송요건에는 원고적격, 협의의 소익, 피고적격, 대상적격, 관할법원, 행정심판의 전치 제소기간, 소정의 형식 등이 있다.

② 소송요건을 갖추지 못한 경우 법원은 각하판결을 한다.

④ 요건심리는 해당 심판청구가 그 청구요건을 갖추고 있는지 여부를 심리하는 것으로, 심리결과 청구요건을 갖추지 못해 부적법한 경우에는 그 심판청구는 각하된다.

2021년
2020년
2019년
2018년
2017년
2016년
2015년
2014년
2013년
2012년
2011년
2010년
2009년
2008년
2007년

참고판례
행정소송에 있어서의 소원제기는 소송요건이므로 이는 법원의 직권심사사항에 속하며 당사자의 자백의 대상이 될 수 없다(대판 1969. 12. 9., 67누119).

07

정답 | ④

해설 | 공무원연금관리공단의 인정에 의하여 퇴직연금을 지급받아 오던 중 구 공무원연금법령의 개정 등으로 퇴직연금 중 일부 금액의 지급이 정지된 경우에는 당연히 개정된 법령에 따라 퇴직연금이 확정되는 것이지 같은 법 제26조 제1항에 정해진 공무원연금관리공단의 퇴직연금 결정과 통지에 의하여 비로소 그 금액이 확정되는 것이 아니므로, 공무원연금관리공단이 퇴직연금 중 일부 금액에 대하여 지급거부의 의사표시를 하였다고 하더라도 그 의사표시는 퇴직연금 청구권을 형성·확정하는 행정처분이 아니라 공법상의 법률관계의 한쪽 당사자로서 그 지급의무의 존부 및 범위에 관하여 나름대로의 사실상·법률상 의견을 밝힌 것일 뿐이어서, 이를 행정처분이라고 볼 수는 없고, 이 경우 <u>미지급퇴직연금에 대한 지급청구권은 공법상 권리로서 그의 지급을 구하는 소송은 공법상의 법률관계에 관한 소송인 공법상 당사자소송에 해당한다</u>(대판 2004. 7. 8., 2004두244).

① 고용보험 및 산업재해보상보험의 보험료징수 등에 관한 법률 제4조, 제16조의2, 제17조, 제19조, 제23조의 각 규정에 의하면, 사업주가 당연가입자가 되는 고용보험 및 산재보험에서 보험료 납부의무 부존재확인의 소는 공법상의 법률관계 자체를 다투는 소송으로서 공법상 당사자소송이다(대판 2016. 10. 13., 2016다221658).

② 지방자치단체가 보조금 지급결정을 하면서 일정 기한 내에 보조금을 반환하도록 하는 교부조건을 부가한 사안에서, 보조사업자의 지방자치단체에 대한 보조금 반환의무는 행정처분인 위 보조금 지급결정에 부가된 부관상 의무이고, 이러한 부관상 의무는 보조사업자가 지방자치단체에 부담하는 공법상 의무이므로, 보조사업자에 대한 지방자치단체의 보조금반환청구는 공법상 권리관계의 일방 당사자를 상대로 하여 공법상 의무이행을 구하는 청구로서행정소송법 제3조 제2호에 규정한 당사자소송의 대상이라고 한 사례이다(대판 2011. 6. 9., 2011다2951).

③ 공법상의 법률관계에 관한 당사자소송에서는 그 법률관계의 한쪽 당사자를 피고로 하여 소송을 제기하여야 한다(행정소송법 제3조 제2호, 제39조). 다만 원고가 고의 또는 중대한 과실 없이 당사자소송으로 제기하여야 할 것을 항고소송으로 잘못 제기한 경우에, 당사자소송으로서의 소송요건을 결하고 있음이 명백하여 당사자소송으로 제기되었더라도 어차피 부적법하게 되는 경우가 아닌 이상, 법원으로서는 원고가 당사자소송으로 소 변경을 하도록 하여 심리·판단하여야 한다(대판 2016. 5. 24., 2013두14863).

08

정답 | ②

해설 | 「개인정보 보호법」 제2조 제5항에 의하면 "개인정보처리자"란 업무를 목적으로 개인정보파일을 운용하기 위하여 스스로 또는 다른 사람을 통하여 개인정보를 처리하는 공공기관, 법인, 단체 및 개인 등을 말한다. 따라서 민간에 의하여 처리되는 정보도 개인정보 보호법의 보호 대상이 된다.

① 「개인정보 보호법」 제2조 제1항에 의하면 "개인정보"란 살아 있는 개인에 관한 정보로서 성명, 주민등록번호 및 영상 등을 통하여 개인을 알아볼 수 있는 정보(해당 정보만으로는 특정 개인을 알아볼 수 없더라도 다른 정보와 쉽게 결합하여 알아볼 수 있는 것을 포함한다)를 말한다. 따라서 법인과 사자(死者)의 정보는 이 법의 적용대상이 아니다.

③ 「행정절차법」 제37조 제6항

④ 「개인정보 보호법」 제39조 제1항에 의하면 정보주체는 개인정보처리자가 이 법을 위반한 행위로 손해를 입으면 개인정보처리자에게 손해배상을 청구할 수 있다. 이 경우 그 개인정보처리자는 고의 또는 과실이 없음을 입증하지 아니하면 책임을 면할 수 없다.

09

정답 | ②

해설 | 행정의 자동결정의 법적 성질은 행정행위로 보는 것이 다수의 견해이다.

① 자동기기에 의한 교통신호, 세금 및 각종 공과금의 부과결정, 주차요금계산, 컴퓨터에 의한 중·고등학생의 학교 배정 등이 행정의 자동결정에 해당한다.

③ 일반적 행정행위와 같이 법지행정이 적용된다.

④ 위법한 행정의 자동결정에 의한 손해가 발생한 경우 국가배상법에 따른 손해배상 청구가 가능하다.

지방자치단체장이 설치하여 관할 지방경찰청장에게 관리권한이 위임된 교통신호기의 고장으로 인하여 교통사고가 발생한 경우, 지방자치단체뿐만 아니라 국가도 손해배상책임을 지는지 여부(적극)
지방자치단체장이 교통신호기를 설치하여 그 관리권한이 도로교통법 제71조의2 제1항의 규정에 의하여 관할 지방경찰청장에게 위임되어 지방자치단체 소속 공무원과 지방경찰청 소속 공무원이 합동근무하는 교통종합관제센터에서 그 관리업무를 담당하던 중 위 신호기가 고장난 채 방치되어 교통사고가 발생한 경우, 국가배상법 제2조 또는 제5조에 의한 배상책임을 부담하는 것은 지방경찰청장이 소속된 국가가 아니라, 그 권한을 위임한 지방자치단체장이 소속된 지방자치단체라고 할 것이나, 한편 국가배상법 제6조 제1항은 같은 법 제2조, 제3조 및 제5조의 규정에 의하여 국가 또는 지방자치단체가 손해를 배상할 책임이 있는 경우에 공무원의 선임·감독 또는 영조물의 설치·관리를 맡은 자와 공무원의 봉급·급여 기타의 비용 또는 영조물의 설치·관리의 비용을 부담하는 자가 동일하지 아니한 경우에는 그 비용을 부담하는 자도 손해를 배상하여야 한다고 규정하고 있으므로 교통신호기를 관리하는 지방경찰청장 산하 경찰관들에 대한 봉급을 부담하는 국가도 국가배상법 제6조 제1항에 의한 배상책임을 부담한다(대판 1999. 6. 25., 99다11120)

10

정답 | ④
해설 | 택시의 운행시간과 구역을 제한한 택시영업의 허가는 법률효과의 일부 배제에 해당한다.

- **행정행위의 부관**
  - 의미 : 행정관청이 행정행위를 하는 경우 그 효력에 일정한 제한을 가하거나 보충하는 종된 의사표시
  - 종류 : 조건(條件), 기한(期限), 부담(負擔)등.
  - 행정행위의 부관은 법률행위적 행정행위이거나 재량행위에만 붙일 수 있고 위법한 부관을 붙인 행정행위는 그 성질에 따라서 일부무효 또는 행정행위 자체를 무효로 만든다.

조건	행정행위의 효력의 발생과 소멸을 장래 불확실한 사실의 발생에 의존하게 하는 부관
기한	행정행위의 효력의 발생과 소멸을 장래 확실한 사실의 발생에 의존하게 하는 부관
부담	주된 행정행위에 부가하여 작위, 부작위, 수인, 급부의무를 명하는 부관

우리나라 통설 및 판례는 부관 중 부담의 경우에만 독립성을 인정하고 있다. 부담은 행정행위의 일부로서의 의미를 갖는 것이 아니라 그 자체로서 독립된 행정행위로 보나 다른 부관의 경우 독립성을 갖지 않는다고 본다

1) **허가에 붙은 당초의 기한이 상당 기간 연장되어 허가된 사업의 성질상 부당하게 짧은 경우에 해당하지 아니하게 된 경우, 관계 법령의 규정에 따라 허가 여부의 재량권을 가진 행정청이 기간연장을 불허가하는 것이 가능한지 여부(적극)**
당초에 붙은 기한을 허가 자체의 존속기간이 아니라 허가조건의 존속기간으로 보더라도 그 후 당초의 기한이 상당 기간 연장되어 연장된 기간을 포함한 존속기간 전체를 기준으로 볼 경우 더 이상 허가된 사업의 성질상 부당하게 짧은 경우에 해당하지 않게 된 때에는 관계 법령의 규정에 따라 허가 여부의 재량권을 가진 행정청으로서는 그 때에도 허가조건의 개정만을 고려하여야 하는 것은 아니고 재량권의 행사로서 더 이상의 기간연장을 불허가할 수도 있는 것이며, 이로써 허가의 효력은 상실된다(대판 2004. 3. 25., 2003두12837).
2) **행정행위인 허가 또는 특허에 붙인 조항으로서 종료의 기한을 정한 경우 기한의 도래로 그 행정행위의 효력이 당연히 상실되는지 여부**
종전의 허가가 기한의 도래로 실효한 이상 원고가 종전 허가의 유효기간이 지나서 신청한 이 사건 기간연장신청은 그에 대한 종전의 허가처분을 전제로 하여 단순히 그 유효기간을 연장하여 주는 행정처분을 구하는 것이라기보다는 종전의 허가처분과는 별도의 새로운 허가를 내용으로 하는 행정처분을 구하는 것이라고 보아야 할 것이어서, 이러한 경우 허가권자는 이를 새로운 허가신청으로 보아 법의 관계 규정에 의하여 허가요건의 적합 여부를 새로이 판단하여 그 허가 여부를 결정하여야 할 것이다(대판 1995. 11. 10., 94누11866).

11

정답 | ③
해설 | 계약직공무원 채용계약해지의 의사표시는 일반공무원에 대한 징계처분과는 달라서 항고소송의 대상이 되는 처분 등의 성격을 가진 것으로 인정되지 아니하고, 일정한 사유가 있을 때에 국가 또는 지방자치단체가 채용계약 관계의 한쪽 당사자로서 대등한 지위에서 행하는 의사표시로 취급되는 것으로 이해되므로, 이를 징계해고 등에서와 같이 그 징계사유에 한하여 효력 유무를 판단하여야 하거나, 행정처분과 같이 행정절차법에 의하여 근거와 이유를 제시하여야 하는 것은 아니다(대판 2002. 11. 26., 2002두5948).

① 구 국가를 당사자로 하는 계약에 관한 법률(2012. 12. 18. 법률 제11547호로 개정되기 전의 것, 이하 '국가계약법'이라 한다) 제11조 규정 내용과 국가가 일방당사자가 되어 체결하는 계약의 내용을 명확히 하고 국가가 사인과 계약을 체결할 때 적법한 절차에 따를 것을 담보하려는 규정의 취지 등에 비추어 보면, 국가가 사인과 계약을 체결할 때에는 국가계약법령에 따른 계약서를 따로 작성하는 등 요건과 절차를 이행하여야 할 것이고, 설령 국가와 사인 사이에 계약이 체결되었더라도 이러한 법령상 요건과 절차를 거치지 아니한 계약은 효력이 없다(대판 2015. 1. 15., 2013다215133).

② 어업권면허에 선행하는 우선순위결정은 행정청이 우선권자로 결정된 자의 신청이 있으면 어업권면허처분을 하겠다는 것을 약속하는 행위로서 강학상 확약에 불과하고 행정처분은 아니므로, 우선순위결정에 공정력이나 불가쟁력과 같은 효력은 인정되지 아니하며, 따라서 우선순위결정이 잘못되었다는 이유로 종전의 어업권면허처분이 취소되면 행정청은 종전의 우선순위결정을 무시하고 다시 우선순위를 결정한 다음 새로운 우선순위결정에 기하여 새로운 어업권면허를 할 수 있다(대판 1995. 1. 20., 94누6529).

④ 행정관청이 토지거래계약신고에 관하여 공시된 기준지가를 기준으로 매매가격을 신고하도록 행정지도하여 왔고 그 기준가격 이상으로 매매가격을 신고한 경우에는 거래신고서를 접수하지 않고 반려하는 것이 관행화되어 있다 하더라도 이는 법에 어긋나는 관행이라 할 것이므로 그와 같은 위법한 관행에 따라 허위신고행위에 이르렀다고 하여 그 범법행위가 사회상규에 위배되지 않는 정당한 행위라고는 볼 수 없다(대판 1992. 4. 24., 91도1609).

12

정답 | ③

해설 | 무효인 토지거래계약에 대하여 토지거래허가를 받았다면 토지거래계약이 무효이므로 그에 대한 토지거래허가처분도 무효가 된다.

① 토지거래허가는 인가에 해당하므로 행정청의 토지거래허가를 받아야 그에 대한 법률적 효과가 완성된다(인가의 보충성).

② 건축법상 건축허가는 허가에 해당하며, 토지거래허가는 인가에 해당한다. 규제지역 내에서도 토지거래의 자유가 인정되나 다만 위 허가를 허가 전의 유동적 무효 상태에 있는 법률행위의 효력을 완성시켜 주는 인가적 성질을 띤 것이라고 보는 것이 타당하다(대판 1991. 12. 24., 90다12243).

④ 토지거래허가에서 허가는 인가에 해당하며 법률행위를 대상으로 한다. 법률행위에는 공법상 법률행위와 사법상 법률행위 모두 포함되는데 사안의 경우에는 사법상 법률행위를 대상으로 한 경우에 해당한다.

인가	
개념	제3자의 법률행위에 동의를 부여하여 그 행위의 법적 효력을 완성시켜 주는 행정행위
대상	인가의 대상은 그 성질상 반드시 법률행위에 한정되며, 사실행위는 제외됨. 인가 대상인 법률행위에는 공법상 행위(예 공공조합의 정관변경 인가)도 있고 사법상 행위(예 특허기업의 양도·양수 인가)도 있음
형식	구체적인 처분의 형식으로 행해지며 특별한 규정이 없는 한 원칙적으로 일정한 사항을 기대한 문서로 해야하는 요식행위
성질	• 법률행위의 효력요건이므로 무인가행위는 원칙적으로 무효 • 당사자의 신청이 있는 경우에만 행하여지므로 신청이 없는 인가는 특별한 규정이 없는 한 무효
효과	인가가 행해지면 제3자의 법률적 행위의 효과를 완성시켜주고 이러한 효과는 법률행위에 대한 관계에서만 발생
기본행위와 인가의 효력관계	인가는 제3자의 법률행위의 효력을 보충하여 완성해 주는 보충적 행위에 불과하므로, 그 제3자의 법률행위(이를 기본행위 또는 기본적 법률행위라 한다) 자체가 불성립 또는 무효이거나 취소원인이 있어 취소된 경우에는 인가를 받았더라도 기본행위의 하자가 치유되지 않는다. 또한 인가 자체는 직법하더라도 기본행위에 하자가 있으면 이를 이유로 기본행위의 효력을 다툴 수 있지만, 이 경우 인가의 무효확인 또는 취소를 구할 수는 없다.

13

정답 | ②

해설 | 행정청은 대통령령을 입법예고하는 경우 국회 소관 상임위원회에 이를 제출하여야 한다.

> **「행정절차법」**
> **제3조(적용범위)**
> ② 이 법은 다음 각 호의 어느 하나에 해당하는 사항에 대하여는 적용하지 아니한다.
> 1. 국회 또는 지방의회의 의결을 거치거나 동의 또는 승인을 받아 행하는 사항
> 2. 법원 또는 군사법원의 재판에 의하거나 그 집행으로 행하는 사항
> 3. 헌법재판소의 심판을 거쳐 행하는 사항
> 4. 각급 선거관리위원회의 의결을 거쳐 행하는 사항
> 5. 감사원이 감사위원회의의 결정을 거쳐 행하는 사항
> 6. 형사(刑事), 행형(行刑) 및 보안처분 관계 법령에 따라 행하는 사항
> 7. 국가안전보장·국방·외교 또는 통일에 관한 사항 중 행정절차를 거칠 경우 국가의 중대한 이익을 현저히 해칠 우려가 있는 사항
> 8. 심사청구, 해양안전심판, 조세심판, 특허심판, 행정심판, 그 밖의 불복절차에 따른 사항
> 9. 「병역법」에 따른 징집·소집, 외국인의 출입국·난민인정·귀화, 공무원 인사 관계 법령에 따른 징계와 그 밖의 처분, 이해 조정을 목적으로 하는 법령에 따른 알선·조정·중재(仲裁)·재정(裁定) 또는 그 밖의 처분 등 해당 행정작용의 성질상 행정절차를 거치기 곤란하거나 거칠 필요가 없다고 인정되는 사항과 행정절차에 준하는 절차를 거친 사항으로서 대통령령으로 정하는 사항
>
> **제40조(신고)**
> ① 법령등에서 행정청에 일정한 사항을 통지함으로써 의무가 끝나는 신고를 규정하고 있는 경우 신고를 관장하는 행정청은 신고에 필요한 구비서류, 접수기관, 그 밖에 법령등에 따른 신고에 필요한 사항을 게시(인터넷 등을 통한 게시를 포함한다)하거나 이에 대한 편람을 갖추어 두고 누구나 열람할 수 있도록 하여야 한다.
> ② 제1항에 따른 신고가 다음 각 호의 요건을 갖춘 경우에는 신고서가 접수기관에 도달된 때에 신고 의무가 이행된 것으로 본다.
> 1. 신고서의 기재사항에 흠이 없을 것
> 2. 필요한 구비서류가 첨부되어 있을 것
> 3. 그 밖에 법령등에 규정된 형식상의 요건에 적합할 것
> ③ 행정청은 제2항 각 호의 요건을 갖추지 못한 신고서가 제출된 경우에는 지체 없이 상당한 기간을 정하여 신고인에게 보완을 요구하여야 한다.
> ④ 행정청은 신고인이 제3항에 따른 기간 내에 보완을 하지 아니하였을 때에는 그 이유를 구체적으로 밝혀 해당 신고서를 되돌려 보내야 한다.
>
> **제42조(예고방법)**
> ② 행정청은 대통령령을 입법예고하는 경우 국회 소관 상임위원회에 이를 제출하여야 한다.

14

정답 | ①

해설 | 판례는 행정계획을 직접적으로 정의한다.

② 비구속적 행정계획안이나 행정지침이라도 국민의 기본권에 직접적으로 영향을 끼치고, 앞으로 법령의 뒷받침에 의하여 그대로 실시될 것이 틀림없을 것으로 예상될 수 있을 때에는, 공권력행위로서 예외적으로 헌법소원의 대상이 될 수 있다(헌재 2000. 6. 1., 99헌마538).

③ 택지개발 예정지구 지정처분은 건설교통부장관이 법령의 범위 내에서 도시지역의 시급한 주택난 해소를 위한 택지를 개발·공급할 목적으로 주택정책상의 전문적·기술적 판단에 기초하여 행하는 일종의 행정계획으로서 재량행위라고 할 것이므로 그 재량권의 일탈·남용이 없는 이상 그 처분을 위법하다고 할 수 없다(대판 1997. 9. 26., 96누10096).

④ 위법한 행정계획으로 인해 손해를 입은 경우에는 국가배상법에 따라 국가를 상대로 손해배상을 청구할 수 있다.

> **참고판례**
> 행정계획이라 함은 행정에 관한 전문적·기술적 판단을 기초로 하여 도시의 건설·정비·개량 등과 같은 특정한 행정목표를 달성하기 위하여 서로 관련되는 행정수단을 종합·조정함으로써 장래의 일정한 시점에 있어서 일정한 질서를 실현하기 위한 활동기준으로 설정된 것이다(대판 1996. 11. 29., 96누8567, 대판 2007. 4. 12., 2005두1893).

15

정답 | ②

해설 | 부작위가 성립하기 위한 요건 중에는 <u>행정청에 대한 처분의 신청</u>이 있어야 한다. 해당 신청 내용이 행정청에 대하여 행정소송의 대상인 처분을 요구하는 것이어야 하는데 이때 비권력적 사실행위, 사경제적 계약체결 등을 구하는 신청은 부작위법확인소송의 대상이 될 수 없다.

① 부작위위법확인의 소는 부작위상태가 계속되는 한 그 위법의 확인을 구할 이익이 있다고 보아야 하므로 원칙적으로 제소기간의 제한을 받지 않는다. 그러나 행정소송법 제38조 제2항이 제소기간을 규정한 같은 법 제20조를 부작위위법확인소송에 준용하고 있는 점에 비추어 보면, 행정심판 등 전심절차를 거친 경우에는 행정소송법 제20조가 정한 제소기간 내에 부작위위법확인의 소를 제기하여야 한다(대판 2009. 7. 23., 2008두10560).

③ 행정처분의 직접 상대방이 아닌 제3자라 하더라도 당해 행정처분으로 인하여 법률상 보호되는 이익을 침해당한 경우에는 그 처분의 무효확인을 구하는 행정소송을 제기하여 그 당부의 판단을 받을 자격이 있다 할 것이며, 여기에서 말하는 법률상 보호되는 이익이라 함은 당해 처분의 근거 법규 및 관련 법규에 의하여 보호되는 개별적·직접적·구체적 이익이 있는 경우를 말하고, 공익보호의 결과로 국민 일반이 공통적으로 가지는 일반적·간접적·추상적 이익이 생기는 경우에는 법률상 보호되는 이익이 있다고 할 수 없다(대판 2006. 3. 16., 2006두330).

④ 행정소송법 제36조

항고소송	
취소소송	행정청의 위법한 처분등을 취소 또는 변경하는 소송
무효등 확인소송	행정청의 처분등의 효력 유무 또는 존재 여부를 확인하는 소송
부작위위법 확인소송	행정청의 부작위가 위법하다는 것을 확인하는 소송

16

정답 | ①

해설 | 국가배상법 제2조 제1항의 "직무를 집행함에 당하여"라 함은 직접 공무원의 직무집행행위이거나 그와 밀접한 관계에 있는 행위를 포함하고, 이를 판단함에 있어서는 행위 자체의 외관을 객관적으로 관찰하여 공무원의 직무행위로 보여질 때에는 비록 그것이 실질적으로 직무행위가 아니거나 또는 행위자로서는 주관적으로 공무집행의 의사가 없었다고 하더라도 그 행위는 공무원이 "직무를 집행함에 당하여"한 것으로 보아야 한다(대판 1995. 4. 21., 93다14240).

② 당해 행위에 재량권의 일탈·남용이 있는 위법한 행사로 손해가 발생하는 경우에 배상책임이 있다. 단순히 부당한 경우에는 위법이 아니므로 국가배상이 인정되지 않는다.

③ 근대 초기에는 주권자 또는 국가가 법적인 잘못을 저지를 수 없는 무오류성을 가지고 주권면제사상에 기초했기 때문에 국가배상책임은 인정하지 않았다.

④ 공무원의 직무상 불법행위로 인한 손해배상청구권만 인정한다.

> **「헌법」 제29조**
> ① 공무원의 직무상 불법행위로 손해를 받은 국민은 법률이 정하는 바에 의하여 국가 또는 공공단체에 정당한 배상을 청구할 수 있다. 이 경우 공무원 자신의 책임은 면제되지 아니한다.
> ② 군인·군무원·경찰공무원 기타 법률이 정하는 자가 전투·훈련 등 직무집행과 관련하여 받은 손해에 대하여는 법률이 정하는 보상외에 국가 또는 공공단체에 공무원의 직무상 불법행위로 인한 배상은 청구할 수 없다.

17

정답 | ②

해설 | 국가배상법 제5조 소정의 공공의 영조물이란 공유나 사유임을 불문하고 행정주체에 의하여 특정 공공의 목적에 공여된 유체물 또는 물적 설비를 의미하므로 사실상 군민의 통행에 제공되고 있던 도로 옆의 암벽으로부터 떨어진 낙석에 맞아 소외인이 사망하는 사고가 발생하였다고 하여도 동 사고지점 도로가 피고 군에 의하여 노선인정 기타 공용개시가 없었으면 이를 영조물이라 할 수 없다(대판 1981. 7. 7., 80다2478).

①, ④ 국가배상법 제5조 제1항에 정하여진 '영조물 설치·관리상의 하자'라 함은 공공의 목적에 공여된 영조물이 그 용도에 따라 통상 갖추어야 할 안전성을 갖추지 못한 상태에 있음을 말하는바, 영조물의 설치 및 관리에 있어서 항상 완전무결한 상태를 유지할 정도의 고도의 안전성을 갖추지 아니하였다고 하여 영조물의 설치 또는 관리에 하자가 있다고 단정할 수 없는 것이고, 영조물의 설치자 또는 관리자에게 부과되는 방호조치의무는 영조물의 위험성에 비례하여 사회통념상 일반적으로 요구되는 정도의 것이다(대판 2002. 8. 23., 2002다9158).

③ 가변차로에 설치된 신호등의 용도와 오작동시에 발생하는 사고의 위험성과 심각성을 감안할 때, 만일 가변차로에 설치된 두 개의 신호기에서 서로 모순되는 신호가 들어오는 고장을 예방할 방법이 없음에도 그와 같은 신호기를 설치하여 그와 같은 고장을 발생하게 한 것이라면, 그 고장이 자연재해 등 외부요인에 의한 불가항력에 기인한 것이 아닌 한 그 자체로 설치·관리자의 방호조치의무를 다하지 못한 것으로서 신호등이 그 용도에 따라 통상 갖추어야 할 안전성을 갖추지 못한 상태에 있었다고 할 것이고, 따라서 설령 적정 전압보다 낮은 저전압이 원인이 되어 위와 같은 오작동이 발생하였고 그 고장은 현재의 기술수준상 부득이한 것이라고 가정하더라도 그와 같은 사정만으로 손해발생의 예견가능성이나 회피가능성이 없어 영조물의 하자를 인정할 수 없는 경우라고 단정할 수 없다(대판 2001. 7. 27., 2000다56822).

18

정답 | ③

해설 | 비대체적 작위의무 또는 부작위의무를 이행하지 아니하는 경우에 이행을 강제하기 위하여 과하는 금전벌은 이행강제금이다.

① 행정상 강제집행은 국민의 신체·재산에 실력을 가하여 행정상 의무이행을 확보하는 권력적 행정작용이므로 법적 근거가 요구된다.

② 전조의 규정에 의한 처분을 하려함에 있어서는 상당한 이행기한을 정하여 그 기한까지 이행되지 아니할 때에는 대집행을 한다는 뜻을 미리 문서로써 계고하여야 한다. 이 경우 행정청은 상당한 이행기한을 정함에 있어 의무의 성질·내용 등을 고려하여 사회통념상 해당 의무를 이행하는 데 필요한 기간이 확보되도록 하여야 한다.

④ 대집행의 계고와 독촉은 준법률행위적 행정행위인 강학상 통지에 해당한다.

대집행	
의미	대체적 작위의무를 의무자가 불이행하는 경우에 당해 행정청이 의무자가 행할 작위를 스스로 행하거나 또는 제3자로 하여금 이를 행하게 하고 그 비용을 의무자로부터 징수하는 것을 말한다.
대체적 작위의무	대집행의 대상이 되는 의무로서 타인이 대신하여 행할 수 있는 행위가 부과된 의무를 말한다. 여기서 작위의무라 해도 타인이 대신하여 행할 수 없는 행위는 대집행의 대상이 되지 않는다.
요건	• 대체적 작위의무의 불이행 • 다른 수단으로 이행확보가 곤란한 것 • 불이행을 방치함이 심히 공익을 해할 것
절차	계고 → 통지 → 실행 → 비용징수

19

정답 | ④

해설 | 평등의 원칙은 본질적으로 같은 것을 자의적으로 다르게 취급함을 금지하는 것이고, 위법한 행정처분이 수차례에 걸쳐 반복적으로 행하여졌다 하더라도 그러한 처분이 위법한 것인 때에는 행정청에 대하여 자기구속력을 갖게 된다고 할 수 없다(대판 2009. 6. 25., 2008두13132).

① 한 사람이 여러 종류의 자동차운전면허를 취득하는 경우뿐 아니라 이를 취소 또는 정지하는 경우에 있어서도 서로 별개의 것으로 취급하는 것이 원칙이기는 하나, 자동차운전면허는 그 성질이 대인적 면허일뿐만 아니라 도로교통법시행규칙 제26조 별표 14에 의하면, 제1종 대형면허 소지자는 제1종 보통면허로 운전할 수 있는 자동차와 원동기장치자전거를, 제1종 보통면허 소지자는 원동기장치자전거까지 운전할 수 있도록 규정하고 있어서 제1종 보통면허로 운전할 수 있는 차량의 음주운전은 당해 운전면허뿐만 아니라 제1종 대형면허로도 가능하고, 또한 제1종 대형면허나 제1종 보통면허의 취소에는 당연히 원동기장치자전거의 운전까지 금지하는 취지가 포함된 것이어서 이들 세 종류의 운전면허는 서로 관련된 것이라고 할 것이므로 제1종 보통면허로 운전할 수 있는 차량을 음주운전한 경우에 이와 관련된 면허인 제1종 대형면허와 원동기장치자전거면허까지 취소할 수 있는 것으로 보아야 한다(대판 1994. 11. 25., 94누9672).

② 재량권 행사의 준칙인 행정규칙이 그 정한 바에 따라 되풀이 시행되어 행정관행이 이루어지게 되면 평등의 원칙이나 신뢰보호의 원칙에 따라 행정기관은 그 상대방에 대한 관계에서 그 규칙에 따라야 할 자기구속을 받게 되므로, 이러한 경우에는 특별한 사정이 없는 한 그를 위반하는 처분은 평등의 원칙이나 신뢰보호의 원칙에 위배되어 재량권을 일탈·남용한 위법한 처분이 된다(대판 2009. 12. 24., 2009두7967).

③ 지방자치단체장이 사업자에게 주택사업계획승인을 하면서 그 주택사업과는 아무런 관련이 없는 토지를 기부채납하도록 하는 부관을 주택사업계획승인에 붙인 경우, 그 부관은 부당결부금지의 원칙에 위반되어 위법하지만, 지방자치단체장이 승인한 사업자의 주택사업계획은 상당히 큰 규모의 사업임에 반하여, 사업자가 기부채납한 토지 가액은 그 100분의 1 상당의 금액에 불과한 데다가, 사업자가 그 동안 그 부관에 대하여 아무런 이의를 제기하지 아니하다가 지방자치단체장이 업무착오로 기부채납한 토지에 대하여 보상협조 요청서를 보내자 그때서야 비로소 부관의 하자를 들고 나온 사정에 비추어 볼 때 부관의 하자가 중대하고 명백하여 당연무효라고는 볼 수 없다(대판 1997. 3. 11., 96다49650).

20

정답 | ④

해설 | 선행행위의 하자에 대해 제소기간이 경과하여 불가쟁력이 발생한 경우 선행처분과 후행처분 사이에 동일한 법률효과를 목적으로 하는 경우에는 선행처분의 하자는 후행처분에 승계되어 후행처분에서 이를 다툴 수 있으나, 서로 다른 법률효과를 목적으로 하는 경우에는 그 하자는 승계되지 않는다.

① 하자의 승계는 국민권익구제를 위한 제도로써 하자의 승계를 인정할 경우 그 범위가 넓어지게 되어 국민에게 유리하다.

② 선행행위의 하자가 중대하고 명백하여 당연무효인 경우에는 그 후행행위 역시 당연무효라고 본다.

③ 조세의 부과처분과 압류 등의 체납처분은 별개의 행정처분으로서 독립성을 가지므로 부과처분에 하자가 있더라도 그 부과처분이 취소되지 아니하는 한 그 부과처분에 의한 체납처분은 위법이라고 할 수는 없지만, 체납처분은 부과처분의 집행을 위한 절차에 불과하므로 그 부과처분에 중대하고도 명백한 하자가 있어 무효인 경우에는 그 부과처분의 집행을 위한 체납처분도 무효라 할 것이다(대판 1987. 9. 22., 87누383).

하자의 승계 여부

• 통설적 견해
  − 원칙적으로 하자승계론이 통설이나 선행행위와 후행행위가 서로 독립하여 국민의 권리침해가 발생한 경우 예외를 둔다.
  − 두 개 이상의 행정처분이 연속하여 행하여지는 경우에, 그 각각의 처분이 서로 독립하여 별개의 법률효과를 목적으로 하는 것이고 그 선행의 처분에 불가쟁력이 발생하여 그 효력을 다툴 수 없게 되었다면, 선행처분의 하자가 중대하고도 명백하여 당연 무효인 경우를 제외하고 선행처분의 하자를 이유로 후행처분의 효력을 다툴 수 없다(대판 2009. 7. 23., 2008두15626).

관련 판례

1) 하자의 승계를 인정한 판례
  • 의사면허취소처분취소(대판 1975. 12. 9., 75누123)
  • 안경사면허취소처분취소(대판 1993. 2. 9., 92누4567)
  • 행정대집행계고처분취소(대판 1996. 2. 9., 95누12507)

2) 하자의 승계를 부인한 판례
  • 토지수용재결처분취소(대판 1992. 3. 13., 91누4324)
  • 직권면직처분취소(대판 1984. 9. 11, 84누191)
  • 액화석유가스판매업신고반려처분취소(대판 1991. 4. 2., 90누8756)
  • 공익근무요원소집처분취소(대판 2002. 12. 10., 2001두5422)

참고판례

후행처분인 대집행영장발부통보처분의 취소청구 소송에서 선행처분인 계고처분이 위법하다는 이유로 대집행영장발부통보처분도 위법한 것이라는 주장을 할 수 있는지 여부(적극)

대집행의 계고, 대집행영장에 의한 통지, 대집행의 실행, 대집행에 요한 비용의 납부명령 등은 타인이 대신하여 행할 수 있는 행정의무의 이행을 의무자의 비용 부담하에 확보하고자 하는, 동일한 행정목적을 달성하기 위하여 단계적인 일련의 절차로 연속하여 행하여지는 것으로서, 서로 결합하여 하나의 법률효과를 발생시키는 것이므로, 선행처분인 계고처분이 하자가 있는 위법한 처분이라면, 비록 그 하자가 중대하고도 명백한 것이 아니어서 당연무효의 처분이라고 볼 수 없고 행정소송으로 효력이 다투어지지도 아니하여 이미 불가쟁력이 생겼으며, 후행처분인 대집행영장발부통보처분 자체에는 아무런 하자가 없다고 하더라도, 후행처분인 대집행영장발부통보처분의 취소를 청구하는 소송에서 청구원인으로 선행처분인 계고처분이 위법한 것이기 때문에 그 계고처분을 전제로 행하여진 대집행영장발부통보처분도 위법한 것이라는 주장을 할 수 있다(대판 1996. 2. 9., 95누12507).

21

정답 | ③

해설 | (가) 국유재산법 제31조, 제32조 제3항, 산림법 제75조 제1항의 규정 등에 의하여 국유잡종재산에 관한 관리 처분의 권한을 위임받은 기관이 국유잡종재산을 대부하는 행위는 국가가 사경제 주체로서 상대방과 대등한 위치에서 행하는 사법상의 계약이고, 행정청이 공권력의 주체로서 상대방의 의사 여하에 불구하고 일방적으로 행하는 행정처분이라고 볼 수 없으며, 국유잡종재산에 관한 대부료의 납부고지 역시 사법상의 이행청구에 해당하고, 이를 행정처분이라고 할 수 없다(대판 2000. 2. 11., 99다61675).

(나) 예산회계법에 따라 체결되는 계약은 사법상의 계약이라고 할 것이고동법 제70조의5의 입찰보증금은 낙찰자의 계약체결의무이행의 확보를 목적으로 하여 그 불이행시에 이를 국고에 귀속시켜 국가의 손해를 전보하는 사법상의 손해배상 예정으로서의 성질을 갖는 것이라고 할 것이므로 입찰보증금의 국고귀속 조치는 국가가 사법상의 재산권의 주체로서 행위하는 것이지 공권력을 행사하는 것이거나 공권력작용과 일체성을 가진 것이 아니라 할 것이므로 이에 관한 분쟁은 행정소송이 아닌 민사소송의 대상이 될 수밖에 없다고 할 것이다(1983. 12. 27., 81누366).

(다) 판례는 창덕궁 비원 안내원의 채용계약을사법상 계약에 해당한다고 본다.

(라) 국유재산법 제51조 제1항은 국유재산의 무단점유자에 대하여는 대부 또는 사용, 수익허가 등을 받은 경우에 납부하여야 할 대부료 또는 사용료 상당액 외에도 그 징벌적 의미에서 국가측이 일방적으로 그 2할 상당액을 추가하여 변상금을 징수토록 하고 있으며 동조 제2항은 변상금의 체납시 국세징수법에 의하여 강제징수토록 하고 있는 점 등에 비추어 보면 국유재산의 관리청이 그 무단점유자에 대하여 하는 변상금 부과처분은 순전히 사경제 주체로서 행하는 사법상의 법률행위라 할 수 없고 이는 관리청이 공권력을 가진 우월적 지위에서 행한 것으로서 행정소송의 대상이 되는 행정처분이라고 보아야 한다(대판 1988. 2. 23., 87누1046,1047).

(마) 국가나 지방자치단체에 근무하는 청원경찰은 국가공무원법이나 지방공무원법상의 공무원은 아니지만, 다른 청원경찰과는 달리 그 임용권자가 행정기관의 장이고, 국가나 지방자치단체로부터 보수를 받으며, 산업재해보상보험법이나 근로기준법이 아닌 공무원연금법에 따른 재해보상과 퇴직급여를 지급받고, 직무상의 불법행위에 대하여도 민법이 아닌 국가배상법이 적용되는 등의 특질이 있으며 그외 임용자격, 직무, 복무의무 내용 등을 종합하여 볼때, 그 근무관계를 사법상의 고용계약관계로 보기는 어려우므로 그에 대한징계처분의 시정을 구하는 소는 행정소송의 대상이지 민사소송의 대상이 아니다(대판 1993. 7. 13., 92다47564).

22

정답 | ①

해설 | 「행정심판법」 제29조 제3항
② 5명 이하 → 3명 이하
③ 피청구인 또는 위원회가 심판청구서를 받은 날부터 90일 → 60일 이내에 하여야 한다.
④ 「행정심판법」 제2조 제2호

> 「행정심판법」
> 제2조(정의) 이 법에서 사용하는 용어의 뜻은 다음과 같다.
> 2. "부작위"란 행정청이 당사자의 신청에 대하여 상당한 기간 내에 일정한 처분을 하여야 할 법률상 의무가 있는데도 처분을 하지 아니하는 것을 말한다.
> 제15조(선정대표자)
> ① 여러 명의 청구인이 공동으로 심판청구를 할 때에는 청구인들 중에서 3명 이하의 선정대표자를 선정할 수 있다.
> 제29조(청구의 변경)
> ③ 제1항 또는 제2항에 따른 청구의 변경은 서면으로 신청하여야 한다. 이 경우 피청구인과 참가인의 수만큼 청구변경신청서 부본을 함께 제출하여야 한다.

> 제45조(재결 기간)
> ① 재결은 제23조에 따라 피청구인 또는 위원회가 심판청구서를 받은 날부터 60일 이내에 하여야 한다. 다만, 부득이한 사정이 있는 경우에는 위원장이 직권으로 30일을 연장할 수 있다.

23

정답 | ②

해설 | 「질서위반행위규제법」은 과태료의 부과대상인 질서위반행위에 대하여도 책임주의 원칙을 채택하여 제7조에서 "고의 또는 과실이 없는 질서위반행위는 과태료를 부과하지 아니한다."고 규정하고 있으므로, 질서위반행위를 한 자가 자신의 책임 없는 사유로 위반행위에 이르렀다고 주장하는 경우 법원으로서는 그 내용을 살펴 행위자에게 고의나 과실이 있는지를 따져보아야 한다(2011. 7. 14., 2011마364).
① 「질서위반행위규제법」 제16조 제1항
③ 「질서위반행위규제법」 제20조 제1항
④ 「질서위반행위규제법」 제3조 제3항

> 「질서위반행위규제법」
> 제3조(법 적용의 시간적 범위)
> ① 질서위반행위의 성립과 과태료 처분은 행위 시의 법률에 따른다.
> ② 질서위반행위 후 법률이 변경되어 그 행위가 질서위반행위에 해당하지 아니하게 되거나 과태료가 변경되기 전의 법률보다 가볍게 된 때에는 법률에 특별한 규정이 없는 한 변경된 법률을 적용한다.
> ③ 행정청의 과태료 처분이나 법원의 과태료 재판이 확정된 후 법률이 변경되어 그 행위가 질서위반행위에 해당하지 아니하게 된 때에는 변경된 법률에 특별한 규정이 없는 한 과태료의 징수 또는 집행을 면제한다.
> 제16조(사전통지 및 의견 제출 등)
> ① 행정청이 질서위반행위에 대하여 과태료를 부과하고자 하는 때에는 미리 당사자(제11조제2항에 따른 고용주등을 포함한다. 이하 같다)에게 대통령령으로 정하는 사항을 통지하고, 10일 이상의 기간을 정하여 의견을 제출할 기회를 주어야 한다. 이 경우 지정된 기일까지 의견 제출이 없는 경우에는 의견이 없는 것으로 본다.
> 제20조(이의제기)
> ① 행정청의 과태료 부과에 불복하는 당사자는 제17조제1항에 따른 과태료 부과 통지를 받은 날부터 60일 이내에 해당 행정청에 서면으로 이의제기를 할 수 있다.

24

정답 | ②

해설 | 개발부담금 부과처분이 취소된 이상 그 후의 부당이득으로서의 과오납금 반환에 관한 법률관계는 <u>단순한 민사 관계</u>에 불과한 것이고, 행정소송 절차에 따라야 하는 관계로 볼 수 없다(대판 1995. 12. 22., 94다51253).

① 민법 제741조(부당이득의 내용) 법률상 원인없이 타인의 재산 또는 노무로 인하여 이익을 얻고 이로 인하여 타인에게 손해를 가한 자는 그 이익을 반환하여야 한다.

③ 원천징수의무자가 원천납세의무자로부터 원천징수대상이 아닌 소득에 대하여 세액을 징수·납부하였거나 징수하여야 할 세액을 초과하여 징수·납부하였다면, 국가는 원천징수의무자로부터 이를 납부받는 순간 아무런 법률상의 원인 없이 보유하는 부당이득이 된다(대판 2002. 11. 8., 2001두8780).

④ 조세부과처분이 당연무효임을 전제로 하여 이미 납부한 세금의 반환을 청구하는 것은 민사상의 부당이득반환청구로서 민사소송절차에 따라야 한다(대판 1995. 4. 28., 94다55019).

25

정답 | ②

해설 | 건물의 소유자에게 위법건축물을 일정기간까지 철거할 것을 명함과 아울러 불이행할 때에는 대집행한다는 내용의 철거대집행 계고처분을 고지한 후 이에 불응하자 다시 제2차, 제3차 계고서를 발송하여 일정기간까지의 자진철거를 촉구하고 불이행하면 대집행을 한다는 뜻을 고지하였다면 행정대집행법상의 건물철거의무는 제1차 철거명령 및 계고처분으로서 발생하였고 <u>제2차, 제3차의 계고처분은 새로운 철거의무를 부과한 것이 아니고 다만 대집행 기한의 연기통지에 불과하므로 행정처분이 아니다</u>(대판 1994. 10. 28., 94누5144).

① 법률에 의하여 직접명령되었거나 또는 법률에 의거한 행정청의 명령에 의한 행위로서 타인이 대신하여 행할 수 있는 행위를 의무자가 이행하지 아니하는 경우 다른 수단으로써 그 이행을 확보하기 곤란하고 또한 그 불이행을 방치함이 심히 공익을 해할 것으로 인정될 때에는 당해 행정청은 스스로 의무자가 하여야 할 행위를 하거나 또는 제삼자로 하여금 이를 하게 하여 그 비용을 의무자로부터 징수할 수 있다(「행정대집행법」 제2조).

③ 토지에 관한 도로구역 결정이 고시된 후 구 토지수용법(1999. 2. 8. 법률 제5909호로 개정되기 전의 것) 제18조의2 제2항에 위반하여 공작물을 축조하고 물건을 부가한 자에 대하여 관리청은 이러한 위반행위에 의하여 생긴 유형적 결과의 시정을 명하는 행정처분을 하여 이에 따르지 않는 경우에는 행정대집행의 방법으로 그 의무내용을 실현할 수 있는 것이고, 이러한 행정대

집행의 절차가 인정되는 경우에는 따로 민사소송의 방법으로 공작물의 철거, 수거 등을 구할 수는 없다(대판 2000. 5. 12., 99다18909).

④ 계고서라는 명칭의 1장의 문서로서 일정기간 내에 위법건축물의 자진철거를 명함과 동시에 그 소정기한 내에 자진철거를 하지 아니할 때에는 대집행할 뜻을 미리 계고한 경우라도 건축법에 의한 철거명령과 행정대집행법에 의한 계고처분은 독립하여 있는 것으로서 각 그 요건이 충족되었다고 볼 것이다(대판 1992. 6. 12., 91누13564).

2021년
2020년
2019년
2018년
2017년
2016년
2015년
2014년
2013년
2012년
2011년
2010년
2009년
2008년
2007년

국방부(육·해·공군) 시행 필기시험(2018.08.11)

1	2	3	4	5	6	7	8	9	10
②	③	④	③	①	②	④	③	②	④
11	12	13	14	15	16	17	18	19	20
④	④	①	①	①	①	②	③	③	③
21	22	23	24	25					
④	④	②	②	①					

01

정답 | ②

해설 | 이 사건 파병결정은 대통령이 파병의 정당성뿐만 아니라 북한 핵 사태의 원만한 해결을 위한 동맹국과의 관계, 우리나라의 안보문제, 국·내외 정치관계 등 국익과 관련한 여러 가지 사정을 고려하여 파병부대의 성격과 규모, 파병기간을 국가안전보장회의의 자문을 거쳐 결정한 것으로, 그 후 국무회의 심의·의결을 거쳐 국회의 동의를 얻음으로써 헌법과 법률에 따른 절차적 정당성을 확보했음을 알 수 있다. 그렇다면 이 사건 파견결정은 그 성격상 국방 및 외교에 관련된 고도의 정치적 결단을 요하는 문제로서, 헌법과 법률이 정한 절차를 지켜 이루어진 것임이 명백하므로, 대통령과 국회의 판단은 존중되어야 하고 헌법재판소가 사법적 기준만으로 이를 심판하는 것은 자제되어야 한다(헌재 2004.4.29., 2003헌마814).

① 남북정상회담의 개최는 고도의 정치적 성격을 지니고 있는 행위라 할 것이므로 특별한 사정이 없는 한 그 당부를 심판하는 것은 사법권의 내재적·본질적 한계를 넘어서는 것이 되어 적절하지 못하지만, 남북정상회담의 개최과정에서 재정경제부장관에게 신고하지 아니하거나 통일부장관의 협력사업 승인을 얻지 아니한 채 북한 측에 사업권의 대가 명목으로 송금한 행위 자체는 헌법상 법치국가의 원리와 법 앞에 평등원칙 등에 비추어 볼 때 사법심사의 대상이 된다(대판 2004.3.26., 2003도7878).

③ 대통령의 긴급재정경제명령은 국가긴급권의 일종으로서 고도의 정치적 결단에 의하여 발동되는 행위이고 그 결단을 존중하여야 할 필요성이 있는 행위라는 의미에서 이른바 통치행위에 속한다고 할 수 있으나, 통치행위를 포함하여 모든 국가작용은 국민의 기본권적 가치를 실현하기 위한 수단이라는 한계를 반드시 지켜야 하는 것이고, 헌법재판소는 헌법의 수호와 국민의 기본권 보장을 사명으로 하는 국가기관이므로 비록

고도의 정치적 결단에 의하여 행해지는 국가작용이라고 할지라도 그것이 국민의 기본권 침해와 직접 관련되는 경우에는 당연히 헌법재판소의 심판대상이 된다(1996.2.29., 93헌마186).

④ 구「상훈법」(2011. 8. 4. 법률 제10985호로 개정되기 전의 것) 제8조는 서훈취소의 요건을 구체적으로 명시하고 있고 절차에 관하여 상세하게 규정하고 있다. 그리고 서훈취소는 서훈수여의 경우와는 달리 이미 발생된 서훈대상자 등의 권리 등에 영향을 미치는 행위로서 관련 당사자에게 미치는 불이익의 내용과 정도 등을 고려하면 사법심사의 필요성이 크다. 따라서 기본권의 보장 및 법치주의의 이념에 비추어 보면, 비록 서훈취소가 대통령이 국가원수로서 행하는 행위라고 하더라도 법원이 사법심사를 자제하여야 할 고도의 정치성을 띤 행위라고 볼 수는 없다(대판 2015.4.23., 2012두26920).

02

정답 | ③

해설 | 행정재산이 사실상 본래의 용도에 사용되고 있지 않다는 사실만으로 공용폐지의 의사표시가 있었다고 볼 수 없다(대판 1997.8.22., 96다10737).

①·② 대판 1994.9.13., 94다12579

④ 대판 1997.8.22., 96다10737

03

정답 | ④

해설 | 「수산업법」 제44조 소정의 어업의 신고는 행정청의 수리에 의하여 비로소 그 효과가 발생하는 이른바 '수리를 요하는 신고'라고 할 것이고, 따라서 설사 관할관청이 어업신고를 수리하면서 공유수면매립구역을 조업구역에서 제외한 것이 위법하다고 하더라도, 그 제외된 구역에 관하여 관할관청의 적법한 수리가 없었던 것이 분명한 이상 그 구역에 관하여는 같은 법 제44조 소정의 적법한 어업신고가 있는 것으로 볼 수 없다(대판 2000.5.26., 99다37382).

③ 서울행법 2009.4.9., 2009구합1693

04

정답 | ③

해설 | 같은 법 제8조 제1항이 사업시행자에게 이주대책의 수립·실시의무를 부과하고 있다고 하여 그 규정 자체만에 의하여 이주자에게 사업시행자가 수립한 이주대책상의 택지분양권이나 아파트 입주권 등을 받을 수 있는 구체적인 권리(수분양권)가 직접 발생하는 것이라고는 도저히 볼 수 없으며, <u>사업시행자가 이주대책에 관한 구체적인 계획을 수립하여 이를 해당자에게 통지 내지 공고한 후, 이주자가 수분양권을 취득하기를 희망하여 이주대책에 정한 절차에 따라 사업시행자에게 이주대책대상자 선정신청을 하고 사업시행자가 이를 받아들여 이주대책대상자로 확인·결정하여야만 비로소 구체적인 수분양권이 발생하게 된다</u>(대판(全) 1994.5.24., 92다35783).

① 구 「공유수면매립법」 제17조가 "매립의 면허를 받은 자는 제16조 제1항의 규정에 의한 보상이나 시설을 한 후가 아니면 그 보상을 받을 권리를 가진 자에게 손실을 미칠 공사에 착수할 수 없다. 다만, 그 권리를 가진 자의 동의를 받았을 때에는 예외로 한다."고 규정하고 있으나, 손실보상은 공공필요에 의한 행정작용에 의하여 사인에게 발생한 특별한 희생에 대한 전보라는 점에서 그 사인에게 특별한 희생이 발생하여야 하는 것은 당연히 요구되는 것이고, 공유수면 매립면허의 고시가 있다고 하여 반드시 그 사업이 시행되고 그로 인하여 손실이 발생한다고 할 수 없으므로, <u>매립면허 고시 이후 매립공사가 실행되어 관행어업권자에게 실질적이고 현실적인 피해가 발생한 경우에만 「공유수면매립법」에서 정하는 손실보상청구권이 발생하였다고 할 것이다</u>(대판 2010.12.9., 2007두6571).

② 이 사건 수용조항은 산업입지의 원활한 공급과 산업의 합리적 배치를 통하여 균형 있는 국토개발과 지속적인 산업발전을 촉진함으로써 국민경제의 건전한 발전에 이바지하고자 하고, 나아가 산업의 적정한 지방 분산을 촉진하고 지역경제의 활성화를 목적으로 하는 것이다. (중략) 또한, 「산업입지법」상 규정들은 산업단지개발사업의 시행자인 민간기업이 자신의 이윤추구에 치우친 나머지 애초 산업단지를 조성함으로써 달성, 견지하고자 한 공익목적을 해태하지 않도록 규율하고 있다는 점도 함께 고려한다면, 이 사건 수용조항은 헌법 제23조 제3항의 '공공필요성'을 갖추고 있다고 보인다(헌재 2009.9.24., 2007헌바114).

④ 헌법 제23조 제3항에서 규정한 "정당한 보상"이란 원칙적으로 피수용재산의 객관적인 재산가치를 완전하게 보상하여야 한다는 완전보상을 뜻하는 것이지만, 공익사업의 시행으로 인한 개발이익은 완전보상의 범위에 포함되는 피수용토지의 객관적 가치 내지 피수용자의 손실이라고는 볼 수 없다(헌재 1991.2.11., 90헌바17).

05

정답 | ①

해설 | 구 「국토이용관리법」상 주민이 국토이용계획의 변경에 대하여 신청을 할 수 있다는 규정이 없을 뿐만 아니라, 국토건설종합계획의 효율적인 추진과 국토이용질서를 확립하기 위한 국토이용계획은 장기성, 종합성이 요구되는 행정계획이어서 원칙적으로는 그 계획이 일단 확정된 후에 어떤 사정의 변동이 있다고 하여 그러한 사유만으로는 지역 주민이나 일반 이해관계인에게 일일이 그 계획의 변경을 신청할 권리를 인정하여 줄 수는 없을 것이지만, 장래 일정한 기간 내에 관계 법령이 규정하는 시설 등을 갖추어 일정한 행정처분을 구하는 신청을 할 수 있는 법률상 지위에 있는 자의 국토이용계획변경신청을 거부하는 것이 실질적으로 당해 행정처분 자체를 거부하는 결과가 되는 경우에는 예외적으로 그 신청인에게 국토이용계획변경을 신청할 권리가 인정된다고 봄이 상당하므로, 이러한 신청에 대한 거부행위는 항고소송의 대상이 되는 행정처분에 해당한다(대판 2003.9.23., 2001두10936).

② <u>비구속적 행정계획안이나 행정지침이라도 국민의 기본권에 직접적으로 영향을 끼치고, 앞으로 법령의 뒷받침에 의하여 그대로 실시될 것이 틀림없을 것으로 예상될 수 있을 때에는 공권력행위로서 예외적으로 헌법소원의 대상이 될 수 있다</u>(헌재 2000.6.1.,99헌마538).

③ 도시계획구역 내 토지 등을 소유하고 있는 주민으로서는 입안권자에게 도시계획입안을 요구할 수 있는 법규상 또는 조리상의 신청권이 있다고 할 것이고, 이러한 신청에 대한 거부행위는 항고소송의 대상이 되는 행정처분에 해당한다(대판 2004.4.28., 2003두1806).

④ 대판 2000.9.8., 99두11257

06

정답 | ②

해설 | 「국가배상법」 제5조 소정의 영조물의 설치·관리상의 하자로 인한 책임은 무과실책임이고 나아가 「민법」 제758조 소정의 공작물의 점유자의 책임과는 달리 면책사유도 규정되어 있지 않으므로, 국가 또는 지방자치단체는 영조물의 설치·관리상의 하자로 인하여 타인에게 손해를 가한 경우에 그 손해의 방지에 필요한 주의를 해태하지 아니하였다 하여 <u>면책을 주장할 수 없다</u>(대판 1994.11.22., 94다32924).

①, ③ 「국가배상법」 제5조 제1항 소정의 '공공의 영조물'이라 함은 국가 또는 지방자치단체에 의하여 특정 공공의 목적에 공여된 유체물 내지 물적 설비를 말하며, 국가 또는 지방자치단체가 소유권, 임차권 그 밖의 권한에 기하여 관리하고 있는 경우뿐만 아니라 사실상의 관리를 하고 있는 경우도 포함된다(대판 1998.10.23., 98다17381).

④ 「국가배상법」 제5조 제1항에 정하여진 '영조물 설치·관리상의 하자'라 함은 공공의 목적에 공여된 영조물이 그 용도에 따라 통상 갖추어야 할 안전성을 갖추지 못한 상태에 있음을 말하는바, <u>영조물의 설치 및 관리에 있어서 항상 완전무결한 상태를 유지할 정도의 고도의 안전성을 갖추지 아니하였다고 하여 영조물의 설치 또는 관리에 하자가 있다고 단정할 수 없는 것이고,</u> 영조물의 설치자 또는 관리자에게 부과되는 방호조치 의무는 영조물의 위험성에 비례하여 사회통념상 일반적으로 요구되는 정도의 것을 의미하므로 영조물인 도로의 경우도 다른 생활필수시설과의 관계나 그것을 설치하고 관리하는 주체의 재정적, 인적, 물적 제약 등을 고려하여 그것을 이용하는 자의 상식적이고 질서 있는 <u>이용방법을 기대한 상대적인 안전성을 갖추는 것으로 족하다</u>(대판 2002.8.23., 2002다9158).

07

정답 | ④

해설 | 위 전역지원의 의사표시가 진의 아닌 의사표시라 하더라도 그 무효에 관한 법리를 선언한 「민법」 제107조 제1항 <u>단서의 규정은 그 성질상 사인의 공법행위에는 적용되지 않는다</u> 할 것이므로 그 표시된 대로 유효한 것으로 보아야 한다(대판 1994.1.11., 93누10057).

① 사인의 공법행위에는 행정법관계의 안정성을 도모하기 위하여 원칙적으로 부관을 붙일 수 없다.

② 사인의 공법행위를 포괄하는 일반법은 없다.

③ 원칙적으로 법률에 특별한 규정이 없는 한 「민법」과 같이 도달주의에 의한다.

08

정답 | ③

해설 | 법률조항의 포괄위임 여부는 당해 조항 및 관련규정과 종합하여 유기적·체계적으로 판단하여야 할 것이므로, 어느 법률조항이 외형적으로는 아무런 위임의 한계가 없는 것으로 보이는 경우라고 하더라도 관련조항과 종합하여 유기적·체계적으로 보아 <u>위임범위의 대강을 객관적으로 예측할 수 있으면 포괄위임에 해당한다고 할 수 없다</u>(헌재 2002.8.29., 2000헌바50).

① 대판 2001.4.27., 2000두9076

② 대판(全) 2000.10.19., 98두6265

④ 헌법 제75조는 "대통령은 법률에서 구체적 범위를 정하여 위임받은 사항에 관하여 대통령령을 발할 수 있다."고 규정하고 있으므로, 법률의 위임은 반드시 구체적이고 개별적으로 한정된 사항에 관하여 행해져야 할 것이고, 여기서 구체적이라는 것은 일반적·추상적이어서는 안 된다는 것을, 범위를 정한다는 것은 포괄적·전면적이어서는 아니 된다는 것을 각 의미하고, 이러한 구체성의 요구의 정도는 규제 대상의 종류와 성격에 따라 달라진다고 할 것이므로 보건위생 등 <u>급부행정 영역에서는 기본권 침해 영역보다는 구체성의 요구가 다소 약화되어도 무방하다고 해석된다</u>(대결 1995.12.8., 95카기16).

09

정답 | ②

해설 | 「국가공무원법」상 직위해제처분은 구 「행정절차법」(2012. 10. 22. 법률 제11498호로 개정되기 전의 것) 제3조 제2항 제9호, 구 「행정절차법」 시행령(2011. 12. 21. 대통령령 제23383호로 개정되기 전의 것) 제2조 제3호에 의하여 당해 행정작용의 성질상 행정절차를 거치기 곤란하거나 불필요하다고 인정되는 사항 또는 행정절차에 준하는 절차를 거친 사항에 해당하므로, 처분의 사전통지 및 의견청취 등에 관한 「행정절차법」의 규정이 별도로 적용되지 않는다(대판 2014.5.16., 2012두26180).

① 행정청이 침해적 행정처분을 하면서 당사자에게 위와 같은 사전통지를 하거나 의견제출의 기회를 주지 않았다면, 사전통지를 하지 않거나 의견제출의 기회를 주지 않아도 되는 예외적인 경우에 해당하지 않는 한, 그 처분은 위법하여 취소를 면할 수 없다(대판 2013.1.16., 2011두30687).

③ 대판 2005.7.28., 2003두469

④ 「행정절차법」 제3조 제2항, 같은 법 시행령 제2조 제6호에 의하면 공정거래위원회의 의결·결정을 거쳐 행하는 사항에는 「행정절차법」의 적용이 제외되게 되어 있으므로, 설사 공정거래위원회의 시정조치 및 과징금 납부명령에 「행정절차법」 소정의 의견청취절차 생략 사유가 존재한다고 하더라도, 공정거래위원회는 「행정절차법」을 적용하여 의견청취절차를 생략할 수는 없다(대판 2001.5.8., 2000두10212).

10

정답 | ④

해설 | 「행정심판법」 제51조

① 심판청구를 인용하는 재결은 피청구인과 그 밖의 관계 행정청을 기속(羈束)한다(「행정심판법」 제49조 제1항).

② 「행정심판법」 제37조가 정하고 있는 재결은 당해 처분에 관하여 재결주문 및 그 전제가 된 요건사실의 인정과 판단에 대하여 처분청을 기속하므로, 당해 처분에 관하여 위법한 것으로 재결에서 판단된 사유와 기본적 사실관계에 있어 동일성이 인정되는 사유를 내세워 다시 동일한 내용의 처분을 하는 것은 허용되지 않는다 (대판 2003.4.25., 2002두3201).

③ 당사자의 신청을 거부하거나 부작위로 방치한 처분의 이행을 명하는 재결이 있으면 행정청은 지체 없이 이전의 신청에 대하여 재결의 취지에 따라 처분을 하여야 한다(「행정심판법」 제49조 제3항).

11

정답 | ④

해설 | 이행강제금 제도는 「건축법」이나 「건축법」에 따른 명령이나 처분을 위반한 건축물(이하 '위반 건축물'이라 한다)의 방치를 막고자 행정청이 시정조치를 명하였음에도 건축주 등이 이를 이행하지 아니한 경우에 행정명령의 실효성을 확보하기 위하여 시정명령 이행 시까지 지속해서 부과함으로써 건축물의 안전과 기능, 미관을 높여 공공복리의 증진을 도모하는 데 입법 취지가 있고, 위반 건축물의 소유자 등이 위반행위자가 아니더라도 행정청은 그에 대하여 시정명령을 할 수 있는 점, 「건축법」의 전부 개정으로개정「건축법」(1991. 5. 31. 법률 제4381호로 전부 개정된 것) 부칙 제6조가 실효되더라도 시정명령을 위반한 때의 건축법령에 따른 처분을 할 수 있으므로 법률상 공백상태가 발생한다고 볼 수도 없는 점 등 제반 사정을 종합적으로 고려하면, 기존의 위반 건축물에 관한 경과규정인 개정 「건축법」 부칙 제6조가 실효되지 않고 계속 적용된다고 보아야 할 특별한 사정이 없어 그 경과규정은 「건축법」 전부 개정으로 실효되었다. 따라서 위반 건축물이 개정 「건축법」 시행 이전에 건축된 것일지라도 행정청이 2008. 3. 21. 법률 제8941호로 전부 개정된 「건축법」(이하 '현행 건축법'이라 한다) 시행 이후에 시정명령을 하고, 건축물의 소유자 등이 시정명령에 응하지 않은 경우에는 행정청은 현행 「건축법」에 따라 이행강제금을 부과할 수 있다(대판 2012.3.29., 2011두27919).

① 이행강제금은 행정상 의무이행의 확보를 위하여 일정 금원을 부과함으로써 심리적 압박을 가하는 간접적 강제수단이다.

② 전통적으로 행정대집행은 대체적 작위의무에 대한 강제집행수단으로, 이행강제금은 부작위의무나 비대체적 작위의무에 대한 강제집행수단으로 이해되어 왔으나, 이는 이행강제금제도의 본질에서 오는 제약은 아니며, 이행강제금은 대체적 작위의무의 위반에 대하여도 부과될 수 있다. 현행 「건축법」상 위법건축물에 대한 이행강제수단으로 대집행과 이행강제금(제83조 제1항)이 인정되고 있는데, 양 제도는 각각의 장·단점이 있으므로 행정청은 개별사건에 있어서 위반내용, 위반자의 시정의지 등을 감안하여 대집행과 이행강제금을 선택적으로 활용할 수 있으며, 이처럼 그 합리적인 재량에 의해 선택하여 활용하는 이상 중첩적인 제재에 해당한다고 볼 수 없다(헌재 2004.2.26., 2001헌바80).

③ 이행강제금 납부의무는 상속인 기타의 사람에게 승계될 수 없는 일신전속적인 성질의 것이므로 이미 사망한 사람에게 이행강제금을 부과하는 내용의 처분이나 결정은 당연무효이고, 이행강제금을 부과받은 사람의 이의에 의하여 비송사건절차법에 의한 재판절차가 개시된 후에 그 이의한 사람이 사망한 때에는 사건 자체가 목적을 잃고 절차가 종료한다(대결 2006.12.8., 자 2006마470).

12

정답 | ④

해설 | 사정판결이 있다고 하여 위법한 행정처분이 적법한 것으로 되는 것은 아니며, 현저히 공공복리에 적합하지 않다고 인정되어 원고의 청구를 기각하는 것이다. 따라서 법원은 그 판결의 주문에서 처분의 위법함을 명시하여야 한다.

① 해당 규정은 아래와 같다.

> **「행정소송법」 제28조(사정판결)**
> ① 원고의 청구가 이유있다고 인정하는 경우에도 처분등을 취소하는 것이 현저히 공공복리에 적합하지 아니하다고 인정하는 때에는 법원은 원고의 청구를 기각할 수 있다. 이 경우 법원은 그 판결의 주문에서 그 처분등이 위법함을 명시하여야 한다.

> **「행정심판법」 제44조(사정재결)**
> ① 위원회는 심판청구가 이유가 있다고 인정하는 경우에도 이를 인용(認容)하는 것이 공공복리에 크게 위배된다고 인정하면 그 심판청구를 기각하는 재결을 할 수 있다. 이 경우 위원회는 재결의 주문(主文)에서 그 처분 또는 부작위가 위법하거나 부당하다는 것을 구체적으로 밝혀야 한다.

② 위법한 행정처분을 존치시키는 것은 그 자체가 공공복리에 반하는 것이므로 행정처분이 위법함에도 불구하고 이를 취소하는 것이 현저히 공공복리에 적합하지 아니하다고 인정하여 사정판결을 함에 있어서는 극히 엄격한 요건 아래 제한적으로 하여야 할 것이다(대판 2000.2.11., 99두7210).

2021년
2020년
2019년
2018년
2017년
2016년
2015년
2014년
2013년
2012년
2011년
2010년
2009년
2008년
2007년

③ 당연무효의 행정처분을 소송목적물로 하는 행정소송에서는 존치시킬 효력이 있는 행정행위가 없기 때문에 「행정소송법」 제28조 소정의 사정판결을 할 수 없다(대판 1996.3.22., 95누5509).

13

정답 | ①

해설 | 경찰공무원이 그 단속의 대상이 되는 신호위반자에게 먼저 적극적으로 돈을 요구하고 다른 사람이 볼 수 없도록 돈을 접어 건네주도록 전달방법을 구체적으로 알려주었으며 동승자에게 신고시 범칙금 처분을 받게 된다는 등 비위신고를 막기 위한 말까지 하고 금품을 수수한 경우, 비록 그 받은 돈이 1만 원에 불과하더라도 위 금품수수행위를 징계사유로 하여 당해 경찰공무원을 해임처분한 것은 징계재량권의 일탈·남용이 아니다(대판 2006.12.21., 2006두16274).

② 공무원이 소속 장관으로부터 받은 "직상급자와 다투고 폭언하는 행위 등에 대하여 엄중 경고하니 차후 이러한 사례가 없도록 각별히 유념하기 바람"이라는 내용의 서면에 의한 경고가 공무원의 신분에 영향을 미치는 「국가공무원법」상의 징계의 종류에 해당하지 아니하고, 근무충실에 관한 권고행위 내지 지도행위로서 그 때문에 공무원으로서의 신분에 불이익을 초래하는 법률상의 효과가 발생하는 것도 아니므로, 경고가 「국가공무원법」상의 징계처분이나 행정소송의 대상이 되는 행정처분이라고 할 수 없어 그 취소를 구할 법률상의 이익이 없다(대판 1991.11.12., 91누2700).

③ 「국가공무원법」 제83조 제1항

④ 「국가공무원법」 제83조의2 제1항

14

정답 | ①

해설 | 계고처분의 후속절차인 대집행에 위법이 있다고 하더라도, 그와 같은 후속절차에 위법성이 있다는 점을 들어 선행절차인 계고처분이 부적법하다는 사유로 삼을 수는 없다(대판 1997.2.14., 96누15428).

② 선행 행정행위의 하자가 취소사유에 해당하는 경우에 문제되며, 무효인 경우에는 당사자가 언제든 그 무효를 주장할 수 있으므로 하자의 승계 문제가 발생하지 않는다.

③ 선행처분과 후행처분이 서로 독립하여 별개의 효과를 목적으로 하는 경우에도 선행처분의 불가쟁력이나 구속력이 그로 인하여 불이익을 입게 되는 자에게 수인한도를 넘는 가혹함을 가져오며, 그 결과가 당사자에게 예측가능한 것이 아닌 경우에는 국민의 재판받을 권리를 보장하고 있는 헌법의 이념에 비추어 선행처분의 후행처분에 대한 구속력은 인정될 수 없다(대판 1994.1.25., 93누8542).

④ 국립보건원장이 같은 법 제7조 제2항에 의하여 안경사 국가시험의 합격을 무효로 하는 처분을 함에 따라 보건사회부장관이 안경사면허를 취소하는 처분을 한 경우 합격무효처분과 면허취소처분은 동일한 행정목적을 달성하기 위하여 단계적인 일련의 절차로 연속하여 행하여지는 행정처분으로서, 안경사 국가시험에 합격한 자에게 주었던 안경사면허를 박탈한다는 하나의 법률효과를 발생시키기 위하여 서로 결합된 선행처분과 후행처분의 관계에 있다(대판 1993.2.9., 92누4567).

15

정답 | ①

해설 | ①, ② 고시 또는 공고의 법적 성질은 일률적으로 판단될 것이 아니라 고시에 담겨진 내용에 따라 구체적인 경우마다 달리 결정된다고 보아야 한다. 즉, 고시가 일반·추상적 성격을 가질 때는 법규명령 또는 행정규칙에 해당하지만, 고시가 구체적인 규율의 성격을 갖는다면 행정처분에 해당한다(헌재 1998.4.30., 97헌마141).

③ 행정각부의 장이 정하는 고시가 비록 법령에 근거를 둔 것이라고 하더라도 그 규정 내용이 법령의 위임 범위를 벗어난 것일 경우에는 법규명령으로서의 대외적 구속력을 인정할 여지는 없다(대결 2006.4.28., 자 2003마715).

④ 통상 고시 또는 공고에 의하여 행정처분을 하는 경우에는 그 처분의 상대방이 불특정 다수인이고, 그 처분의 효력이 불특정 다수인에게 일률적으로 적용되는 것이므로, 그 행정처분에 이해관계를 갖는 자는 고시 또는 공고가 있었다는 사실을 현실적으로 알았는지 여부에 관계없이 고시가 효력을 발생하는 날에 행정처분이 있음을 알았다고 보아야 하고, 따라서 그에 대한 취소소송은 그 날로부터 90일 이내에 제기하여야 한다(대판 2006.4.14., 2004두3847).

16

정답 | ①

해설 | 행정행위의 부관은 부담인 경우를 제외하고는 독립하여 행정소송의 대상이 될 수 없는바, 기부채납 받은 행정재산에 대한 사용·수익허가에서 공유재산의 관리청이 정한 사용·수익허가의 기간은 그 허가의 효력을 제한하기 위한 행정행위의 부관으로서 이러한 사용·수익허가의 기간에 대해서는 독립하여 행정소송을 제기할 수 없다(대판 2001.6.15., 99두509).

②, ③ 행정행위의 부관은 부담의 경우를 제외하고는 독립하여 행정소송의 대상이 될 수 없는 것인바, 행정청이 한 공유수면매립준공인가 중 매립지 일부에 대하여 한 국가귀속처분은 매립준공인가를 함에 있어서 매립의 면허를 받은 자의 매립지에 대한 소유권취득을 규정한 「공유수면매립법」 제14조의

효과 일부를 배제하는 부관을 붙인 것이므로 이러한 행정행위의 부관에 대하여는 독립하여 행정소송의 대상으로 삼을 수 없다(대판 1991.12.13., 90누8503).

④ 행정처분에 이미 부담이 부가되어 있는 상태에서 그 의무의 범위 또는 내용 등을 변경하는 <u>부관의 사후변경은</u>, 법률에 명문의 규정이 있거나 그 변경이 미리 유보되어 있는 경우 또는 상대방의 동의가 있는 경우에 한하여 허용되는 것이 원칙이지만, <u>사정변경으로 인하여 당초에 부담을 부가한 목적을 달성할 수 없게 된 경우에도 그 목적달성에 필요한 범위 내에서 예외적으로 허용된다</u>(대판 1997.5.30., 97누2627).

17

정답 | ②

해설 | 토지대장은 토지의 소유권을 제대로 행사하기 위한 전제요건으로서 토지 소유자의 실체적 권리관계에 밀접하게 관련되어 있으므로, 이러한 토지대장을 직권으로 말소한 행위는 국민의 권리관계에 영향을 미치는 것으로서 항고소송의 대상이 되는 행정처분에 해당한다(대판 2013.10.24., 2011두13286).

① 한국자산공사가 당해 부동산을 인터넷을 통하여 재공매(입찰)하기로 한 결정 자체는 내부적인 의사결정에 불과하여 항고소송의 대상이 되는 행정처분이라고 볼 수 없고, 또한 한국자산공사가 공매통지는 공매의 요건이 아니라 공매사실 자체를 체납자에게 알려주는 데 불과한 것으로서, 통지의 상대방의 법적 지위나 권리·의무에 직접 영향을 주는 것이 아니라고 할 것이므로 이것 역시 행정처분에 해당한다고 할 수 없다(대판 2007.7.27., 2006두8464).

③ 수도권매립지관리공사가 갑에게 입찰참가자격을 제한하는 내용의 부정당업자제재처분을 하자, 갑이 제재처분의 무효확인 또는 취소를 구하는 행정소송을 제기하면서 제재처분의 효력정지신청을 한 사안에서, 수도권매립지관리공사는 「행정소송법」에서 정한 행정청 또는 그 소속기관이거나 그로부터 제재처분의 권한을 위임받은 공공기관에 해당하지 않으므로, 수도권매립지관리공사가 한 위 제재처분은 행정소송의 대상이 되는 행정처분이 아니라 단지 갑을 자신이 시행하는 입찰에 참가시키지 않겠다는 뜻의 사법상의 효력을 가지는 통지에 불과하다(대결 2010.11.26., 자 2010무137).

④ 「건축법」 제69조 제2항, 제3항의 규정에 비추어 보면, 행정청이 위법 건축물에 대한 시정명령을 하고 나서 위반자가 이를 이행하지 아니하여 전기·전화의 공급자에게 그 위법 건축물에 대한 전기·전화공급을 하지 말아 줄 것을 요청한 행위는 권고적 성격의 행위에 불과한 것으로서 전기·전화공급자나 특정인의 법률상 지위에 직접적인 변동을 가져오는 것은 아니므로 이를 항고소송의 대상이 되는 행정처분이라고 볼 수 없다(대판 1996.3.22., 96누433).

18

정답 | ③

해설 | 행정지도가 강제성을 띠지 않은 비권력적 작용으로서 행정지도의 한계를 일탈하지 아니하였다면, 그로 인하여 상대방에게 어떤 손해가 발생하였다 하더라도 행정기관은 그에 대한 손해배상책임이 없다(대판 2008.9.25., 2006다18228).

① 「행정절차법」 제2조 제3호

② 행정지도는 법적으로 강제하는 것이 아닌 상대방의 협력을 요구하는 것으로, 비권력적 사실행위에 해당한다.

④ 교육인적자원부장관의 대학총장들에 대한 이 사건 학칙시정요구는 「고등교육법」 제6조 제2항, 동법 시행령 제4조 제3항에 따른 것으로서 그 법적 성격은 대학총장의 임의적인 협력을 통하여 사실상의 효과를 발생시키는 행정지도의 일종이지만, 그에 따르지 않을 경우 일정한 불이익조치를 예정하고 있어 사실상 상대방에게 그에 따를 의무를 부과하는 것과 다를 바 없으므로 <u>단순한 행정지도로서의 한계를 넘어 규제적·구속적 성격을 상당히 강하게 갖는 것으로서 헌법소원의 대상이 되는 공권력의 행사라고 볼 수 있다</u>(2003.6.26., 2002헌마337).

19

정답 | ③

해설 | 「국가공무원법」상 직위해제처분은 구 「행정절차법」(2012. 10. 22. 법률 제11498호로 개정되기 전의 것) 제3조 제2항 제9호, 구 「행정절차법」 시행령(2011. 12. 21. 대통령령 제23383호로 개정되기 전의 것) 제2조 제3호에 의하여 당해 행정작용의 성질상 행정절차를 거치기 곤란하거나 불필요하다고 인정되는 사항 또는 행정절차에 준하는 절차를 거친 사항에 해당하므로, <u>처분의 사전통지 및 의견청취 등에 관한 「행정절차법」의 규정이 별도로 적용되지 않는다</u>(대판 2014.5.16., 2012두26180).

① 행정청이 침해적 행정처분을 하면서 당사자에게 「행정절차법」상의 사전통지를 하거나 의견제출의 기회를 주지 아니하였다면 사전통지를 하지 않거나 의견제출의 기회를 주지 아니하여도 되는 예외적인 경우에 해당하지 아니하는 한 그 처분은 위법하여 취소를 면할 수 없다(대판 2007.9.21., 2006두20631).

② 대판 2004.5.28., 2004두1254

④ 대판 2007.9.21., 2006두20631

2021년
2020년
2019년
2018년
2017년
2016년
2015년
2014년
2013년
2012년
2011년
2010년
2009년
2008년
2007년

20

정답 | ③

해설 | 행정행위의 취소는 일단 유효하게 성립한 행정행위를 그 행위에 위법 또는 부당한 하자가 있음을 이유로 소급하여 그 효력을 소멸시키는 별도의 행정처분이고, 행정행위의 철회는 적법요건을 구비하여 완전히 효력을 발하고 있는 행정행위를 사후적으로 그 행위의 효력의 전부 또는 일부를 장래에 향해 소멸시키는 행정처분이므로, 행정행위의 취소사유는 행정행위의 성립 당시에 존재하였던 하자를 말하고, 철회사유는 행정행위가 성립된 이후에 새로이 발생한 것으로서 행정행위의 효력을 존속시킬 수 없는 사유를 말한다(대판 2003.5.30., 2003다6422).

① 원래 행정처분을 한 처분청은 그 행위에 하자가 있는 경우에는 원칙적으로 별도의 법적 근거가 없더라도 스스로 이를 직권으로 취소할 수 있다(대판 1995.9.15., 95누6311).

② 권한 없는 행정기관이 한 당연무효인 행정처분을 취소할 수 있는 권한은 당해 행정처분을 한 처분청에게 속하고, 당해 행정처분을 할 수 있는 적법한 권한을 가지는 행정청에게 그 취소권이 귀속되는 것이 아니다(대판 1984.10.10., 84누463).

④ 부담적 행정행위의 철회는 상대방에게 부담을 면하게 하는 이익을 가져다주므로 자유로운 것이 원칙이며, 다만 중대한 공익상의 요구에 의하여 철회권이 제한될 수 있다.

21

정답 | ④

해설 | 「행정소송법」상 간접강제가 인정된다.

> **「행정소송법」 제34조(거부처분취소판결의 간접강제)**
> ① 행정청이 제30조제2항의 규정에 의한 처분을 하지 아니하는 때에는 제1심 수소법원은 당사자의 신청에 의하여 결정으로써 상당한 기간을 정하고 행정청이 그 기간 내에 이행하지 아니하는 때에는 그 지연기간에 따라 일정한 배상을 할 것을 명하거나 즉시 손해배상을 할 것을 명할 수 있다.
>
> **「행정소송법」 제30조(취소판결등의 기속력)**
> ② 판결에 의하여 취소되는 처분이 당사자의 신청을 거부하는 것을 내용으로 하는 경우에는 그 처분을 행한 행정청은 판결의 취지에 따라 다시 이전의 신청에 대한 처분을 하여야 한다.

① 헌법 제21조는 언론·출판의 자유, 즉 표현의 자유를 규정하고 있는데 이 자유는 전통적으로 사상 또는 의견의 자유로운 표명(발표의 자유)과 그것을 전파할 자유(전달의 자유)를 의미하는 것으로서 사상 또는 의견의 자유로운 표명은 자유로운 의사의 형성을 전제로 한다. 자유로운 의사의 형성은 정보에의 접근이 충분히 보장됨으로써 비로소 가능한 것이며, 그러한 의미에서 정보에의 접근·수집·처리의 자유, 즉 "알 권리"는 표현의 자유와 표리일체의 관계에 있으며 자유권적 성질과 청구권적 성질을 공유하는 것이다. 자유권적 성질은 일반적으로 정보에 접근하고 수집·처리함에 있어서 국가권력의 방해를 받지 아니한다는 것을 말하며, 청구권적 성질을 의사형성이나 여론 형성에 필요한 정보를 적극적으로 수집하고 수집을 방해하는 방해제거를 청구할 수 있다는 것을 의미하는 바 이는 정보수집권 또는 정보공개청구권으로 나타난다(헌재 1991.5.13., 90헌마133).

② 「공공기관의 정보공개에 관한 법률」 제4조 제2항

③ 손해배상소송에 제출할 증거자료를 획득하기 위한 목적으로 정보공개를 청구한 경우, 오로지 상대방을 괴롭힐 목적으로 정보공개를 구하고 있다는 등의 특별한 사정이 없는 한, 권리남용에 해당하지 아니한다(대판 2004.9.23., 2003두1370).

22

정답 | ④

해설 | 퇴직공직자의 취업제한은 「공직자윤리법」 제17조 제1항에 규정되어 있다.

① 공무원은 직무를 수행할 때 소속 상관의 직무상 명령에 복종하여야 한다(「국가공무원법」 제57조).

② 공무원은 소속 상관의 허가 또는 정당한 사유가 없으면 직장을 이탈하지 못한다(「국가공무원법」 제58조).

③ 공무원은 노동운동이나 그밖에 공무 외의 일을 위한 집단 행위를 하여서는 아니 된다. 다만, 사실상 노무에 종사하는 공무원은 예외로 한다(「국가공무원법」 제66조 제1항).

23

정답 | ②

해설 | 불가쟁력과 불가변력은 상호 독립적으로, 불가쟁력 또는 불가변력이 발생하였다고 하여 불가변력 또는 불가쟁력이 발생하는 것은 아니다.

① 불가변력은 처분청 등에 대한, 불가쟁력은 상대방 또는 이해관계인에 대한 구속력이다.

③ 제소기간이 이미 도과하여 불가쟁력이 생긴 행정처분에 대하여는 개별 법규에서 그 변경을 요구할 신청권을 규정하고 있거나 관계 법령의 해석상 그러한 신청권이 인정될 수 있는 등 특별한 사정이 없는 한 국민에게 그 행정처분의 변경을 구할 신청권이 있다 할 수 없다(대판 2007.4.26., 2005두11104).

④ 과세처분에 관한 이의신청절차에서 과세관청이 이의신청 사유가 옳다고 인정하여 과세처분을 직권으로 취소한 이상 그 후 특별한 사유 없이 이를 번복하고 종전 처분을 되풀이하는 것은 허용되지 않는다(대판 2010.9.30., 2009두1020).

24

정답 | ②

해설 | 행정소송은 구체적 사건에 대한 법률상 분쟁을 법에 의하여 해결함으로써 법적 안정을 기하자는 것이므로 부작위위법확인소송의 대상이 될 수 있는 것은 구체적 권리의무에 관한 분쟁이어야 하고 추상적인 법령에 관하여 제정의 여부 등은 그 자체로서 국민의 구체적인 권리의무에 직접적 변동을 초래하는 것이 아니어서 그 소송의 대상이 될 수 없다(대판 1992.5.8., 91누11261).

① 삼권분립의 원칙, 법치행정의 원칙을 당연한 전제로 하고 있는 우리 헌법하에서 행정권의 행정입법 등 법집행의무는 헌법적 의무라고 보아야 한다. 왜냐하면 행정입법이나 처분의 개입 없이도 법률이 집행될 수 있거나 법률의 시행여부나 시행시기까지 행정권에 위임된 경우는 별론으로 하고, 이 사건과 같이 치과전문의제도의 실시를 법률 및 대통령령이 규정하고 있고 그 실시를 위하여 시행규칙의 개정 등이 행해져야 함에도 불구하고 행정권이 법률의 시행에 필요한 행정입법을 하지 아니하는 경우에는 행정권에 의하여 입법권이 침해되는 결과가 되기 때문이다. 따라서 보건복지부장관에게는 헌법에서 유래하는 행정입법의 작위의무가 있다(헌재 1998.7.16., 96헌마246).

③ 대판 2007.11.29., 2006다3561

④ 헌재 2009.7.14., 2009헌마349

25

정답 | ①

해설 | 신청이 있는 경우에 청문을 하여야 한다.

> **「행정절차법」 제22조(의견청취)**
> ① 행정청이 처분을 할 때 다음 각 호의 어느 하나에 해당하는 경우에는 청문을 한다.
> 1. 다른 법령 등에서 청문을 하도록 규정하고 있는 경우
> 2. 행정청이 필요하다고 인정하는 경우
> 3. 다음 각 목의 처분 시 제21조제1항제6호에 따른 의견제출기한 내에 당사자등의 신청이 있는 경우
>   가. 인허가 등의 취소
>   나. 신분·자격의 박탈
>   다. 법인이나 조합 등의 설립허가의 취소

② 「행정절차법」 제28조 제4항, 동법 시행령 제15조 제1항 제2호

③ 「행정절차법」 제30조 본문

④ 「행정절차법」 제32조

국방부(육·해·공군) 시행 필기시험(2017.07.01)									
1	**2**	**3**	**4**	**5**	**6**	**7**	**8**	**9**	**10**
④	②	③	④	②	③	④	③	①	④
11	**12**	**13**	**14**	**15**	**16**	**17**	**18**	**19**	**20**
③	③	③	①	②	②	②	③	③	②
21	**22**	**23**	**24**	**25**					
①	①	④	①	①					

01

정답 | ④

해설 | 특별권력관계는 상대방의 동의 여부에 관계없이 법률의 규정에 의하여 성립하거나 상대방의 동의에 의하여 성립할 수 있다. 법률의 규정에 의하여 성립하는 경우는 「병역법」에 따른 병역의무자의 입영, 수형자의 수용, 전염병환자의 강제수용 등을 들 수 있으며, 상대방의 동의에 의하여 성립하는 경우는 임의적 동의에 의한 경우(공무원 채용관계, 국공립학교 입학, 국공립도서관 이용관계 등)와 강제적 동의에 의한 경우(학령아동의 초등학교 취학 등)가 있다. 따라서 <u>④는 동의 여부에 따라 그 성질이 다르다</u>고 할 수 있다.

02

정답 | ②

해설 | ㄹ. (×) 병무청은 국방부의 외청이므로 병무청장은 부령을 발할 수 없으며, 관할 중앙행정기관인 국방부장관이 부령을 발할 수 있다.

ㄱ. (○) "징집"이란 국가가 병역의무자에게 현역(現役)에 복무할 의무를 부과하는 것을 말한다(「병역법」 제2조 제1항 제1호).

ㄴ. (○) "입영"이란 병역의무자가 징집(徵集)·소집(김集) 또는 지원(志願)에 의하여 군부대에 들어가는 것을 말한다(「병역법」 제2조 제1항 제3호). 따라서 강제징집과 더불어 지원병 제도 역시 도입되어 있다.

ㄷ. (○) 지방병무청장은 병역판정검사를 받은 사람(군병원에서 신체검사를 받은 사람을 포함한다) 또는 현역병지원 신체검사를 받은 사람에 대하여 다음 각 호와 같이 병역처분을 한다(「병역법」 제14조 제1항 전단).

ㅁ. (○) 병무청은 국방부의 외청이므로 병무청장은 국방부 소속으로 볼 수 있다.

03

정답 | ③

해설 | 이 법에 따르지 아니하고는 병역의무에 대한 특례(特例)를 규정할 수 없다(「병역법」 제3조 제2항).

① 「병역법」 제3조 제1항 후단

② 「병역법」 제3조 제2항

④ 「병역법」 제3조 제3항

04

정답 | ④

해설 | <u>이른바 법령보충적 행정규칙이라도 그 자체로서 직접적으로 대외적인 구속력을 갖는 것은 아니다.</u> 즉, 상위법령과 결합하여 일체가 되는 한도 내에서 상위법령의 일부가 됨으로써 대외적 구속력이 발생되는 것일 뿐 그 행정규칙 자체는 대외적 구속력을 갖는 것은 아니라 할 것이다(헌재 2004.10.28., 99헌바91).

① 행정입법은 행정부에 의한 입법작용을 일컫는 용어로, 강학상 용어에 해당한다.

② 입법부·행정부·사법부에서 제정한 규칙이 별도의 집행행위를 기다리지 않고 <u>직접(直接) 기본권을 침해하는 것일 때에는 모두 헌법소원심판의 대상이 될 수 있는 것이다</u>(헌재 1990.10.15., 89헌마178).

③ 명령·규칙 또는 처분이 헌법이나 법률에 위반되는 여부가 재판의 전제가 된 경우에는 대법원은 이를 최종적으로 심사할 권한을 가진다(헌법 제107조 제2항).

05

정답 | ②

해설 | 행정청에 대한 신고는 일정한 법률사실 또는 법률관계에 관하여 관계행정청에 일방적으로 통고를 하는 것을 뜻하는 것으로서 법에 별도의 규정이 있거나 다른 특별한 사정이 없는 한 행정청에 대한 통고로서 그치는 것이고 그에 대한 행정청의 반사적 결정을 기다릴 필요가 없는 것이므로, 「체육시설의 설치·이용에 관한 법률」 제18조에 의한 변경신고서는 그 신고 자체가 위법하거나 그 신고에 무효사유가 없는 한 <u>이것이 도지사에게 제출하여 접수된 때에 신고가 있었다고 볼 것이고, 도지사의 수리행위가 있어야만 신고가 있었다고 볼 것은 아니다</u>(대결 1993.7.6., 93마635).

① 납골당설치 신고는 이른바 '수리를 요하는 신고'라 할 것이므로, 납골당설치 신고가 구 「장사법」 관련 규정의 모든 요건에 맞는 신고라 하더라도 신고인은 곧바로 납골당을 설치할 수는 없고, 이에 대한 행정청의 수리처분이 있어야만 신고한 대로 납골당을 설치할 수 있다(대판 2011.9.8., 2009두6766).

③ 체육시설의 회원을 모집하고자 하는 자는 시·도지사 등으로부터 회원모집계획서에 대한 검토결과 통보를 받은 후에 회원을 모집할 수 있다고 보아야 하고, 따라서 체육시설의 회원을 모집하고자 하는 자의 시·도지사 등에 대한 회원모집계획서 제출은 수리를 요하는 신고에서의 신고에 해당하며, 시·도지사 등의 검토결과 통보는 수리행위로서 행정처분에 해당한다(대판 2009.2.26., 2006두16243).

④ 사실상 영업이 양도·양수되었지만 아직 승계신고 및 그 수리처분이 있기 이전에는 여전히 종전의 영업자인 양도인이 영업허가자이고, 양수인은 영업허가자가 되지 못한다 할 것이어서 행정제재처분의 사유가 있는지 여부 및 그 사유가 있다고 하여 행하는 행정제재처분은 영업허가자인 양도인을 기준으로 판단하여 그 양도인에 대하여 행하여야 할 것이다(대판 1995.2.24., 94누9146).

06

정답 | ③

해설 | 소송요건의 존부는 원칙적으로 사실심변론종결시를 기준으로 판단하므로 그 이전에 소송요건이 결여되었다고 하더라도 무방하며, 소 제기 당시부터 이를 충족할 것 없이 사실심 변론 종결 시까지 이를 구비하면 될 것이다.

① 행정심판의 재결은 피청구인인 행정청을 기속하는 효력을 가지므로 재결청이 취소심판의 청구가 이유 있다고 인정하여 처분청에 처분을 취소할 것을 명하면 처분청으로서는 재결의 취지에 따라 처분을 취소하여야 하지만, 나아가 재결에 판결에서와 같은 기판력이 인정되는 것은 아니어서 재결이 확정된 경우에도 처분의 기초가 된 사실관계나 법률적 판단이 확정되고 당사자들이나 법원이 이에 기속되어 모순되는 주장이나 판단을 할 수 없게 되는 것은 아니다(대판 2015.11.27., 2013다6759). 따라서 행정심판에서의 재결은 당해 피청구인인 행정청 등을 기속하는 효력을 가지나, 대법원 확정판결과 같이 기판력이 인정되는 것은 아닌 점에서 가장 큰 차이가 있다.

② 「도로교통법」 제118조에서 규정하는 경찰서장의 통고처분은 행정소송의 대상이 되는 행정처분이 아니므로 그 처분의 취소를 구하는 소송은 부적법하고, 「도로교통법」상의 통고처분을 받은 자가 그 처분에 대하여 이의가 있는 경우에는 통고처분에 따른 범칙금의 납부를 이행하지 아니함으로써 경찰서장의 즉결심판청구에 의하여 법원의 심판을 받을 수 있게 될 뿐이다(대판 1995.6.29., 95누4674).

④ 전심절차를 밟지 아니한 채 증여세부과처분취소소송을 제기하였다면 제소당시로 보면 전치요건을 구비하지 못한 위법이 있다 할 것이지만, 소송계속 중 심사청구 및 심판청구를 하여 각 기각결정을 받았다면 원심 변론종결일 당시에는 위와 같은 전치요건흠결의 하자는 치유되었다고 볼 것이다(대판 1987.4.28., 86누29).

07

정답 | ④

해설 | 모든 공무원과 시보 공무원이 될 사람은 국민 전체에 대한 봉사자로서 갖추어야 할 공직가치를 확립하고, 담당 직무를 효과적으로 수행할 수 있는 미래지향적 역량과 전문성을 배양하기 위하여 법령으로 정하는 바에 따라 교육훈련을 받고 자기개발 학습을 하여야 한다(「국가공무원법」 제50조 제1항).

①, ② 5급 공무원(제4조제2항에 따라 같은 조 제1항의 계급 구분이나 직군 및 직렬의 분류를 적용하지 아니하는 공무원 중 5급에 상당하는 공무원을 포함한다. 이하 같다)을 신규 채용하는 경우에는 1년, 6급 이하의 공무원을 신규 채용하는 경우에는 6개월간 각각 시보(試補)로 임용하고 그 기간의 근무성적·교육훈련성적과 공무원으로서의 자질을 고려하여 정규 공무원으로 임용한다. 다만, 대통령령 등으로 정하는 경우에는 시보 임용을 면제하거나 그 기간을 단축할 수 있다(「국가공무원법」 제29조 제1항).

③ 휴직한 기간, 직위해제 기간 및 징계에 따른 정직이나 감봉 처분을 받은 기간은 제1항의 시보 임용 기간에 넣어 계산하지 아니한다(「국가공무원법」 제29조 제2항).

08

정답 | ③

해설 | 공유수면매립사업으로 인하여 판행어업권를 상실하게 된 자는 구 「공유수면매립법」 제6조 제2호가 정한 입어자로서 같은 법 제16조 제1항의 공유수면에 대하여 권리를 가진 자에 해당하므로 그가 매립사업으로 인하여 취득한 손실보상청구권은 직접 같은 법 조항에 근거하여 발생한 것이라 할 것이어서, 「공유수면매립사업법」 제16조 제2항, 제3항이 정한 재정과 그에 대한 행정소송의 방법에 의하여 권리를 주장하여야 할 것이고 민사소송의 방법으로는 그 손실보상청구권을 행사할 수 없다(대판 2001.6.29., 99다56468).

① 행정기관의 적법한 행정작용, 법익의 침해는 손실보상청구권의 요건에 해당한다.

② 공공필요에 의한 재산권의 수용·사용 또는 제한 및 그에 대한 보상은 법률로써 하되, 정당한 보상을 지급하여야 한다(헌법 제23조 제3항).

④ 손해배상은 개인주의적, 책임주의를 원리로 하는 반면, 손실보상은 단체주의적, 사회적 공평부담주의를 원리로 한다.

2021년
2020년
2019년
2018년
2017년
2016년
2015년
2014년
2013년
2012년
2011년
2010년
2009년
2008년
2007년

09

정답 | ①

해설 | 질서위반행위 후 법률이 변경되어 그 행위가 질서위반행위에 해당하지 아니하게 되거나 과태료가 변경되기 전의 법률보다 가볍게 된 때에는 법률에 특별한 규정이 없는 한 변경된 법률을 적용한다(「질서위반행위규제법」 제3조 제2항).

② 고의 또는 과실이 없는 질서위반행위는 과태료를 부과하지 아니한다(「질서위반행위규제법」 제7조).

③ 과태료는 행정청의 과태료 부과처분이나 법원의 과태료 재판이 확정된 후 5년간 징수하지 아니하거나 집행하지 아니하면 시효로 인하여 소멸한다(「질서위반행위규제법」 제15조 제1항).

④ 행정청은 질서위반행위가 종료된 날(다수인이 질서위반행위에 가담한 경우에는 최종행위가 종료된 날을 말한다)부터 5년이 경과한 경우에는 해당 질서위반행위에 대하여 과태료를 부과할 수 없다(「질서위반행위규제법」 제19조 제1항).

10

정답 | ④

해설 | 「공공기관의 정보공개에 관한 법률」 제15조 제1항

① 모든 국민은 정보의 공개를 청구할 권리를 가진다(「공공기관의 정보공개에 관한 법률」 제5조 제1항). 다만 외국인의 경우 국내에 일정한 주소를 두고 거주하거나 학술·연구를 위하여 일시적으로 체류하는 사람, 국내에 사무소를 두고 있는 법인 또는 단체인 경우에 정보공개를 청구할 수 있다(「공공기관의 정보공개에 관한 법률」 시행령 제3조 각 호).

② 검찰보존사무규칙이 「검찰청법」 제11조에 기하여 제정된 법무부령이기는 하지만, 그 사실만으로 같은 규칙 내의 모든 규정이 법규적 효력을 가지는 것은 아니다. 기록의 열람·등사의 제한을 정하고 있는 같은 규칙 제22조는 법률상의 위임근거가 없어 행정기관 내부의 사무처리준칙으로서 행정규칙에 불과하므로, 위 규칙상의 열람·등사의 제한을 「공공기관의 정보공개에 관한 법률」 제9조 제1항 제1호의 '다른 법률 또는 법률에 의한 명령에 의하여 비공개사항으로 규정된 경우'에 해당한다고 볼 수 없다(대판 2006.5.25., 2006두3049).

③ 해당 정보에 포함되어 있는 성명·주민등록번호 등 개인에 관한 사항으로서 공개될 경우 사생활의 비밀 또는 자유를 침해할 우려가 있다고 인정되는 정보는 공개하지 아니할 수 있으나, 직무를 수행한 공무원의 성명·직위에 관한 정보는 제외한다(「공공기관의 정보공개에 관한 법률」 제9조 제6호 라목).

「공공기관의 정보공개에 관한 법률」 제9조(비공개 대상 정보)

① 공공기관이 보유·관리하는 정보는 공개 대상이 된다. 다만, 다음 각 호의 어느 하나에 해당하는 정보는 공개하지 아니할 수 있다.

6. 해당 정보에 포함되어 있는 성명·주민등록번호 등 개인에 관한 사항으로서 공개될 경우 사생활의 비밀 또는 자유를 침해할 우려가 있다고 인정되는 정보. 다만, 다음 각 목에 열거한 개인에 관한 정보는 제외한다.

   가. 법령에서 정하는 바에 따라 열람할 수 있는 정보

   나. 공공기관이 공표를 목적으로 작성하거나 취득한 정보로서 사생활의 비밀 또는 자유를 부당하게 침해하지 아니하는 정보

   다. 공공기관이 작성하거나 취득한 정보로서 공개하는 것이 공익이나 개인의 권리 구제를 위하여 필요하다고 인정되는 정보

   라. 직무를 수행한 공무원의 성명·직위

   마. 공개하는 것이 공익을 위하여 필요한 경우로서 법령에 따라 국가 또는 지방자치단체가 업무의 일부를 위탁 또는 위촉한 개인의 성명·직업

7. 법인·단체 또는 개인(이하 "법인등"이라 한다)의 경영상·영업상 비밀에 관한 사항으로서 공개될 경우 법인등의 정당한 이익을 현저히 해칠 우려가 있다고 인정되는 정보. 다만, 다음 각 목에 열거한 정보는 제외한다.

   가. 사업활동에 의하여 발생하는 위해(危害)로부터 사람의 생명·신체 또는 건강을 보호하기 위하여 공개할 필요가 있는 정보

   나. 위법·부당한 사업활동으로부터 국민의 재산 또는 생활을 보호하기 위하여 공개할 필요가 있는 정보

8. 공개될 경우 부동산 투기, 매점매석 등으로 특정인에게 이익 또는 불이익을 줄 우려가 있다고 인정되는 정보

11

정답 | ③

해설 | 적법한 건축물에 철거명령이 내려진 경우 원고가 이에 대한 취소소송을 제기한다고 하더라도, 취소소송의 제기는 처분의 효력이나 그 집행 또는 절차의 속행에 영향을 주지 아니하므로 당해 소송의 진행 중에 철거가 이루어지면 취소소송의 제기는 아무런 실익을 거둘 수 없게 된다. 따라서 취소소송과 병행하여 처분의 효력이나 그 집행 또는 절차 속행의 전부 또는 일부의 정지를 신청하여 취소소송 중에 철거가 이루어져 소의 이익이 상실되는 것을 막을 수 있다.

12

정답 | ③

해설 | 신행정수도건설이나 수도이전의 문제가 정치적 성격을 가지고 있는 것은 인정할 수 있지만, 그 자체로 고도의 정치적 결단을 요하여 사법심사의 대상으로 하기에는 부적절한 문제라고까지는 할 수 없다. 더구나 이 사건 심판의 대상은 이 사건 법률의 위헌여부이고 대통령의 행위의 위헌여부가 아닌바, 법률의 위헌여부가 헌법재판의 대상으로 된 경우 당해 법률이 정치적인 문제를 포함한다는 이유만으로 사법심사의 대상에서 제외된다고 할 수는 없다(헌재 2004.10.21., 2004헌마554).

① 대통령의 긴급재정경제명령은 국가긴급권의 일종으로서 고도의 정치적 결단에 의하여 발동되는 행위이고 그 결단을 존중하여야 할 필요성이 있는 행위라는 의미에서 이른바 통치행위에 속한다(헌재 1996.2.29., 93헌마186).

② 이 사건 파병결정은 대통령이 파병의 정당성뿐만 아니라 북한 핵 사태의 원만한 해결을 위한 동맹국과의 관계, 우리나라의 안보문제, 국·내외 정치관계 등 국익과 관련한 여러 가지 사정을 고려하여 파병부대의 성격과 규모, 파병기간을 국가안전보장회의의 자문을 거쳐 결정한 것으로, 그 후 국무회의 심의·의결을 거쳐 국회의 동의를 얻음으로써 헌법과 법률에 따른 절차적 정당성을 확보했음을 알 수 있다. 그렇다면 이 사건 파견결정은 그 성격상 국방 및 외교에 관련된 고도의 정치적 결단을 요하는 문제로서, 헌법과 법률이 정한 절차를 지켜 이루어진 것임이 명백하므로, 대통령과 국회의 판단은 존중되어야 하고 헌법재판소가 사법적 기준만으로 이를 심판하는 것은 자제되어야 한다(헌재 2004.4.29., 2003헌마814).

④ 헌법재판소는 헌법의 수호와 국민의 기본권 보장을 사명으로 하는 국가기관이므로 비록 고도의 정치적 결단에 의하여 행해지는 국가작용이라고 할지라도 그것이 국민의 기본권 침해와 직접 관련되는 경우에는 당연히 헌법재판소의 심판대상이 된다(헌재 1996.2.29., 93헌마186).

13

정답 | ③

해설 | 행정처분에 부담인 부관을 붙인 경우 부관의 무효화에 의하여 본체인 행정처분 자체의 효력에도 영향이 있게 될 수는 있지만, 그 처분을 받은 사람이 부담의 이행으로 사법상 매매 등의 법률행위를 한 경우에는 그 부관은 특별한 사정이 없는 한 법률행위를 하게 된 동기 내지 연유로 작용하였을 뿐이므로 이는 법률행위의 취소사유가 될 수 있음은 별론으로 하고 그 법률행위 자체를 당연히 무효화하는 것은 아니다(대판 2009.6.25., 2006다18174).

① 하천부지 점용허가 여부는 관리청의 자유재량에 속하고, 재량행위에 있어서는 법령상의 근거가 없다고 하더라도 부관을 붙일 것인가의 여부는 당해 행정청의 재량에 속한다고 할 것이고, 또한 같은 법 제25조 단서가 하천의 오염방지에 필요한 부관을 붙이도록 규정하고 있으므로 하천부지 점용허가의 성질의 면으로 보나 법규정으로 보나 부관을 붙일 수 있음은 명백하다(대판 1991.10.11., 90누8688).

② 대판 1989.10.24., 89누2431

④ 행정행위의 부관은 부담의 경우를 제외하고는 독립하여 행정소송의 대상이 될 수 없는 것인바, 행정청이 한 공유수면매립준공인가 중 매립지 일부에 대하여 한 국가귀속처분은 매립준공인가를 함에 있어서 매립의 면허를 받은 자의 매립지에 대한 소유권취득을 규정한 「공유수면매립법」 제14조의 효과 일부를 배제하는 부관을 붙인 것이므로 이러한 행정행위의 부관에 대하여는 독립하여 행정소송의 대상으로 삼을 수 없다(대판 1991.12.13., 90누8503).

14

정답 | ①

해설 | 「행정소송법」 제30조 제1항은 "처분 등을 취소하는 확정판결은 그 사건에 관하여 당사자인 행정청과 그 밖의 관계행정청을 기속한다."라고 규정하고 있다. 이러한 취소확정판결의 '기속력'은 취소 청구가 인용된 판결에서 인정되는 것으로서 당사자인 행정청과 그 밖의 관계행정청에게 확정판결의 취지에 따라 행동하여야 할 의무를 지우는 작용을 한다. 이에 비하여 「행정소송법」 제8조 제2항에 의하여 행정소송에 준용되는 「민사소송법」 제216조, 제218조가 규정하고 있는 '기판력'이란 기판력 있는 전소 판결의 소송물과 동일한 후소를 허용하지 않음과 동시에, 후소의 소송물이 전소의 소송물과 동일하지는 않더라도 전소의 소송물에 관한 판단이 후소의 선결문제가 되거나 모순관계에 있을 때에는 후소에서 전소 판결의 판단과 다른 주장을 하는 것을 허용하지 않는 작용을 한다(대판 2016.3.24., 2015두48235).

15

정답 ┃ ②

해설 ┃ 행정처분의 취소 또는 무효확인을 구하는 행정소송은 다른 법률에 특별한 규정이 없는 한 소송의 대상인 행정처분 등을 외부적으로 그의 명의로 행한 행정청을 피고로 하여야 하는 것으로서 그 행정처분을 하게 된 연유가 상급행정청이나 타행정청의 지시나 통보에 의한 것이라 하여 다르지 않다고 할 것이며, 권한의 위임이나 위탁을 받아 수임행정청이 정당한 권한에 기하여 그 명의로 한 처분에 대하여는 말할 것도 없고, 내부위임이나 대리권을 수여받은 데 불과하여 원행정청 명의나 대리관계를 밝히지 아니하고는 그의 명의로 처분 등을 할 권한이 없는 행정청이 권한 없이 그의 명의로 한 처분에 대하여도 처분명의자인 행정청이 피고가 되어야 할 것이다(대판 1995.12.22., 95누14688). 행정권한의 위임은 위임청이 아닌 수임청이 피고가 되는 것에 비해, 내부위임은 사실상의 위임에 불과하므로 위임청인 서울지방경찰청장이 피고가 될 것이다.

> **용어 정리**
> • 권한의 위임 : 행정관청이 권한의 일부를 다른 행정기관에 이전하여 수임기관의 명의·권한으로 행사하도록 하는 것을 말한다.
> • 내부위임 : 행정관청의 내부적인 사무처리의 편의를 도모하기 위하여 하급 행정관청 또는 보조기관이 해당 권한을 사실상 행사하게 하는 것으로, 이때의 권한은 위임관청의 이름으로 행하여진다.

16

정답 ┃ ②

해설 ┃ • 공공기관은 제10조에 따라 정보공개의 청구를 받으면 그 청구를 받은 날부터 (10)일 이내에 공개 여부를 결정하여야 한다(「공공기관의 정보공개에 관한 법률」 제11조 제1항).
• 청구인이 정보공개와 관련한 공공기관의 비공개 결정 또는 부분 공개 결정에 대하여 불복이 있거나 정보공개 청구 후 (20)일이 경과하도록 정보공개 결정이 없는 때에는 공공기관으로부터 정보공개 여부의 결정 통지를 받은 날 또는 정보공개 청구 후 (20)일이 경과한 날부터 (30)일 이내에 해당 공공기관에 문서로 이의신청을 할 수 있다(「공공기관의 정보공개에 관한 법률」 제18조 제1항).

17

정답 ┃ ②

해설 ┃ 국가나 지방자치단체에 대한 배상신청사건을 심의하기 위하여 법무부에 본부심의회를 둔다. 다만, 군인이나 군무원이 타인에게 입힌 손해에 대한 배상신청사건을 심의하기 위하여 국방부에 특별심의회를 둔다(「국가배상법」 제10조 제1항).
① 「국가배상법」 제3조의2 제1항
③ 「국가배상법」 제14조 제1항
④ 서울특별시 소속 건설담당직원이 무허가건물이 철거되면 그 소유자에게 시영아파트입주권이 부여될 것이라고 허위의 확인을 하여 주었기 때문에 그 소유자와의 사이에 처음부터 그 이행이 불가능한 아파트입주권 매매계약을 체결하여 매매대금을 지급한 경우, 매수인이 입은 손해는 그 아파트입주권 매매계약이 유효한 것으로 믿고서 출연한 매매대금으로서 이는 매수인이 시영아파트입주권을 취득하지 못함으로 인하여 발생한 것이 아니라 공무원의 허위의 확인행위로 인하여 발생된 것으로 보아야 하므로, 공무원의 허위 확인행위와 매수인의 손해 발생 사이에는 상당인과관계가 있다(대판 1996.11.29., 95다21709).

18

정답 ┃ ③

해설 ┃
> **「행정소송법」 제4조(항고소송)**
> 항고소송은 다음과 같이 구분한다.
> 1. 취소소송 : 행정청의 위법한 처분 등을 취소 또는 변경하는 소송
> 2. 무효등 확인소송 : 행정청의 처분 등의 효력 유무 또는 존재여부를 확인하는 소송
> 3. 부작위위법확인소송 : 행정청의 부작위가 위법하다는 것을 확인하는 소송

② 원고의 청구가 이유 있다고 인정하는 경우에도 처분 등을 취소하는 것이 현저히 공공복리에 적합하지 아니하다고 인정하는 때에는 법원은 원고의 청구를 기각할 수 있다. 이를 사정판결이라 한다.

19

정답 ┃ ③

해설 ┃ 조세에 관한 소멸시효가 완성되면 국가의 조세부과권과 납세의무자의 납세의무는 당연히 소멸한다 할 것이므로 소멸시효완성 후에 부과된 부과처분은 납세의무 없는 자에 대하여 부과처분을 한 것으로서 그와 같은 하자는 중대하고 명백하여 그 처분의 효력은 당연무효이다(대판 1985.5.14., 83누655).
① 「국가재정법」 제96조 제1항, 제2항
② 「국가재정법」 제96조 제3항 전단
④ 대판 2000.9.8., 98두19933

20

정답 | ②

해설 | 행정청은 해가 뜨기 전이나 해가 진 후에는 대집행을 하여서는 아니 된다. 다만 의무자가 동의한 경우, 해가 지기 전에 대집행을 착수한 경우, 해가 뜬 후부터 해가 지기 전까지 대집행을 하는 경우에는 대집행의 목적 달성이 불가능한 경우, 그밖에 비상시 또는 위험이 절박한 경우에는 그러하지 아니하다(「행정대집행법」 제4조 제1항).

① 대판 1994.10.28., 94누5144

③ 「행정대집행법」상 대집행의 대상이 되는 대체적 작위의무는 공법상 의무이어야 할 것인데, 구 「공공용지의 취득 및 손실보상에 관한 특례법」에 따른 토지 등의 협의취득은 공공사업에 필요한 토지 등을 그 소유자와의 협의에 의하여 취득하는 것으로서 공공기관이 사경제주체로서 행하는 사법상 매매 내지 사법상 계약의 실질을 가지는 것이므로, 그 협의취득시 건물소유자가 매매대상 건물에 대한 철거의무를 부담하겠다는 취지의 약정을 하였다고 하더라도 이러한 철거의무는 공법상의 의무가 될 수 없고, 이 경우에도 「행정대집행법」을 준용하여 대집행을 허용하는 별도의 규정이 없는 한 위와 같은 철거의무는 「행정대집행법」에 의한 대집행의 대상이 되지 않는다(대판 2006.10.13., 2006두7096).

④ 「행정대집행법」 제6조 제1항, 제3항

21

정답 | ①

해설 | 안경사가 되고자 하는 자는 보건사회부의 소속기관인 국립보건원장이 시행하는 안경사 국가시험에 합격한 후 보건사회부장관의 면허를 받아야 하고 보건사회부장관은 안경사 국가시험에 합격한 자에게 안경사면허를 주도록 규정하고 있으므로, 국립보건원장이 같은 법 제7조 제2항에 의하여 안경사 국가시험의 합격을 무효로 하는 처분을 함에 따라 보건사회부장관이 안경사면허를 취소하는 처분을 한 경우 합격무효처분과 면허취소처분은 동일한 행정목적을 달성하기 위하여 단계적인 일련의 절차로 연속하여 행하여지는 행정처분으로서, 안경사 국가시험에 합격한 자에게 주었던 안경사면허를 박탈한다는 하나의 법률효과를 발생시키기 위하여 서로 결합된 선행처분과 후행처분의 관계에 있다(대판 1993.2.9., 92누4567).

② 구 「경찰공무원법」 제50조 제1항에 의한 직위해제처분과 같은 제3항에 의한 면직처분은 후자가 전자의 처분을 전제로 한 것이기는 하나 각각 단계적으로 별개의 법률효과를 발생하는 행정처분이어서 선행직위 해제처분의 위법사유가 면직처분에는 승계되지 아니한다 할 것이므로 선행된 직위해제 처분의 위법사유를 들어 면직처분의 효력을 다툴 수는 없다(대판 1984.9.11., 84누191).

③ 도시계획의 수립에 있어서 「도시계획법」 제16조의2 소정의 공청회를 열지 아니하고 「공공용지의 취득 및 손실보상에 관한 특례법」 제8조 소정의 이주대책을 수립하지 아니하였더라도 이는 절차상의 위법으로서 취소사유에 불과하고 그 하자가 도시계획결정 또는 도시계획사업시행인가를 무효라고 할 수 있을 정도로 중대하고 명백하다고는 할 수 없으므로 이러한 위법을 선행처분인 도시계획결정이나 사업시행인가 단계에서 다투지 아니하였다면 그 쟁송기간이 이미 도과한 후인 수용재결단계에 있어서는 도시계획수립 행위의 위와 같은 위법을 들어 재결처분의 취소를 구할 수는 없다고 할 것이다(대판 1990.1.23., 87누947).

④ 「도시재개발법」에 의한 재개발사업의 시행을 위하여 토지 등을 수용하는 경우 「도시재개발법」 제17조 등에 의한 재개발사업시행인가는 「토지수용법」 제14조 소정의 사업인정으로 볼 것인바, 재개발사업시행인가처분 자체의 위법은 사업시행인가단계에서 다투어야 하고 이미 그 쟁송기간이 도과한 수용재결단계에서는 그 인가처분이 당연무효라고 볼 만한 특단의 사정이 없는 한 그 위법을 이유로 토지수용재결처분의 취소를 구할 수는 없다(대판 1992.12.11., 92누5584).

하자의 승계를 긍정한 판례	• 안경사국가시험합격무효처분과 안경사면허취소처분 • 한지의사시험자격인정과 한지의사면허처분 • 암매장 분묘개장명령과 계고처분
하자의 승계를 부정한 판례	• 표준공시지가결정과 개별공시지가결정 • 직위해제처분과 면직처분 • 사업인정과 수용재결 • 도시계획결정과 수용재결 • 보충역편입처분과 공익근무요원소집처분 • 변상판정과 변상명령

22

정답 | ①

해설 | 원천징수하는 소득세에 있어서는 납세의무자의 신고나 과세관청의 부과결정이 없이 법령이 정하는 바에 따라 그 세액이 자동적으로 확정되고, 원천징수의무자는 「소득세법」 제142조 및 제143조의 규정에 의하여 이와 같이 자동적으로 확정되는 세액을 수급자로부터 징수하여 과세관청에 납부하여야 할 의무를 부담하고 있으므로, 원천징수의무자가 비록 과세관청과 같은 행정청이더라도 그의 원천징수행위는 법령에서 규정된 징수 및 납부의무를 이행하기 위한 것에 불과한 것이지, 공권력의 행사로서의 행정처분을 한 경우에 해당되지 아니한다(대판 1990.3.23., 89누4789).

② 2007.6.28., 2004헌마262

③ 국가나 지방자치단체는 공무원 또는 공무를 위탁받은 사인(이하 "공무원"이라 한다)이 직무를 집행하면서 고의 또는 과실로 법령을 위반하여 타인에게 손해를 입히거나, 「자동차손해배상 보장법」에 따라 손해배상의 책임이 있을 때에는 이 법에 따라 그 손해를 배상하여야 한다(「국가배상법」 제2조 제1항 본문).

④ 별정우체국장, 사인이 사업시행자로서 토지를 수용하는 경우, 민영교도소, 경찰사무를 집행하는 선장 등은 공무수탁사인에 해당한다.

23

정답 | ④

해설 | 한국마사회가 조교사 또는 기수의 면허를 부여하거나 취소하는 것은 경마를 독점적으로 개최할 수 있는 지위에서 우수한 능력을 갖추었다고 인정되는 사람에게 경마에서의 일정한 기능과 역할을 수행할 수 있는 자격을 부여하거나 이를 박탈하는 것에 지나지 아니하므로, 이는 국가 기타 행정기관으로부터 위탁받은 행정권한의 행사가 아니라 일반 사법상의 법률관계에서 이루어지는 단체 내부에서의 징계 내지 제재처분이다(대판 2008.1.31., 2005두8269).

① 지방의회를 대표하고 의사를 정리하며 회의장 내의 질서를 유지하고 의회의 사무를 감독하며 위원회에 출석하여 발언할 수 있는 등의 직무권한을 가지는 지방의회 의장에 대한 불신임의결은 의장으로서의 권한을 박탈하는 행정처분의 일종으로서 항고소송의 대상이 된다(대결 1994.10.11., 자94두23).

② 대판 1996.2.27., 94누6062

③ 구 「남녀차별금지 및 구제에 관한 법률」(2003. 5. 29. 법률 제6915호로 개정되기 전의 것) 제28조에 의하면, 국가인권위원회의 성희롱결정과 이에 따른 시정조치의 권고는 불가분의 일체로 행하여지는 것인데 국가인권위원회의 이러한 결정과 시정조치의 권고는 성희롱 행위자로 결정된 자의 인격권에 영향을 미침과 동시에 공공기관의 장 또는 사용자에게 일정한 법률상의 의무를 부담시키는 것이므로 국가인권위원회의 성희롱결정 및 시정조치권고는 행정소송의 대상이 되는 행정처분에 해당한다고 보지 않을 수 없다(대결 2005.7.8., 2005두487).

24

정답 | ①

해설 | 제9조의 규정은 당사자소송의 경우에 준용한다. 다만, 국가 또는 공공단체가 피고인 경우에는 관계행정청의 소재지를 피고의 소재지로 본다(「행정소송법」 제40조).

② 「행정소송법」 제43조

③ 「행정소송법」 제44조 제2항 및 제10조 제1항

④ 「행정소송법」 제45조

25

정답 | ①

해설 | 행정청은 행정의 원활한 수행을 위하여 서로 협조하여야 한다(「행정절차법」 제7조).

② 법인이 아닌 사단 또는 재단도 포함된다.

> **「행정절차법」 제9조(당사자 등의 자격)**
> 다음 각 호의 어느 하나에 해당하는 자는 행정절차에서 당사자등이 될 수 있다.
> 1. 자연인
> 2. 법인, 법인이 아닌 사단 또는 재단(이하 "법인등"이라 한다)
> 3. 그밖에 다른 법령 등에 따라 권리 · 의무의 주체가 될 수 있는 자

③ 송달은 다른 법령 등에 특별한 규정이 있는 경우를 제외하고는 해당 문서가 송달받을 자에게 도달됨으로써 그 효력이 발생한다(「행정절차법」 제15조).

④ '신속한 국민의 권리 보호 또는 예측 곤란한 특별한 사정의 발생 등으로 입법이 긴급을 요하는 경우'는 행정상 입법예고의 예외사유이다.

> **「행정절차법」 제41조(행정상 입법예고)**
> ① 법령 등을 제정 · 개정 또는 폐지(이하 "입법"이라 한다)하려는 경우에는 해당 입법안을 마련한 행정청은 이를 예고하여야 한다. 다만, 다음 각 호의 어느 하나에 해당하는 경우에는 예고를 하지 아니할 수 있다.
> 1. 신속한 국민의 권리 보호 또는 예측 곤란한 특별한 사정의 발생 등으로 입법이 긴급을 요하는 경우
> 2. 상위 법령 등의 단순한 집행을 위한 경우
> 3. 입법내용이 국민의 권리 · 의무 또는 일상생활과 관련이 없는 경우
> 4. 단순한 표현 · 자구를 변경하는 경우 등 입법내용의 성질상 예고의 필요가 없거나 곤란하다고 판단되는 경우
> 5. 예고함이 공공의 안전 또는 복리를 현저히 해칠 우려가 있는 경우

2021년
2020년
2019년
2018년
2017년
2016년
2015년
2014년
2013년
2012년
2011년
2010년
2009년
2008년
2007년

국방부(육·해·공군) 시행 필기시험(2016.07.02)

1	2	3	4	5	6	7	8	9	10
①	③	④	③	②	③	①	④	①	②
11	12	13	14	15	16	17	18	19	20
②	③	①	③	①	②	④	②	②	③
21	22	23	24	25					
②	②	①	①	③					

01

정답 | ①

해설 | 과세처분이 불복기간의 경과나 전심절차의 종결로 확정되어 이른바 불가쟁력 또는 불가변력이 발생하였다고 하여도 이러한 확정의 효력은 그 처분이 유효하게 존속하는 것을 전제로 한 것이므로 그 뒤의 증액경정처분에 의하여 처음의 과세처분이 위 경정처분에 흡수됨으로써 독립된 존재가치를 상실하고 소멸한 이상 그 불가쟁력이나 불가변력을 인정할 여지가 없고, 따라서 <u>경정처분에 대한 소송절차에서 당사자는 이미 확정된 처음의 과세처분에 의하여 결정된 과세표준과 세액에 대하여도 그 위법여부를 다툴 수 있다</u>(대판 1984.12.11., 84누225).

② 감액경정처분은 당초 과세처분의 일부를 취소하는 수익적 행정처분이지만 상대방 있는 행정처분이므로, 원칙적으로 상대방에게 통지하여야 효력이 발생하나, 감액경정처분이 행하여진 경우에는 새로이 잔액에 대하여 구체적인 조세채무를 확정시키는 것이 아니라 당초 처분의 일부를 취소하는 효력을 갖는 것에 불과한 것으로서 납세의무자에게 이익이 되는 처분이고, 그에 의하여 감소된 세액 부분에 관하여만 법적 효과를 미치는 것으로 이는 당초 처분과 별개 독립된 것이 아니고 실질적으로 당초 처분의 변경인 점 및 부과처분의 취소는 특별한 형식을 요하지 아니하고 따라서 납세고지서에 의하여서만 하는 것이 아니라 그 처분의 취소를 전제로 새로운 처분을 하는 등 취소의 뜻을 객관적으로 알 수 있는 방법에 의하여 할 수 있는 점에 비추어 <u>감액경정처분의 경우에도 특별한 사정이 없는 한 납세고지서뿐만 아니라 감액경정의 뜻을 객관적으로 알 수 있는 방법에 의하여 이를 납세의무자에게 통지를 하면 그 효력이 발생한다</u>(대판 2003.4.11., 2001다9137).

③ 과세관청이 과세표준과 세액을 결정한 후 그 과세표준과 세액에 탈루 또는 오류가 있는 것이 발견되어 이를 증액하는 경정처분이 있는 경우, 그 증액경정처분은 당초 처분을 그대로 둔 채 당초 처분에서의 과세표준과 세액을 초과하는 부분만을 추가확정하는 처분이 아니니 재조사에 의하여 판명된 결과에 따라서 당초 처분에서의 과세표준과 세액을 포함시켜 전체로서의 과세표준과 세액을 결정하는 것이어서 증액경정처분이 되면 <u>당초 처분은 증액경정처분에 흡수되어 당연히 소멸하므로 그 증액경정처분만이 쟁송의 대상이 된다</u>(대판 1995.11.10., 95누7758).

④ 과세관청이 조세부과처분을 한 뒤에 그 불복절차과정에서 국세청장이나 국세심판소장으로부터 그 일부를 취소하도록 하는 결정을 받고 이에 따라 당초 부과처분의 일부를 취소, 감액하는 내용의 경정결정을 한 경우 위 경정처분은 당초 부과처분과 별개 독립의 과세처분이 아니라 그 실질은 당초 부과처분의 변경이고, 그에 의하여 세액의 일부 취소라는 납세자에게 유리한 효과를 가져오는 처분이라 할 것이므로 그 경정결정으로도 아직 취소되지 않고 남아 있는 부분이 위법하다고 하여 다투는 경우에는 <u>항고소송의 대상이 되는 것은 당초의 부과처분 중 경정결정에 의하여 취소되지 않고 남은 부분이 된다 할 것이고, 경정결정이 항고소송의 대상이 되는 것은 아니라 할 것이므로, 이 경우 제소기간을 준수하였는지 여부도 당초 처분을 기준으로 하여 판단하여야 할 것이다</u>(대판 1991.9.13., 91누391).

02

정답 | ③

해설 | <u>변상금 부과·징수권은 민사상 부당이득반환청구권과 법적 성질을 달리하므로, 국가는 무단점유자를 상대로 변상금 부과·징수권의 행사와 별도로 국유재산의 소유자로서 민사상 부당이득반환청구의 소를 제기할 수 있다</u>. 그리고 이러한 법리는 구 「국유재산법」 제32조 제3항, 구 「국유재산법」 시행령 제33조 제2항에 의하여 국유재산 중 잡종재산(현행 「국유재산법」상의 일반재산에 해당한다)의 관리·처분에 관한 사무를 위탁받은 한국자산관리공사의 경우에도 마찬가지로 적용된다(대판(全) 2014.7.16., 2011다76402).

① 국유재산의 무단점유 등에 대한 변상금징수의 요건은 「국유재산법」 제51조 제1항에 명백히 규정되어 있으므로 변상금을 징수할 것인가는 처분청의 재량을 허용하지 않는 기속행위이다(대판 2000.1.28., 97누4098).

② 대판 2000.3.10., 97누17278

④ 「국유재산법」 제51조 제1항에 의한 국유재산의 무단 점유자에 대한 변상금부과는 대부나 사용, 수익허가 등을 받은 경우에 납부하여야 할 대부료 또는 사용료 상당액 외에도 그 징벌적 의미에서 국가측이 일방적으로 그 2할 상당액을 추가하여 변상금을 징수토록 하고 있으며 그 체납시에는 국세징수법에 의하여 강제징수토록 하고 있는 점 등에 비추어 보면 그 부과처분은 관리청이 공권력을 가진 우월적 지위에서 행하는 것으로서 행정처분이라고 보아야 한다(대판 1992.4.14., 91다42197).

03

정답 | ④

해설 | 편도 2차선 도로의 1차선상에 교통사고의 원인이 될 수 있는 크기의 돌멩이가 방치되어 있었고, 도로의 점유·관리자인 피고가 그것에 대한 관리 가능성이 없다는 입증을 하지 못하고 있는 이 사건에서 이는 도로 관리·보존상의 하자에 해당한다 할 것이다(대판 1998.2.10., 97다32536).

① 「국가배상법」 제5조 제1항 소정의 "공공의 영조물"이라 함은 국가 또는 지방자치단체에 의하여 특정 공공의 목적에 공여된 유체물 내지 물적 설비를 지칭하며, 특정 공공의 목적에 공여된 물이라 함은 일반공중의 자유로운 사용에 직접적으로 제공되는 공공용물에 한하지 아니하고, 행정주체 자신의 사용에 제공되는 공용물도 포함하며 국가 또는 지방자치단체가 소유권, 임차권 그 밖의 권한에 기하여 관리하고 있는 경우뿐만 아니라 사실상의 관리를 하고 있는 경우도 포함한다(대판 1995.1.24., 94다45302).

② 「국가배상법」 제5조 소정의 영조물의 설치·관리상의 하자로 인한 책임은 무과실책임이고 나아가 「민법」 제758조 소정의 공작물의 점유자의 책임과는 달리 면책사유도 규정되어 있지 않으므로, 국가 또는 지방자치단체는 영조물의 설치·관리상의 하자로 인하여 타인에게 손해를 가한 경우에 그 손해의 방지에 필요한 주의를 해태하지 아니하였다 하여 면책을 주장할 수 없다(대판 1994.11.22., 94다32924).

③ 영조물 설치의 하자라 함은 영조물의 축조에 불완전한 점이 있어 이 때문에 영조물 자체가 통상 갖추어야 할 완전성을 갖추지 못한 상태에 있음을 말한다고 할 것인바 그 하자 유무는 객관적 견지에서 본 안전성의 문제이고 그 설치자의 재정사정이나 영조물의 사용목적에 의한 사정은 안전성을 요구하는 데 대한 정도 문제로서 참작사유에는 해당할지언정 안전성을 결정지을 절대적 요건에는 해당하지 아니한다 할 것이다(대판 1967.2.21., 66다1723).

04

정답 | ③

해설 | ②. ③ 남북정상회담의 개최는 고도의 정치적 성격을 지니고 있는 행위라 할 것이므로 특별한 사정이 없는 한 그 당부를 심판하는 것은 사법권의 내재적·본질적 한계를 넘어서는 것이 되어 적절하지 못하지만, 남북정상회담의 개최과정에서 재정경제부장관에게 신고하지 아니하거나 통일부장관의 협력사업 승인을 얻지 아니한 채 북한 측에 사업권의 대가 명목으로 송금한 행위 자체는 헌법상 법치국가의 원리와 법 앞에 평등원칙 등에 비추어 볼 때 사법심사의 대상이 된다(대판 2004.3.26., 2003도7878).

① 대통령의 비상계엄의 선포나 확대 행위는 고도의 정치적·군사적 성격을 지니고 있는 행위라 할 것이므로, 그것이 누구에게도 일견하여 헌법이나 법률에 위반되는 것으로서 명백하게 인정될 수 있는 등 특별한 사정이 있는 경우라면 몰라도, 그러하지 아니한 이상 그 계엄선포의 요건 구비 여부나 선포의 당·부당을 판단할 권한이 사법부에는 없다고 할 것이나, 비상계엄의 선포나 확대가 국헌문란의 목적을 달성하기 위하여 행하여진 경우에는 법원은 그 자체가 범죄행위에 해당하는지의 여부에 관하여 심사할 수 있다(대판(全) 1997.4.17., 96도3376).

④ 대통령의 긴급재정경제명령은 국가긴급권의 일종으로서 고도의 정치적 결단에 의하여 발동되는 행위이고 그 결단을 존중하여야 할 필요성이 있는 행위라는 의미에서 이른바 통치행위에 속한다고 할 수 있으나, 통치행위를 포함하여 모든 국가작용은 국민의 기본권적 가치를 실현하기 위한 수단이라는 한계를 반드시 지켜야 하는 것이고, 헌법재판소는 헌법의 수호와 국민의 기본권 보장을 사명으로 하는 국가기관이므로 비록 고도의 정치적 결단에 의하여 행해지는 국가작용이라고 할지라도 그것이 국민의 기본권 침해와 직접 관련되는 경우에는 당연히 헌법재판소의 심판대상이 된다(1996.2.29., 93헌마186).

05

정답 | ②

해설 | ㉠ 행정청이 처분을 할 때에는 당사자에게 그 처분에 관하여 행정심판 및 행정소송을 제기할 수 있는지 여부, 그밖에 불복을 할 수 있는지 여부, 청구절차 및 청구기간, 그밖에 필요한 사항을 알려야 한다(「행정절차법」 제26조).

㉢ 행정청은 제38조에 따른 공청회와 병행하여서만 정보통신망을 이용한 공청회(이하 "전자공청회"라 한다)를 실시할 수 있다(「행정절차법」 제38조의2 제1항).

2021년
2020년
2019년
2018년
2017년
2016년
2015년
2014년
2013년
2012년
2011년
2010년
2009년
2008년
2007년

06

정답 | ③

해설 | 위원회는 필요하면 당사자가 주장하지 아니한 사실에 대하여도 심리할 수 있다(「행정심판법」제39조).
① 「행정심판법」제27조 제1항, 제3항
② 「행정심판법」제30조 제1항
④ 「행정심판법」제49조 제1항

07

정답 | ①

해설 | 공익근무요원 소집해제신청을 거부한 후에 원고가 계속하여 공익근무요원으로 복무함에 따라 복무기간 만료를 이유로 소집해제처분을 한 경우, <u>원고가 입게 되는 권리와 이익의 침해는 소집해제처분으로 해소되었으므로 위 거부처분의 취소를 구할 소의 이익이 없다</u>(대판 2005.5.13., 2004두4369).
② 피고의 위법한 처분이 있게 됨에 따라 당연히 합격하였어야 할 원고들이 불합격처리되고 불합격되었어야 할 자들이 합격한 결과가 되었다면 원고들은 입학정원에 들어가는 자들이라고 하지 않을 수 없다고 할 것이므로 원고들로서는 피고의 불합격처분의 적법여부를 다툴만한 법률상의 이익이 있다고 할 것이다(대판 1990.8.23., 89누8255).
③ 징계처분으로서 감봉처분이 있은 후 공무원의 신분이 상실된 경우에도 위법한 감봉처분의 취소가 필요한 경우에는 위 감봉처분의 취소를 구할 소의 이익이 있다(대판 1977.7.12., 74누147).
④ 현역입영대상자로서는 현실적으로 입영을 하였다고 하더라도, 입영 이후의 법률관계에 영향을 미치고 있는 현역병입영통지처분 등을 한 관할지방병무청장을 상대로 위법을 주장하여 그 취소를 구할 소송상의 이익이 있다(대판 2003.12.26., 2003두1875).

08

정답 | ④

해설 | 행정계획이라 함은 행정에 관한 전문적·기술적 판단을 기초로 하여 도시의 건설·정비·개량 등과 같은 특정한 행정목표를 달성하기 위하여 서로 관련되는 행정수단을 종합·조정함으로써 장래의 일정한 시점에 있어서 일정한 질서를 실현하기 위한 활동기준으로 설정된 것으로서, 구 「도시계획법」(2000. 1. 28. 법률 제6243호로 전문 개정되기 전의 것) 등 관계 법령에는 추상적인 행정목표와 절차만이 규정되어 있을 뿐 행정계획의 내용에 관하여는 별다른 규정을 두고 있지 아니하므로 행정주체는 구체적인 행정계획을 입안·결정함에 있어서 비교적 광범위한 형성의 자유를 가지는 것이지만, 행정주체가 가지는 이와 같은 형성의 자유는 무제한적인 것이 아니라 그 행정계획에 관련되는 자들의 이익을 공익과 사익 사이에서는 물론이고 공익 상호간과 사익 상호간에도 정당하게 비교교량하여야 한다는 제한이 있으므로, 행정주체가 행정계획을 입안·결정함에 있어서 이익형량을 전혀 행하지 아니하거나 이익형량의 고려 대상에 마땅히 포함시켜야 할 사항을 누락한 경우 또는 이익형량을 하였으나 정당성과 객관성이 결여된 경우에는 위법하다(대판 2006.9.8., 2003두5426).

09

정답 | ①

해설 | "의견제출"이란 행정청이 어떠한 행정작용을 하기 전에 당사자 등이 의견을 제시하는 절차로서 청문이나 공청회에 해당하지 아니하는 절차를 말한다(「행정절차법」제2조 제7호).
② 「행정절차법」제29조

제29조(청문 주재자의 제척·기피·회피)
① 청문 주재자가 다음 각 호의 어느 하나에 해당하는 경우에는 청문을 주재할 수 없다. 〈개정 2019. 12. 10.〉
  1. 자신이 당사자등이거나 당사자등과 「민법」제777조 각 호의 어느 하나에 해당하는 친족관계에 있거나 있었던 경우
  2. 자신이 해당 처분과 관련하여 증언이나 감정(鑑定)을 한 경우
  3. 자신이 해당 처분의 당사자등의 대리인으로 관여하거나 관여하였던 경우
  4. 자신이 해당 처분업무를 직접 처리하거나 처리하였던 경우
  5. 자신이 해당 처분업무를 처리하는 부서에 근무하는 경우. 이 경우 부서의 구체적인 범위는 대통령령으로 정한다.
② 청문 주재자에게 공정한 청문 진행을 할 수 없는 사정이 있는 경우 당사자등은 행정청에 기피신청을 할 수 있다. 이 경우 행정청은 청문을 정지하고 그 신청이 이유가 있다고 인정할 때에는 해당 청문 주재자를 지체 없이 교체하여야 한다.
③ 청문 주재자는 제1항 또는 제2항의 사유에 해당하는 경우에는 행정청의 승인을 받아 스스로 청문의 주재를 회피할 수 있다.

---

③ 「행정절차법」제22조 제4항
④ 「행정절차법」제15조 제1항

10

정답 │ ②

해설 │ 외국인도 일정한 경우에는 정보공개청구를 할 수 있다.

> **「공공기관의 정보공개에 관한 법률」 시행령 제3조(외국인의 정보공개 청구)**
> 법 제5조 제2항에 따라 정보공개를 청구할 수 있는 외국인은 다음 각 호의 어느 하나에 해당하는 자로 한다.
> 1. 국내에 일정한 주소를 두고 거주하거나 학술·연구를 위하여 일시적으로 체류하는 사람
> 2. 국내에 사무소를 두고 있는 법인 또는 단체

① 「공공기관의 정보공개에 관한 법률」 제4조 제3항 본문
③ 「공공기관의 정보공개에 관한 법률」 제11조 제3항
④ 「공공기관의 정보공개에 관한 법률」 제9조 제1항 제8호

11

정답 │ ②

해설 │ 공익사업에 필요한 토지 등의 취득 또는 사용으로 인하여 토지소유자나 관계인이 입은 손실은 사업시행자가 보상하여야 한다(「공익사업을 위한 토지 등의 취득 및 보상에 관한 법률」 제61조).

① 행정상 손실보상은 재산권의 내재적·사회적 제약을 넘는 특별한 희생이 있는 경우에 인정되는 것으로, 단순히 사회적인 제약이 가하여진 경우라면 원칙적으로 보상이 인정될 수 없다.

③ 재산상·비재산상 손해를 모두 보상하는 행정상 손해배상과 달리, 행정상 손실보상은 재산상 손실만을 대상으로 한다.

④ 행정상 손실보상은 적법행위로 인한 손해를 그 보상의 대상으로 하며, 위법행위로 인한 손해의 경우에는 행정상 손해배상을 하여야 한다.

12

정답 │ ③

해설 │ 세액산출근거가 기재되지 아니한 납세고지서에 의한 부과처분은 강행법규에 위반하여 취소대상이 된다 할 것이므로 이와 같은 하자는 납세의무자가 전심절차에서 이를 주장하지 아니하였거나, 그 후 부과된 세금을 자진납부하였다거나, 또는 조세채권의 소멸시효기간이 만료되었다 하여 치유되는 것이라고는 할 수 없다(대판 1985.4.9., 84누431).

① 「행정조사기본법」 제3조

> **「행정조사기본법」 제3조(적용범위)**
> ① 행정조사에 관하여 다른 법률에 특별한 규정이 있는 경우를 제외하고는 이 법으로 정하는 바에 따른다.
> ② 다음 각 호의 어느 하나에 해당하는 사항에 대하여는 이 법을 적용하지 아니한다.
> 5. 조세·형사·행형 및 보안처분에 관한 사항

② 「국세기본법」 제18조 제3항에서 말하는 비과세 관행이 성립하려면 상당한 기간에 걸쳐 과세를 하지 아니한 객관적 사실이 존재할 뿐만 아니라 과세관청 자신이 그 사항에 관하여 과세할 수 있음을 알면서도 어떤 특별한 사정 때문에 과세하지 않는다는 의사가 있어야 하며 위와 같은 공적 견해나 의사는 명시적 또는 묵시적으로 표시되어야 한다(대판 1995.11.14., 95누10181).

④ 과세처분을 취소하는 판결이 확정되면 그 과세처분은 처분시에 소급하여 소멸하므로 그 뒤에 과세관청에서 그 과세처분을 경정하는 경정처분을 하였다면 이는 존재하지 않는 과세처분을 경정한 것으로서 그 하자가 중대하고 명백한 당연무효의 처분이다(대판 1989.5.9., 88다카16096).

13

정답 │ ①

해설 │ 환경부장관 또는 시·도지사는 배출시설로부터 나오는 특정대기유해물질이나 특별대책지역의 배출시설로부터 나오는 대기오염물질로 인하여 환경기준의 유지가 곤란하거나 주민의 건강·재산, 동식물의 생육에 심각한 위해를 끼칠 우려가 있다고 인정되면 대통령령으로 정하는 바에 따라 특정대기유해물질을 배출하는 배출시설의 설치 또는 특별대책지역에서의 배출시설 설치를 제한할 수 있다. 〈개정 2012. 5. 23., 2019. 1. 15.〉(「대기환경보전법」 제23조 제8항)

② 귀화허가의 근거 규정의 형식과 문언, 귀화허가의 내용과 특성 등을 고려하여 보면, 법무부장관은 귀화신청인이 법률이 정하는 귀화요건을 갖추었다고 하더라도 귀화를 허가할 것인지 여부에 관하여 재량권을 가진다(대판 2010.7.15., 2009두19069).

③ 「행정소송법」 제27조

④ 재량행위에 대한 사법심사에 있어서는 행정청의 재량에 기한 공익판단의 여지를 감안하여 법원은 독자의 결론을 도출함이 없이 당해 행위에 재량권의 일탈·남용이 있는지 여부만을 심사하게 되고, 이러한 재량권의 일탈·남용 여부에 대한 심사는 사실오인, 비례·평등의 원칙 위배 등을 그 판단 대상으로 한다(대판 2010.9.9., 2010다39413).

14

정답 | ③

해설 | 자신의 행위가 위법하지 아니한 것으로 오인하고 행한 질서위반행위는 그 오인에 정당한 이유가 있는 때에 한하여 과태료를 부과하지 아니한다(「질서위반행위규제법」 제8조).
① 「질서위반행위규제법」 제7조
② 행정청은 질서위반행위가 종료된 날(다수인이 질서위반행위에 가담한 경우에는 최종행위가 종료된 날을 말한다)부터 5년이 경과한 경우에는 해당 질서위반행위에 대하여 과태료를 부과할 수 없다(「질서위반행위규제법」 제19조 제1항).
④ 「질서위반행위규제법」 제20조 제1항

15

정답 | ①

해설 | 기속력에 의해 행정행위가 취소된 경우에는 당해 행정행위로 행정청 등을 구속할 수 없다.
② 대통령이 담화를 발표하고 이에 따라 국방부장관이 삼청교육 관련 피해자들에게 그 피해를 보상하겠다고 공고하고 피해신고까지 받음으로써, 상대방은 그 약속이 이행될 것에 대한 강한 신뢰를 가지게 되고, 이러한 신뢰는 단순한 사실상의 기대를 넘어 법적으로 보호받아야 할 이익이라고 보아야 할 것이다(대판 2003.11.28., 2002다72156).
③ 처분 등을 취소하는 확정판결은 제3자에 대하여도 효력이 있다(「행정소송법」 제29조 제1항). 해당 규정은 무효등 확인소송 및 부작위위법확인소송의 경우에 준용한다(「행정소송법」 제38조 제1항, 제2항).
④ 행정처분이 아무리 위법하다고 하여도 그 하자가 중대하고 명백하여 당연무효라고 보아야 할 사유가 있는 경우를 제외하고는 아무도 그 하자를 이유로 무단히 그 효과를 부정하지 못하는 것이고, 이러한 행정행위의 공정력은 판결의 기판력과 같은 효력은 아니지만 그 공정력의 객관적 범위에 속하는 행정행위의 하자가 취소사유에 불과한 때에는 그 처분이 취소되지 않는 한 처분의 효력을 부정하여 그로 인한 이득을 법률상 원인 없는 이득이라고 말할 수 없는 것이다(대판 1994.11.11., 94다28000).

16

정답 | ②

해설 | 취소심판은 처분의 취소 또는 변경을 구할 법률상 이익이 있는 자가 청구할 수 있다(「행정심판법」 제13조 제1항 전단).

> **「행정심판법」 제13조(청구인 적격)**
> ① 취소심판은 처분의 취소 또는 변경을 구할 법률상 이익이 있는 자가 청구할 수 있다. 처분의 효과가 기간의 경과, 처분의 집행, 그 밖의 사유로 소멸된 뒤에도 그 처분의 취소로 회복되는 법률상 이익이 있는 자의 경우에도 또한 같다.
> ② 무효등확인심판은 처분의 효력 유무 또는 존재 여부의 확인을 구할 법률상 이익이 있는 자가 청구할 수 있다.
> ③ 의무이행심판은 처분을 신청한 자로서 행정청의 거부처분 또는 부작위에 대하여 일정한 처분을 구할 법률상 이익이 있는 자가 청구할 수 있다.

① "행정청"이란 행정에 관한 의사를 결정하여 표시하는 국가 또는 지방자치단체의 기관, 그밖에 법령 또는 자치법규에 따라 행정권한을 가지고 있거나 위탁을 받은 공공단체나 그 기관 또는 사인(私人)을 말한다(「행정심판법」 제2조 제4호).
③ 「행정심판법」 제47조 제1항
④ 「행정심판법」 제47조 제2항

17

정답 | ④

해설 | 서울특별시 지하철공사의 임원과 직원의 근무관계의 성질은 지방공기업법의 모든 규정을 살펴보아도 공법상의 특별권력관계라고는 볼 수 없다(대판 1989.9.12., 89누2103).
① 대판 1966.10.25., 66나1664
② 행정소송의 대상이 되는 행정처분이란 행정청이 행하는 구체적 사실에 관한 법집행으로서의 공권력의 행사 또는 그 거부와 그밖에 이에 준하는 행정작용을 말하는 것인바, 국립 교육대학 학생에 대한 퇴학처분은, 국가가 설립·경영하는 교육기관인 동 대학의 교무를 통할하고 학생을 지도하는 지위에 있는 학장이 교육목적실현과 학교의 내부질서유지를 위해 학칙 위반자인 재학생에 대한 구체적 법집행으로서 국가공권력의 하나인 징계권을 발동하여 학생으로서의 신분을 일방적으로 박탈하는 국가의 교육행정에 관한 의사를 외부에 표시한 것이므로, 행정처분임이 명백하다(대판 1991.11.22., 91누2144).
③ 농지개량조합과 그 직원과의 관계는 사법상의 근로계약관계가 아닌 공법상의 특별권력관계이고, 그 조합의 직원에 대한 징계처분의 취소를 구하는 소송은 행정소송사항에 속한다(대판 1995.6.9., 94누10870).

18

정답 | ②

해설 | 석유판매업자가 유사석유제품 판매금지를 위반함으로써 받게 되는 <u>사업정지 등의 제재처분은</u> 사업자 개인의 자격에 대한 제재가 아니라 사업의 전부나 일부에 대한 것으로서 <u>대물적 처분의 성격을 갖고 있으므로,</u> 위와 같은 지위승계에는 종전 석유판매업자가 유사석유제품을 판매함으로써 받게 되는 사업정지 등 제재처분의 승계가 포함되어 그 지위를 승계한 자에 대하여 <u>사업정지 등의 제재처분을 취할 수 있다고 보아야 한다</u>(대판 2003.10.23., 2003두8005).

① 구 「국가유공자 등 예우 및 지원에 관한 법률」에 의하여 국가유공자와 유족으로 등록되어 보상금을 받고, 교육보호 등 각종 보호를 받을 수 있는 권리는 국가유공자와 유족에 대한 응분의 예우와 국가유공자에 준하는 군경 등에 대한 지원을 행함으로써 이들의 생활안정과 복지향상을 도모하기 위하여 당해 개인에게 부여되어진 일신전속적인 권리이어서, 같은 법 규정에 비추어 상속의 대상으로도 될 수 없다고 할 것이므로 전상군경등록거부처분취소청구소송은 원고의 사망과 동시에 종료하였고, 원고의 상속인들에 의하여 승계될 여지는 없다(대판 2003.8.19., 2003두5037).

③ 만일 어떠한 공중위생영업에 대하여 그 영업을 정지할 위법사유가 있다면, 관할 행정청은 그 영업이 양도 · 양수되었다 하더라도 그 업소의 양수인에 대하여 영업정지처분을 할 수 있다고 봄이 상당하다(대판 2001.6.29., 2001두1611).

④ 공권이 침해된 경우에는 행정쟁송을 통하여 구제할 수 있으나, 반사적 이익이 침해된 경우 이는 법률상의 보호이익이 아니므로 행정소송을 통하여 구제할 수 없다는 차이가 있다.

19

정답 | ②

해설 | 「행정소송법」 제38조에 따라 부작위위법확인소송에는 간접강제에 관한 규정이 준용되나, <u>무효등확인소송에는 준용되지 않는다.</u>

① 사정판결은 원고의 청구가 이유 있다고 인정하지만 공공복리를 이유로 원고의 청구를 기각하는 것이므로, 취소소송에서만 사정판결을 인정한다.

③ 어떠한 행정처분에 위법한 하자가 있다는 이유로 그 취소를 소구한 행정소송에서 그 행정처분을 취소하는 판결이 선고되어 확정된 경우에 처분행정청이 그 행정소송의 사실심변론종결 이전의 사유를 내세워 다시 확정판결에 저촉되는 행정처분을 하는 것은 확정판결의 기판력에 저촉되어 허용될 수 없고 이와 같은 행정처분은 <u>그 하자가 명백하고 중대한 경우에 해당되어 당연무효이다</u>(대판 1989.9.12., 89누985).

④ 행정처분의 적법여부는 특별한 사정이 없는 한 그 처분 당시를 기준으로 하여 판단할 것이므로 그 처분당시 제출되지 아니한 새로운 사실은 그 처분의 적법여부를 판정하는 자료로 삼을 수 없다(대판 1989.3.28., 88누12257).

20

정답 | ③

해설 | 처분 등을 취소하는 확정판결은 제3자에 대하여도 효력이 있다(「행정소송법」 제29조 제1항).

① 「행정소송법」 제4조 제1호

② 「행정소송법」 제9조 제2항 제2호

> **「행정소송법」 제9조(재판관할)**
> ① 취소소송의 제1심 관할법원은 피고의 소재지를 관할하는 행정법원으로 한다.
> ② 제1항에도 불구하고 다음 각 호의 어느 하나에 해당하는 피고에 대하여 취소소송을 제기하는 경우에는 <u>대법원소재지를 관할하는 행정법원에 제기할 수 있다.</u>
> 　1. 중앙행정기관, 중앙행정기관의 부속기관과 합의제행정기관 또는 그 장
> 　2. <u>국가의 사무를 위임 또는 위탁받은 공공단체 또는 그 장</u>
> ③ 토지의 수용 기타 부동산 또는 특정의 장소에 관계되는 처분 등에 대한 취소소송은 그 부동산 또는 장소의 소재지를 관할하는 행정법원에 이를 제기할 수 있다.

④ 「행정소송법」 제30조 제1항

21

정답 | ②

해설 | 「근로기준법」 등의 입법 취지, 「지방공무원법」과 지방공무원 징계 및 소청규정의 여러 규정에 비추어 볼 때, 채용계약상 특별한 약정이 없는 한, 지방계약직공무원에 대하여 「지방공무원법」, 지방공무원 징계 및 소청규정에 정한 <u>징계절차에 의하지 않고서는 보수를 삭감할 수 없다고 봄이 상당하다</u>(대판 2008.6.12., 2006두16328).

① 공무원이 한 사직 의사표시의 철회나 취소는 그에 터 잡은 의원면직처분이 있을 때까지 할 수 있는 것이고, 일단 면직처분이 있고 난 이후에는 철회나 취소할 여지가 없다(대판 2001.8.24., 99두9971).

③ 제75조에 따른 처분, 그밖에 본인의 의사에 반한 불리한 처분이나 부작위(不作爲)에 관한 행정소송은 소청심사위원회의 심사 · 결정을 거치지 아니하면 제기할 수 없다(「국가공무원법」 제16조 제1항).

④ 소청심사위원회의 취소명령 또는 변경명령 결정은 그에 따른 징계나 그 밖의 처분이 있을 때까지는 종전에 행한 징계처분 또는 제78조의2에 따른 징계부가금 부

과처분에 영향을 미치지 아니한다(「국가공무원법」 제14조 제6항).

22

정답 | ②

해설 | 위임입법에 있어서 위임의 구체성·명확성의 요구 정도는 규제대상의 종류와 성격에 따라서 달라진다. 즉 급부행정 영역에서는 기본권침해 영역보다는 구체성의 요구가 다소 약화되어도 무방하다고 해석되며, 다양한 사실관계를 규율하거나 사실관계가 수시로 변화될 것이 예상될 때에는 위임의 명확성의 요건이 완화된다(헌재 1997.12.24., 95헌마390).

① 조례의 제정권자인 지방의회는 선거를 통해서 그 지역적인 민주적 정당성을 지니고 있는 주민의 대표기관이고 헌법이 지방자치단체에 포괄적인 자치권을 보장하고 있는 취지로 볼 때, 조례에 대한 법률의 위임은 법규명령에 대한 법률의 위임과 같이 반드시 구체적으로 범위를 정하여 할 필요가 없으며 포괄적인 것으로 족하다(헌재 1995.4.20., 92헌마264).

③ 법률이 공법적 단체 등의 정관에 자치법적 사항을 위임한 경우에는 헌법 제75조가 정하는 포괄적인 위임입법의 금지는 원칙적으로 적용되지 않는다고 봄이 상당하고, 그렇다 하더라도 그 사항이 국민의 권리·의무에 관련되는 것일 경우에는 적어도 국민의 권리·의무에 관한 기본적이고 본질적인 사항은 국회가 정하여야 한다(대판 2007.10.12., 2006두14476).

④ 위임입법의 경우 그 한계는 예측가능성인바, 이는 법률에 이미 대통령령으로 규정될 내용 및 범위의 기본사항이 구체적으로 규정되어 있어서 누구라도 당해 법률로부터 대통령령 등에 규정될 내용의 대강을 예측할 수 있어야 함을 의미하고, 이러한 예측가능성의 유무는 당해 특정 조항 하나만을 가지고 판단할 것은 아니고 관련 법조항 전체를 유기적·체계적으로 종합 판단하여야 하며 각 대상법률의 성질에 따라 구체적·개별적으로 검토하여 법률조항과 법률의 입법 취지를 종합적으로 고찰할 때 합리적으로 그 대강이 예측될 수 있는 것이라면 위임의 한계를 일탈하지 아니한 것이다(대판 2007.10.26., 2007두9884).

23

정답 | ①

해설 | 어느 행정처분에 대하여 그 행정처분의 근거가 된 법률이 위헌이라는 이유로 무효확인청구의 소가 제기된 경우에는 다른 특별한 사정이 없는 한 법원으로서는 그 법률이 위헌인지 여부에 대하여는 판단할 필요 없이 그 무효확인청구를 기각하여야 한다(대판 1994.10.28., 92누9463).

② 조세 부과의 근거가 되었던 법률규정이 위헌으로 선언된 경우, 비록 그에 기한 과세처분이 위헌결정 전에 이루어졌고, 과세처분에 대한 제소기간이 이미 경과하여 조세채권이 확정되었으며, 조세채권의 집행을 위

한 체납처분의 근거규정 자체에 대하여는 따로 위헌결정이 내려진 바 없다고 하더라도, 위와 같은 위헌결정 이후에 조세채권의 집행을 위한 새로운 체납처분에 착수하거나 이를 속행하는 것은 더 이상 허용되지 않고, 나아가 이러한 위헌결정의 효력에 위배하여 이루어진 체납처분은 그 사유만으로 하자가 중대하고 객관적으로 명백하여 당연무효라고 보아야 한다(대판(全) 2012.2.16., 2010두10907).

③ 법률에 근거하여 행정처분이 발하여진 후에 헌법재판소가 그 행정처분의 근거가 된 법률을 위헌으로 결정하였다면 결과적으로 행정처분은 법률의 근거가 없이 행하여진 것과 마찬가지가 되어 하자가 있는 것이 되나, 하자 있는 행정처분이 당연무효가 되기 위하여는 그 하자가 중대할 뿐만 아니라 명백한 것이어야 하는데, 일반적으로 법률이 헌법에 위반된다는 사정이 헌법재판소의 위헌결정이 있기 전에는 객관적으로 명백한 것이라고 할 수는 없으므로 헌법재판소의 위헌결정 전에 행정처분의 근거되는 당해 법률이 헌법에 위반된다는 사유는 특별한 사정이 없는 한 그 행정처분의 취소소송의 전제가 될 수 있을 뿐 당연무효사유는 아니라고 봄이 상당하다(대판 1994.10.28., 92누9463).

④ 법률의 위헌결정은 법원과 그 밖의 국가기관 및 지방자치단체를 기속(羈束)한다(「헌법재판소법」 제47조 제1항).

24

정답 | ①

해설 | 공법상 계약은 반대 방향의 의사합치가, 공법상 합동행위는 동일한 방향의 의사합치가 요구된다.

25

정답 | ③

해설 | 특정인에게 권리나 이익을 부여하는 이른바 수익적 행정처분은 법령에 특별한 규정이 없는 한 재량행위이고, 구 「전염병예방법」(2009. 12. 29. 법률 제9847호 「감염병의 예방 및 관리에 관한 법률」로 전부 개정되기 전의 것, 이하 구 「전염병예방법」이라 한다) 제54조의2 제2항에 의하여 보건복지가족부장관에게 예방접종으로 인한 질병, 장애 또는 사망(이하 '장애 등'이라 한다)의 인정 권한을 부여한 것은, 예방접종과 장애 등 사이에 인과관계가 있는지를 판단하는 것은 고도의 전문적 의학 지식이나 기술이 필요한 점과 전국적으로 일관되고 통일적인 해석이 필요한 점을 감안한 것으로 역시 보건복지가족부장관의 재량에 속하는 것이므로, 인정에 관한 보건복지가족부장관의 결정은 가능한 한 존중되어야 한다(대판 2014.5.16., 2014두274).

국방부(육·해·공군) 시행 필기시험(2015.07.04)									
1	2	3	4	5	6	7	8	9	10
③	②	②	③	①	②	③	①	④	④
11	12	13	14	15	16	17	18	19	20
②	①	①	④	④	③	③	②	③	①
21	22	23	24	25					
③	②	③	④	③					

01

정답 | ③

해설 | 단순·반복적인 처분이더라도 당사자가 그 이유를 명백히 알 수 있는 경우이어야 한다.

> **「행정절차법」 제23조(처분의 이유 제시)**
> ① 행정청은 처분을 할 때에는 다음 각 호의 어느 하나에 해당하는 경우를 제외하고는 당사자에게 그 근거와 이유를 제시하여야 한다.
> 1. 신청 내용을 모두 그대로 인정하는 처분인 경우
> 2. 단순·반복적인 처분 또는 경미한 처분으로서 당사자가 그 이유를 명백히 알 수 있는 경우
> 3. 긴급히 처분을 할 필요가 있는 경우
> ② 행정청은 제1항 제2호 및 제3호의 경우에 처분 후 당사자가 요청하는 경우에는 그 근거와 이유를 제시하여야 한다.

02

정답 | ②

해설 | 주민은 그 지방자치단체의 장 및 지방의회의원(비례대표 지방의회의원은 제외한다)을 소환할 권리를 가진다(「지방자치법」 제20조 제1항).
① 「지방자치법」 제14조 제1항
③ 「지방자치법」 제94조, 제95조
④ 「지방자치법」 제104조 제1항

03

정답 | ②

해설 | 「지방자치법」 규정에 의하면, 서울특별시립무용단원의 공연 등 활동은 지방문화 및 예술을 진흥시키고자 하는 서울특별시의 공공적 업무수행의 일환으로 이루어진다고 해석될 뿐 아니라, 단원으로 위촉되기 위하여는 일정한 능력요건과 자격요건을 요하고, 계속적인 재위촉이 사실상 보장되며, 「공무원연금법」에 따른 연금을 지급받고, 단원의 복무규율이 정해져 있으며, 정년제가 인정되고, 일정한 해촉사유가 있는 경우에만 해촉되는 등 서울특별시립무용단원이 가지는 지위가 공무원과 유사한 것이라면, 서울특별시립무용단 단원의 위촉은 공법상의 계약이라고 할 것이고, 따라서 그 단원의 해촉에 대하여는 공법상의 당사자소송으로 그 무효확인을 청구할 수 있다(대판 1995.12.22., 95누4636).
① 「행정소송법」 제3조 제2호
③ 「도시 및 주거환경정비법」상 행정주체인 주택재건축정비사업조합을 상대로 관리처분계획안에 대한 조합 총회결의의 효력 등을 다투는 소송은 행정처분에 이르는 절차적 요건의 존부나 효력 유무에 관한 소송으로서 그 소송결과에 따라 행정처분의 위법 여부에 직접 영향을 미치는 공법상 법률관계에 관한 것이므로, 이는 「행정소송법」상의 당사자소송에 해당한다(대판(全) 2009.9.17., 2007다2428).
④ 「하천법」 등의 규정들에 의한 손실보상청구권은 1984.12.31. 전에 토지가 하천구역으로 된 경우에는 당연히 발생되는 것이지, 관리청의 보상금지급결정에 의하여 비로소 발생하는 것은 아니므로, 위 규정들에 의한 손실보상금의 지급을 구하거나 손실보상청구권의 확인을 구하는 소송은 「행정소송법」 제3조 제2호 소정의 당사자소송에 의하여야 한다(대판(全) 2006.5.18., 2004다6207).

04

정답 | ③

해설 | 조례가 집행행위의 개입 없이도 그 자체로서 직접 국민의 구체적인 권리의무나 법적 이익에 영향을 미치는 등의 법률상 효과를 발생하는 경우 그 조례는 항고소송의 대상이 되는 행정처분에 해당하고, 이러한 조례에 대한 무효확인소송을 제기함에 있어서 「행정소송법」에 의하여 피고적격이 있는 처분 등을 행한 행정청은, 행정주체인 지방자치단체 또는 지방자치단체의 내부적 의결기관으로서 지방자치단체의 의사를 외부에 표시한 권한이 없는 지방의회가 아니라, 구 「지방자치법」에 의하여 지방자치단체의 집행기관으로서 조례로서의 효력을 발생시키는 공포권이 있는 지방자치단체의 장이다(대판 1996.9.20., 95누8003).
① 취소소송은 처분 등의 취소를 구할 법률상 이익이 있는 자가 제기할 수 있다. 처분등의 효과가 기간의 경과, 처분 등의 집행 그 밖의 사유로 인하여 소멸된 뒤에도

그 처분 등의 취소로 인하여 회복되는 법률상 이익이 있는 자의 경우에는 또한 같다(「행정소송법」 제12조).
② 취소소송은 다른 법률에 특별한 규정이 없는 한 그 처분 등을 행한 행정청을 피고로 한다. 다만, 처분 등이 있은 뒤에 그 처분 등에 관계되는 권한이 다른 행정청에 승계된 때에는 이를 승계한 행정청을 피고로 한다(「행정소송법」 제13조 제1항).
④ 「행정소송법」 제15조

05

정답 | ①

해설 | 국가나 지방자치단체가 「국가배상법」상 손해배상을 할 때 피해자가 손해를 입은 동시에 이익을 얻은 경우에는 손해배상액에서 그 이익에 상당하는 금액을 빼야 한다(「국가배상법」 제3조의2 제1항).
② 「국가배상법」 제4조
③ 「국가배상법」 제7조
④ 「국가배상법」 제10조 제1항

06

정답 | ②

해설 | 기속행위와 재량행위의 구분은 근거가 된 법규의 체재·형식과 그 문언, 당해 행위가 속하는 행정 분야의 주된 목적과 특성, 당해 행위 자체의 개별적 성질과 유형 등을 모두 고려하여 판단하여야 한다(대판 2001.2.9., 98두17593).

07

정답 | ③

해설 | 현행 「건축법」상 위법건축물에 대한 이행강제수단으로 대집행과 이행강제금(제83조 제1항)이 인정되고 있는데, 양 제도는 각각의 장·단점이 있으므로 행정청은 개별사건에 있어서 위반내용, 위반자의 시정의지 등을 감안하여 대집행과 이행강제금을 선택적으로 활용할 수 있으며, 이처럼 그 합리적인 재량에 의해 선택하여 활용하는 이상 중첩적인 제재에 해당한다고 볼 수 없다(헌재 2004.2.26., 2001헌바80).
① 이행강제금 납부의무는 일신전속적인 성질의 것으로, 이미 사망한 사람에게 이행강제금을 부과하는 내용의 처분은 당연무효이다(대결 2006.12.8., 자 2006마470).
② 이행강제금은 장래의 의무이행을 확보, 행정벌은 과거의 의무위반에 대하여 부과하는 것으로 서로 병과할 수 있다.
④ 전통적으로 행정대집행은 대체적 작위의무에 대한 강제집행수단으로, 이행강제금은 부작위의무나 비대체적 작위의무에 대한 강제집행수단으로 이해되어 왔으나, 이는 이행강제금제도의 본질에서 오는 제약은 아

니며, 이행강제금은 대체적 작위의무의 위반에 대하여도 부과될 수 있다(헌재 2004.2.26., 2001헌바80).

08

정답 | ①

해설 | 통치행위의 개념을 인정한다고 하더라도 과도한 사법심사의 자제가 기본권을 보장하고 법치주의 이념을 구현하여야 할 법원의 책무를 태만히 하거나 포기하는 것이 되지 않도록 그 인정을 지극히 신중하게 하여야 하며, 그 판단은 오로지 사법부만에 의하여 이루어져야 한다(대판 2004.3.26., 2003도7878).
②, ③ 대판 2004.3.26., 2003도7878
④ 대판 1983.6.14., 83누43

09

정답 | ④

해설 | 구 「여객자동차운수사업법」에는 관할관청은 개인택시운송사업자의 운전면허가 취소된 때에 그의 개인택시운송사업면허를 취소할 수 있도록 규정되어 있을 뿐 그에게 운전면허 취소사유가 있다는 사유만으로 개인택시운송사업면허를 취소할 수 있도록 하는 규정은 없으므로, 관할관청으로서는 비록 개인택시운송사업자에게 운전면허 취소사유가 있다 하더라도 그로 인하여 운전면허 취소처분이 이루어지지 않은 이상 개인택시운송사업면허를 취소할 수는 없다(대판 2008.5.15., 2007두26001).

10

정답 | ④

해설 | 관습법은 법원의 판결에 의하여 그 존재가 확인되나, 그 성립시기는 해당 관습이 법적 확신을 취득한 때로 소급하여 성립한다는 것이 통설이다.
① 관습법이란 사회의 거듭된 관행으로 생성한 사회생활규범이 사회의 법적 확신과 인식에 의하여 법적 규범으로 승인·강행되기에 이른 것을 말한다(대판(全) 2005.7.21., 2002다1178).
② 사회의 거듭된 관행으로 생성된 사회생활규범이 관습법으로 승인되었다고 하더라도 사회 구성원들이 그러한 관행의 법적 구속력에 대하여 확신을 갖지 않게 되었다거나, 사회를 지배하는 기본적 이념이나 사회질서의 변화로 인하여 그러한 관습법을 적용하여야 할 시점에 있어서의 전체 법질서에 부합하지 않게 되었다면 그러한 관습법은 법적 규범으로서의 효력이 부정될 수밖에 없다(대판(全) 2005.7.21., 2002다1178).
③ 원칙적으로 관습법은 성문법이 없는 경우 이를 보충하는 보충적 효력을 갖는다고 보는 것이 통설의 입장이다.

2021년
2020년
2019년
2018년
2017년
2016년
2015년
2014년
2013년
2012년
2011년
2010년
2009년
2008년
2007년

11

정답 | ②

해설 | 다수의 대표자가 있는 경우 그 중 1인에 대한 행정청의 행위는 모든 당사자 등에게 효력이 있다. 다만, 행정청의 통지는 대표자 모두에게 하여야 그 효력이 있다(「행정절차법」 제11조 제6항).

① 「행정절차법」 제13조 제1항
③ 「행정절차법」 제26조
④ 「행정절차법」 제15조 제1항

12

정답 | ①

해설 | 공공사업의 시행자가 「토지수용법」에 의하여 그 사업에 필요한 토지를 취득하는 경우 그것이 협의에 의한 취득이고 「토지수용법」 제25조의2의 규정에 의한 협의 성립의 확인이 없는 이상, 그 취득행위는 어디까지나 사경제 주체로서 행하는 사법상의 취득으로서 승계취득한 것으로 보아야 할 것이고, 재결에 의한 취득과 같이 원시취득한 것으로 볼 수는 없다(대판 1996.2.13., 95다3510).

② 국가나 지방자치단체에 근무하는 청원경찰은 「국가공무원법」이나 「지방공무원법」상의 공무원은 아니지만, 다른 청원경찰과는 달리 그 임용권자가 행정기관의 장이고, 국가나 지방자치단체로부터 보수를 받으며, 「산업재해보상보험법」이나 「근로기준법」이 아닌 「공무원연금법」에 따른 재해보상과 퇴직급여를 지급받고, 직무상의 불법행위에 대하여도 「민법」이 아닌 「국가배상법」이 적용되는 등의 특질이 있으며 그외 임용자격, 직무, 복무의무 내용 등을 종합하여 볼 때, 그 근무관계를 사법상의 고용계약관계로 보기는 어려우므로 그에 대한 징계처분의 시정을 구하는 소는 행정소송의 대상이지 민사소송의 대상이 아니다(대판 1993.7.13., 92다47564).

③ 수신료의 법적 성격, 피고 보조참가인의 수신료 강제 징수권의 내용 등에 비추어 보면 수신료 부과행위는 공권력의 행사에 해당하므로, 피고가 피고 보조참가인으로부터 수신료의 징수업무를 위탁받아 자신의 고유업무와 관련된 고지행위와 결합하여 수신료를 징수할 권한이 있는지 여부를 다투는 이 사건 쟁송은 민사소송이 아니라 공법상의 법률관계를 대상으로 하는 것으로서 「행정소송법」 제3조 제2호에 규정된 당사자소송에 의하여야 한다고 봄이 상당하다(대판 2008.7.24., 2007다25261).

④ 「지방자치법」 등의 규정에 의하면 서울특별시립무용단원의 공연 등 활동은 지방문화 및 예술을 진흥시키고자 하는 서울특별시의 공공적 업무수행의 일환으로 이루어진다고 해석될 뿐 아니라, 단원으로 위촉되기 위하여는 일정한 능력요건과 자격요건을 요하고, 계속적인 재위촉이 사실상 보장되며, 「공무원연금법」에 따른 연금을 지급받고, 단원의 복무규율이 정해져 있으며, 정년제가 인정되고, 일정한 해촉사유가 있는 경우에만 해촉되는 등 서울특별시립무용단원이 가지는 지위가 공무원과 유사한 것이라면, 서울특별시립무용단 단원의 위촉은 공법상의 계약이라고 할 것이고, 따라서 그 단원의 해촉에 대하여는 공법상의 당사자소송으로 그 무효확인을 청구할 수 있다(대판 1995.12.22., 95누4636).

13

정답 | ①

해설 | 운전면허 행정처분처리대장상 벌점의 배점은 도로교통법규 위반행위를 단속하는 기관이 「도로교통법」 시행규칙 별표 16의 정하는 바에 의하여 도로교통법규 위반의 경중, 피해의 정도 등에 따라 배정하는 점수를 말하는 것으로 자동차운전면허의 취소, 정지처분의 기초자료로 제공하기 위한 것이고 그 배점 자체만으로는 아직 국민에 대하여 구체적으로 어떤 권리를 제한하거나 의무를 명하는 등 법률적 규제를 하는 효과를 발생하는 요건을 갖춘 것이 아니어서 그 무효확인 또는 취소를 구하는 소송의 대상이 되는 행정처분이라고 할 수 없다(대판 1994.8.12., 94누2190).

② 구 「남녀차별금지 및 구제에 관한 법률」 제28조에 의하면, 국가인권위원회의 성희롱결정과 이에 따른 시정조치의 권고는 불가분의 일체로 행하여지는 것인데 국가인권위원회의 이러한 결정과 시정조치의 권고는 성희롱 행위자로 결정된 자의 인격권에 영향을 미침과 동시에 공공기관의 장 또는 사용자에게 일정한 법률상의 의무를 부담시키는 것이므로 국가인권위원회의 성희롱결정 및 시정조치권고는 행정소송의 대상이 되는 행정처분에 해당한다고 보지 않을 수 없다(대판 2005.7.8., 2005두487).

③ 구 「건축법」의 규정은 건축물의 소유자에게 건축물대장의 용도변경신청권을 부여한 것이고, 한편 건축물의 용도는 토지의 지목에 대응하는 것으로서 건물의 이용에 대한 공법상의 규제, 「건축법」상의 시정명령, 지방세 등의 과세대상 등 공법상 법률관계에 영향을 미치고, 건물소유자는 용도를 토대로 건물의 사용·수익·처분에 일정한 영향을 받게 된다. 이러한 점 등을 고려해 보면, 건축물대장의 용도는 건축물의 소유권을 제대로 행사하기 위한 전제요건으로서 건축물 소유자의 실체적 권리관계에 밀접하게 관련되어 있으므로, 건축물대장 소관청의 용도변경신청 거부행위는 국민의 권리관계에 영향을 미치는 것으로서 항고소송의 대상이 되는 행정처분에 해당한다(대판 2009.1.30., 2007두7277).

④ 거부처분은 관할 행정청이 국민의 처분신청에 대하여 거절의 의사표시를 함으로써 성립되고, 그 이후 동일한 내용의 새로운 신청에 대하여 다시 거절의 의사표시를 한 경우에는 새로운 거부처분이 있는 것으로 보아야 할 것이다(대판 2002.3.29., 2000두6084).

14

정답 | ④

해설 | 행정심판이 청구된 후에 피청구인이 새로운 처분을 하거나 심판청구의 대상인 처분을 변경한 경우에는 청구인은 새로운 처분이나 변경된 처분에 맞추어 청구의 취지나 이유를 변경할 수 있다(「행정심판법」 제29조 제2항).
① 「행정심판법」 제2조 제4호
② 「행정심판법」 제3조 제2항
③ 「행정심판법」 제27조 제1항

15

정답 | ④

해설 | 교도소 수용자에게 반입이 금지된 일용품 등을 전달하여 주고 그 가족 등으로부터 금품 및 향응을 제공받은 교도관에 대한 해임처분은 적법하다(대판 1998.11.10., 98두12017).
① 수사 및 재판단계에서 유죄가 확정되지 아니한 미결수용자에게 재소자용 의류를 입게 하는 것은 미결수용자로 하여금 모욕감이나 수치심을 느끼게 하고, 심리적인 위축으로 방어권을 제대로 행사할 수 없게 하여 실체적 진실의 발견을 저해할 우려가 있으므로, 도주 방지 등 어떠한 이유를 내세우더라도 그 제한은 정당화될 수 없어 헌법 제37조 제2항의 기본권 제한에서의 비례원칙에 위반되는 것이다(헌재 1999.5.27., 97헌마137).
② 이 사건 규정은 자동차 등을 이용하여 범죄행위를 하기만 하면 그 범죄행위가 얼마나 중한 것인지, 그러한 범죄행위를 행함에 있어 자동차 등이 당해 범죄 행위에 어느 정도로 기여했는지 등에 대한 아무런 고려 없이 무조건 운전면허를 취소하도록 하고 있으므로 이는 구체적 사안의 개별성과 특수성을 고려할 수 있는 여지를 일체 배제하고 그 위법의 정도나 비난의 정도가 극히 미약한 경우까지도 운전면허를 취소할 수밖에 없도록 하는 것으로 최소침해성의 원칙에 위반된다 할 것이다(헌재 2005.11.24., 2004헌가28).
③ 「변호사법」 제10조 제2항은 직업선택의 자유를 제한함에 있어서 비례의 원칙에 벗어난 것이고, 합리적인 이유 없이 변호사로 개업하고자 하는 공무원을 차별하고 있으며, 병역의무의 이행을 위하여 군법무관으로 복무한 후 개업하는 경우에는 병역의무의 이행으로 불이익한 처우를 받게 되어 비례의 원칙에 위반된다(헌재 1989.11.20., 89헌가102).

16

정답 | ③

해설 | 행정주체에는 국가, 지방자치단체, 법인, 공무수탁사인 등이 있으며, 행정기관은 행정을 실제로 수행하는 자일 뿐 행정주체가 될 수 없다.

17

정답 | ③

해설 | 특별권력관계는 공법상의 근무관계, 공법상 영조물관계, 공법상 특별감독관계, 공법상 사단관계로 나누어지며, 국가와 별정우체국장의 관계는 사인이 국가로부터 공무를 위탁받아 특별한 감독을 받는 관계이다.
① 공법상 근무관계
② 공법상 영조물이용관계
④ 공법상 사단관계

18

정답 | ②

해설 | 확약은 신뢰보호의 원칙 또는 금반언의 법리를 바탕으로 인정되는 행정청의 행위형식의 하나이다. 확약의 예로는 공무원임명의 내정, 주민에 대한 개발사업의 약속, 자진신고자에 대한 세율인하의 약속 등을 들 수 있다.

19

정답 | ③

해설 | 행정법원은 제기된 행정소송의 전부 또는 일부에 대하여 관할권이 없다고 인정하는 경우에는 결정으로 이를 관할법원에 이송한다(「행정소송법」 제8조 제2항, 「민사소송법」 제34조 제1항).
① 「행정소송법」 제9조 제1항
② 「행정소송법」 제9조 제3항
④ 「행정소송법」 제7조, 「민사소송법」 제34조 제1항

20

정답 | ①

해설 | 공공필요에 의한 재산권의 수용·사용 또는 제한 및 그에 대한 보상은 법률로써 하되, 정당한 보상을 지급하여야 한다(헌법 제23조 제3항).

21

정답 | ③

해설 | 행정강제는 행정상 강제집행을 원칙으로 하며, 법치국가적 요청인 예측가능성과 법적 안정성에 반하고, 기본권 침해의 소지가 큰 권력작용인 행정상 즉시강제는 어디까지나 예외적인 강제수단이라고 할 것이다. 이러한 행정상 즉시강제는 엄격한 실정법상의 근거를 필요로 할 뿐만 아니라, 그 발동에 있어서는 법규의 범위 안에서도 다시 행정상의 장해가 목전에 급박하고, 다른 수단으로는 행정목적을 달성할 수 없는 경우이어야 하며, 이러한 경우에도 그 행사는 필요 최소한도에 그쳐야 함을 내용으로 하는 조리상의 한계에 기속된다(헌재 2002.10.31., 2000헌가12).

2021년
2020년
2019년
2018년
2017년
2016년
2015년
2014년
2013년
2012년
2011년
2010년
2009년
2008년
2007년

① 행정상 즉시강제를 허용함에는 과잉금지의 원칙의 위배 여부를 판단함에 있어 고려되어야 할 목적의 정당성, 방법의 적정성, 피해의 최소성 및 법익의 균형성 등의 요건을 충족하여야 한다.
② 행정상 즉시강제란 행정강제의 일종으로서 목전의 급박한 행정상 장해를 제거할 필요가 있는 경우에, 미리 의무를 명할 시간적 여유가 없을 때 또는 그 성질상 의무를 명하여 가지고는 목적달성이 곤란할 때에, 직접 국민의 신체 또는 재산에 실력을 가하여 행정상 필요한 상태를 실현하는 작용이다(헌재 2002.10.31., 2000헌가12).
④ 강제집행은 구체적인 의무불이행을 전제로 하나, 즉시강제는 이를 요하지 않는다.

22

정답 | ②

해설 | 해당 정보에 포함되어 있는 성명·주민등록번호 등 개인에 관한 사항으로서 공개될 경우 사생활의 비밀 또는 자유를 침해할 우려가 있다고 인정되는 정보는 비공개 대상 정보이나, ②의 경우에는 제외사유이다.

> **「공공기관의 정보공개에 관한 법률」 제9조(비공개 대상 정보)**
> ① 공공기관이 보유·관리하는 정보는 공개 대상이 된다. 다만, 다음 각 호의 어느 하나에 해당하는 정보는 공개하지 아니할 수 있다.
> 1. 다른 법률 또는 법률에서 위임한 명령(국회규칙·대법원규칙·헌법재판소규칙·중앙선거관리위원회규칙·대통령령 및 조례로 한정한다)에 따라 비밀이나 비공개 사항으로 규정된 정보
> 2. 국가안전보장·국방·통일·외교관계 등에 관한 사항으로서 공개될 경우 국가의 중대한 이익을 현저히 해칠 우려가 있다고 인정되는 정보
> 3. 공개될 경우 국민의 생명·신체 및 재산의 보호에 현저한 지장을 초래할 우려가 있다고 인정되는 정보
> 4. 진행 중인 재판에 관련된 정보와 범죄의 예방, 수사, 공소의 제기 및 유지, 형의 집행, 교정(矯正), 보안처분에 관한 사항으로서 공개될 경우 그 직무수행을 현저히 곤란하게 하거나 형사피고인의 공정한 재판을 받을 권리를 침해한다고 인정할 만한 상당한 이유가 있는 정보
> 5. 감사·감독·검사·시험·규제·입찰계약·기술개발·인사관리에 관한 사항이나 의사결정 과정 또는 내부검토 과정에 있는 사항 등으로서 공개될 경우 업무의 공정한 수행이나 연구·개발에 현저한 지장을 초래한다고 인정할 만한 상당한 이유가 있는 정보. 다만, 의사결정 과정 또는 내부검토 과정을 이유로 비공개할 경우에는 의사결정 과정 및 내부검토 과정이 종료되면 제10조에 따른 청구인에게 이를 통지하여야 한다.
> 6. 해당 정보에 포함되어 있는 성명·주민등록번호 등 개인에 관한 사항으로서 공개될 경우 사생활의 비밀 또는 자유를 침해할 우려가 있다고 인정되는 정보. 다만, 다음 각 목에 열거한 개인에 관한 정보는 제외한다.
>   가. 법령에서 정하는 바에 따라 열람할 수 있는 정보
>   나. 공공기관이 공표를 목적으로 작성하거나 취득한 정보로서 사생활의 비밀 또는 자유를 부당하게 침해하지 아니하는 정보
>   다. 공공기관이 작성하거나 취득한 정보로서 공개하는 것이 공익이나 개인의 권리 구제를 위하여 필요하다고 인정되는 정보
>   라. 직무를 수행한 공무원의 성명·직위
>   마. 공개하는 것이 공익을 위하여 필요한 경우로서 법령에 따라 국가 또는 지방자치단체가 업무의 일부를 위탁 또는 위촉한 개인의 성명·직업
> 7. 법인·단체 또는 개인(이하 "법인등"이라 한다)의 경영상·영업상 비밀에 관한 사항으로서 공개될 경우 법인등의 정당한 이익을 현저히 해칠 우려가 있다고 인정되는 정보. 다만, 다음 각 목에 열거한 정보는 제외한다.
>   가. 사업활동에 의하여 발생하는 위해(危害)로부터 사람의 생명·신체 또는 건강을 보호하기 위하여 공개할 필요가 있는 정보
>   나. 위법·부당한 사업활동으로부터 국민의 재산 또는 생활을 보호하기 위하여 공개할 필요가 있는 정보
> 8. 공개될 경우 부동산 투기, 매점매석 등으로 특정인에게 이익 또는 불이익을 줄 우려가 있다고 인정되는 정보

23

정답 | ③

해설 | 대판 1989.10.24., 89누2431
① 부관은 탄력적인 행정을 가능하게 하는 반면, 남용 시 국민의 권익을 침해할 우려가 있게 된다.
② 부관의 종속성에 따라 주된 행정행위가 효력이 발생하지 않으면 부관도 효력이 발생하지 않는다.
④ 해제조건은 그 사유가 발생 시 당연히 소멸되는 것과는 달리, 철회권의 유보는 그 사유가 발생한 후 철회를 한다는 별도의 의사표시를 필요로 한다.

24

정답 | ④

해설 |

> **「행정심판법」제6조(행정심판위원회의 설치)**
> ② 다음 각 호의 행정청의 처분 또는 부작위에 대한
> 심판청구에 대하여는 「부패방지 및 국민권익위원
> 회의 설치와 운영에 관한 법률」에 따른 국민권익위
> 원회(이하 "국민권익위원회"라 한다)에 두는 중앙
> 행정심판위원회에서 심리·재결한다.
> 1. 제1항에 따른 행정청 외의 국가행정기관의 장
> 또는 그 소속 행정청
> 2. 특별시장·광역시장·특별자치시장·도지사·
> 특별자치도지사(특별시·광역시·특별자치
> 시·도 또는 특별자치도의 교육감을 포함한다.
> 이하 "시·도지사"라 한다) 또는 특별시·광역
> 시·특별자치시·도·특별자치도(이하 "시·
> 도"라 한다)의 의회(의장, 위원회의 위원장, 사무
> 처장 등 의회 소속 모든 행정청을 포함한다)
> 3. 「지방자치법」에 따른 지방자치단체조합 등 관계
> 법률에 따라 국가·지방자치단체·공공법인 등
> 이 공동으로 설립한 행정청. 다만, 제3항제3호
> 에 해당하는 행정청은 제외한다.

25

정답 | ③

해설 | 공물의 용도폐지 의사표시는 명시적이든 묵시적이든 불
문하나 적법한 의사표시이어야 하고 단지 사실상 공물로
서의 용도에 사용되지 아니하고 있다는 사실이나 무효인
매도행위를 가지고 용도폐지의 의사표시가 있다고 볼 수
없다(대판 1983.6.14., 83다카181).

① 자연의 상태 그대로 공공용에 제공될 수 있는 실체를
갖추고 있는 이른바 자연공물은 자연력 등에 의한 현
상변경으로 공공용에 제공될 수 없게 되고 그 회복이
사회통념상 불가능하게 되지 아니한 이상 공물로서의
성질이 상실되지 않고 따라서 시효취득의 대상이 되지
아니한다(대판 1994.8.12., 94다12593).

② 공유수면으로서 자연공물인 바다의 일부가 매립에 의
하여 토지로 변경된 경우에 다른 공물과 마찬가지로
공용폐지가 가능하다고 할 것이며, 이 경우 공용폐지
의 의사표시는 명시적 의사표시뿐만 아니라 묵시적 의
사표시도 무방하다(대판 2009.12.10., 2006다87538).

④ 행정목적을 위하여 공용되는 행정재산은 공용폐지가
되지 않는 한 사법상 거래의 대상이 될 수 없으므로 취
득시효의 대상도 될 수 없다(대판 1983.6.14., 83다카
181).

국방부(육·해·공군) 시행 필기시험(2014.07.05)

1	2	3	4	5	6	7	8	9	10
④	①	④	③	①	④	③	①	④	③
11	12	13	14	15	16	17	18	19	20
③	④	③	①	③	③	④	①	①	②
21	22	23	24	25					
③	④	③	④	②					

01

정답 | ④

해설 | 서울특별시 지하철공사의 임원과 직원의 근무관계의 성질은 지방공기업법의 모든 규정을 살펴보아도 공법상의 특별권력관계라고는 볼 수 없고 사법관계에 속할 뿐만 아니라, 위 지하철공사의 사장이 그 이사회의 결의를 거쳐 제정된 인사규정에 의거하여 소속직원에 대한 징계처분을 한 경우 위 사장은 「행정소송법」 제13조 제1항 본문과 제2조 제2항 소정의 행정청에 해당되지 않으므로 공권력 발동주체로서 위 징계처분을 행한 것으로 볼 수 없고, 따라서 이에 대한 불복절차는 민사소송에 의할 것이지 행정소송에 의할 수는 없다(대판 1989.9.12., 89누2103).

02

정답 | ①

해설 | 지방자치단체장이 사업자에게 주택사업계획승인을 하면서 그 주택사업과는 아무런 관련이 없는 토지를 기부채납하도록 하는 부관을 주택사업계획승인에 붙인 경우, 그 부관은 부당결부금지의 원칙에 위반되어 위법하다(대판 1997.3.11., 96다49650).

03

정답 | ④

해설 | 대통령의 계엄선포행위는 고도의 정치적, 군사적 성격을 띠는 행위라고 할 것이어서, 그 선포의 당, 부당을 판단할 권한은 헌법상 계엄의 해제요구권이 있는 국회만이 가지고 있다 할 것이고 그 선포가 당연무효의 경우라면 모르되, 사법기관인 법원이 계엄선포의 요건 구비여부나, 선포의 당·부당을 심사하는 것은 사법권의 내재적인 본질적 한계를 넘어서는 것이 되어 적절한 바가 못 된다(대판 1979.12.7., 자 79초70).

① 통치행위의 정의이다.

② 이 사건 파견결정은 그 성격상 국방 및 외교에 관련된 고도의 정치적 결단을 요하는 문제로서, 헌법과 법률이 정한 절차를 지켜 이루어진 것임이 명백하므로, 대통령과 국회의 판단은 존중되어야 하고 헌법재판소가 사법적 기준만으로 이를 심판하는 것은 자제되어야 한다(헌재 2004.4.29., 2003헌마814).

③ 남북정상회담의 개최는 고도의 정치적 성격을 지니고 있는 행위라 할 것이므로 특별한 사정이 없는 한 그 당부를 심판하는 것은 사법권의 내재적·본질적 한계를 넘어서는 것이 되어 적절하지 못하지만, 남북정상회담의 개최과정에서 재정경제부장관에게 신고하지 아니하거나 통일부장관의 협력사업 승인을 얻지 아니한 채 북한 측에 사업권의 대가 명목으로 송금한 행위 자체는 헌법상 법치국가의 원리와 법 앞에 평등원칙 등에 비추어 볼 때 사법심사의 대상이 된다(대판 2004.3.26., 2003도7878).

04

정답 | ③

해설 | 일반적으로 법률의 위임에 의하여 효력을 갖는 법규명령의 경우, 구법에 위임의 근거가 없어 무효였더라도 사후에 법개정으로 위임의 근거가 부여되면 그때부터는 유효한 법규명령이 되나, 반대로 구법의 위임에 의한 유효한 법규명령이 법개정으로 위임의 근거가 없어지게 되면 그때부터 무효인 법규명령이 되므로, 어떤 법령의 위임 근거 유무에 따른 유효 여부를 심사하려면 법개정의 전·후에 걸쳐 모두 심사하여야만 그 법규명령의 시기에 따른 유효·무효를 판단할 수 있다(대판 1995.6.30., 93추83).

① 법규명령이 일반적·추상적 규정으로서 법규의 성질을 가지는 것을 말하는 것이며, 행정기관 내부에서만 효력을 갖는 것은 행정규칙이다.

② 법규명령 중 위임명령은 구체적으로 범위를 정하여 위임하는 경우에는 새로이 국민의 권리·의무에 관한 사항을 규정할 수 있으나, 집행명령은 단지 법률 또는 상위법령의 집행을 위하여 필요한 세부적·기술적 사항을 규정하는 명령이므로 새로이 국민의 권리·의무에 관한 사항을 규정할 수는 없다.

④ 「소득세법」 시행령 제170조 제4항 제2호에 의하여 투기거래를 규정한 재산제세조사사무처리규정(국세청훈령 제980호)은 <u>그 형식은 행정규칙으로 되어 있으나 위 시행령의 규정을 보충하는 기능을 가지면서 그와 결합하여 법규명령과 같은 효력(대외적인 구속력)을 가지는 것이므로</u> 과세관청이 위 규정에 정하는 바에 따라 양도소득세 공정과세위원회의 자문을 거치지 아니하고 위 규정 제72조 제3항 제8호 소정의 투기거래로 인정하여 양도소득세를 과세하는 것은 위법이다(대판 1989.11.14., 89누5676).

05

정답 | ①

해설 | 보통 침익적 행정행위는 직권으로, 수익적 행정행위는 상대방의 신청으로 발하여진다.
② 행정청은 당사자에게 의무를 부과하거나 권익을 제한하는 처분을 하는 경우에는 미리 다음 각 호의 사항을 당사자 등에게 통지하여야 한다(「행정절차법」 제21조 제1항).

06

정답 | ④

해설 | 청문은 당사자가 공개를 신청하거나 청문 주재자가 필요하다고 인정하는 경우 공개할 수 있다. 다만, 공익 또는 제3자의 정당한 이익을 현저히 해칠 우려가 있는 경우에는 공개하여서는 아니 된다(「행정절차법」 제30조).
① 행정청은 청문이 시작되는 날부터 7일 전까지 청문 주재자에게 청문과 관련한 필요한 자료를 미리 통지하여야 한다(「행정절차법」 제28조 제2항).
② 청문 주재자는 직권으로 또는 당사자의 신청에 따라 필요한 조사를 할 수 있으며, 당사자 등이 주장하지 아니한 사실에 대하여도 조사할 수 있다(「행정절차법」 제33조 제1항).
③ 청문 주재자는 독립하여 공정하게 직무를 수행하며, 그 직무 수행을 이유로 본인의 의사에 반하여 신분상 어떠한 불이익도 받지 아니한다(「행정절차법」 제28조 제3항).

07

정답 | ③

해설 | <u>하명은 행정청의 의사표시를 구성요소로 하고, 그 표시된 의사의 내용에 따라 법적 효과가 발생하는 법률행위적 행정행위에 해당한다.</u> 나머지는 행정청의 효과의사 외의 정신작용을 구성요소로 하고, 그 법적 효과가 행정청의 의사와 무관하게 법이 정한 바에 따라 부여되는 준법률행위적 행정행위이다.

08

정답 | ①

해설 | 죄형법정주의는 무엇이 범죄이며 그에 대한 형벌이 어떠한 것인가는 국민의 대표로 구성된 입법부가 제정한 법률로써 정하여야 한다는 원칙인데, 「부동산등기특별조치법」 제11조 제1항 본문 중 제2조 제1항에 관한 부분이 정하고 있는 <u>과태료는 행정상의 질서유지를 위한 행정질서벌에 해당할 뿐 형벌이라고 할 수 없어 죄형법정주의의 규율대상에 해당하지 아니한다</u>(헌재 1998.5.28., 96헌바83).

09

정답 | ④

해설 | 두 개 이상의 행정처분이 연속적으로 행하여지는 경우 선행처분과 후행처분이 서로 결합하여 1개의 법률효과를 완성하는 때에는 선행처분에 하자가 있으면 그 하자는 후행처분에 승계되므로 선행처분에 불가쟁력이 생겨 그 효력을 다툴 수 없게 된 경우에도 선행처분의 하자를 이유로 후행처분의 효력을 다툴 수 있는 반면 선행처분과 후행처분이 서로 독립하여 별개의 법률효과를 목적으로 하는 때에는 선행처분에 불가쟁력이 생겨 그 효력을 다툴 수 없게 된 경우에는 선행처분의 하자가 중대하고 명백하여 당연무효인 경우를 제외하고는 선행처분의 하자를 이유로 후행처분의 효력을 다툴 수 없는 것이 원칙이나 <u>선행처분과 후행처분이 서로 독립하여 별개의 효과를 목적으로 하는 경우에도 선행처분의 불가쟁력이나 구속력이 그로 인하여 불이익을 입게 되는 자에게 수인한도를 넘는 가혹함을 가져오며, 그 결과가 당사자에게 예측가능한 것이 아닌 경우에는 국민의 재판받을 권리를 보장하고 있는 헌법의 이념에 비추어 선행처분의 후행처분에 대한 구속력은 인정될 수 없다</u>(대판 1994.1.25., 93누8542).
① 하자의 승계는 선행 행정행위에 하자가 존재하고 그 하자가 취소사유인 경우에 문제되는 것이다. 무효인 경우에는 후행 행정행위도 무효가 되어 하자의 승계를 논의할 실익이 없다.
② 하자의 승계가 된다고 하더라도 처분성이 없으면 소제기를 하지 못하므로 처분성을 필요로 한다.
③ 대판 1993.11.9., 93누14271

10

정답 | ③

해설 | 부담부 행정처분에 있어서 처분의 상대방이 부담(의무)을 이행하지 아니한 경우에 처분행정청으로서는 이를 들어 당해 처분을 취소(철회)할 수 있는 것이다(대판 1989.10.24., 89누2431).
④ 조건부 행정행위는 행정행위 전체를 대상으로 소송을 제기하여야 하는 반면, 부담은 주된 행정행위와 독립하여 행정쟁송의 대상이 된다.

2021년
2020년
2019년
2018년
2017년
2016년
2015년
2014년
2013년
2012년
2011년
2010년
2009년
2008년
2007년

11

정답 | ③

해설 | 행정기관은 행정지도의 상대방이 행정지도에 따르지 아니하였다는 것을 이유로 불이익한 조치를 하여서는 아니 된다(「행정절차법」 제48조 제2항).
① 「행정절차법」 제2조 제3호
② 「행정절차법」 제48조 제1항
④ 「행정절차법」 제51조

12

정답 | ④

해설 | 공물의 용도폐지 의사표시는 명시적이든 묵시적이든 불문하나 적법한 의사표시이어야 하고 단지 사실상 공물로서의 용도에 사용되지 아니하고 있다는 사실이나 무효인 매도행위를 가지고 용도폐지의 의사표시가 있다고 볼 수 없다(대판 1983.6.14., 83다카181).
② 공용폐지의 의사표시는 명시적 의사표시뿐만 아니라 묵시적 의사표시이어도 무방하나 적법한 의사표시이어야 한다(대판 1999.1.15., 98다49548).
③ 행정목적을 위하여 공용되는 행정재산은 공용폐지가 되지 않는 한 사법상 거래의 대상이 될 수 없으므로 취득시효의 대상도 될 수 없다(대판 1983.6.14., 83다카181).

13

정답 | ②

해설 | 행정규칙이 법령의 규정에 의하여 행정관청에 법령의 구체적 내용을 보충할 권한을 부여한 경우, 또는 재량권행사의 준칙인 규칙이 그 정한 바에 따라 되풀이 시행되어 행정관행을 이룩되게 되면, 평등의 원칙이나 신뢰보호의 원칙에 따라 행정기관은 그 상대방에 대한 관계에서 그 규칙에 따라야할 자기구속을 당하게 되고, 그러한 경우에는 대외적인 구속력을 가지게 된다 할 것이다(헌재 1990.9.3., 90헌마13).

14

정답 | ①

해설 | ㄷ. (○) 공유재산의 점유자가 그 공유재산에 관하여 대부계약 외 달리 정당한 권원이 있다는 자료가 없는 경우 그 대부계약이 적법하게 해지된 이상 그 점유자의 공유재산에 대한 점유는 정당한 이유 없는 점유라 할 것이고, 따라서 지방자치단체의 장은 「지방재정법」 제85조에 의하여 행정대집행의 방법으로 그 지상물을 철거시킬 수 있다(대판 2001.10.12., 2001두4078).
ㄱ. (×) 피수용자 등이 기업자에 대하여 부담하는 수용대상 토지의 인도의무에 관한 구 「토지수용법」 규정에서의 '인도'에는 명도도 포함되는 것으로 보아야 하고, 이러한 명도의무는 그것을 강제적으로 실현하면서 직

접적인 실력행사가 필요한 것이지 대체적 작위의무라고 볼 수 없으므로 특별한 사정이 없는 한 「행정대집행법」에 의한 대집행의 대상이 될 수 있는 것이 아니다(대판 2005.8.19., 2004다2809).
ㄴ. (×) 도시공원시설인 매점의 관리청이 그 공동점유자 중의 1인에 대하여 소정의 기간 내에 위 매점으로부터 퇴거하고 이에 부수하여 그 판매 시설물 및 상품을 반출하지 아니할 때에는 이를 대집행하겠다는 내용의 계고처분은 그 주된 목적이 매점의 원형을 보존하기 위하여 점유자가 설치한 불법 시설물을 철거하고자 하는 것이 아니라, 매점에 대한 점유자의 점유를 배제하고 그 점유이전을 받는 데 있다고 할 것인데, 이러한 의무는 그것을 강제적으로 실현함에 있어 직접적인 실력행사가 필요한 것이지 대체적 작위의무에 해당하는 것은 아니어서 직접강제의 방법에 의하는 것은 별론으로 하고 「행정대집행법」에 의한 대집행의 대상이 되는 것은 아니다(대판 1998.10.23., 97누157).
ㄹ. (×) 「행정대집행법」 제2조는 '행정청의 명령에 의한 행위로서 타인이 대신하여 행할 수 있는 행위를 의무자가 이행하지 아니하는 경우'에 대집행할 수 있도록 규정하고 있는데, 이 사건 용도위반 부분을 장례식장으로 사용하는 것이 관계 법령에 위반한 것이라는 이유로 장례식장의 사용을 중지할 것과 이를 불이행할 경우 「행정대집행법」에 의하여 대집행하겠다는 내용의 이 사건 처분은, 이 사건 처분에 따른 '장례식장 사용중지 의무'가 원고 이외의 '타인이 대신'할 수도 없고, 타인이 대신하여 '행할 수 있는 행위'라고도 할 수 없는 비대체적 부작위 의무에 대한 것이므로, 그 자체로 위법함이 명백하다(대판 2005.9.28., 2005두7464).

15

정답 | ③

해설 | 공무원으로 재직하면서 다른 징계를 받은 바 없고, 2회에 걸쳐 장관급 표창을 받은 것과 가정형편을 감안하더라도, 직무와 관련한 부탁을 받거나 때로는 스스로 사례를 요구하여 5차례에 걸쳐 합계 금 3,100,000원을 수수하였다면 이에 대하여 행하여진 해임처분이 징계권의 범위를 일탈한 것이 아니다(대판 1996.5.10., 96누2903).
① 이른바 '원고 사건'에서의 면직처분이, 징계면직된 검사가 그 징계사유인 비행에 이르게 된 동기와 경위, 그 비행의 내용과 그로 인한 검찰조직과 국민에게 끼친 영향의 정도, 그 검사의 직위와 그동안의 행적 및 근무성적, 징계처분으로 인한 불이익의 정도 등 제반 사정에 비추어, 비례의 원칙에 위반된 재량권 남용으로서 위법하다(대판 2001.8.24., 2000두7704).
② 단지 1회 훈령에 위반하여 요정 출입을 하다가 적발된 것만으로는 공무원의 신분을 보유케 할 수 없을 정도로 공무원의 품위를 손상케 한 것이라 단정키 어려운 한편, 원고를 면직에 처함으로서만 위와 같은 훈령의

목적을 달할 수 있다고 볼 사유를 인정할 자료가 없고, 오히려 원고의 비행정도라면 이보다 가벼운 징계처분으로서도 능히 위 훈련의 목적을 달할 수 있다고 볼 수 있는 점, 징계처분 중 면직 처분은 타 징계처분과 달리 공무원의 신분을 박탈하는 것이므로 그 징계사유는 적어도 공무원의 신분을 그대로 보유케 하는 것이 심히 부당하다고 볼 정도의 비행이 있는 경우에 한하는 점 등에 비추어 생각하면 이 사건 파면처분은 이른바 비례의 원칙에 어긋난 것이다(대판 1967.5.2., 67누24).

④ 주유소 영업의 양도인이 등유가 섞인 유사휘발유를 판매한 바를 모르고 이를 양수한 석유판매영업자에게 전 운영자인 양도인의 위법사유를 들어 사업정지기간 중 최장기인 6월의 사업정지에 처한 영업정지처분이 「석유사업법」에 의하여 실현시키고자 하는 공익목적의 실현보다는 양수인이 입게 될 손실이 훨씬 커서 재량권을 일탈한 것이다(대판 1992.2.25., 91누13106).

16

정답 | ③

해설 | 수도요금 부과징수 관계, 공무원연금관리공단의 급여결정, 국립극장 무료이용관계, 국가나 지방자치단체에서 근무하는 청원경찰관계는 공법관계이며, 지방자치단체의 지방채 모집, 공공용지의 협의취득은 사법관계에 해당한다.

17

정답 | ④

해설 | 이 법에 따른 손해배상의 소송은 배상심의회에 배상신청을 하지 아니하고도 제기할 수 있다(「국가배상법」 제9조).
① 「국가배상법」 제2조 제1항, 제2항

> **「국가배상법」 제2조(배상책임)**
> ① 국가나 지방자치단체는 공무원 또는 공무를 위탁받은 사인(이하 "공무원"이라 한다)이 직무를 집행하면서 고의 또는 과실로 법령을 위반하여 타인에게 손해를 입히거나, 「자동차손해배상 보장법」에 따라 손해배상의 책임이 있을 때에는 이 법에 따라 그 손해를 배상하여야 한다. 다만, 군인·군무원·경찰공무원 또는 예비군대원이 전투·훈련 등 직무 집행과 관련하여 전사(戰死)·순직(殉職)하거나 공상(公傷)을 입은 경우에 본인이나 그 유족이 다른 법령에 따라 재해보상금·유족연금·상이연금 등의 보상을 지급받을 수 있을 때에는 이 법 및 「민법」에 따른 손해배상을 청구할 수 없다.
> ② 제1항 본문의 경우에 공무원에게 고의 또는 중대한 과실이 있으면 국가나 지방자치단체는 그 공무원에게 구상(求償)할 수 있다.

② 국가나 지방자치단체의 손해배상 책임에 관하여는 이 법에 규정된 사항 외에는 「민법」에 따른다. 다만, 「민법」 외의 법률에 다른 규정이 있을 때에는 그 규정에 따른다(「국가배상법」 제8조).
③ 「국가배상법」 제4조

18

정답 | ①

해설 | 하명 위반의 경우 행정상의 제재의 원인이 될 수 있으나, 그 행위의 법률상 효과에는 직접 영향을 미치지 않는다.

19

정답 | ①

해설 | 정보제공적 행정계획은 단순히 자료나 정보를 제공하는 것이므로 법적 구속력을 갖지 않는 비권력적 사실행위로서의 성격을 갖는다.

② 도시설계에 의한 건축물규제의 성격과 도시설계와 관련한 「건축법」 규정에 비추어 보면, 도시설계는 도시계획구역의 일부분을 그 대상으로 하여 토지의 이용을 합리화하고, 도시의 기능 및 미관을 증진시키며 양호한 도시환경을 확보하기 위하여 수립하는 도시계획의 한 종류로서 도시설계지구 내의 모든 건축물에 대하여 구속력을 가지는 구속적 행정계획의 법적 성격을 갖는다고 할 것이다(2003.6.26., 2002헌마402).

③ 「토지구획정리사업법」 제57조, 제62조 등의 규정상 환지예정지 지정이나 환지처분은 그에 의하여 직접 토지소유자 등의 권리의무가 변동되므로 이를 항고소송의 대상이 되는 처분이라고 볼 수 있으나, 환지계획은 위와 같은 환지예정지 지정이나 환지처분의 근거가 될 뿐 그 자체가 직접 토지소유자 등의 법률상의 지위를 변동시키거나 또는 환지예정지 지정이나 환지처분과는 다른 고유한 법률효과를 수반하는 것이 아니어서 이를 항고소송의 대상이 되는 처분에 해당한다고 할 수가 없다(대판 1999.8.20., 97누6889).

④ 「도시재개발법」에 의한 재개발조합은 조합원에 대한 법률관계에서 적어도 특수한 존립목적을 부여받은 특수한 행정주체로서 국가의 감독 하에 그 존립 목적인 특정한 공공사무를 행하고 있다고 볼 수 있는 범위 내에서는 공법상의 권리의무 관계에 서 있는 것이므로 분양신청 후에 정하여진 관리처분계획의 내용에 관하여 다툼이 있는 경우에는 그 관리처분계획은 토지 등의 소유자에게 구체적이고 결정적인 영향을 미치는 것으로서 조합이 행한 처분에 해당하므로 항고소송의 방법으로 그 무효확인이나 취소를 구할 수 있다(대판 2002.12.10., 2001두6333).

20

정답 | ②

해설 | 처분을 하려 함에 있어서는 상당한 이행기한을 정하여 그 기한까지 이행되지 아니할 때에는 대집행을 한다는 뜻을 미리 문서로써 계고하여야 한다. 이 경우 행정청은 상당한 이행기한을 정함에 있어 의무의 성질·내용 등을 고려하여 사회통념상 해당 의무를 이행하는 데 필요한 기간이 확보되도록 하여야 한다(「행정대집행법」 제3조 제1항).

① 법률에 의하여 직접명령 되었거나 또는 법률에 의거한 행정청의 명령에 의한 행위로서 타인이 대신하여 행할 수 있는 행위를 의무자가 이행하지 아니하는 경우 다른 수단으로써 그 이행을 확보하기 곤란하고 또한 그 불이행을 방치함이 심히 공익을 해할 것으로 인정될 때에는 당해 행정청은 <u>스스로 의무자가 하여야 할 행위를 하거나 또는 제3자로 하여금 이를 하게 하여 그 비용을 의무자로부터 징수할 수 있다</u>(「행정대집행법」 제2조).

③ 대집행 실행의 제한에 대한 예외사유이다.

> **「행정대집행법」 제4조(대집행의 실행 등)**
> ① 행정청(제2조에 따라 대집행을 실행하는 제3자를 포함한다. 이하 이 조에서 같다)은 해가 뜨기 전이나 해가 진 후에는 대집행을 하여서는 아니 된다. 다만, 다음 각 호의 어느 하나에 해당하는 경우에는 그러하지 아니하다.
> 1. 의무자가 동의한 경우
> 2. <u>해가 지기 전에 대집행을 착수한 경우</u>
> 3. 해가 뜬 후부터 해가 지기 전까지 대집행을 하는 경우에는 대집행의 목적 달성이 불가능한 경우
> 4. 그밖에 비상시 또는 위험이 절박한 경우

④ 대집행에 대하여는 행정심판을 제기할 수 있다(「행정대집행법」 제7조).

21

정답 | ③

해설 | 정보의 공개 및 우송 등에 드는 비용은 실비(實費)의 범위에서 <u>청구인이 부담한다</u>(「공공기관의 정보공개에 관한 법률」 제17조 제1항).

① 「공공기관의 정보공개에 관한 법률」 제5조 제2항, 시행령 제3조 제1호
② 「공공기관의 정보공개에 관한 법률」 제8조 제1항 본문
④ 「공공기관의 정보공개에 관한 법률」 제14조

22

정답 | ④

해설 | 국가의 세입·세출의 결산, 국가 및 법률이 정한 단체의 회계검사와 행정기관 및 공무원의 직무에 관한 감찰을 하기 위하여 <u>대통령 소속하에 감사원을 둔다</u>(헌법 제97조).

① 국가유공자 및 그 유족에 대한 보훈, 제대군인의 보상·보호 및 보훈선양에 관한 사무를 관장하기 위하여 국무총리 소속으로 국가보훈처를 둔다(「정부조직법」 제22조의2 제1항).

② 공무원의 인사·윤리·복무 및 연금에 관한 사무를 관장하기 위하여 국무총리 소속으로 인사혁신처를 둔다(「정부조직법」 제22조의3 제1항).

③ 각 중앙행정기관의 행정의 지휘·감독, 정책 조정 및 사회위험·갈등의 관리, 정부업무평가 및 규제개혁에 관하여 국무총리를 보좌하기 위하여 국무조정실을 둔다(「정부조직법」 제20조 제1항).

23

정답 | ④

해설 | ③, ④ 행정청의 관할이 분명하지 아니한 경우에는 해당 행정청을 공통으로 감독하는 상급 행정청이 그 관할을 결정하며, <u>공통으로 감독하는 상급 행정청이 없는 경우에는 각 상급 행정청이 협의하여 그 관할을 결정한다</u>(「행정절차법」 제6조 제2항).

①, ② 행정청이 그 관할에 속하지 아니하는 사안을 접수하였거나 이송받은 경우에는 지체 없이 이를 관할 행정청에 이송하여야 하고 그 사실을 신청인에게 통지하여야 한다. 행정청이 접수하거나 이송받은 후 관할이 변경된 경우에도 또한 같다(「행정절차법」 제6조 제1항).

24

정답 | ④

해설 | 「행정절차법」 제22조 제1항 제1호에 정한 청문제도는 행정처분의 사유에 대하여 당사자에게 변명과 유리한 자료를 제출할 기회를 부여함으로써 위법사유의 시정가능성을 고려하고 처분의 신중과 적정을 기하려는 데 그 취지가 있으므로, 행정청이 특히 침해적 행정처분을 할 때 그 처분의 근거 법령 등에서 청문을 실시하도록 규정하고 있다면, <u>「행정절차법」 등 관련 법령상 청문을 실시하지 않아도 되는 예외적인 경우에 해당하지 않는 한 반드시 청문을 실시하여야 하며, 그러한 절차를 결여한 처분은 위법한 처분으로서 취소사유에 해당한다</u>(대판 2007.11.16., 2005두15700).

① 「행정절차법」 제2조 제5호
② 「행정절차법」 제20조 제1항
③ 「행정절차법」 제21조 제4항 제2호

> **「행정절차법」제21조(처분의 사전 통지)**
> ④ 다음 각 호의 어느 하나에 해당하는 경우에는 제
> 1항에 따른 통지를 하지 아니할 수 있다.
>   1. 공공의 안전 또는 복리를 위하여 긴급히 처분을
>   할 필요가 있는 경우
>   2. 법령 등에서 요구된 자격이 없거나 없어지게 되
>   면 반드시 일정한 처분을 하여야 하는 경우에
>   그 자격이 없거나 없어지게 된 사실이 법원의
>   재판 등에 의하여 객관적으로 증명된 경우
>   3. 해당 처분의 성질상 의견청취가 현저히 곤란하
>   거나 명백히 불필요하다고 인정될 만한 상당한
>   이유가 있는 경우

25

정답 | ②

해설 | 특정직 공무원에 해당한다.

> **「국가공무원법」제2조(공무원의 구분)**
> ① 국가공무원(이하 "공무원"이라 한다)은 경력직공
>   무원과 특수경력직공무원으로 구분한다.
> ② "경력직공무원"이란 실적과 자격에 따라 임용되고
>   그 신분이 보장되며 평생 동안(근무기간을 정하여
>   임용하는 공무원의 경우에는 그 기간 동안을 말한
>   다) 공무원으로 근무할 것이 예정되는 공무원을 말
>   하며, 그 종류는 다음 각 호와 같다.
>   1. 일반직공무원 : 기술·연구 또는 행정 일반에
>   대한 업무를 담당하는 공무원
>   2. 특정직공무원 : 법관, 검사, 외무공무원, 경찰공
>   무원, 소방공무원, 교육공무원, 군인, 군무원, 헌
>   법재판소 헌법연구관, 국가정보원의 직원과 특
>   수 분야의 업무를 담당하는 공무원으로서 다른
>   법률에서 특정직공무원으로 지정하는 공무원
> ③ "특수경력지공무원"이란 경력지공무원 이의 공무
>   원을 말하며, 그 종류는 다음 각 호와 같다.
>   1. 정무직공무원
>   가. 선거로 취임하거나 임명할 때 국회의 동의
>   가 필요한 공무원
>   나. 고도의 정책결정 업무를 담당하거나 이러한
>   업무를 보조하는 공무원으로서 법률이나 대
>   통령령(대통령비서실 및 국가안보실의 조직
>   에 관한 대통령령만 해당한다)에서 정무직
>   으로 지정하는 공무원
>   2. 별정직공무원 : 비서관·비서 등 보좌업무 등을
>   수행하거나 특정한 업무 수행을 위하여 법령에
>   서 별정직으로 지정하는 공무원

국방부(육·해·공군) 시행 필기시험(2013.06.29)

1	2	3	4	5	6	7	8	9	10
③	①	②	②	②	②	①	①	③	②
11	**12**	**13**	**14**	**15**	**16**	**17**	**18**	**19**	**20**
①	④	④	④	③	④	④	①	④	③
21	**22**	**23**	**24**	**25**					
④	③	④	②	②					

01

정답 | ③

해설 | 국가행위 중에는 고도의 정치성을 띤 것이 있고, 그러한 고도의 정치행위에 대하여 정치적 책임을 지지 않는 법원이 정치의 합목적성이나 정당성을 도외시한 채 합법성의 심사를 감행함으로써 정책결정이 좌우되는 일은 결코 바람직한 일이 아니며, 법원이 정치문제에 개입되어 그 중립성과 독립성을 침해당할 위험성도 부인할 수 없으므로, 고도의 정치성을 띤 국가행위에 대하여는 이른바 통치행위라 하여 법원 스스로 사법심사권의 행사를 억제하여 그 심사대상에서 제외하는 영역이 있으나, 이와 같이 통치행위의 개념을 인정한다고 하더라도 과도한 사법심사의 자제가 기본권을 보장하고 법치주의 이념을 구현하여야 할 법원의 책무를 태만히 하거나 포기하는 것이 되지 않도록 그 인정을 지극히 신중하게 하여야 하며, 그 판단은 오로지 사법부만에 의하여 이루어져야 한다(대판 2004.3.26., 2003도7878).

권력분립설	권력분립의 원칙상 통치행위는 정치적 성격이 강하므로 사법부가 판단할 수 없다는 견해
대권행위설	통치행위는 국왕의 대권에 속하는 행위이므로 사법부가 판단할 수 없다는 견해
사법자제설	본래 사법부는 모든 국가작용을 심사할 수 있으나, 통치행위는 사법부 스스로가 자제하여야 한다는 견해
재량행위설	통치행위는 정치문제이므로 이는 행정부의 재량행위에 속하기 때문에 사법부가 판단할 수 없다는 견해
독자성설	통치행위 자체를 국가지도적 최상위의 정치행위로 보아 사법부가 판단할 수 없다는 견해

02

정답 | ①

해설 | 시청이 사인의 토지를 무단으로 점유하는 경우는 공법상 부당이득에 해당한다.

03

정답 | ②

해설 | 「행정절차법」 제4조에 신의성실 및 신뢰보호 조항으로 규정되어 있다.

> **「행정절차법」 제4조(신의성실 및 신뢰보호)**
> ① 행정청은 직무를 수행할 때 신의(信義)에 따라 성실히 하여야 한다.
> ② 행정청은 법령 등의 해석 또는 행정청의 관행이 일반적으로 국민들에게 받아들여졌을 때에는 공익 또는 제3자의 정당한 이익을 현저히 해칠 우려가 있는 경우를 제외하고는 새로운 해석 또는 관행에 따라 소급하여 불리하게 처리하여서는 아니 된다.

① 신뢰보호원칙의 개념이다.

③ 신뢰보호원칙의 위반 여부를 판단함에 있어서는, 한편으로는 침해받은 신뢰이익의 보호가치, 침해의 중한 정도, 신뢰가 손상된 정도, 신뢰침해의 방법 등과 다른 한편으로는 새로운 입법을 통해 실현하고자 하는 공익적 목적을 종합적으로 비교·형량하여야 한다(헌재 2008.10.30., 2005헌마222).

④ 국가가 공무원임용결격사유가 있는 자에 대하여 결격사유가 있는 것을 알지 못하고 공무원으로 임용하였다가 사후에 결격사유가 있는 자임을 발견하고 공무원 임용행위를 취소하는 것은 당사자에게 원래의 임용행위가 당초부터 당연무효이었음을 통지하여 확인시켜 주는 행위에 지나지 아니하는 것이므로, 그러한 의미에서 당초의 임용처분을 취소함에 있어서는 신의칙 내지 신뢰의 원칙을 적용할 수 없고 또 그러한 의미의 취소권은 시효로 소멸하는 것도 아니다(대판 1987.4.14., 86누459).

04

정답 | ②

해설 | 무효와 취소의 구별실익으로 사정변경은 관계가 없다.

> **무효와 취소의 구별실익**
> • 선결문제
> • 행정쟁송의 형태
> • 하자의 치유와 전환
> • 하자의 승계
> • 쟁송제기기간
> • 사정판결 및 사정재결
> • 신뢰보호원칙
> • 행정행위의 효력

05

정답 | ②

해설 | 공공기관은 제10조에 따라 정보공개의 청구를 받으면 그 청구를 받은 날부터 10일 이내에 공개 여부를 결정하여야 한다(「공공기관의 정보공개에 관한 법률」 제11조 제1항).
① 「공공기관의 정보공개에 관한 법률」 제8조의2
③ 「공공기관의 정보공개에 관한 법률」 제11조 제2항
④ 「공공기관의 정보공개에 관한 법률」 제15조 제1항

06

정답 | ②

해설 | 신분에 의하여 성립하는 질서위반행위에 신분이 없는 자가 가담한 때에는 신분이 없는 자에 대하여도 질서위반행위가 성립한다(「질서위반행위규제법」 제12조 제2항).
① 「질서위반행위규제법」 제12조 제1항
③, ④ 「질서위반행위규제법」 제12조 제3항

07

정답 | ①

해설 | 대통령의 처분 또는 부작위에 대하여는 다른 법률에서 행정심판을 청구할 수 있도록 정한 경우 외에는 행정심판을 청구할 수 없다(「행정심판법」 제3조 제2항).
② 「행정심판법」 제10조
③ 「행정심판법」 제11조
④ 「행정심판법」 제30조 제1항

08

정답 | ①

해설 | 이른바 수익적 행정행위의 철회는 그 처분 당시 별다른 하자가 없었음에도 불구하고 사후적으로 그 효력을 상실케 하는 행정행위이므로, 법령에 명시적인 규정이 있거나 행정행위의 부관으로 그 철회권이 유보되어 있는 등

의 경우가 아니라면, 원래의 행정행위를 존속시킬 필요가 없게 된 사정변경이 생겼거나 또는 중대한 공익상의 필요가 발생한 경우 등의 예외적인 경우에만 허용된다(대판 2005.4.29., 2004두11954).
② 원고가 건물 중 1, 2층에 대하여 대수선허가만을 받았음에도 불구하고 그 범위를 넘어 개축하는 등 「건축법」을 위반하였으나, 위반사항이 중대하지 아니하며 그 동기가 경계 밖을 침범한 기존 건물의 벽을 헐어 건물을 경계선 안으로 끌어 들임에 있어 오래된 기존 건물의 안전성이 문제되어 보다 더 튼튼한 철근콘크리트조로 시공할 수밖에 없었던 점, 이와 같은 개축으로 건물의 안전도 등이 크게 향상된 점 및 그 공사비가 1억여 원이 투입된 점을 고려해 볼 때, 만약 건축허가의 취소로 건물이 철거된다면 원고가 입을 손해가 너무 크고 이는 국민 경제적으로도 바람직한 일이 못되므로 피고의 건축허가취소처분은 그 재량권을 남용한 위법이 있다(대판 1991.11.8., 90누10100).
③ 이 사건 법률조항은 건축행위의 규제에 있어 건축물과 관련된 안전의 확보 및 위험의 방지뿐만 아니라 국토의 효율적인 이용 및 환경보전 등 다양한 공익적 고려요소를 시의에 맞도록 합리적으로 반영하기 위한 것이므로 그 입법목적의 정당성이 인정되고, 건축주로 하여금 건축허가 이후 1년 이내에 공사에 필요한 제반 준비를 하여 착공하도록 유도하는 한편, 공사에 착수하지 않고 1년이 지난 후에 계속 건축을 원하는 경우에는 새로운 시점에서의 허가요건을 갖추어 다시 건축허가를 받도록 함으로써 수단의 적합성도 인정된다(헌재 2010.2.25., 2009헌바70).

09

정답 | ③

해설 | 조례 제정권의 범위를 벗어나 국가사무를 대상으로 한 무효인 서울특별시행정권한위임조례의 규정에 근거하여 구청장이 건설업영업정지처분을 한 경우, 그 처분은 결과적으로 적법한 위임 없이 권한 없는 자에 의하여 행하여진 것과 마찬가지가 되어 그 하자가 중대하나, 지방자치단체의 사무에 관한 조례와 규칙은 조례가 보다 상위규범이라고 할 수 있고, 또한 헌법 제107조 제2항의 "규칙"에는 지방자치단체의 조례와 규칙이 모두 포함되는 등 이른바 규칙의 개념이 경우에 따라 상이하게 해석되는 점 등에 비추어 보면 위 처분의 위임 과정의 하자가 객관적으로 명백한 것이라고 할 수 없으므로 이로 인한 하자는 결국 당연무효사유는 아니라고 봄이 상당하다(대판(全) 1995.7.11., 94누4615).
① 법률은 특별한 규정이 없는 한 공포한 날로부터 20일을 경과함으로써 효력을 발생한다(헌법 제53조 제7항).

② 어느 시행령의 규정이 모법에 저촉되는지의 여부가 명백하지 아니하는 경우에는 모법과 시행령의 다른 규정들과 그 입법 취지, 연혁 등을 종합적으로 살펴 모법에 합치된다는 해석도 가능한 경우라면 그 규정을 모법위반으로 무효라고 선언하여서는 안 된다(대판 2001.8.24., 2000두2716).

④ 대판 2001.6.12., 2000다18547

10

정답 | ②

해설 | 불법행위로 인한 손해배상의 청구권은 피해자나 그 법정대리인이 그 손해 및 가해자를 안 날로부터 3년간 이를 행사하지 아니하면 시효로 인하여 소멸한다(「민법」 제766조 제1항).

11

정답 | ①

해설 | 「도시계획법」, 「건축법」, 「도로법」 등 관계 법령상 주민에게 도로상 장애물의 철거를 신청할 수 있는 권리를 인정한 근거 법규가 없을 뿐 아니라 조리상 이를 인정할 수도 없고, 따라서 행정청이 인접 토지 소유자의 장애물 철거요구를 거부한 행위는 항고소송의 대상이 되는 거부처분에 해당될 수 없다(대판 1996.1.23., 95누1378).

② 행정개입청구권은 어떠한 처분을 할 것을 요구할 수 있는 실체적 권리이다.

③ 주거지역 안에서는 「도시계획법」 제19조 1항과 개정 전 「건축법」 제32조 1항에 의하여 공익상 부득이 하다고 인정될 경우를 제외하고는 거주의 안녕과 건전한 생활환경의 보호를 해치는 모든 건축이 금지되고 있을 뿐 아니라 주거지역 내에 거주하는 사람이 받는 위와 같은 보호이익은 법률에 의하여 보호되는 이익이라고 할 것이므로 주거지역 내에 위 법조 소정 제한면적을 초과한 연탄공장 건축허가처분으로 불이익을 받고 있는 제3거주자는 비록 당해 행정처분의 상대자가 아니라 하더라도 그 행정처분으로 말미암아 위와 같은 법률에 의하여 보호되는 이익을 침해받고 있다면 당해 행정처분의 취소를 소구하여 그 당부의 판단을 받을 법률상의 자격이 있다(대판 1975.5.13., 73누96,97).

④ 대판 2007.5.11., 2007두1811

12

정답 | ④

해설 | 위법한 행정대집행이 완료되면 그 처분의 무효확인 또는 취소를 구할 소의 이익은 없다 하더라도, 미리 그 행정처분의 취소판결이 있어야만, 그 행정처분의 위법임을 이유로 한 손해배상 청구를 할 수 있는 것은 아니다(대판 1972.4.28., 72다337).

① 「국가배상법」 제5조 제1항

② 「국가배상법」 제7조

③ 「국가배상법」 제10조 제1항

13

정답 | ④

해설 | '1994년 관세 및 무역에 관한 일반협정(이하 'GATT'라 한다)은 1994. 12. 16. 국회의 동의를 얻어 같은 달 23. 대통령의 비준을 거쳐 같은 달 30. 공포되고 1995. 1. 1. 시행된 조약인 '세계무역기구(WTO) 설립을 위한 마라케쉬협정'의 부속 협정(다자간 무역협정)이고, '정부조달에 관한 협정(이하 'AGP'라 한다)은 1994. 12. 16. 국회의 동의를 얻어 1997. 1. 3. 공포시행된 조약으로서 각 헌법 제6조 제1항에 의하여 국내법령과 동일한 효력을 가지므로 지방자치단체가 제정한 조례가 GATT나 AGP에 위반되는 경우에는 그 효력이 없다(대판 2005.9.9., 2004추10).

① 관습법, 판례법, 조리는 불문법에 해당하며, 불문법은 성문법이 없거나 흠결이 있는 부분에 대한 보충적 효력을 갖는 것이 일반적이다.

② 헌법에 의하여 체결·공포된 조약과 일반적으로 승인된 국제법규는 국내법과 같은 효력을 가진다(헌법 제6조 제1항).

③ 관습법은 성문법의 불비를 보충하는 역할을 할 뿐이므로, 서로 충돌한다고 하더라도 관습법이 소멸하는 것은 아니다.

14

정답 | ④

해설 | 구 도시개발법 제23조, 「공익사업을 위한 토지 등의 취득 및 보상에 관한 법률」 제78조 제1항, 같은 법 시행령 제40조 제3항 제2호의 문언, 내용 및 입법 취지 등을 종합하여 보면, 위 시행령 제40조 제3항 제2호에서 말하는 '공익사업을 위한 관계 법령에 의한 고시 등이 있은 날'은 이주대책대상자와 아닌 자를 정하는 기준이지만, 나아가 사업시행자가 이주대책대상자 중에서 이주대책을 수립·실시하여야 할 자와 이주정착금을 지급하여야 할 자를 정하는 기준이 되는 것은 아니므로, 사업시행자는 이주대책기준을 정하여 이주대책대상자 중에서 이주대책을 수립·실시하여야 할 자를 선정하여 그들에게 공급할 택지 또는 주택의 내용이나 수량을 정할 수 있고, 이를 정하는 데 재량을 가지므로, 이를 위해 사업시행자가 설정한 기준은 그것이 객관적으로 합리적이 아니라거나 타당하지 않다고 볼 만한 다른 특별한 사정이 없는 한 존중되어야 한다(대판 2009.3.12., 2008두12610).

① 이주대책은 헌법 제23조 제3항에 규정된 정당한 보상에 포함되는 것이라기보다는 이에 부가하여 이주자들에게 종전의 생활상태를 회복시키기 위한 생활보상의 일환으로서 국가의 정책적인 배려에 의하여 마련된 제도라고 볼 것이다. 따라서 이주대책의 실시 여부는 입법자의 입법정책적 재량의 영역에 속하므로 「공익사업

2021년
2020년
2019년
2018년
2017년
2016년
2015년
2014년
2013년
2012년
2011년
2010년
2009년
2008년
2007년

을 위한 토지 등의 취득 및 보상에 관한 법률」 시행령 제40조 제3항 제3호(이하 '이 사건 조항'이라 한다)가 이주대책의 대상자에서 세입자를 제외하고 있는 것이 세입자의 재산권을 침해하는 것이라 볼 수 없다(헌재 2006.2.23., 2004헌마19).

② 규정 취지가 사업시행자가 시행하는 이주대책 수립 등의 대상자를 법이 정한 이주대책대상자로 한정하는 것은 아니므로, 사업시행자는 해당 공익사업의 성격, 구체적인 경위나 내용, 원만한 시행을 위한 필요 등 제반 사정을 고려하여 법이 정한 이주대책대상자를 포함하여 그 밖의 이해관계인에게까지 넓혀 이주대책 수립 등을 시행할 수 있다(대판 2015.7.23., 2012두22911).

③ 군인아파트의 관리실 용도로 신축되어 택지개발예정지구지정 공람공고일 당시까지도 관리실로 사용하다가 그 후에 주거용으로 개조한 건물은 이주대책 대상이 되는 주거용 건축물에 해당하지 않는다(대판 2009.2.26., 2007두13340).

15

정답 | ③

해설 | 입법예고기간은 예고할 때 정하되, 특별한 사정이 없으면 40일(자치법규는 20일) 이상으로 한다(「행정절차법」 제43조).
① 「행정절차법」 제20조 제1항
② 「행정절차법」 제21조 제1항
④ 「행정절차법」 제24조 제1항 본문

16

정답 | ④

해설 | 공무원의 징계처분은 형식적 행정 + 실질적 행정에 해당한다.
① 형식적 입법 + 실질적 행정
② 형식적 사법 + 실질적 행정
③ 형식적 행정 + 실질적 사법

17

정답 | ④

해설 | 「행정절차법」 제51조
① 지도, 권고, 조언은 옳으나 강제는 해당되지 않는다(「행정절차법」 제2조 제3호).
② 행정지도는 그 목적 달성에 필요한 최소한도에 그쳐야 하며, 행정지도의 상대방의 의사에 반하여 부당하게 강요하여서는 아니 된다(「행정절차법」 제48조 제1항).
③ 행정지도를 하는 자는 그 상대방에게 그 행정지도의 취지 및 내용과 신분을 밝혀야 한다(「행정절차법」 제49조 제1항).

18

정답 | ①

해설 | 국가와 사인간 물품납부계약은 사법상 계약에 불과할 뿐, 사인의 공법행위로 볼 수 없다.

19

정답 | ④

해설 | 공유수면매립면허는 설권행위인 특허의 성질을 갖는 것이므로 원칙적으로 행정청의 자유재량에 속하며, 일단 실효된 공유수면매립면허의 효력을 회복시키는 행위도 특단의 사정이 없는 한 새로운 면허부여와 같이 면허관청의 자유재량에 속한다고 할 것이므로 「공유수면매립법」(1986.12.31. 개정) 부칙 제4항의 규정에 의하여 위 법 시행 전에 같은 법 제25조 제1항의 규정에 의하여 효력이 상실된 매립면허의 효력을 회복시키는 처분도 특단의 사정이 없는 한 면허관청의 자유재량에 속하는 행위라고 봄이 타당하다(대판 1989.9.12., 88누9206).

① 건축허가권자는 건축허가신청이 「건축법」, 「도시계획법」 등 관계 법규에서 정하는 어떠한 제한에 배치되지 않는 이상 당연히 같은 법조에서 정하는 건축허가를 하여야 하고 위 관계 법규에서 정하는 제한사유 이외의 사유를 들어 거부할 수는 없다(대판 1995.12.12., 95누9051).

② 「도로교통법」 제78조 제1항 단서 제8호의 규정에 의하면, 술에 취한 상태에 있다고 인정할 만한 상당한 이유가 있음에도 불구하고 경찰공무원의 측정에 응하지 아니한 때에는 필요적으로 운전면허를 취소하도록 되어 있어 처분청이 그 취소 여부를 선택할 수 있는 재량의 여지가 없음이 그 법문상 명백하다(대판 2004.11.12., 2003두12042).

③ 공중위생법상의 위생접객업허가는 그 성질상 일반적 금지의 해제에 불과하므로 허가권자는 법에서 정한 요건을 구비한 때에는 이를 반드시 허가하여야 한다(대판 1995.7.28., 94누13497).

20

정답 | ③

해설 | 재단법인의 학교법인에로의 조직변경을 위한 정관변경에 대하여 문교부장관의 인가가 있다고 하더라도 정관변경행위에 하자가 있다면 그 정관변경은 유효하다 할 수 없으며 정관변경행위에 하자가 있다 하더라도 그 인가기본행위 자체에 하자가 있는 것이라고는 할 수 없다(대판 1969.11.11., 66누146).

② 「사립학교법」 제20조 제2항에 의한 학교법인의 임원에 대한 감독청의 취임승인은 학교법인의 임원선임행위를 보충하여 그 법률상의 효력을 완성케 하는 보충적 행정행위로서 성질상 기본행위를 떠나 승인처분 그 자체만으로는 법률상 아무런 효력도 발생할 수 없으므

로 기본행위인 학교법인의 임원선임행위가 불성립 또는 무효인 경우에는 비록 그에 대한 감독청의 취임승인이 있었다 하여도 이로써 무효인 그 선임행위가 유효한 것으로 될 수는 없다(대판 1987.8.18., 86누152).

21

정답 | ④

해설 | 본안 소송에서의 처분의 취소가능성이 없음에도 처분의 효력이나 집행의 정지를 인정한다는 것은 제도의 취지에 반하므로, 집행정지사건 자체에 의하여도 신청인의 본안청구가 이유 없음이 명백하지 않아야 한다.

> **집행정지의 요건**
> - 집행정지의 이익이 있을 것
> - 본안 소송이 적법하게 계속 중일 것
> - 회복하기 어려운 손해발생의 우려가 있을 것
> - 긴급한 필요가 있을 것
> - 집행정지가 공공복리에 중대한 영향을 미치게 할 우려가 없을 것
> - 본안 청구가 이유 없음이 명백하지 아니할 것

22

정답 | ③

해설 | 일정지역에서 일정기간 변호사 개업을 금지한 「변호사법」 규정은 직업선택의 자유를 제한함에 있어서 비례의 원칙에 벗어난 것이다(헌재 1989.11.20., 89헌가102).
① 국민의 모든 자유와 권리는 국가안전보장·질서유지 또는 공공복리를 위하여 필요한 경우에 한하여 법률로써 제한할 수 있으며, 제한하는 경우에도 자유와 권리의 본질적인 내용을 침해할 수 없다(헌법 제37조 제2항).
② 비례의 원칙은 적합성의 원칙(수단의 적정), 필요성의 원칙(최소침해), 상당성의 원칙(균형성)으로 구성된다.
④ 대판 1998.11.10., 98두12017

23

정답 | ④

해설 | 행정상 강제집행 중 국민의 기본권을 가장 크게 제약하는 것은 직접강제이다. 직접강제는 행정법상 의무불이행이 있는 경우 의무자의 신체·재산에 실력을 가하여 의무이행이 있었던 것과 같은 상태를 실현하는 작용이다. 행정상 강제징수는 이와 비슷하지만 공법상의 금전급부의무를 실현하는 것에 가장 큰 차이가 있으며, 특히 국세납부의무 불이행의 경우에 행정상 강제징수를 인정하고 있다.

24

정답 | ②

해설 | 공무원의 직무상 불법행위로 손해를 받은 국민은 법률이 정하는 바에 의하여 국가 또는 공공단체에 정당한 배상을 청구할 수 있다. 이 경우 공무원 자신의 책임은 면제되지 아니한다(헌법 제29조 제1항).
④ 공공필요에 의한 재산권의 수용·사용 또는 제한 및 그에 대한 보상은 법률로써 하되, 정당한 보상을 지급하여야 한다(헌법 제23조 제3항).

25

정답 | ②

해설 | 「국가배상법」 제5조 제1항에 정해진 영조물의 설치 또는 관리의 하자라 함은 영조물이 그 용도에 따라 통상 갖추어야 할 안전성을 갖추지 못한 상태에 있음을 말하는 것이며, 다만 영조물이 완전무결한 상태에 있지 아니하고 그 기능상 어떠한 결함이 있다는 것만으로 영조물의 설치 또는 관리에 하자가 있다고 할 수 없다(대판 2001.7.27., 2000다56822).
① 공무원에게 부과된 직무상 의무의 내용이 단순히 공공 일반의 이익을 위한 것이거나 행정기관 내부의 질서를 규율하기 위한 것이 아니고 전적으로 또는 부수적으로 사회구성원 개인의 안전과 이익을 보호하기 위하여 설정된 것이라면, 공무원이 그와 같은 직무상 의무를 위반함으로 인하여 피해자가 입은 손해에 대하여는 상당인과관계가 인정되는 범위 내에서 국가가 배상책임을 지는 것이다(대판 1993.2.12., 91다43466).
③ 농지개량조합과 그 직원과의 관계는 사법상의 근로계약관계가 아닌 공법상의 특별권력관계이고, 그 조합의 직원에 대한 징계처분의 취소를 구하는 소송은 행정소송사항에 속한다(대판 1995.6.9., 94누10870).
④ 행정처분의 직접 상대방이 아닌 제3자라 하더라도 당해 행정처분으로 인하여 법률상 보호되는 이익을 침해당한 경우에는 그 처분의 무효확인을 구하는 행정소송을 제기하여 그 당부의 판단을 받을 자격이 있다 할 것이며, 여기에서 말하는 법률상 보호되는 이익이라 함은 당해 처분의 근거 법규 및 관련 법규에 의하여 보호되는 개별적·직접적·구체적 이익이 있는 경우를 말하고, 공익보호의 결과로 국민 일반이 공통적으로 가지는 일반적·간접적·추상적 이익이 생기는 경우에는 법률상 보호되는 이익이 있다고 할 수 없다(대판 (全) 2006.3.16., 2006두330).

국방부(육 · 해 · 공군) 시행 필기시험(2012.06.30)

1	2	3	4	5	6	7	8	9	10
④	③	①	③	①	②	①	②	①	②
11	12	13	14	15	16	17	18	19	20
④	③	③	④	②	②	①	①	④	②
21	22	23	24	25					
③	③	②	④	②					

01

정답 | ④

해설 | 행정청이 본처분에 대한 권한이 있다면 확약에 대한 별도의 법적 근거가 필요하지 않다.

① 본처분에 관해 권한이 없는 행정청의 확약은 효력이 없다.

② 신뢰보호설은 신의성실의 원칙을 확약의 허용근거로 드는 견해이다.

③ 현행법상 반드시 서면으로 해야 한다는 규정이 없기 때문에 구술에 의한 확약도 가능하다.

02

정답 | ③

해설 | 행정청의 재량에 속하는 처분이라도 재량권의 한계를 넘거나 그 남용이 있는 때에는 법원은 이를 취소할 수 있다(「행정소송법」 제27조).

① 도시의 무질서한 확산을 방지하고 도시 주변의 자연환경을 보전하여 도시민의 건전한 생활환경을 확보하기 위하여 지정되는 개발제한구역 내에서는 (중략). 따라서 그 위법 여부에 대한 심사는 재량권 일탈 · 남용의 유무를 그 대상으로 한다고 할 것이다(대판 2001.2.9., 98두17593).

② 채광계획인가를 받으면 공유수면 점용허가를 받은 것으로 의제되고, 이 공유수면 점용허가는 공유수면 관리청이 공공 위해의 예방 경감과 공공복리의 증진에 기여함에 적당하다고 인정하는 경우에 그 자유재량에 의하여 허가의 여부를 결정하여야 할 것이므로, 공유수면 점용허가를 필요로 하는 채광계획 인가신청에 대하여도, 공유수면 관리청이 재량적 판단에 의하여 공유수면 점용을 허가 여부를 결정할 수 있고, 그 결과 공유수면 점용을 허용하지 않기로 결정하였다면, 채광계획 인가관청은 이를 사유로 하여 채광계획을 인가하지 아니할 수 있는 것이다(대판 2002.10.11., 2001두151).

03

정답 | ①

해설 | 인가의 대상이 되는 기본행위는 법률행위(공 · 사법행위 불문)일 것을 요하며, 사실행위는 인가의 대상이 아니다.

② 기본행위가 무효이므로 인가 역시 무효가 된다.

③ 수정허가는 허용되나 수정인가는 허용되지 않는다.

④ 무허가 행위는 사법상 효력에 영향이 없으나, 다만 개별규정으로 사법상 효력을 부인하는 경우도 있다.

04

정답 | ③

해설 | 일반적으로 법률의 위임에 의하여 효력을 갖는 법규명령의 경우, 구법에 위임의 근거가 없어 무효였더라도 사후에 법개정으로 위임의 근거가 부여되면 그 때부터는 유효한 법규명령이 되나, 반대로 구법의 위임에 의한 유효한 법규명령이 법개정으로 위임의 근거가 없어지게 되면 그 때부터 무효인 법규명령이 되므로, 어떤 법령의 위임 근거 유무에 따른 유효 여부를 심사하려면 법개정의 전 · 후에 걸쳐 모두 심사하여야만 그 법규명령의 시기에 따른 유효 · 무효를 판단할 수 있다(대판 1995.6.30., 93추83).

① 규정형식상 부령인 시행규칙 또는 지방자치단체의 규칙으로 정한 행정처분의 기준은 행정처분 등에 관한 사무처리기준과 처분절차 등 행정청 내의 사무처리준칙을 규정한 것에 불과하므로 행정조직 내부에 있어서의 행정명령의 성격을 지닐 뿐 대외적으로 국민이나 법인을 구속하는 힘이 없고, 그 처분이 위 규칙에 위배되는 것이라 하더라도 위법의 문제는 생기지 아니하고, 또 위 규칙에서 정한 기준에 적합하다 하여 바로 그 처분이 적법한 것이라고도 할 수 없으며, 그 처분의 적법 여부는 위 규칙에 적합한지의 여부에 따라 판단할 것이 아니고 관계 법령의 규정 및 그 취지에 적합한 것인지 여부에 따라 개별적 · 구체적으로 판단하여야 한다(대판(全) 1995.10.17., 94누14148).

> **비교판례(대판 1997.12.26., 97누15418)**
> 당해 처분의 기준이 된 「주택건설촉진법」 시행령 제10조의3 제1항 [별표 1]은 「주택건설촉진법」 제7조 제2항의 위임규정에 터잡은 규정형식상 대통령령이므로 그 성질이 부령인 시행규칙이나 또는 지방자치단체의 규칙과 같이 통상적으로 행정조직 내부에 있어서의 행정명령에 지나지 않는 것이 아니라 대외적으로 국민이나 법원을 구속하는 힘이 있는 법규명령에 해당한다(대판 1997.12.26., 97누15418).

② 상위법 우선의 원칙에 따라 무효가 된다.

④ 행정규칙은 행정청 내의 업무지침을 규정한 것에 불과하므로 대외적 공포를 효력발생요건으로 하지 않는다.

05

정답 | ①

해설 | 당사자는 법에서 정한 사유가 있는 때에는 제척·기피신청을 할 수 있으며, 회피는 위원회의 회의에 참석하는 위원이 제척사유 또는 기피사유에 해당되는 것을 알게 되었을 때 하는 것이다.

② 「행정심판법」 제40조 제1항

③ 「행정심판법」 제33조 제1항

④ 「행정심판법」 제36조 제1항

06

정답 | ②

해설 | 담당공무원이 피한정후견인이라면 국가공무원 제33조 제1호에 따른 임용결격사유에 해당하므로 무효사유가 된다.

① 권한 외 행위 또는 권한이 소멸된 이후의 행위는 무효이다.

③ 저항할 수 없는 강박은 무효사유이다.

④ 정당한 대리권 없는 자의 행위는 원칙적 무효이며, 무효행위의 전환 또는 추인을 통해 유효가 될 수도 있다.

07

정답 | ①

해설 | 정지조건부 행정행위에서는 조건이 성취된 이후에 비로소 행정행위의 효력이 발하게 되며, 해제조건부 행정행위에서의 조건이 성취된 경우가 행정행위의 실효사유가 된다.

② 행정행위의 효력을 부인하는 법규의 제·개정으로 인한 실효이다.

③ 행정행위 목적물의 멸실로 인한 실효이다.

④ 행정행위 상대방의 사망으로 인한 실효이다.

08

정답 | ②

해설 | 구 「청소년보호법」 제49조 제1항, 제2항에 따른 같은 법 시행령 제40조 [별표 6]의 위반행위의 종별에 따른 과징금 처분기준은 법규명령이기는 하나 모법의 위임규정의 내용과 취지 및 헌법상의 과잉금지의 원칙과 평등의 원칙 등에 비추어 같은 유형의 위반행위라 하더라도 그 규모나 기간·사회적 비난 정도·위반행위로 인하여 다른 법률에 의하여 처벌받은 다른 사정·행위자의 개인적 사정 및 위반행위로 얻은 불법이익의 규모 등 여러 요소를 종합적으로 고려하여 사안에 따라 적정한 과징금의 액수를 정하여야 할 것이므로 그 수액은 정액이 아니라 최고한도액이다(대판 2001.3.9., 99두5207).

① 규정형식상 부령인 시행규칙 또는 지방자치단체의 규칙으로 정한 행정처분의 기준은 행정처분 등에 관한 사무처리기준과 처분절차 등 행정청 내의 사무처리준칙을 규정한 것에 불과하므로 행정조직 내부에 있어서의 행정명령의 성격을 지닐 뿐 대외적으로 국민이나 법원을 구속하는 힘이 없다(대판(全) 1995.10.17., 94누14148).

③ 상급행정기관이 하급행정기관에 대하여 업무처리지침이나 법령의 해석적용에 관한 기준을 정하여서 발하는 이른바 행정규칙은 일반적으로 행정조직 내부에서만 효력을 가질 뿐 대외적인 구속력을 갖는 것은 아니지만, 법령의 규정이 특정행정기관에게 그 법령내용의 구체적 사항을 정할 수 있는 권한을 부여하면서 그 권한행사의 절차나 방법을 특정하고 있지 아니한 관계로 수임행정기관이 행정규칙의 형식으로 그 법령의 내용이 될 사항을 구체적으로 정하고 있다면 그와 같은 행정규칙, 규정은 행정규칙이 갖는 일반적 효력으로서가 아니라, 행정기관에 법령의 구체적 내용을 보충할 권한을 부여한 법령규정의 효력에 의하여 그 내용을 보충하는 기능을 갖게 된다 할 것이므로 이와 같은 행정규칙, 규정은 당해 법령의 위임한계를 벗어나지 아니하는 한 그것들과 결합하여 대외적인 구속력이 있는 법규명령으로서의 효력을 갖게 된다(대판 1987.9.29., 86누484). 즉 판례는 일반적으로 행정규칙의 법규성을 부정하는 입장이다.

④ 행정규칙은 행정청 내의 업무지침을 규정한 것에 불과하므로 대외적 공포 또는 고시를 효력발생요건으로 하지 않는다.

09

정답 | ①

해설 | 같은 법 제21조의3 제1항 소정의 허가가 규제지역 내의 모든 국민에게 전반적으로 토지거래의 자유를 금지하고 일정한 요건을 갖춘 경우에만 금지를 해제하여 계약체결의 자유를 회복시켜 주는 성질의 것이라고 보는 것은 위법의 입법취지를 넘어선 지나친 해석이라고 할 것이고, 규제지역 내에서도 토지거래의 자유가 인정되나 다만 위 허가를 허가 전의 유동적 무효 상태에 있는 법률행위의 효력을 완성시켜 주는 인가적 성질을 띤 것이라고 보는 것이 타당하다(대판(全) 1991.12.24., 90다12243).

10

정답 | ②

해설 | 대인적 허가는 특별한 규정이 없는 한 그 허가가 승계되지 않는 것이 원칙이나, 대물적 허가는 허가의 효력이 승계된다.

① 허가는 보통 기속행위 또는 기속재량행위로 보아야 한다는 것이 통설의 입장이다.

③ 허가는 보통 신청에 의해 이루어지나, 신청이 없이 이루어질 수도 있다.

④ 새로운 권리를 창설하는 성격을 갖고 있는 것은 특허이다. 허가는 법규에 의한 금지를 해제하여 자연적 자유를 회복시켜주는 행위이다.

11

정답 | ④

해설 | 「청원법」 제4조 제3호에 따른 청원사항에 해당한다.

청원사항(「청원법」 제4조)	청원의 불수리 (「청원법」 제5조)
• 피해의 구제 • 공무원의 위법 · 부당한 행위에 대한 시정이나 징계의 요구 • 법률 · 명령 · 조례 · 규칙 등의 제정 · 개정 또는 폐지 • 공공의 제도 또는 시설의 운영 • 그밖에 국가기관 등의 권한에 속하는 사항	• 감사 · 수사 · 재판 · 행정심판 · 조정 · 중재 등 다른 법령에 의한 조사 · 불복 또는 구제절차가 진행 중인 때 • 허위의 사실로 타인으로 하여금 형사처분 또는 징계처분을 받게 하거나 국가기관 등을 중상모략하는 사항인 때 • 사인간의 권리관계 또는 개인의 사생활에 관한 사항인 때 • 청원인의 성명 · 주소 등이 불분명하거나 청원내용이 불명확한 때

12

정답 | ③

해설 | 공익근무요원은 헌법과 「국가배상법」상 이중배상금지 대상이 아니다.

> **헌법 제29조**
> ② 군인 · 군무원 · 경찰공무원 기타 법률이 정하는 자가 전투 · 훈련 등 직무집행과 관련하여 받은 손해에 대하여는 법률이 정하는 보상 외에 국가 또는 공공단체에 공무원의 직무상 불법행위로 인한 배상은 청구할 수 없다.
>
> **「국가배상법」 제2조(배상책임)**
> 국가나 지방자치단체는 공무원 또는 공무를 위탁받은 사인(이하 "공무원"이라 한다)이 직무를 집행하면서 고의 또는 과실로 법령을 위반하여 타인에게 손해를 입히거나, 「자동차손해배상 보장법」에 따라 손해배상의 책임이 있을 때에는 이 법에 따라 그 손해를 배상하여야 한다. 다만, 군인 · 군무원 · 경찰공무원 또는 예비군대원이 전투 · 훈련 등 직무 집행과 관련하여 전사(戰死) · 순직(殉職)하거나 공상(公傷)을 입은 경우에 본인이나 그 유족이 다른 법령에 따라 재해보상금 · 유족연금 · 상이연금 등의 보상을 지급받을 수 있을 때에는 이 법 및 「민법」에 따른 손해배상을 청구할 수 없다.

13

정답 | ③

해설 | 수익적 행정처분에 있어서는 법령에 특별한 근거규정이 없다고 하더라도 그 부관으로서 부담을 붙일 수 있고, 그와 같은 부담은 행정청이 행정처분을 하면서 일방적으로 부가할 수도 있지만 부담을 부가하기 이전에 상대방과 협의하여 부담의 내용을 협약의 형식으로 미리 정한 다음 행정처분을 하면서 이를 부가할 수도 있다(대판 2009.2.12., 2005다65500).
① 부관은 행정행위의 효과를 제한 또는 보충하기 위하여 주된 행정행위에 부가되는 종된 규율이다.
④ 행정행위의 취소는 일단 유효하게 성립한 행정행위를 그 행위에 위법 또는 부당한 하자가 있음을 이유로 소급하여 그 효력을 소멸시키는 별도의 행정처분이고, 행정행위의 철회는 적법요건을 구비하여 완전히 효력을 발하고 있는 행정행위를 사후적으로 그 행위의 효력의 전부 또는 일부를 장래에 향해 소멸시키는 행정처분이다. 그러므로 행정행위의 취소사유는 행정행위의 성립 당시에 존재하였던 하자를 말하고, 철회사유는 행정행위가 성립된 이후에 새로이 발생한 것으로서 행정행위의 효력을 존속시킬 수 없는 사유를 말한다고 할 것이다. 이 사건 기본재산전환인가의 인가조건으로 되어 있는 사유들은 모두 위 인가처분의 효력이 발생하여 기본재산 처분행위가 유효하게 이루어진 이후에 비로소 이행할 수 있는 것들이고, 인가처분 당시에 그 처분에 그와 같은 흠이 존재하였던 것은 아니므로, 위법리에 의하면, 위 사유들은 모두 인가처분의 철회사유에 해당한다고 보아야 하고, 인가처분을 함에 있어 위와 같은 철회사유를 인가조건으로 부가하면서 비록 철회권 유보라고 명시하지 아니한 채 조건불이행시 인가를 취소할 수 있다는 기재를 하였다 하더라도 위 인가조건의 전체적 의미는 인가처분에 대한 철회권을 유보한 것이라고 봄이 상당하다(대판 2003.5.30., 2003다6422).

14

정답 | ④

해설 | 비례의 원칙은 법의 일반원칙으로, 이 원칙을 위반한 경우 위법한 행위가 된다.

15

정답 | ②

해설 | 국제법 우위설, 국내법 우위설, 동위설은 국제법과 국내법관계 일원론에 해당하는 학설이다.
①, ③, ④ 헌법에 의하여 체결 · 공포된 조약과 일반적으로 승인된 국제법규는 국내법과 같은 효력을 가진다(헌법 제6조 제1항).

16

정답 │ ②

해설 │ 비상시 또는 위험이 절박한 경우에 있어서 당해 행위의 급속한 실시를 요하여 전 2항에 규정한 수속을 취할 여유가 없을 때에는 그 수속을 거치지 아니하고 대집행을 할 수 있다(「행정대집행법」 제3조 제3항).

① 토지ㆍ건물의 인도의무는 비대체적 작위의무이므로 대집행이 대상이 아니다.

③ 「행정대집행법」 제6조 제1항

④ 대판 2006.10.13., 2006두7096

17

정답 │ ①

해설 │ "의견제출"이란 행정청이 어떠한 행정작용을 하기 전에 당사자 등이 의견을 제시하는 절차로서 청문이나 공청회에 해당하지 아니하는 절차를 말한다(「행정절차법」 제2조 제7호).

② 「행정절차법」 제19조 제2항

③ 「행정절차법」 제20조 제1항 전단

④ 「행정절차법」 제25조

18

정답 │ ①

해설 │ ② 위법한 행정작용에 대한 구제수단은 손해배상이며, 손실보상은 적법한 행정작용에 대한 구제수단이다.

③ 수용대상토지의 보상가격을 정함에 있어 표준지 공시지가를 기준으로 비교한 금액이 수용대상토지의 수용사업인정 전의 개별공시지가보다 적은 경우가 있다고 하더라도, 이것만으로 「지가공시 및 토지 등의 평가에 관한 법률」 제9조, 「토지수용법」 제46조가 정당한 보상 원리를 규정한 헌법 제23조 제3항에 위배되어 위헌이라고 할 수는 없다(대판 2001.3.27., 99두7968).

④ 행정상 손실보상은 사유재산권 보장 및 공평부담의 취지를 갖는 제도이다.

19

정답 │ ④

해설 │ 당연무효의 행정처분을 소송목적물로 하는 행정소송에서는 존치시킬 효력이 있는 행정행위가 없기 때문에 「행정소송법」 제28조 소정의 사정판결을 할 수 없다(대판 1996.3.22., 95누5509).

① 사정판결의 경우에는 각하가 아니라 기각하는 판결을 한다.

② 법원은 그 판결의 주문에서 그 처분 등이 위법함을 명시하여야 한다(「행정소송법」 제28조 제1항 후단).

③ 제1항과 제2항은 무효등확인심판에는 적용하지 아니한다(「행정심판법」 제44조 제3항).

20

정답 │ ②

해설 │ 법률규정 자체에 위임의 구체적 범위를 명확히 규정하고 있지 아니하여 외형상으로는 일반적ㆍ포괄적으로 위임한 것처럼 보이더라도, 그 법률의 전반적인 체계와 취지ㆍ목적, 당해 조항의 규정형식과 내용 및 관련 법규를 살펴 이에 대한 해석을 통하여 그 내재적인 위임의 범위나 한계를 객관적으로 분명히 확정될 수 있는 것이라면 이를 일반적ㆍ포괄적인 위임에 해당하는 것으로 볼 수는 없다고 할 것이다(대판(全) 1996.3.21., 95누3640).

① 포괄적 위임금지에 대한 정의이다.

③ 일반적, 추상적, 개괄적인 규정이라 할지라도 법관의 법보충 작용으로서의 해석을 통하여 그 의미가 구체화ㆍ명확화 될 수 있다면 그 규정이 명확성을 결여하여 과세요건명확주의에 반하는 것으로 볼 수는 없다(대판 2001.4.27., 2000두9076).

④ 법률에서 위임받은 사항을 전혀 규정하지 아니하고 그대로 재위임하는 것은 허용되지 않으며, 위임받은 사항에 관하여 대강을 정하고 그 중의 특정사항을 범위를 정하여 하위법령에 다시 위임하는 경우에만 재위임이 허용된다(헌재 1996.2.29., 94헌마213).

21

정답 │ ③

해설 │ 징계처분이 중대하고 명백한 흠 때문에 당연무효의 것이라면 징계처분을 받은 자가 이를 용인하였다 하여 그 흠이 치료되는 것은 아니다(대판 1989.12.12., 88누8869).

① 하자 있는 행정행위의 정의이다.

② 행정청은 처분에 오기(誤記), 오산(誤算) 또는 그밖에 이에 준하는 명백한 잘못이 있을 때에는 직권으로 또는 신청에 따라 지체 없이 정정하고 그 사실을 당사자에게 통지하여야 한다(「행정절차법」 제25조).

④ 행정소송에서 행정처분의 위법 여부는 행정처분이 있을 때의 법령과 사실상태를 기준으로 하여 판단하여야 하고, 처분 후 법령의 개폐나 사실상태의 변동에 의하여 영향을 받지는 않는다고 할 것이다(대판 2002.7.9., 2001두10684).

22

정답 | ③

해설 | 대통령의 긴급재정경제명령은 국가긴급권의 일종으로서 고도의 정치적 결단에 의하여 발동되는 행위이고 그 결단을 존중하여야 할 필요성이 있는 행위라는 의미에서 이른바 통치행위에 속한다고 할 수 있으나, 통치행위를 포함하여 모든 국가작용은 국민의 기본권적 가치를 실현하기 위한 수단이라는 한계를 반드시 지켜야 하는 것이고, 헌법재판소는 헌법의 수호와 국민의 기본권 보장을 사명으로 하는 국가기관이므로 비록 고도의 정치적 결단에 의하여 행해지는 국가작용이라고 할지라도 그것이 국민의 기본권 침해와 직접 관련되는 경우에는 당연히 헌법재판소의 심판대상이 된다(헌재 1996.2.29., 93헌마186).

①, ② 대통령의 긴급명령과 긴급재정경제명령은 법률의 효력을 가지므로 행정법의 법원이 된다.

④ 헌법 제77조 제4항, 제5항

23

정답 | ②

해설 | 「국가배상법」 제5조 제1항 소정의 '공공의 영조물'이라 함은 국가 또는 지방자치단체에 의하여 특정 공공의 목적에 공여된 유체물 내지 물적 설비를 말하며, 국가 또는 지방자치단체가 소유권, 임차권 그 밖의 권한에 기하여 관리하고 있는 경우뿐만 아니라 사실상의 관리를 하고 있는 경우도 포함된다(대판 1998.10.23., 98다17381).

① 대판 1994.11.22., 94다32924

③ 「국가배상법」 제5조 소정의 영조물의 설치·관리상의 하자로 인한 책임은 무과실책임이고 나아가 「민법」 제758조 소정의 공작물의 점유자의 책임과는 달리 면책사유도 규정되어 있지 않으므로, 국가 또는 지방자치단체는 영조물의 설치·관리상의 하자로 인하여 타인에게 손해를 가한 경우에 그 손해의 방지에 필요한 주의를 해태하지 아니하였다 하여 면책을 주장할 수 없다(대판 1994.11.22., 94다32924).

④ 「국가배상법」이 특별법이므로 우선 적용된다.

24

정답 | ④

해설 | 「행정소송법」 제3조 제4호의 단서에서 「헌법재판소법」 제2조의 규정에 의하여 헌법재판소의 관장사항으로 되는 소송은 제외한다고 규정하고 있으며, 국가 또는 공공단체의 기관 상호간에 있어서의 권한의 존부 또는 그 행사에 관한 다툼은 헌법재판소의 관장사항이다.

25

정답 | ②

해설 | 「감사원법」 제43조 제1항의 규정에 의한 심사청구는 감사원의 감사를 받을 자의 행정행위에 이해관계가 있는 자로 하여금 감사원에 대하여 위 행정행위의 적법여부 또는 그 타당성 여부에 대한 심사를 하도록 하여 감사원의 직무수행에 도움을 주고 행정운영의 개선을 기하고자 하는 취지에 불과한 것이므로 위 심사청구에 관한 절차는 행정소송의 전심절차에 해당한다고 볼 수 없다(대판 1990.10.26., 90누5528).

① 「행정심판법」 제3조 제2항

③ 「행정심판법」 제14조

④ 「행정심판법」 제30조 제1항

국방부(육·해·공군) 시행 필기시험(2011.06.25)

1	2	3	4	5	6	7	8	9	10
④	②	④	②	①	②	①	②	①	④
11	12	13	14	15	16	17	18	19	20
②	④	③	②	④	①	①	①	④	③
21	22	23	24	25					
③	①	②	①	③					

01

정답 | ④

해설 | 관리행정은 수단에 의한 분류 중 비권력적행정에 해당한다.

행정의 분류	
주체에 의한 분류	국가행정, 자치행정, 위임행정
내용에 의한 분류	급부행정, 질서행정, 조달행정, 유도행정, 공과행정
수단에 의한 분류	권력적행정, 비권력적행정
효과에 의한 분류	수익적행정, 부담적행정, 복효적행정
목적에 의한 분류	국가목적적행정, 사회목적적행정

02

정답 | ②

해설 | 공정력은 행정행위에 하자가 있다고 하더라도 그것이 중대·명백하여 당연무효가 아닌 한 권한 있는 기관에 의해 취소될 때까지 그 효력을 부인할 수 없는 힘이다. 따라서 행정소송이 제기된다고 하더라도 처분의 효력에는 영향이 없다.

> **「행정소송법」 제23조(집행정지)**
> ① 취소소송의 제기는 처분 등의 효력이나 그 집행 또는 절차의 속행에 영향을 주지 아니한다.

03

정답 | ④

해설 | 구성요건적 효력이란 유효한 행정행위가 존재하면 다른 국가기관은 그 행정행위의 존재를 인정하고, 스스로의 판단의 기초로 삼아야 하는 효력을 말한다.

04

정답 | ②

해설 | 법률우위의 원칙은 행정의 모든 영역에 적용되나, 법률유보의 원칙의 적용 범위에 대하여는 견해의 대립이 있다.

① 행정규칙이 법령의 규정에 의하여 행정관청에 법령의 구체적 내용을 보충할 권한을 부여한 경우, 또는 재량권행사의 준칙인 규칙이 그 정한 바에 따라 되풀이 시행되어 행정관행이 이룩되게 되면, 평등의 원칙이나 신뢰보호의 원칙에 따라 행정기관은 그 상대방에 대한 관계에서 그 규칙에 따라야 할 자기구속을 당하게 되고, 그러한 경우에는 대외적인 구속력을 가지게 된다 할 것이다(헌재 1990.9.3., 90헌마13).

③ 신뢰보호의 원칙에 따른 개인의 사익과 공익이 충돌하는 경우 이익형량을 하여야 한다는 것이 판례의 입장이다.

④ 명확성의 원칙은 규율대상이 극히 다양하고 수시로 변화하는 것인 경우에는 그 요건이 완화되어야 한다(헌재 1999.9.16., 97헌바73).

05

정답 | ①

해설 | 법규명령은 행정청이 제정하는 행정입법 중 대외적으로 구속력을 갖는 것으로, 하급기관이 제정한 법규명령이라고 하더라도 모든 국가기관을 구속한다.

② 헌재 2006.12.28., 2005헌바59

③ 위임입법에 관한 헌법 제75조는 처벌법규에도 적용되는 것이지만 처벌법규의 위임은 특히 긴급한 필요가 있거나 미리 법률로써 자세히 정할 수 없는 부득이한 사정이 있는 경우에 한정되어야 하고 이 경우에도 법률에서 범죄의 구성요건은 처벌대상인 행위가 어떠한 것일 것이라고 이를 예측할 수 있을 정도로 구체적으로 정하고 형벌의 종류 및 그 상한과 폭을 명백히 규정하여야 한다(헌재 1991.7.8., 91헌가4).

④ 헌법 제107조 제2항이 규정한 명령·규칙에 대한 대법원의 최종심사권이란 구체적인 소송사건에서 명

령·규칙의 위헌여부가 재판의 전제가 되었을 경우 법률의 경우와는 달리 헌법재판소에 제청할 것 없이 대법원이 최종적으로 심사할 수 있다는 의미이며, 명령·규칙 그 자체에 의하여 직접 기본권이 침해되었음을 이유로 하여 헌법소원심판을 청구하는 것은 위 헌법규정과는 아무런 상관이 없는 문제이다. 따라서 입법부·행정부·사법부에서 제정한 규칙이 별도의 집행행위를 기다리지 않고 직접 기본권을 침해하는 것일 때에는 모두 헌법소원심판의 대상이 될 수 있는 것이다(헌재 1990.10.15., 89헌마178).

06

정답 | ②

해설 | 「행정절차법」에 따른 행정상 입법예고의 예외가 있다.

> **「행정절차법」 제41조(행정상 입법예고)**
> ① 법령 등을 제정·개정 또는 폐지(이하 "입법"이라 한다)하려는 경우에는 해당 입법안을 마련한 행정청은 이를 예고하여야 한다. 다만, 다음 각 호의 어느 하나에 해당하는 경우에는 예고를 하지 아니할 수 있다.
> 1. 신속한 국민의 권리 보호 또는 예측 곤란한 특별한 사정의 발생 등으로 입법이 긴급을 요하는 경우
> 2. 상위 법령 등의 단순한 집행을 위한 경우
> 3. 입법내용이 국민의 권리·의무 또는 일상생활과 관련이 없는 경우
> 4. 단순한 표현·자구를 변경하는 경우 등 입법내용의 성질상 예고의 필요가 없거나 곤란하다고 판단되는 경우
> 5. 예고함이 공공의 안전 또는 복리를 현저히 해칠 우려가 있는 경우

07

정답 | ①

해설 | 허가, 하명, 면제는 명령적 행위이며, 인가는 형성적 행위이다.

		명령적 행위	하명, 허가, 면제
행정행위	법률행위적 행정행위	형성적 행위	상대방을 위한 행위	특허
			제3자를 위한 행위	인가, 대리
	준법률행위적 행정행위	공증, 확인, 통지, 수리	

08

정답 | ②

해설 | 취소권의 제한은 보통 수익적 행정행위의 취소에 있어서 그 상대방을 보호하고자 하는 취지가 있으며, 부담적 행정행위의 취소의 경우 상대방에게 유리하기 때문에 취소권이 제한되지 않는다.

> **관련판례 – 수익적 행정행위를 취소할 수 있는 경우 (대판 1986.2.25., 85누664)**
> 행정행위를 한 처분청은 그 행위에 하자가 있는 경우에 별도의 법적 근거가 없더라도 스스로 이를 취소할 수 있는 것이며, 다만 그 행위가 국민에게 권리나 이익을 부여하는 이른바 수익적 행정행위인 때에는 그 행위를 취소하여야 할 공익상 필요와 그 취소로 인하여 당사자가 입을 기득권과 신뢰보호 및 법률생활 안정의 침해 등 불이익을 비교교량한 후 공익상 필요가 당사자의 기득권침해 등 불이익을 정당화할 수 있을 만큼 강한 경우에 한하여 취소할 수 있다.

09

정답 | ①

해설 | 철회권의 유보는 일정한 요건 하에 행정행위를 철회하여 그 효력을 소멸시킬 수 있도록 할 수 있음을 정한 부관이다. 철회권의 유보에서 정한 사실이 발생하였다고 하더라도 행정법의 일반원칙이 적용되어 일반적 요건이 충족되어야만 철회권을 행사할 수 있다.
② 대판 1973.6.26., 72누232
③ 행정행위를 한 처분청은 그 행위에 하자가 있는 경우에 별도의 법적 근거가 없더라도 스스로 이를 취소할 수 있다(대판 1986.2.25., 85누664).
④ 철회의 정의이다.

10

정답 | ④

해설 | 행정행위의 부관은 행정행위의 일반적인 효력이나 효과를 제한하기 위하여 의사표시의 주된 내용에 부가되는 종된 의사표시이지 그 자체로서 직접 법적 효과를 발생하는 독립된 처분이 아니므로 현행 행정쟁송제도 아래서는 부관 그 자체만을 독립된 쟁송의 대상으로 할 수 없는 것이 원칙이나 행정행위의 부관 중에서도 행정행위에 부수하여 그 행정행위의 상대방에게 일정한 의무를 부과하는 행정청의 의사표시인 부담의 경우에는 다른 부관과는 달리 행정행위의 불가분적인 요소가 아니고 그 존속이 본체인 행정행위의 존재를 전제로 하는 것일 뿐이므로 부담 그 자체로서 행정쟁송의 대상이 될 수 있다(대판 1992.1.21., 91누1264).

11

정답 | ②

해설 | 실권 또는 실효의 법리는 법의 일반원리인 신의성실의 원칙에 바탕을 둔 파생원칙인 것이므로 공법관계 가운데 관리관계는 물론이고 권력관계에도 적용되어야 함을 배제할 수는 없다 하겠으나 그것은 본래 권리행사의 기회가 있음에도 불구하고 권리자가 장기간에 걸쳐 그의 권리를 행사하지 아니하였기 때문에 의무자인 상대방은 이미 그의 권리를 행사하지 아니할 것으로 믿을 만한 정당한 사유가 있게 되거나 행사하지 아니할 것으로 추인케 할 경우에 <u>새삼스럽게 그 권리를 행사하는 것이 신의성실의 원칙에 반하는 결과가 될 때 그 권리행사를 허용하지 않는 것을 의미한다</u>(대판 1988.4.27., 87누915).

① 「행정절차법」에 실권의 법리에 대한 규정은 없다.

③ 행정청이 일정기간 철회권을 행사하지 않은 경우 그 행위를 철회하는 것을 허용하지 않는 것을 의미한다.

④ 실효의 원칙이 적용되기 위하여 필요한 요건으로서의 실효기간(권리를 행사하지 아니한 기간)의 길이와 의무자인 상대방이 권리가 행사되지 아니하리라고 신뢰할 만한 정당한 사유가 있었는지의 여부는 <u>일률적으로 판단할 수 있는 것이 아니라 구체적인 경우마다 권리를 행사하지 아니한 기간의 장단과 함께 권리자 측과 상대방 측 쌍방의 사정 및 객관적으로 존재한 사정 등을 모두 고려하여 사회통념에 따라 합리적으로 판단하여야 할 것이다</u>(대판 2005.10.28., 2005다45827).

12

정답 | ④

해설 | 신뢰보호의 원칙은 헌법의 기본원리인 법치주의 원리에서 도출되는 원칙으로, 공·사법을 포함한 모든 분야에 적용되는 기본원칙이다.

13

정답 | ③

해설 | 행정기관은 법령 등에서 행정조사를 규정하고 있는 경우에 한하여 행정조사를 실시할 수 있다. 다만, <u>조사대상자의 자발적인 협조를 얻어 실시하는 행정조사의 경우에는 그러하지 아니하다</u>(「행정조사기본법」 제5조).

① 「행정조사기본법」 제2조 제1호

② 「행정조사기본법」 제4조 제1항

④ 「행정조사기본법」 제25조, 「행정조사기본법」 제27조

14

정답 | ②

해설 | 행정지도란 행정기관이 그 소관 사무의 범위에서 일정한 행정목적을 실현하기 위하여 특정인에게 일정한 행위를 하거나 하지 아니하도록 지도, 권고, 조언 등을 하는 행정작용을 말한다(「행정절차법」 제2조 제3호). 즉, 강제한다는 것은 옳지 않다.

① 「행정절차법」 제2조 제2호

③ 「행정절차법」 제2조 제5호

④ 「행정절차법」 제2조 제7호

15

정답 | ④

해설 | 청구인이 정보공개와 관련한 공공기관의 결정에 대하여 불복이 있거나 정보공개 청구 후 20일이 경과하도록 정보공개 결정이 없는 때에는 「행정소송법」에서 정하는 바에 따라 행정소송을 제기할 수 있다(「공공기관의 정보공개에 관한 법률」 제20조 제1항).

①, ② 이 법은 공공기관이 보유·관리하는 정보에 대한 국민의 공개 청구 및 공공기관의 공개 의무에 관하여 필요한 사항을 정함으로써 국민의 알권리를 보장하고 국정(國政)에 대한 국민의 참여와 국정 운영의 투명성을 확보함을 목적으로 한다(「공공기관의 정보공개에 관한 법률」 제1조).

③ 「공공기관의 정보공개에 관한 법률」 제11조 제1항

16

정답 | ①

해설 | 질서위반행위의 성립과 과태료 처분은 행위 시의 법률에 따른다(「질서위반행위규제법」 제3조 제1항).

> **「질서위반행위규제법」 제3조(법 적용의 시간적 범위)**
> ① 질서위반행위의 성립과 과태료 처분은 행위 시의 법률에 따른다.
> ② 질서위반행위 후 법률이 변경되어 그 행위가 질서위반행위에 해당하지 아니하게 되거나 과태료가 변경되기 전의 법률보다 가볍게 된 때에는 법률에 특별한 규정이 없는 한 변경된 법률을 적용한다.
> ③ 행정청의 과태료 처분이나 법원의 과태료 재판이 확정된 후 법률이 변경되어 그 행위가 질서위반행위에 해당하지 아니하게 된 때에는 변경된 법률에 특별한 규정이 없는 한 과태료의 징수 또는 집행을 면제한다.
>
> **「질서위반행위규제법」 제4조(법 적용의 장소적 범위)**
> ① 이 법은 대한민국 영역 안에서 질서위반행위를 한 자에게 적용한다.
> ② 이 법은 대한민국 영역 밖에서 질서위반행위를 한 대한민국의 국민에게 적용한다.
> ③ 이 법은 대한민국 영역 밖에 있는 대한민국의 선박 또는 항공기 안에서 질서위반행위를 한 외국인에게 적용한다.

17

정답 | ①

해설 | 행정처분의 당연무효를 구하는 소송에 있어서 그 무효를 구하는 사람에게 그 행정처분에 존재하는 하자가 중대하고 명백하다는 것을 주장 입증할 책임이 있다(대판 1984.2.28., 82누154).

② 「민사소송법」의 규정이 준용되는 행정소송에 있어서 입증책임은 원칙적으로 민사소송의 일반원칙에 따라 당사자 간에 분배되고 항고소송의 경우에는 그 특성에 따라 당해 처분의 적법을 주장하는 피고에게 그 적법사유에 대한 입증책임이 있다 할 것인바 피고가 주장하는 당해 처분의 적법성이 합리적으로 수긍할 수 있는 일응의 입증이 있는 경우에는 그 처분은 정당하다 할 것이며 이와 상반되는 주장과 입증은 그 상대방인 원고에게 그 책임이 돌아간다고 할 것이다(대판 1984.7.24., 84누124).

③ 사정판결은 당사자의 명백한 주장이 없는 경우에도 기록에 나타난 여러 사정을 기초로 직권으로 할 수 있는 것이나, 그 요건인 현저히 공공복리에 적합하지 아니한지 여부는 위법한 행정처분을 취소·변경하여야 할 필요와 그 취소·변경으로 인하여 발생할 수 있는 공공복리에 반하는 사태 등을 비교·교량하여 판단하여야 한다(대판 2006.9.22., 2005두2506).

④ 행정소송에 있어서 특단의 사정이 있는 경우를 제외하면 당해 행정처분의 적법성에 관하여는 당해 처분청이 이를 주장·입증하여야 할 것이나 행정소송에 있어서 직권주의가 가미되어 있다고 하여도 여전히 변론주의를 기본 구조로 하는 이상 행정처분의 위법을 들어 그 취소를 청구함에 있어서는 직권조사사항을 제외하고는 그 취소를 구하는 자가 위법사유에 해당하는 구체적인 사실을 먼저 주장하여야 한다(대판 2000.3.23., 98두2768).

18

정답 | ①

해설 | 지방자치단체의 장의 직무상 위법행위에 대한 손해배상책임은 다른 사정이 없는 이상 자치단체의 집행기관으로서의 직무에 대하여는 자치단체가 책임을 지나, 국가로부터 자치단체에 시행하는 국가행정사무를 위임받아 행하는, 국가의 보통지방행정기관으로서의 직무에 대하여는 국가가 그 책임을 진다. 따라서, 경기도지사가 행하는 공유수면매립에 관한 사무는 국가행정기관으로서의 사무라고 할 것이니 경기도는 그 직무상의 위법행위에 대한 책임이 없다(대판 1981.11.24., 80다2303).

② 대판 2016.8.25., 2014다225083

③ 행정지도가 강제성을 띠지 않은 비권력적 작용으로서 행정지도의 한계를 일탈하지 아니하였다면, 그로 인하여 상대방에게 어떤 손해가 발생하였다 하더라도 행정기관은 그에 대한 손해배상책임이 없다(대판 2008.9.25., 2006다18828).

④ 공무원이 직무수행 중 불법행위로 타인에게 손해를 입힌 경우에 국가 등이 국가배상책임을 부담하는 외에 공무원 개인도 고의 또는 중과실이 있는 경우에는 불법행위로 인한 손해배상책임을 지고, 공무원에게 경과실이 있을 뿐인 경우에는 공무원 개인은 손해배상책임을 부담하지 아니한다. 이처럼 경과실이 있는 공무원이 피해자에 대하여 손해배상책임을 부담하지 아니함에도 피해자에게 손해를 배상하였다면 그것은 채무자 아닌 사람이 타인의 채무를 변제한 경우에 해당하고, 이는 「민법」 제469조의 '제3자의 변제' 또는 「민법」 제744조의 '도의관념에 적합한 비채변제'에 해당하여 피해자는 공무원에 대하여 이를 반환할 의무가 없고, 그에 따라 피해자의 국가에 대한 손해배상청구권이 소멸하여 국가는 자신의 출연 없이 채무를 면하게 되므로, 피해자에게 손해를 직접 배상한 경과실이 있는 공무원은 특별한 사정이 없는 한 국가에 대하여 국가의 피해자에 대한 손해배상책임의 범위 내에서 공무원이 변제한 금액에 관하여 구상권을 취득한다고 봄이 타당하다(대판 2014.8.20., 2012다54478).

19

정답 | ④

해설 | 국가를 상대로 하는 당사자소송의 경우에는 가집행선고를 할 수 없다(「행정소송법」 제43조).

① 「행정소송법」 제45조

② 「행정소송법」 제12조

③ 「행정소송법」 제32조

2021년
2020년
2019년
2018년
2017년
2016년
2015년
2014년
2013년
2012년
2011년
2010년
2009년
2008년
2007년

20

정답 | ③

해설 | 항고소송은 원칙적으로 소송의 대상인 행정처분 등을 외부적으로 그의 명의로 행한 행정청을 피고로 하여야 하는 것으로서, 그 행정처분을 하게 된 연유가 상급행정청이나 타행정청의 지시나 통보에 의한 것이라 하여 다르지 않고, 권한의 위임이나 위탁을 받아 수임행정청이 자신의 명의로 한 처분에 관하여도 마찬가지이다. 그리고 <u>위와 같은 지시나 통보, 권한의 위임이나 위탁은 행정기관 내부의 문제일 뿐 국민의 권리의무에 직접 영향을 미치는 것이 아니어서 항고소송의 대상이 되는 행정처분에 해당하지 않는다</u>(대판 2013.2.28., 2012두22904).

① 피고 국가보훈처장 등에게, 독립운동가들에 대한 서훈 추천권의 행사가 적정하지 아니하였으니 이를 바로잡아 다시 추천하고, 잘못 기술된 독립운동가의 활동상을 고쳐 독립운동사 등의 책자를 다시 편찬·보급하고, 독립기념관 전시관의 해설문, 전시물 중 잘못된 부분을 고쳐 다시 전시 및 배치할 의무가 있음의 확인을 구하는 청구는 작위의무확인소송으로서 항고소송의 대상이 되지 아니한다(대판 1990.11.23., 90누3553).

② 대리권을 수여받은 데 불과하여 그 자신의 명의로는 행정처분을 할 권한이 없는 행정청의 경우 대리관계를 밝힘이 없이 그 자신의 명의로 행정처분을 하였다면 그에 대하여는 처분명의자인 당해 행정청이 항고소송의 피고가 되어야 하는 것이 원칙이지만, 비록 대리관계를 명시적으로 밝히지는 아니하였다 하더라도 처분명의자가 피대리 행정청 산하의 행정기관으로서 실제로 피대리 행정청으로부터 대리권한을 수여받아 피대리 행정청을 대리한다는 의사로 행정처분을 하였고 처분명의자는 물론 그 상대방도 그 행정처분이 피대리 행정청을 대리하여 한 것임을 알고서 이를 받아들인 예외적인 경우에는 피대리 행정청이 피고가 되어야 한다(대결 2006.2.23., 자2005부4).

④ 「행정소송법」 제12조 전단

21

정답 | ③

해설 | 취소소송은 법령의 규정에 의하여 당해 처분에 대한 행정심판을 제기할 수 있는 경우에도 이를 거치지 아니하고 제기할 수 있다. 다만, 다른 법률에 당해 처분에 대한 행정심판의 재결을 거치지 아니하면 취소소송을 제기할 수 없다는 규정이 있는 때에는 그러하지 아니하다(「행정소송법」 제18조 제1항).

① 「행정소송법」 제9조 제3항

② 「행정소송법」 제9조 제2항

④ 「행정소송법」 제19조

22

정답 | ①

해설 | 도시공원시설인 매점의 관리청이 그 공동점유자 중의 1인에 대하여 소정의 기간 내에 위 매점으로부터 퇴거하고 이에 부수하여 그 판매 시설물 및 상품을 반출하지 아니할 때에는 이를 대집행하겠다는 내용의 계고처분은 그 주된 목적이 매점의 원형을 보존하기 위하여 점유자가 설치한 불법 시설물을 철거하고자 하는 것이 아니라, 매점에 대한 점유자의 점유를 배제하고 그 점유이전을 받는 데 있다고 할 것인데, <u>이러한 의무는 그것을 강제적으로 실현함에 있어 직접적인 실력행사가 필요한 것이지 대체적 작위의무에 해당하는 것은 아니어서 직접강제의 방법에 의하는 것은 별론으로 하고 「행정대집행법」에 의한 대집행의 대상이 되는 것은 아니다</u>(대판 1998.10.23., 97누157).

② 대판 2006.10.13., 2006두7096

③ 대판 2009.6.11., 2009다1122

④ 대집행의 계고, 대집행영장에 의한 통지, 대집행의 실행, 대집행에 요한 비용의 납부명령 등은 타인이 대신하여 행할 수 있는 행정의무의 이행을 의무자의 비용 부담 하에 확보하고자 하는, 동일한 행정목적을 달성하기 위하여 단계적인 일련의 절차로 연속하여 행하여지는 것이다(대판 1996.2.9., 95누12507).

23

정답 | ②

해설 | ① 지방자치단체의 장은 주민에게 과도한 부담을 주거나 중대한 영향을 미치는 지방자치단체의 주요 결정사항 등에 대하여 주민투표에 부칠 수 있다(「지방자치법」 제14조 제1항).

③ 지방자치단체는 법령이나 상급 지방자치단체의 조례를 <u>위반하여 그 사무를 처리할 수 없다</u>(「지방자치법」 제8조 제3항).

④ 지방자치단체의 구성은 <u>「지방자치법」에 규정</u>되어 있다.

24

정답 | ①

해설 | 행정청이 상대방에게 장차 어떤 처분을 하겠다고 확약 또는 공적인 의사표명을 하였다고 하더라도, 그 자체에서 상대방으로 하여금 언제까지 처분의 발령을 신청 하도록 유효기간을 두었는데도 그 기간 내에 상대방의 신청이 없었다거나 확약 또는 공적인 의사표명이 있은 후에 사실적·법률적 상태가 변경되었다면, 그와 같은 확약 또는 공적인 의사표명은 행정청의 별다른 의사표시를 기다리지 않고 실효된다(대판 1996.8.20., 95누10877).

② 위임 및 위탁기관은 수임 및 수탁기관의 수임 및 수탁 사무 처리에 대하여 지휘·감독하고, 그 처리가 위법 하거나 부당하다고 인정될 때에는 이를 취소하거나 정 지시킬 수 있다(행정권한의 위임 및 위탁에 관한 규정 제6조).

③ 이 사건 법률조항은 앞에서 본 바와 같이 급박한 상황 에 대처하기 위한 것으로서 그 불가피성과 정당성이 충분히 인정되는 경우이므로, 이 사건 법률조항이 영 장 없는 수거를 인정한다고 하더라도 이를 두고 헌법 상 영장주의에 위배되는 것으로는 볼 수 없고, 위 구 「음반·비디오물 및 게임물에 관한 법률」 제24조 제4 항에서 관계공무원이 당해 게임물 등을 수거한 때에는 그 소유자 또는 점유자에게 수거증을 교부하도록 하고 있고, 동조 제6항에서 수거 등 처분을 하는 관계공무 원이나 협회 또는 단체의 임·직원은 그 권한을 표시 하는 증표를 지니고 관계인에게 이를 제시하도록 하는 등의 절차적 요건을 규정하고 있으므로, 이 사건 법률 조항이 적법절차의 원칙에 위배되는 것으로 보기도 어 렵다(헌재 2002.10.31., 2000헌가12).

④ 이행강제금은 행정법상의 부작위의무 또는 비대체 적 작위의무를 이행하지 않은 경우에 '일정한 기한까 지 의무를 이행하지 않을 때에는 일정한 금전적 부담 을 과할 뜻'을 미리 '계고'함으로써 의무자에게 심리적 압박을 주어 장래를 향하여 의무의 이행을 확보하려는 간접적인 행정상 강제집행 수단이다(대판 2015.6.24., 2011두2170).

25

정답 | ③

해설 | 신뢰보호원칙은 환경행정법의 기본원칙에 해당되지 않는다.

> **환경행정법의 기본원칙**
> • 사전배려의 원칙
> • 존속보호의 원칙
> • 원인자책임의 원칙
> • 협동원칙과 공동부담의 원칙

국방부(육 · 해 · 공군) 시행 필기시험(2010.06.26)									
1	2	3	4	5	6	7	8	9	10
③	④	③	②	④	①	③	②	③	②
11	12	13	14	15	16	17	18	19	20
③	③	④	①	②	①	④	②	④	③
21	22	23	24	25					
④	④	③	②	④					

01

정답 | ③

해설 | 공정력은 행정행위에 하자가 있음에도 그 하자가 중대 · 명백하여 당연무효가 아닌 경우에는 권한 있는 기관에 의하여 취소되기 전까지는 상대방 및 제3자에 대하여 그 효력을 부인하지 못하는 힘을 말하며, 이는 처음부터 행정행위가 존재한다고 볼 수 없는 부존재 또는 하자가 중대 · 명백하여 무효인 행정행위에는 인정되지 않는다.

02

정답 | ④

해설 | 청구인이 정보공개와 관련한 공공기관의 비공개 결정 또는 부분 공개 결정에 대하여 불복이 있거나 정보공개 청구 후 20일이 경과하도록 정보공개 결정이 없는 때에는 공공기관으로부터 정보공개 여부의 결정 통지를 받은 날 또는 정보공개 청구 후 20일이 경과한 날부터 30일 이내에 해당 공공기관에 문서로 이의신청을 할 수 있다(「공공기관의 정보공개에 관한 법률」 제18조 제1항).
① 공공기관은 전자적 형태로 보유 · 관리하는 정보에 대하여 청구인이 전자적 형태로 공개하여 줄 것을 요청하는 경우에는 그 정보의 성질상 현저히 곤란한 경우를 제외하고는 청구인의 요청에 따라야 한다(「공공기관의 정보공개에 관한 법률」 제15조 제1항).
② 비용 감면이 가능하다.

> **「공공기관의 정보공개에 관한 법률」 제17조(비용 부담)**
> ① 정보의 공개 및 우송 등에 드는 비용은 실비(實費)의 범위에서 청구인이 부담한다.
> ② 공개를 청구하는 정보의 사용 목적이 공공복리의 유지 · 증진을 위하여 필요하다고 인정되는 경우에는 제1항에 따른 비용을 감면할 수 있다.

③ 정보의 공개를 청구하는 자는 해당 정보를 보유하거나 관리하고 있는 공공기관에 다음 각 호의 사항을 적은 정보공개 청구서를 제출하거나 말로써 정보의 공개를 청구할 수 있다(「공공기관의 정보공개에 관한 법률」 제10조 제1항).

03

정답 | ③

해설 | '신항'의 명칭 결정은 행정기관 내부의 행위에 지나지 않으므로 그로 인해 이 사건 청구인들인 경상남도나 진해시가 어떤 법적 불이익을 받는 것은 아니고 청구인들이 주장하는 불이익은 단지 심리적, 정서적 불이익에 불과할 뿐이다. 그렇다면 '신항'의 명칭 결정은 경상남도나 진해시의 권리 의무나 법률 관계에 직접 영향을 미치지 않으므로 이 사건 심판청구는 처분성 요건을 갖추지 못하여 부적법하다 할 것이다(헌재 2008.3.27., 2006헌라1).
① 「도시계획법」 제12조 소정의 고시된 도시계획 결정은 특정 개인의 권리 내지 법률상의 이익을 개별적이고 구체적으로 규제하는 효과를 가져오게 하는 행정청의 처분이라 할 것이고, 이는 행정소송의 대상이 된다(대판 1982.3.9., 80누105).
② 기간제로 임용되어 임용기간이 만료된 국 · 공립대학의 조교수는 교원으로서의 능력과 자질에 관하여 합리적인 기준에 의한 공정한 심사를 받아 위 기준에 부합되면 특별한 사정이 없는 한 재임용되리라는 기대를 가지고 재임용 여부에 관하여 합리적인 기준에 의한 공정한 심사를 요구할 법규상 또는 조리상 신청권을 가진다고 할 것이니, 임용권자가 임용기간이 만료된 조교수에 대하여 재임용을 거부하는 취지로 한 임용기간만료의 통지는 위와 같은 대학교원의 법률관계에 영향을 주는 것으로서 행정소송의 대상이 되는 처분에 해당한다(대판(全) 2004.4.22., 2000두7735).
④ 법 소정의 급여는 급여를 받을 권리를 가진 자가 당해 공무원이 소속하였던 기관장의 확인을 얻어 신청하는 바에 따라 공무원연금관리공단이 그 지급결정을 함으로써 그 구체적인 권리가 발생하는 것이므로, 공무원연금관리공단의 급여에 관한 결정은 국민의 권리에 직접 영향을 미치는 것이어서 행정처분에 해당하고, 공무원연금관리공단의 급여결정에 불복하는 자는 공무원연금급여재심위원회의 심사결정을 거쳐 공무원연금관리공단의 급여결정을 대상으로 행정소송을 제기하여야 한다(대판 1996.12.6., 96누6417).

04

정답 | ②

해설 | 행정청은 <u>대통령령을 입법예고하는 경우 국회 소관 상임위원회에 이를 제출하여야 한다</u>(「행정절차법」 제42조 제2항).

① 「행정절차법」 제43조

③ 「행정절차법」 제41조 제1항 제4호

> **「행정절차법」 제41조(행정상 입법예고)**
>
> ① 법령 등을 제정·개정 또는 폐지(이하 "입법"이라 한다)하려는 경우에는 해당 입법안을 마련한 행정청은 이를 예고하여야 한다. 다만, 다음 각 호의 어느 하나에 해당하는 경우에는 <u>예고를 하지 아니할 수 있다.</u>
> 1. 신속한 국민의 권리 보호 또는 예측 곤란한 특별한 사정의 발생 등으로 입법이 긴급을 요하는 경우
> 2. 상위 법령 등의 단순한 집행을 위한 경우
> 3. 입법내용이 국민의 권리·의무 또는 일상생활과 관련이 없는 경우
> 4. <u>단순한 표현·자구를 변경하는 경우</u> 등 입법내용의 성질상 예고의 필요가 없거나 곤란하다고 판단되는 경우
> 5. 예고함이 공공의 안전 또는 복리를 현저히 해칠 우려가 있는 경우

④ 「행정절차법」 제42조 제5항

05

정답 | ④

해설 | 「도시계획법」 제16조의2 제2항과 같은 법 시행령 제14조의2 제6항 내지 제8항의 규정을 종합하여 보면 도시계획의 입안에 있어 해당 도시계획안의 내용을 공고 및 공람하게 한 것은 다수 이해관계자의 이익을 합리적으로 소정하여 국민의 권리자유에 대한 부당한 침해를 방지하고 행정의 민주화와 신뢰를 확보하기 위하여 국민의 의사를 그 과정에 반영시키는 데 있는 것이므로 <u>이러한 공고 및 공람 절차에 하자가 있는 도시계획결정은 위법하다</u>(대판 2000.3.23., 98두2768).

① 행정계획이라 함은 행정에 관한 전문적·기술적 판단을 기초로 하여 도시의 건설·정비·개량 등과 같은 특정한 행정목표를 달성하기 위하여 서로 관련되는 행정수단을 종합·조정함으로써 장래의 일정한 시점에 있어서 일정한 질서를 실현하기 위한 활동기준으로 설정된 것으로서, 「도시계획법」 등 관계 법령에는 추상적인 행정목표와 절차만이 규정되어 있을 뿐 행정계획의 내용에 대하여는 별다른 규정을 두고 있지 아니하므로 행정주체는 구체적인 행정계획을 입안·결정함에 있어서 <u>비교적 광범위한 형성의 자유를 가진다</u>(대판 1996.11.29., 96누8567).

② 예를 들면 도시계획결정은 구속적 계획(대판 1982.3.9., 80누105), 도시기본계획은 비구속적 계획(대판 2002.10.11., 2000두8226)에 해당한다.

③ 「택지개발촉진법」 제18조, 제20조의 규정에 따라 택지개발사업 시행자가 건설부장관으로부터 승인을 받아 택지의 공급방법을 결정하였더라도 그 공급방법의 결정은 내부적인 행정계획에 불과하여 그것만으로 택지공급희망자의 권리나 법률상 이익에 개별적이고 구체적인 영향을 미치는 것은 아니므로, <u>택지개발사업시행자가 그 공급방법을 결정하여 통보한 것은 분양계약을 위한 사전 준비절차로서의 사실행위에 불과하고 항고소송의 대상이 되는 행정처분으로 볼 수 없다</u>(대판 1993.7.13., 93누36).

06

정답 | ①

해설 | 재량행위에 대해서는 원칙적으로 재량의 일탈·남용의 범위를 초과하지 않는 한도에서 법률유보의 원칙이 적용되지 않는다. 다만 법률우위의 원칙은 적용된다.

07

정답 | ③

해설 | 행정기관은 행정지도의 상대방이 행정지도에 따르지 아니하였다는 것을 이유로 불이익한 조치를 하여서는 아니 된다(「행정절차법」 제48조 제2항).

① 「행정절차법」 제48조 제1항

② 행정지도는 처분성이 없으므로 행정쟁송의 대상이 아니다.

④ 「행정절차법」 제51조

08

정답 | ②

해설 | 지방의회 의원에 대한 제명의결 취소소송 계속 중 의원의 임기가 만료된 사안에서, 제명의결의 취소로 의원의 지위를 회복할 수는 없다 하더라도 <u>제명의결시부터 임기만료일까지의 기간에 대한 월정수당의 지급을 구할 수 있는 등 여전히 그 제명의결의 취소를 구할 법률상 이익이 있다</u>(대판 2009.1.30., 2007두13487).

① 시내버스운송사업과 시외버스운송사업은 다 같이 운행계통을 정하고 여객을 운송하는 노선여객자동차운송사업에 속하므로, 위 두 운송사업이 면허기준, 준수하여야 할 사항, 중간경유지, 기점과 종점, 운행방법, 이용요금 등에서 달리 규율된다는 사정만으로 본질적인 차이가 있다고 할 수는 없으며, 시외버스운송사업계획변경인가처분으로 인하여 기존의 시내버스운송사업자의 노선 및 운행계통과 시외버스운송사업자들의 그것들이 일부 중복되게 되고 기존업자의 수익감소가 예상된다면, <u>기존의 시내버스운송사업자와 시외버스</u>

운송사업자들은 경업관계에 있는 것으로 봄이 상당하다 할 것이어서 기존의 시내버스운송사업자에게 시외버스운송사업계획변경인가처분의 취소를 구할 법률상의 이익이 있다(대판 2002.10.25., 2001두4450).

③ 개발제한구역 안에서의 공장설립을 승인한 처분이 위법하다는 이유로 쟁송취소되었다고 하더라도 그 승인처분에 기초한 공장건축허가처분이 잔존하는 이상, 공장설립승인처분이 취소되었다는 사정만으로 인근 주민들의 환경상 이익이 침해되는 상태나 침해될 위험이 종료되었다거나 이를 시정할 수 있는 단계가 지나버렸다고 단정할 수는 없고, 인근 주민들은 여전히 공장건축허가처분의 취소를 구할 법률상 이익이 있다고 보아야 한다(대판 2018.7.12., 2015두3485).

④ 사법시험 제1차 시험에 합격하였다고 할지라도 그것은 합격자가 사법시험령 제6조, 제8조 제1항의 각 규정에 의하여 당회의 제2차 시험과 차회의 제2차 시험에 응시할 자격을 부여받을 수 있는 전제요건이 되는 데 불과한 것이고, 그 자체만으로 합격한 자의 법률상의 지위가 달라지게 되는 것이 아니므로, 제1차 시험 불합격 처분 이후에 새로이 실시된 사법시험 제1차 시험에 합격하였을 경우에는 더 이상 위 불합격 처분의 취소를 구할 법률상 이익이 없다(대판 1996.2.23., 95누2685).

09

정답 | ③

해설 | 하명은 상대방에게 부담을 주는 침해적 행정행위이므로 반드시 법적 근거가 있어야 하며, 자유재량행위로 볼 수 없다.

① 하명에 위반된다고 하더라도 이에 따른 행정상의 제재가 있을 뿐, 하명에 위반된 행정행위의 효력 자체가 부인되지는 않는다.

② 하명은 도로 청소나 교통방해물의 제거 등의 사실행위인 경우도 있지만, 무기매매 등의 법률행위인 경우도 있다.

④ 위법·부당한 하명에 의하여 권리나 이익을 침해당한 자는 행정쟁송을 제기할 수 있다.

10

정답 | ②

해설 | 통설과 판례는 허가를 기속행위 또는 기속재량행위로 본다.

① 허가는 법령에 의한 일반적·상대적 금지(부작위 의무)를 특정한 경우에 해제하여 적법하게 일정한 행위를 할 수 있도록 자유를 회복시켜주는 행정행위이다.

③ 외국환관리규정(1981.7.21. 재무부고시 제893호) 제2-56조 제1항에 의한 인증은 「외국환관리법」이 규정하고 있는 금지행위의 해제를 허가하는 효력밖에 없고 이에 저촉되는 행위라 할지라도 그 사법상의 효력에는 아무런 영향이 없다(대판 1985.3.12., 84다카643).

④ 종전의 허가가 기한의 도래로 실효한 이상 원고가 종

전 허가의 유효기간이 지나서 신청한 이 사건 기간연장신청은 그에 대한 종전의 허가처분을 전제로 하여 단순히 그 유효기간을 연장하여 주는 행정처분을 구하는 것이라기보다는 종전의 허가처분과는 별도의 새로운 허가를 내용으로 하는 행정처분을 구하는 것이라고 보아야 할 것이어서, 이러한 경우 허가권자는 이를 새로운 허가신청으로 보아 법의 관계 규정에 의하여 허가요건의 적합 여부를 새로이 판단하여 그 허가 여부를 결정하여야 할 것이다(대판 1995.11.10., 94누11866).

11

정답 | ③

해설 | 「석유사업법」 제12조 제3항, 제9조 제1항, 제12조 제4항 등을 종합하면 석유판매업(주유소)허가는 소위 대물적 허가의 성질을 갖는 것이어서 그 사업의 양도도 가능하다(대판 1986.7.22., 86누203).

12

정답 | ③

해설 | 개인적 공권은 공법관계에서 행정객체인 개인이 자신의 이익을 위하여 국가 등의 행정주체에 대하여 일정한 이익을 요구할 수 있는 법률상의 힘으로, 불행사의 제한이라는 특징은 없다. 공익적 견지에서 이전과 포기가 제한되며, 위법한 행정작용에 대한 손해를 받은 경우 국가배상을 청구할 수 있다. 그밖에 공법상 금전채권의 소멸시효 기간은 5년으로, 사권보다 단기인 특징을 갖는다.

13

정답 | ④

해설 | 문화적, 학술적 가치는 특별한 사정이 없는 한 그 토지의 부동산으로서의 경제적, 재산적 가치를 높여 주는 것이 아니므로 「토지수용법」 제51조 소정의 손실보상의 대상이 될 수 없으니, 이 사건 토지가 철새 도래지로서 자연 문화적인 학술가치를 지녔다 하더라도 손실보상의 대상이 될 수 없다(대판 1989.9.12., 88누11216).

① 공공필요에 의한 재산권의 수용·사용 또는 제한 및 그에 대한 보상은 법률로써 하되, 정당한 보상을 지급하여야 한다(「헌법」 제23조 제3항).

② 「공익사업을 위한 토지 등의 취득 및 보상에 관한 법률」 제30조 제2항 전단

③ 「공익사업을 위한 토지 등의 취득 및 보상에 관한 법률」 제28조 제1항

14

정답 | ①

해설 | 취소소송의 제기는 처분 등의 효력이나 그 집행 또는 절차의 속행에 영향을 주지 아니한다(「행정소송법」 제23조 제1항). 이를 집행부정지의 원칙이라고 한다. 집행부정지의 원칙은 행정주체가 행하는 공행정의 원활한 수행을 위한 것이며, 행정객체의 권리보호와는 거리가 멀다.

② 「행정소송법」 제23조 제2항 단서

③ 집행정지의 결정이 확정된 후 집행정지가 공공복리에 중대한 영향을 미치거나 그 정지사유가 없어진 때에는 당사자의 신청 또는 직권에 의하여 결정으로써 집행정지의 결정을 취소할 수 있다(「행정소송법」 제24조 제1항).

④ 무효인 행정행위에는 불가쟁력이 발생하지 않으며, 취소사유 있는 행정행위에서 발생한다.

15

정답 | ②

해설 | 원래 행정처분을 한 처분청은 그 행위에 하자가 있는 경우에는 원칙적으로 별도의 법적 근거가 없더라도 스스로 이를 직권으로 취소할 수 있는 것이고, 행정처분에 대한 법정의 불복기간이 지나면 직권으로도 취소할 수 없게 되는 것은 아니다(대판 1995.9.15., 95누6311).

① 불가변력은 일정한 행정행위의 경우 이를 발한 행정청 자신도 그 취소, 변경, 철회할 수 없게 되는 것을 말한다.

③ 무효인 행정행위는 불가쟁력 · 불가변력 모두 발생하지 않는다.

④ 불가변력은 처분청을, 불가쟁력은 국민을 대상으로 한다.

16

정답 | ①

해설 | 공익과 사익의 구별은 선험적인 것이 아니라 각 국가의 특성, 경험 등을 고려한 실정법상의 구별이다.

17

정답 | ④

해설 | 어업권면허에 선행하는 우선순위결정은 행정청이 우선권자로 결정된 자의 신청이 있으면 어업권면허처분을 하겠다는 것을 약속하는 행위로서 강학상 확약에 불과하고 행정처분은 아니므로, 우선순위결정에 공정력이나 불가쟁력과 같은 효력은 인정되지 아니한다(대판 1995.1.20., 94누6529).

18

정답 | ②

해설 | 의용소방대원과 시영버스 운전자는 「국가배상법」상 공무원에 해당하지 않는 가장 대표적인 예이다.

공무원 인정	지방자치단체에 근무하는 청원경찰, 미군부대 카투사, 집행관, 소집 중인 예비군대원, 교통할아버지, 통장, 검사 등
공무원 불인정	의용소방대원, 시영버스 운전자, 공무에 자진 협력하는 사인, 단순노무자 등

19

정답 | ④

해설 | 손실보상은 다른 법률에 특별한 규정이 있는 경우를 제외하고는 현금으로 지급하여야 한다(「공익사업을 위한 토지 등의 취득 및 보상에 관한 법률」 제63조 제1항).

> **「공익사업을 위한 토지 등의 취득 및 보상에 관한 법률」에 따른 손실보상원칙 규정**
> - 사업시행자 보상(제61조)
> - 사전보상, 전액보상(제62조)
> - 현금보상(제63조)
> - 개인별보상(제64조)
> - 일괄보상(제65조)
> - 사업시행 이익과의 상계금지(제66조)

20

정답 | ③

해설 | 공법에 대해 사법이 적용, 또는 사법에 대해 공법이 적용될 수도 있다. 현대 행정에서 공법과 사법은 이론적으로 구별할 수는 있지만 상대적 구별에 불과하며, 물론 양자가 혼합하는 경우 역시 존재한다.

21

정답 | ④

해설 | 공법상 계약은 문서로 하는 것이 바람직하나 구두로도 가능하다.

22

정답 | ④

해설 | 의사표시가 진의 아닌 의사표시라 하더라도 그 무효에 관한 법리를 선언한 「민법」 제107조 제1항 단서의 규정은 그 성질상 사인의 공법행위에는 적용되지 않는다고 할 것이므로 그 표시된 대로 유효한 것으로 보아야 한다(대판 1994.1.11., 93누10057).

23

정답 | ③

해설 | 취소소송은 처분 등이 있음을 안 날부터 <u>90일</u> 이내에 제기하여야 한다(「행정소송법」제20조 제1항 본문).

① 집행부정지 원칙에 따라 처분의 집행이 중단되지 않는다.

② 청구취지를 받아들인 결과 인용재결이 이루어지는 것이므로 그 후 제기된 행정소송은 각하되게 된다.

④ 처분 등을 취소하는 확정판결은 제3자에 대하여도 효력이 있다(「행정소송법」제30조 제1항).

24

정답 | ②

해설 | 신의성실 및 신뢰보호(제4조), 투명성(제5조) 등의 실체법적 조항도 규정되어 있다.

① 「행정절차법」제10조 제1항

③ 「행정절차법」제15조 제1항

④ 「행정절차법」제23조 제1항

25

정답 | ④

해설 | 지시에 대한 내용이다.

예규	행정사무의 통일을 기하기 위하여 반복적 행정사무의 처리기준을 제시하는 법규문서 외의 문서
훈령	상급기관이 하급기관에 대하여 장기간에 걸쳐 그 권한의 행사를 일반적으로 지시하기 위하여 발하는 명령
고시	법령이 정하는 바에 따라 일정한 사항을 일반에게 알리기 위한 문서
지시	상급기관이 직원 또는 하급기관의 문의나 신청에 대하여 개별적·구체적으로 발하는 명령

CHAPTER **13** 2009년 행정법 기출문제 정답 및 해설

Civilian Worker In The Military **PART** 04

2021년
2020년
2019년
2018년
2017년
2016년
2015년
2014년
2013년
2012년
2011년
2010년
2009년
2008년
2007년

국방부(육 · 해 · 공군) 시행 필기시험(2009.06.27)

1	2	3	4	5	6	7	8	9	10
②	②	③	①	②	④	①	③	②	④
11	12	13	14	15	16	17	18	19	20
②	③	④	④	②	④	③	④	②	④
21	22	23	24	25					
①	①	④	④	③					

01

정답 | ②

해설 | 수용적 침해란 적법한 행정작용의 비형식적, 비의도적인 부수적 결과로서 타인의 재산권에 대하여 가해지는 침해를 의미한다. 지하철 공사가 장기간 계속됨으로 인해 오랫동안 영업을 하지 못한 경우, 도시계획결정에서 도로구역으로 고시되었으나 토지소유자가 심대한 재산상의 불이익을 입게 되는 경우, 쓰레기 적치장 등 공공시설의 경영으로 인근주민이 손실을 입는 경우 등이 그 예이다.

① 희생보상 : 예컨대 예방접종 사고로 인한 생명 · 신체의 침해, 화재진압 도중의 생명 · 신체의 침해 등 비재산적 법익의 침해에 대하여 손실보상으로 해당 문제를 해결하려는 이론을 말한다.

③ 수용유사적 침해 : 행정기관의 위법한 침해로 피해를 입었으나 그 침해에 대한 규정이 없는 경우에 피해를 입은 자에 대한 보상 이론을 말한다.

④ 공법상 결과제거청구권 : 공행정작용으로 인하여 야기된 위법한 상태로 인하여 자기의 권익을 침해받고 있는 자가 행정주체에 대하여 그 위법상태를 제거하여 줄 것을 청구하는 권리를 말한다.

02

정답 | ②

해설 | 주택사업계획승인에 주택사업과는 아무런 관련이 없는 토지를 기부채납하도록 하는 부관을 붙인 것은 부당결부금지의 원칙과 관련이 있다. 부당결부금지의 원칙이란 행정기관이 행정활동을 행함에 있어서 그것과 실질적인 관련이 없는 반대급부와 결부시켜서는 안된다는 행정법상의 원칙을 말한다.

① 일반적으로 조세 법률관계에서 과세관청의 행위에 대하여 신의성실의 원칙이 적용되기 위하여는 과세관청이 납세자에게 신뢰의 대상이 되는 공적인 견해표명

을 하여야 하고, 또한 「국세기본법」 제18조 제3항에서 말하는 비과세 관행이 성립하려면 상당한 기간에 걸쳐 과세를 하지 아니한 객관적 사실이 존재할 뿐만 아니라 과세관청 자신이 그 사항에 관하여 과세할 수 있음을 알면서도 어떤 특별한 사정 때문에 과세하지 않는다는 의사가 있어야 하며 위와 같은 공적 견해나 의사는 명시적 또는 묵시적으로 표시되어야 하지만 묵시적 표시가 있다고 하기 위하여는 단순한 과세누락과는 달리 과세관청이 상당기간의 불과세 상태에 대하여 과세하지 않겠다는 의사표시를 한 것으로 볼 수 있는 사정이 있어야 하고, 이 경우 특히 과세관청의 의사표시가 일반론적인 견해표명에 불과한 경우에는 위 원칙의 적용을 부정하여야 할 것이다(대판 1995.11.14., 95누10181).

③ 운전면허정지 처분기간 중의 운전에 대하여는 운전면허를 취소하도록 규정되어 있으니, 이에 따라 피고가 운전면허정지처분기간중에 운전을 한 원고에 대하여 면허취소처분을 하였음은 당연한 것이고, 단지 그 행정처분이 위 위반일로부터 3년여가 경과한 시점에 이르러 행하여 졌다거나, 또 위반한 운전경위와 위반행위 이후의 정황에 있어 원고 주장과 같은 사정이 있다 하여 피고의 위 행정처분을 그 재량권의 남용으로 보거나 또는 행정법상의 신뢰보호의 원칙에 위배하는 것으로 볼 수 없다하여 원고의 이 사건 청구를 배척하고 있다(대판 1987.9.8., 87누373).

④ 수익적 행정처분의 하자가 당사자의 사실 은폐나 기타 사위의 방법에 의한 신청행위에 기인한 것이라면 당사자는 처분에 의한 이익이 위법하게 취득되었음을 알아 취소가능성도 예상하고 있었다 할 것이므로, 그 자신이 처분에 관한 신뢰이익을 원용할 수 없음은 물론 행정청이 이를 고려하지 아니하였다고 하여도 재량권의 남용이 되지 않는다(대판 2006.5.25., 2003두4669).

03

정답 | ③

해설 | 구 「국유재산법」(1994.1.5. 법률 제4698호로 개정되기 전의 것) 제31조 제3항, 구 「국유재산법시행령」(1993.3.6. 대통령령 제13869호로 개정되기 전의 것) 제33조 제2항의 규정에 의하여 국유잡종재산에 관한 관리 처분의 권한을 위임받은 기관이 국유잡종재산을 대부하는 행위는 국가가 사경제 주체로서 상대방과 대등한 위치에서 행하는 사법상의 계약이지 행정청이 공권력의 주체로서 상대방의 의사 여하에 불구하고 일방적으로 행하는 행정처분이라고 볼 수 없고, 국유잡종재산에 관한 사용료의 납입고지 역시 사법상의 이행청구에 해당하는 것으로서 이를 항고소송의 대상이 되는 행정처분이라고 할 수 없다(대판 1995.5.12., 94누5281).

04

정답 | ①

해설 | 공물의 인접주민은 다른 일반인보다 인접공물의 일반사용에 있어 특별한 이해관계를 가지는 경우가 있고, 그러한 의미에서 다른 사람에게 인정되지 아니하는 이른바 고양된 일반사용권이 보장될 수 있으며, 이러한 고양된 일반사용권이 침해된 경우 다른 개인과의 관계에서 민법상으로도 보호될 수 있으나, 그 권리도 공물의 일반사용의 범위 안에서 인정되는 것이므로, 특정인에게 어느 범위에서 이른바 고양된 일반사용권으로서의 권리가 인정될 수 있는지의 여부는 당해 공물의 목적과 효용, 일반사용관계, 고양된 일반사용권을 주장하는 사람의 법률상의 지위와 당해 공물의 사용관계의 인접성, 특수성 등을 종합적으로 고려하여 판단하여야 한다. 따라서 구체적으로 공물을 사용하지 않고 있는 이상 그 공물의 인접주민이라는 사정만으로는 공물에 대한 고양된 일반사용권이 인정될 수 없다(대판 2006.12.22., 2004다68311, 68328).

05

정답 | ②

해설 | 부관의 유형 중 부담은 부담만의 독립쟁송이나 독립취소가 가능하나, 다른 부관은 부관부행정행위 전체를 대상으로 전부취소소송을 제기해야 한다는 것이 판례의 입장이다. 이에 따라 부담은 독립적 쟁송이 가능하지만 기한은 독립적인 쟁송 제기가 불가능하다.

06

정답 | ④

해설 | 행정지도는 행정기관이 행정객체에 대하여 권력적 · 법적 행위에 의하지 않고 행정목적을 달성하기 위한 규제 · 유도의 수단으로서 협력을 구하는 일로, 조직법적 근거 외에 작용법적 근거를 반드시 요하지는 않는다.

① 행정지도는 행정처분성이 부정되어 행정쟁송의 대상이 될 수 없다. 다만, 사실상 강제력의 계속성이 인정되는 경우에는 예외적으로 행정쟁송의 제기가 가능하다.

② 행정지도가 말로 이루어지는 경우에 상대방이 제1항의 사항을 적은 서면의 교부를 요구하면 그 행정지도를 하는 자는 직무 수행에 특별한 지장이 없으면 이를 교부하여야 한다(「행정절차법」 제49조 제2항).

③ 행정지도는 비권력적 사실행위로서 처분성이 부정되는 것이므로 법적 효과가 발생하지 않는다는 것이 일반적인 견해이다.

07

정답 | ①

해설 | 판례는 공무원임용면접전형, 감정평가사시험의 합격기준, 교과서검정처분 등을 재량의 문제로 보고 있어 판단여지와 재량을 구별하지 않는다.

> **참고판례**
> **공무원 임용을 위한 면접전형에 있어서 임용신청자의 능력이나 적격성 등에 관한 판단이 면접위원의 자유재량에 속하는지 여부(적극)**
> 공무원 임용을 위한 면접전형에 있어서 임용신청자의 능력이나 적격성 등에 관한 판단은 면접위원의 고도의 교양과 학식, 경험에 기초한 자율적 판단에 의존하는 것으로서 오로지 면접위원의 자유재량에 속하고, 그와 같은 판단이 현저하게 재량권을 일탈 내지 남용한 것이 아니라면 이를 위법하다고 할 수 없다(대판 1997.11.28., 97누11911).

② 법률효과의 일부배제는 법률이 부여한 효과를 특정한 경우에 일부배제하는 것으로 법률의 근거가 있는 경우에 한하여 허용될 수 있다고 보아야 한다.

③ 판례는 판단여지의 개념을 인정하지 않으며, 판단여지를 재량문제로 본다.

④ 취소소송 : 행정청의 위법한 처분등을 취소 또는 변경하는 소송(「행정소송법」 제4조)

08

정답 | ③

해설 | 인가란 제3자의 법률행위를 보충하여 그 법률상 효력을 완성시켜 주는 행정행위로, 법인설립의 인가, 사업양도의 인가 등이 그 예이다.

① 조세의 납부독촉은 통지에 해당한다. 통지는 특정인 또는 불특정다수인에게 특정 사실을 알리는 행위이다.

② 공무원의 임명행위는 특허에 해당한다. 특허는 특정인에 대하여 새로운 권리, 능력 또는 포괄적인 법률관계를 설정하는 행정행위이다.

④ 선거인의 명부에의 등록행위는 공증에 해당한다. 공증이란 특정한 사실 또는 법률관계의 존재를 공적으로 증명하는 행정행위이다.

09

정답 | ②

해설 | 우리나라 「행정절차법」에는 행정계획에 대한 절차가 규정되어 있지 않다.
③ 「행정절차법」 제7조, 제8조
④ 「행정절차법」 제4조

10

정답 | ④

해설 | 대집행이란 대체적 작위의무. 즉 타인이 대신하여 행할 수 있는 의무의 불이행이 있는 경우 행정청이 불이행된 의무를 스스로 행하거나 제3자로 하여금 이행하게 하고, 그 비용을 의무자로부터 징수하는 것을 말한다. 불법점유 토지 퇴거명령은 대체적 작위의무가 아니므로 대집행의 대상이 될 수 없다.

> **행정대집행의 요건**
> • 공법상 의무의 불이행
> • 대체적 작위의무의 불이행
> • 다른 수단으로는 그 이행을 확보하기 곤란할 것
> • 그 불이행을 방치함이 심히 공익을 해하는 것으로 인정될 것

11

정답 | ②

해설 | 행정개입청구권이란 행정청의 부작위로 인하여 권익을 침해당한 자가 당해 행정청에 대하여 자기 및 타인에 대한 규제 등 일정한 행정권의 발동을 청구할 수 있는 공권을 말한다.
① 계획보장청구권이란 정부의 행정 계획이 폐지되거나 변경되어 개인이 피해를 입게 된 경우, 기존의 계획을 존속하여 추진하도록 개인이 요구하거나 이에 대한 손해 보상이나 손실 보상을 주장할 수 있는 실체법상의 권리를 말한다.
③ 행정행위발급청구권이란 자기의 이익을 위하여 자기에 대한 행정권을 발동해 주도록 청구할 수 있는 권리를 말한다.
④ 무하자재량행사청구권이란 재량행위영역에서 개인이 행정청에 대하여 종국처분에 이르는 과정에 있어서 하자 없는 적법한 재량처분을 요구하는 공권을 말한다.

12

정답 | ③

해설 | 현행 「행정소송법」은 행정소송 사항에 관해 개괄주의를 채택하여 행정청의 모든 처분 또는 부작위에 대하여 행정심판이나 행정소송을 제기할 수 있다.
① 「행정소송법」 제10조
② 「행정소송법」 제26조
④ 「행정소송법」 제23조

13

정답 | ④

해설 | 대법원의 입장에 따르면 부작위위법확인소송에서 법원의 인용판결이 있게 되면 행정청의 그 판결의 취지에 따라 처분을 하는데, 반드시 개선명령과 같은 적극적 처분만 하여야 하는 것은 아니며 취지에 따라 거부처분과 같은 소극적 처분도 할 수 있다.

14

정답 | ②

해설 | 의무불이행 시 행정청이 강제로 실현하는 수단은 행정상 강제징수이다. 과징금이란 행정법상 의무위반에 대한 제재로서 과하는 금전적 부담을 말한다.

15

정답 | ②

해설 | • 행정청은 공청회를 개최하려는 경우에는 공청회 개최 14일 전까지 다음 각 호의 사항을 당사자등에게 통지하고 관보, 공보, 인터넷 홈페이지 또는 일간신문 등에 공고하는 등의 방법으로 널리 알려야 한다(「행정절차법」 제38조).
• 행정예고기간은 예고 내용의 성격 등을 고려하여 정하되, 특별한 사정이 없으면 20일 이상으로 한다(「행정절차법」 제46조 제3항).

16

정답 | ④

해설 | 불가쟁력은 행정행위의 상대방이나 기타 관계인이 행정행위의 효력을 더이상 다툴 수 없게 하는 구속력을 말하며, 불가변력은 행정행위를 한 행정청이나 감독청도 직권으로 당해 행정행위를 취소·변경·철회할 수 없게 하는 힘을 말한다. 불가쟁력과 불가변력은 서로 별개의 개념이므로 불가쟁력이 발생한 행정행위라도 처분청은 직권으로 취소 또는 철회할 수 있다.

17

정답 | ③

해설 | 사면은 형의 선고의 효력 또는 공소권을 상실시키거나, 형의 집행을 면제시키는 국가원수의 고유한 권한을 의미하며, 사법부의 판단을 변경하는 제도로서 권력분립의 원리에 대한 예외가 된다(헌재 2000.6.1., 97헌바74).

① 우리나라 헌법에는 통치행위에 대하여 명시적으로 규정되어 있지 않다.

② 행정은 개별적·구체적 사안에 대한 규율이다.

④ 행정법은 주로 단속규정으로 되어 있어 이에 위반하더라도 위반에 대한 제재를 할 뿐, 법적 효력을 부인하지 않는다.

18

정답 | ④

해설 | 어떠한 행정처분에 위법한 하자가 있다는 이유로 그 취소를 소구한 행정소송에서 그 행정처분을 취소하는 판결이 선고되어 확정된 경우에 처분행정청이 그 행정소송의 사실심변론종결 이전의 사유를 내세워 다시 확정판결에 저촉되는 행정처분을 하는 것은 확정판결의 기판력에 저촉되어 허용될 수 없고 이와 같은 행정처분은 그 하자가 명백하고 중대한 경우에 해당되어 당연무효이다(대판 1989.9.12., 89누985).

① 「행정소송법」에는 기판력이 아닌 기속력이 규정되어 있다.

② 기속력은 인용판결에만 인정된다.

③ 기속력에 성질에 관하여 기판력설과 특수효력설이 대립한다. 기판력설은 기속력이 기판력과 동일하다는 견해로, 「행정소송법」의 기속력에 관한 규정을 판결 자체의 효력으로서 당연한 것으로 보는 입장이다. 반면 특수효력설은 행정청의 위법한 처분 등을 취소하거나 변경하는 소송에서 인용 판결의 실효성을 담보하기 위해 행정 소송법이 특별한 힘을 부여했다는 이론을 말한다. 판례는 기판력설을 취하는 경우도 있으며, 특수효력설을 취하는 경우도 있어 입장이 불분명하다.

19

정답 | ②

해설 | 구 「경찰공무원법」 제50조 제1항에 의한 직위해제처분과 같은 조 제3항에 의한 면직처분은 후자가 전자의 처분을 전제로 한 것이기는 하나 각각 단계적으로 별개의 법률효과를 발생하는 행정처분이어서 선행 직위해제처분의 위법사유가 면직처분에는 승계되지 아니한다 할 것이므로 선행된 직위해제 처분의 위법사유를 들어 면직처분의 효력을 다툴 수는 없다(대판 1984.9.11., 84누191).

20

정답 | ④

해설 | 진정입법부작위란 입법을 하는 주체가 입법의무가 있는 어떤 사항에 대해 전혀 입법을 하지 않는 행위를 말한다. 진정입법부작위로 인해 법익침해를 받은 국민은 「헌법재판소법」 제68조 제1항에 의거하여 권리구제형 헌법소원을 제기할 수 있다.

① "부진정 입법부작위"를 대상으로 헌법소원을 제기하려면 그 입법부작위를 헌법소원의 대상으로 삼을 수는 없고, 결함이 있는 당해 입법규정 그 자체를 대상으로 하여 그것이 평등의 원칙에 위배된다는 등 헌법위반을 내세워 적극적인 헌법소원을 제기하여야 하며, 이 경우에는 법령에 의하여 직접 기본권이 침해되는 경우라고 볼 수 있으므로 헌법재판소법 제69조 제1항 소정의 청구기간을 준수하여야 한다(헌재 2009.7.14., 2009헌마349).

② 행정소송은 구체적 사건에 대한 법률상 분쟁을 법에 의하여 해결함으로써 법적 안정을 기하자는 것이므로 부작위위법확인소송의 대상이 될 수 있는 것은 구체적 권리의무에 관한 분쟁이어야 하고 추상적인 법령에 관하여 제정의 여부 등은 그 자체로서 국민의 구체적인 권리의무에 직접적 변동을 초래하는 것이 아니어서 그 소송의 대상이 될 수 없다(대판 1992.5.8., 91누11261).

③ 행정입법부작위는 헌법소원의 대상이 될 수 있다(헌재 1998.7.16., 96헌마246).

21

정답 | ①

해설 | 법규명령을 위반한 행정행위라고 하여 무조건 무효사유가 되는 것은 아니다. 법규명령을 위반한 행정행위는 위법하지만, 그 흠이 중대하고 명백한지에 따라 무효와 취소가 구별된다.

② 행정규칙은 법규가 아니므로 법적근거를 요하지 않는다.

③ 행정규칙은 처분성이 인정되지 않는 것이 원칙이지만 예외적으로 국민에게 영향을 미치는 행정규칙은 행정소송의 대상이 될 수 있다.

④ 법규명령이 직접적으로 국민의 법적 지위에 영향을 미치는 경우 해당 법규명령에 처분성이 인정된다.

22

정답 | ①

해설 | 국가배상청구의 요건인 '공무원의 직무'에는 권력적 작용만이 아니라 비권력적 작용도 포함되며 단지 행정주체가 사경제주체로서 하는 활동만 제외된다(대판 2001.1.5., 98다39060).

②, ③ 국가배상법 제2조 소정의 '공무원'이라 함은 국가 「공무원법」이나 「지방공무원법」에 의하여 공무원으로서의 신분을 가진 자에 국한하지 않고, 널리 공무를 위탁받아 실질적으로 공무에 종사하고 있는 일체의 자를 가리키는 것으로서, 공무의 위탁이 일시적이고 한정적인 사항에 관한 활동을 위한 것이어도 달리 볼 것은 아니다(대판 2001.1.5., 98다39060).

④ 「국가배상법」 제4조

23

정답 | ④

해설 | 「행정소송법」상 집행정지에 대하여 항소심과 상고심에의 신청 불가 조항은 규정되어 있지 않으며, 본안소송이 계속되는 한 항소심과 상고심에서도 집행정지를 신청할 수 있다.

① 기판력은 확정 판결에 부여되는 통용성, 내지는 구속력을 말하며, 집행정지결정은 판결이 아니므로 기판력이 발생하지 않는다.

② 집행정지는 취소소송과 무효등확인소송에 인정되며, 부작위위법확인소송에는 허용되지 않는다.

③ 「행정소송법」 제23조 제2항

24

정답 | ④

해설 | 행정청에 처분을 구하는 신청은 문서로 하는 것이 원칙이나, 처분을 신청할 때 전자문서로 하는 경우에는 행정청의 컴퓨터 등에 입력된 때에 신청한 것으로 본다(「행정절차법」 제17조).

① 「행정절차법」 제4조

② 「행정절차법」 제27조의2

③ 「행정절차법」 제17조 제8항

25

정답 | ③

해설 | 위법·부당한 거부처분에 대하여는 취소심판, 취소소송, 의무이행심판 등을 통해 구제받을 수 있다.

① 행정청의 거부처분이 있었으므로 부작위위법확인소송을 청구할 수 없다.

② 의무이행소송은 인정되지 않는다.

④ 손해배상 청구 요건에 해당되지 않으므로 손해배상을 청구할 수 없다.

국방부(육 · 해 · 공군) 시행 필기시험(2008.06.14)

1	2	3	4	5	6	7	8	9	10
②	①	①	①	①	④	②	③	④	④
11	**12**	**13**	**14**	**15**	**16**	**17**	**18**	**19**	**20**
②	①	②	②	①	①	③	③	②	④
21	**22**	**23**	**24**	**25**					
④	①	②	①	②					

01

정답 | ②

해설 | 공무원의 징계처분은 실질적 · 형식적 행정에 모두 속한다.
　　① 행정심판의 재결은 형식적 의미로 행정, 실질적 의미의 사법에 속한다.
　　③ 대통령의 긴급명령은 형식적 의미의 행정, 실질적 의미의 입법에 속한다.
　　④ 국회사무총장의 직원 임명은 형식적 의미의 입법, 실질적 의미의 행정에 속한다.

02

정답 | ①

해설 | 전부유보설은 국민주권을 근거로 모든 영역의 행정 작용에는 예외 없이 법률의 근거가 필요하다고 보는 견해이다. 전부유보설은 행정권의 고유영역을 부정하게 됨으로써 권력분립주의가 무시되고 행정기능의 탄력성이 떨어진다는 비판을 받는다.
　　② 의회유보설 : 국민의 기본권 실현에 관련된 영역에 있어 국민의 대표자인 입법자가 스스로 그 본질적 사항에 대하여 결정하여야 한다는 견해로 의회의 권한과 의무를 강조한다.
　　③ 급부행정유보설 : 국민의 자유와 재산에 대한 침해행정뿐만 아니라 급부행정에도 원칙상 법률의 근거가 있어야 한다고 보는 견해이다.
　　④ 신침해유보설 : 원칙적으로 침해유보설의 입장을 취하면서 특별권력관계에 법률유보의 적용을 긍정하지만, 급부행정의 영역에 있어 법률유보가 필수적인 것은 아니라고 본다.

03

정답 | ①

해설 | 불침투성·이론이란 국가의 내부관계에는 법이 침투하지 못한다는 이론으로 특별권력관계 이론의 바탕이 된다.
　　② 권력분립설 : 원칙상 정치적 책임이 없는 사법부는 정치적 성격이 강한 통치행위에 대하여 심사할 수 없다는 견해로 내재적 한계설로 불리기도 한다.
　　③ 재량행위설 : 정치문제인 통치행위는 행정부의 재량행위에 해당하므로 사법심사의 대상이 될 수 없다는 견해를 말한다.
　　④ 독자성설 : 통치행위는 국가 지도적인 최상위의 행위로서 본래적으로 사법권의 판단에 적합한 사항이 아닌 독자적인 정치행위이므로 사법심사에서 제외된다고 보는 견해이다.

04

정답 | ①

해설 | 조세부과처분은 일반권력관계에 해당한다.

> **특별권력관계의 종류**
> • 공법상 근무관계 : 국가와 국가공무원의 관계, 지방자치단체와 지방공무원의 관계
> • 공법상 영조물 이용관계 : 국공립학교 학생의 재학관계, 교도소에 수용 중인 재소자관계
> • 공법상 특별감독관계 : 공공조합, 특허기업자 등이 국가의 특별한 감독을 받는 단계
> • 공법상 사단관계 : 공공조합과 그 조합원의 관계

05

정답 | ①

해설 | 행정법은 성문법을 원칙으로 하며 불문법은 보충적인 역할을 한다. 따라서 불문법계 국가의 경우 행정법의 체계가 잡혀있지 않아 행정절차가 획일적이지 못하는 등의 문제가 발생할 가능성이 있다.
　　② 행정법은 헌법, 민법, 형법 등과 달리 행정법이라는 단일 법전이 존재하지 않는다. 다만 2021년 「행정기본법」을 제정하여 행정법상의 기본적인 내용이 성문화되었다.

06

정답 | ④

해설 | 비례의 원칙에는 적절성의 원칙, 침소침해의 원칙(필요성의 원칙), 상당성의 원칙이 있으며 자의금지의 원칙은 평등원칙 위반 여부의 판단기준에 해당한다.

비례의 원칙	
적절성의 원칙	행정목적을 달성하기 위하여 행하는 행정작용은 그 달성하고자 하는 목적에 적합하게 행사되어야 한다는 원칙
필요성의 원칙 (＝최소침해의 원칙)	행정목적을 달성하기 위하여 행하는 행정작용은 그 목적달성을 위하여 필요한 최소한의 범위 내에서 허용된다는 원칙
상당성의 원칙 (＝협의의 비례원칙)	행정목적의 실현과 그로 인한 국민의 기본권의 침해와 제한 간에는 합리적인 형량이 요구된다는 원칙

07

정답 | ②

해설 | 신의칙설은 초기의 다수설에 해당하며 현재는 법적 안정성설이 다수설 및 판례의 태도이다.

> 「행정절차법」 제4조(신의성실 및 신뢰보호)
> ① 행정청은 직무를 수행할 때 신의(信義)에 따라 성실히 하여야 한다.
> ② 행정청은 법령등의 해석 또는 행정청의 관행이 일반적으로 국민들에게 받아들여졌을 때에는 공익 또는 제3자의 정당한 이익을 현저히 해칠 우려가 있는 경우를 제외하고는 새로운 해석 또는 관행에 따라 소급하여 불리하게 처리하여서는 아니 된다.

08

정답 | ③

해설 | 과징금이란 경찰법상이 아닌 행정법상의 의무위반자에게 당해 위반행위로 경제적 이익이 발생한 경우에, 행정청이 그 이익을 박탈하기 위하여 가하는 금전적 제재를 말한다.

① 「독점규제및공정거래에관한법률」 제24조의2에 의한 부당내부거래에 대한 과징금은 그 취지와 기능, 부과의 주체와 절차 등을 종합할 때 부당내부거래 억지라는 행정목적을 실현하기 위하여 그 위반행위에 대하여 제재를 가하는 행정상의 제재금으로서의 기본적 성격에 부당이득환수적 요소도 부가되어 있는 것이라 할 것이고, 이를 두고 「헌법」 제13조 제1항에서 금지하는 국가형벌권 행사로서의 '처벌'에 해당한다고는 할 수 없다(헌재 2003.7.24., 2001헌가25).

② 과징금은 행정청이 직접 부과·징수하며 체납처분이 가능하다.

④ 행정법규 위반으로 인하여 인·허가의 철회나 정지처분을 하여야 하는 경우, 그 처분이 국민들에게 침한 불편을 주거나 공익을 해칠 우려가 있는 때 행정청은 그 인·허가의 철회나 정지처분에 갈음하여 과징금을 부과할 수 있다.

09

정답 | ④

해설 | 행정처분의 직접 상대방이 아닌 제3자라 하더라도 당해 행정처분으로 인하여 법률상 보호되는 이익을 침해당한 경우에는 <u>그 처분의 무효확인을 구하는 행정소송을 제기하여 그 당부의 판단을 받을 자격이 있다 할 것이며, 여기에서 말하는 법률상 보호되는 이익이라 함은 당해 처분의 근거 법규 및 관련 법규에 의하여 보호되는 개별적·직접적·구체적 이익이 있는 경우를 말하고, 공익보호의 결과로 국민 일반이 공통적으로 가지는 일반적·간접적·추상적 이익이 생기는 경우에는 법률상 보호되는 이익이 있다고 할 수 없다(대판 2006.3.16., 2006두330).

① 우리나라 판례는 원칙적으로 법률상 보호이익구제설의 입장을 취하고 있다(대판 2006.3.16., 2006두330).

② <u>처분의 취소나 효력 유무의 확인을 구할 법률상 이익의 유무는 그 처분의 성립시나 소 제기시가 아니라 사실심의 변론종결시를 기준으로 판단하여야 하는 것이므로</u> 건축허가처분이 당연무효라고 하더라도 사실심의 변론종결시까지 건축허가에 터잡은 건축공사가 완료되어 준공검사까지 받았다면 건축허가처분의 무효확인을 구할 법률상 이익이 없다(대판 1992.10.27., 91누9329).

③ 법인격이 없는 단체도 구체적인 분쟁대상과 관련하여 권리를 가질 수 있는 범위 안에서 원고적격이 인정된다(대판 1967.1.31., 66다2334).

10

정답 | ④

해설 | 행정행위의 공정력은 행정주체의 의사는 비록 그 성립에 하자가 있을지라도 당연히 무효로 되는 경우를 제외하고는 권한 있는 기관의 취소처분 또는 판결이 있을 때까지는 상대방 및 제3자에 대하여 일단 구속력이 있는 것으로 통용되는 힘을 말한다. 공정력은 그 적법성이 추정되는 것이 아니고 유효성이 추정되는 것이다.

11

정답 | ②

해설 | 사인의 공법행위는 사인이 행하는 행위이기는 하나 공법적 효과가 발생한다는 점에서 사법적 효과가 발생하는 사법행위와 다르므로 사법규정이 적용되지 않는다고 보는 것이 통설이다. 건물임대차 계약은 사법관계의 예이므로 사인의 공법행위가 될 수 없다.

> **사인의 공법행위**
> - 자기완결적 사인의 공법행위 : 투표행위, 혼인 · 이혼 · 출생 · 사망 등의 신고
> - 행정요건적 사인의 공법행위 : 특허 · 허가 등의 신청, 청원, 소청, 동의 · 승낙 · 협의, 지원입대, 입학원서의 제출, 행정소송 · 심판의 제기

12

정답 | ①

해설 | 행정주체가 한쪽 당사자면 공법, 사인 상호 간이면 사법이라고 보는 견해는 주체설이다. 반면 신주체설은 공권력의 담당자인 행정주체에 대해서만 권리 · 권한을 부여하거나 의무를 부과하는 경우를 공법, 모든 권리주체에게 권리를 부여하고 의무를 부과하는 경우를 사법으로 본다.

13

정답 | ②

해설 | 하명에 따라 과해진 의무를 이행하지 않은 자에 대하여는 행정상의 강제집행이 행해지거나 행정상의 제재가 과해질 뿐, 하명 위반의 법률행위의 효력 자체가 무효로 되는 것은 아니다.

14

정답 | ②

해설 | 부관이란 법률행위의 내용으로 부가되는 약관으로서 법률행위의 효력의 발생 또는 소멸에 관한 것을 말한다. 전통적 견해에 따르면 법률행위적 행정행위에는 부관을 붙일 수 있으나, 준법률행위적 행정행위에는 부관을 붙일 수 없다. 귀화허가 및 공무원의 임명행위 등과 같은 신분설정행위는 부관을 붙일 수 없는 행정행위이다.

15

정답 | ①

해설 | 부관은 해당 처분의 목적에 위배되지 아니할 것, 해당 처분과 실질적인 관련이 있을 것, 해당 처분의 목적을 달성하기 위하려 필요한 최소한의 범위일 것 등의 요건에 적합하여야 한다.

> **「행정기본법」 제17조(부관)**
> ④ 부관은 다음 각 호의 요건에 적합하여야 한다.
> 　1. 해당 처분의 목적에 위배되지 아니할 것
> 　2. 해당 처분과 실질적인 관련이 있을 것
> 　3. 해당 처분의 목적을 달성하기 위하여 필요한 최소한의 범위일 것

16

정답 | ①

해설 | 행정지도가 말로 이루어지는 경우에 상대방이 제1항의 사항을 적은 서면의 교부를 요구하면 그 행정지도를 하는 자는 직무 수행에 특별한 지장이 없으면 이를 교부하여야 한다(「행정절차법」 제49조 제2항).

② 행정지도의 상대방은 해당 행정지도의 방식 · 내용 등에 관하여 행정기관에 의견제출을 할 수 있다(「행정절차법」 제50조).

③ 행정지도는 그 목적 달성에 필요한 최소한도에 그쳐야 하며, 행정지도의 상대방의 의사에 반하여 부당하게 강요하여서는 아니 된다(「행정절차법」 제48조 제1항).

④ 행정기관은 행정지도의 상대방이 행정지도에 따르지 아니하였다는 것을 이유로 불이익한 조치를 하여서는 아니 된다(「행정절차법」 제48조 제2항).

17

정답 | ③

해설 | 종래 행정상 강제집행은 법규가 행정주체에게 명령권을 부여한 경우 의무를 부과하는 법적 근거만으로도 강제집행이 가능하다고 보았다. 그러나 최근에는 의무를 명하는 행위와 의무의 내용을 강제하는 행위는 별개의 법에 근거해야 하는 별개의 행정작용이므로 각각 별도의 법률상 근거가 있어야 한다는 것이 통설이다.

①, ④ 행정상 강제집행으로 대집행, 이행강제금(집행벌), 직접강제, 강제징수, 즉시강제 등이 있으며 이 중 이행강제금(집행벌)은 간접적인 수단에 해당한다.

② 행정처분에 대한 쟁송제기기간 내 행정상 강제집행이 가능하다.

18

정답 | ③

해설 | 행정대집행이란 행정상의 대체적 작위의무를 이행하지 않을 경우에 행정청이 나서서 의무자 대신에 직접 그 의무를 이행하거나 또는 제3자로 하여금 이를 이행하게 하고 그 비용을 의무자로부터 징수하는 것을 말한다. 대집행에 대한 근거법으로 일반법인 「행정대집행법」이 존재한다.

19

정답 | ②

해설 | 납세의무자가 세금을 납부기한까지 납부하지 아니하기 때문에 과세청이 그 징수를 위하여 참가압류처분에 이른 것이라면 참가압류처분에 앞서 독촉절차를 거치지 아니하였고 또 참가압류조서에 납부기한을 잘못 기재한 잘못이 있다고 하더라도 이러한 위법사유만으로는 참가압류처분을 무효로 할 만큼 중대하고도 명백한 하자라고 볼 수 없다(대판 1992.3.10., 91누6030).

20

정답 | ④

해설 | 통고처분은 조세, 관세, 출입국 관리, 도로 교통 따위에 관한 범칙 사건에서 형사 소송에 대신하여 행정청이 벌금이나 과료(科料)에 상당한 금액의 납부를 명할 수 있는 행정처분을 말한다. 통고처분의 법적 성질은 사법행정분야의 행정행위로서 준사법적 행정행위이다.

21

정답 | ④

해설 | 집행정지는 공공복리에 중대한 영향을 미칠 우려가 있을 때에는 허용되지 아니한다(「행정소송법」 제23조 제3항).

> **집행정지의 요건**
> - 대상이 되는 처분이 존재할 것
> - 심판청구가 위원회에 계속되어 있을 것
> - 회복하기 어려운 손해발생의 우려가 있을 것
> - 본안에 관한 재결을 기다릴 만한 시간적 여유가 없는 긴급할 필요가 있을 것

22

정답 | ①

해설 | 공무원에게 고의 또는 중대한 과실이 있으면 국가나 지방자치단체는 그 공무원에게 구상할 수 있다(「국가배상법」 제2조 제2항).
② 「국가배상법」 제2조에 따르면 국가와 지방자치단체만을 배상책임의 주체로 규정하고 있다. 공공기관이나 영조물에서 근무하는 사람의 배상책임은 「민법」에 의한다.
③ 공무원의 행위를 원인으로 한 국가배상책임을 인정하기 위하여는 '공무원이 직무를 집행하면서 고의 또는 과실로 법령을 위반하여 타인에게 손해를 입힌 때'라고 하는 「국가배상법」 제2조 제1항의 요건이 충족되어야 한다. 여기서 '법령을 위반하여'라고 함은 엄격하게 형식적 의미의 법령에 명시적으로 공무원의 행위의무가 정하여져 있음에도 이를 위반하는 경우만을 의미하는 것은 아니고, 인권존중ㆍ권력남용금지ㆍ신의성실과 같이 공무원으로서 마땅히 지켜야 할 준칙이나 규범을 지키지 아니하고 위반한 경우를 비롯하여 널리

그 행위가 객관적인 정당성을 결여하고 있는 경우도 포함한다(대판 2015.8.27., 2012다204587).
④ 국가배상청구의 요건인 '공무원의 직무'에는 권력적 작용만이 아니라 비권력적 작용도 포함되며 단지 행정주체가 사경제주체로서 하는 활동만은 제외된다(대판 2001.1.5., 98다39060).

23

정답 | ②

해설 | 당사자의 신청에 대한 행정청의 거부처분이나 부작위는 집행정지의 대상이 되지 않는다.
① 「행정소송법」 제30조 제1항(처분 등을 취소하는 확정판결은 그 사건에 관하여 당사자인 행정청과 그 밖의 관계행정청을 기속한다)의 규정은 집행정지의 결정에 이를 준용한다(「행정소송법」 제23조 제6항).
③ 당사자와 검사는 과태료 재판에 대하여 즉시항고를 할 수 있다. 이 경우 항고는 집행정지의 효력이 있다(「질서위반행위규제법」 제38조 제1항).
④ 취소소송이 제기된 경우에 처분 등이나 그 집행 또는 절차의 속행으로 인하여 생길 회복하기 어려운 손해를 예방하기 위하여 긴급한 필요가 있다고 인정할 때에는 본안이 계속되고 있는 법원은 당사자의 신청 또는 직권에 의하여 처분 등의 효력이나 그 집행 또는 절차의 속행의 전부 또는 일부의 정지(이하 "執行停止"라 한다)를 결정할 수 있다. 다만, 처분의 효력정지는 처분 등의 집행 또는 절차의 속행을 정지함으로써 목적을 달성할 수 있는 경우에는 허용되지 아니한다(「행정소송법」 제23조 제2항).

24

정답 | ①

해설 | 취소소송은 다른 법률에 특별한 규정이 없는 한 그 처분 등을 행한 행정청을 피고로 한다(「행정소송법」 제13조 제1항). 이에 피고는 '부산광역시장'이 된다.
최소소송의 제1심 관할법원은 피고의 소재지를 관할하는 행정법원으로 한다(「행정소송법」 제9조 제1항). 그러나 위의 제1항에도 불구하고 국가의 사무를 위임 또는 위탁받은 공공단체 또는 그 장을 피고로 하는 취소소송을 제기하는 경우에는 대법원 소재지를 관할하는 행정법원에 제기할 수 있다(「행정소송법」 제9조 제2항 제2호). 따라서 관할법원은 '부산지방법원'과 '서울행정법원'이 된다.

25

정답 | ②

해설 | 특정직 공무원이란 법관, 검사, 외무공무원, 경찰공무원, 소방공무원, 교육공무원, 군인, 군무원, 국가정보원의 직원과 기타 특수 분야의 업무를 담당하는 공무원으로 다른 법률이 특정직 공무원으로 지정하는 경력직공무원을 뜻한다. 군무원은 특정직 공무원에 속한다.

2021년
2020년
2019년
2018년
2017년
2016년
2015년
2014년
2013년
2012년
2011년
2010년
2009년
2008년
2007년

국방부(육 · 해 · 공군) 시행 필기시험(2007.05.12)

1	2	3	4	5	6	7	8	9	10
④	②	③	①	④	③	④	①	②	③
11	12	13	14	15	16	17	18	19	20
④	③	④	②	④	③	③	②	①	③
21	22	23	24	25					
②	④	①	③	①					

01

정답 | ④

해설 | 행정소송에 있어 열기주의 채택 시에는 통치행위의 개념이 성립될 여지가 없으며 개괄주의 및 국가배상책임이 제도적 전제로 인정될 시 통치행위 부정설의 근거가 된다.

02

정답 | ②

해설 | 국가의 세입 · 세출의 결산, 국가 및 법률이 정한 단체의 회계검사와 행정기관 및 공무원의 직무에 관한 감찰을 하기 위하여 대통령 소속하에 감사원을 둔다(「헌법」 제97조).

03

정답 | ③

해설 | 법규명령의 종류에는 대통령의 긴급명령 및 긴급재정 · 경제명령과 대통령령, 총리령 · 부령, 중앙선거관리위원회규칙 등이 있다. 헌법은 부령의 발령권자를 행정 각부의 장으로 규정하고 있다. 따라서 행정 각부의 장에 해당하지 않는 국무총리 직속기관이나 행정각부 소속기관 등은 독자적으로 부령을 발할 수 없다. 경찰청장은 행정각부 소속기관에 속하며 이 경우 총리령이나 부령으로 발한다.

> **「헌법」 제94조**
> 행정각부의 장은 국무위원 중에서 국무총리의 제청으로 대통령이 임명한다.
>
> **「헌법」 제95조**
> 국무총리 또는 행정각부의 장은 소관사무에 관하여 법률이나 대통령령의 위임 또는 직권으로 총리령 또는 부령을 발할 수 있다.

04

정답 | ①

해설 | 국가는 행정청이 아닌 행정주체에 해당한다. 행정청이란 행정에 관한 의사를 결정하고 이를 외부에 표시할 수 있는 권한을 가진 행정기관으로 행정관청의 유형에는 구성원 수에 따라 독임제 행정관청(대통령, 국무총리, 행정각부의 장 등)과 합의제 행정관청으로 구분된다. 또한 관할지역의 범위에 따라 중앙관청과 지방관청으로 나누어지며, 사무의 범위에 따라 보통관청(도지사, 시장, 군수)과 특별관청으로 세분된다. 공공단체나 사인도 포함되며, 행정각부의 설치 · 조직과 직무범위는 모두 법률로 정한다.

05

정답 | ④

해설 | 특별시장 · 광역시장 · 특별자치시장 · 도지사 · 특별자치도지사(특별시 · 광역시 · 특별자치시 · 도 또는 특별자치도의 교육감을 포함) 또는 특별시 · 광역시 · 특별자치시 · 도 · 특별자치도의 의회(의장, 위원회의 위원장, 사무처장 등 의회 소속 모든 행정청을 포함)의 처분 또는 부작위에 대한 심판청구에 대하여는 「부패방지 및 국민권익위원회의 설치와 운영에 관한 법률」에 따른 국민권익위원회에 두는 중앙행정심판위원회에서 심리 · 재결한다(「행정심판법」 제6조 제2항 제2호).

06

정답 | ③

해설 | 불가쟁력은 행정행위의 상대방이나 기타 관계인이 행정행위의 효력을 더 이상 다툴 수 없게 하는 구속력을 말한다. 이때 불가쟁력은 하자의 치유 사유가 아니라 법적 안정성을 위해 인정되는 것으로 형식적 존속력이 있어 행정행위의 효력이 위법하다. 따라서 불가쟁력이 발생하더라도 행정행위의 하자가 치유되는 것은 아니다.

07

정답 | ④

해설 | 국가나 지방자치단체에 근무하는 청원경찰은 국가공무원법이나 지방공무원법상의 공무원은 아니지만, 다른 청원경찰과는 달리 그 임용권자가 행정기관의 장이고, … 그 외 임용자격, 직무, 복무의무 내용 등을 종합하여 볼때, 그 근무관계를 사법상의 고용계약관계로 보기는 어려우므로 그에 대한징계처분의 시정을 구하는 소는 행정소송의 대상이지 민사소송의 대상이 아니다(대판 1993.7.13., 92다47564).

① 국고수표의 발행은 사법관계에 해당한다.

② 전화가입계약은 전화가입희망자의 가입청약과 이에 대한 전화관서의 승락에 의하여 성립하는 영조물 이용의 계약관계로서 비록 그것이 공중통신역무의 제공이라는 이용관계의 특수성 때문에 그 이용조건 및 방법, 이용의 제한, 이용관계의 종료원인 등에 관하여 여러가지 법적 규제가 있기는 하나 그 성질은 사법상의 계약관계에 불과하다고 할 것이므로, 피고(서울용산전화국장)가 전기통신법시행령 제59조에 의하여 전화가입계약을 해지하였다 하여도 이는 사법상의 계약의 해지와 성질상 다른 바가 없다 할 것이고 이를 항고소송의 대상이 되는 행정처분으로 볼 수 없다(대판 1982.12.28., 82누441).

③ 산림청장이나 그로부터 권한을 위임받은 행정청이 산림법 등이 정하는 바에 따라 국유임야를 대부하거나 매각하는 행위는 사경제적 주체로서 상대방과 대등한 입장에서 하는 사법상의 계약이지 행정청이 공권력의 주체로서 상대방의 의사 여하에 불구하고 일방적으로 행하는 행정처분이라고 볼 수 없으며 이 대부계약에 의한 대부료부과조치 역시 사법상의 채무이행을 구하는 것으로 보아야지 이를 행정처분이라고 할 수는 없다(대판 1993.12.7., 91누11612).

08

정답 | ①

해설 | 재량행위에 관하여 확약을 할 수 있다는 것에 대해서는 이견이 없으나, 기속행위에 대해서도 확약을 할 수 있는지에 관하여는 다툼이 있다. 사실이나 대상이 다소 유동적인 경우 재량행위와 기속행위 모두 확약이 가능하다는 것이 다수설이다.

09

정답 | ②

해설 | 무효는 무효확인소송 또는 무효선언적 취소소송을 통해 쟁송 가능하며 취소는 취소소송을 통해 쟁송 가능하다. 따라서 쟁송 여부는 무효와 취소의 구별실익이 될 수 없다.

> **무효와 취소의 구별실익**
> • 선결문제
> • 하자의 승계
> • 행정소송의 방식
> • 사정판결 및 사정재결
> • 하자의 치유와 전환
> • 행정행위의 효력

10

정답 | ③

해설 | 행정행위를 한 처분청은 그 처분 당시에 그 행정처분에 별다른 하자가 없었고 또 그 처분 후에 이를 취소할 별도의 법적 근거가 없다 하더라도 원래의 처분을 그대로 존속시킬 필요가 없게 된 사정변경이 생겼거나 또는 중대한 공익상의 필요가 발생한 경우에는 별개의 행정행위로 이를 철회하거나 변경할 수 있다(대판 1992.1.17., 91누3130).

11

정답 | ④

해설 | 타인에게 손해를 발생하게 한 경우는 국가공무원법상 징계사유에 해당하지 않는다.

> **「국가공무원법」 제78조(징계 사유)**
> ① 공무원이 다음 각 호의 어느 하나에 해당하면 징계 의결을 요구하여야 하고 그 징계 의결의 결과에 따라 징계처분을 하여야 한다.
> 1. 이 법 및 이 법에 따른 명령을 위반한 경우
> 2. 직무상의 의무(다른 법령에서 공무원의 신분으로 인하여 부과된 의무를 포함한다)를 위반하거나 직무를 태만히 한 때
> 3. 직무의 내외를 불문하고 그 체면 또는 위신을 손상하는 행위를 한 때

12

정답 | ③

해설 | 국가를 당사자 또는 참가인으로 하는 소송(이하 "국가소송"이라 한다)에서는 법무부장관이 국가를 대표한다(「국가를 당사자로 하는 소송에 관한 법률」 제2조).

13

정답 | ④

해설 | 부당결부금지의 원칙이란 행정기관이 공권력적 조치를 취함에 있어 그것과 실체적인 관련이 없는 반대급부와 결부시켜서는 안 된다는 것을 의미한다. 예를 들어 교통법규 위반을 이유로 비영리 단체허가를 거부하는 처분은 부당결부금지의 원칙에 위반된다.

① 평등의 원칙이란 행정작용에 있어 특별히 합리적인 사유가 존재하지 않는 한 국민을 공평하게 처후해야 한다는 원칙이다.

② 비례의 원칙이란 행정목적과 이를 실현하는 수단 사이에는 합리적인 비례관계가 있어야 한다는 원칙으로 헌법상의 기본적 보장규정, 국민의 권리와 공익과의 이익형량을 규정한 「헌법」 제37조 제2항에 근거를 둔다.

③ 신뢰보호의 원칙이란 행정청이 국민에 대하여 행한 언동의 정당성 또는 계속성에 대한 보호가치 있는 개인의 신뢰를 보호하는 법원칙을 말한다. 대한민국의 「행정절차법」 제4조, 「국세기본법」 제18조 제3항 등에서 명문으로 인정되며 판례상으로도 인정되고 있다.

14

정답 | ②

해설 | 행정재산은 공물로서 이미 공적 목적에 제공된 것이므로 공물에 대한 공용폐지가 되지 않는 한 공용수용의 대상이 될 수 없다.

> **공용수용의 목적물**
> - 토지소유권, 지상권 등 토지 및 이에 관한 소유권 외의 권리
> - 토지와 함께 공익사업을 위하여 필요한 입목(立木), 건물, 그 밖에 토지에 정착된 물건 및 이에 관한 소유권 외의 권리
> - 광업권 · 어업권 또는 물의 사용에 관한 권리
> - 토지에 속한 흙 · 돌 · 모래 또는 자갈에 관한 권리 등

15

정답 | ④

해설 | 행정상 즉시강제란 행정강제의 일종으로서 목전의 급박한 행정상 장해를 제거할 필요가 있는 경우 미리 의무를 명할 시간적 여유가 없을 때 또는 그 성질상 의무를 명하여 가지고는 목적달성이 곤란할 때에, 직접 국민의 신체 또는 재산에 실력을 가하여 행정상 필요한 상태를 실현하는 작용을 말한다. 따라서 행정상 즉시강제에는 법적주의의 원칙에 따라 엄격한 법률의 근거를 요한다.

16

정답 | ③

해설 | 행정상 강제집행이란 행정법상의 의무의 불이행이 있는 경우에 행정주체가 의무자의 신체 또는 재산에 실력을 가하여 의무를 이행시키거나 또는 이행이 있었던 것과 동일한 상태를 실현하는 행정작용을 말한다. 행정상 강제집행의 수단으로는 대집행, 집행벌, 직접강제, 강제징수 등이 있으며 유해음식물의 검사를 위한 무상수거는 행정상 강제집행이 아닌 행정상 즉시강제에 해당한다.

① 행정상 강제집행의 수단으로서 직접강제에 해당한다.

② 행정상 강제집행의 수단으로서 대집행에 해당한다.

④ 행정상 강제집행의 수단으로서 강제징수에 해당한다.

17

정답 | ③

해설 | 불법행위로 인한 손해배상의 청구권은 피해자나 그 법정대리인이 그 손해 및 가해자를 안 날로부터 3년간 이를 행사하지 아니하면 시효로 인하여 소멸한다(「민법」 제766조 제1항).

18

정답 | ②

해설 | 손실보상제도란 적법한 공권력의 행사에 의해 가해진 개인의 재산상의 특별한 손해에 대하여 재산권의 보장과 공평부담이라는 견지에서 행정주체가 행하는 조절적인 재산적 보상을 말한다. 사회보장제도는 소득이 적거나 실업 · 질병 · 노쇠 · 재해 등의 사유로 생활에 어려움을 받는 경우 국가가 최소한의 인간다운 생활을 보장하는 제도로 사회보장제도와 직접적인 관련이 없다.

19

정답 | ①

해설 | 본래 영조물이란 행정주체에 의하여 공공의 목적에 이바지되는 인적 · 물적 시설의 종합체를 의미하지만, 국가 등이 소유하더라도 공물이 아닌 일반재산(국유임야 등)은 국가배상법상 영조물에 해당하지 않는다. 「국가배상법」상 영조물은 직접 행정목적에 제공된 공물을 의미하며 이에 따라 국유임야 등 일반재산은 「국가배상법」이 아닌 민법이 적용된다.

판례상 영조물 인정 · 불인정 사례	
영조물 배상 인정 사례	• 도로, 육교, 하천, 제방 • 도로상의 맨홀, 공중화장실, 상하수도 • 철도대합실, 학교, 국립병원 • 관용자동차, 공원, 광장 등
영조물 배상 불인정 사례	• 국가가 보유하는 현금 · 주식 • 국유림, 국유임야 등 일반재산 • 공용폐지된 도로 등

20

정답 | ③

해설 | 조세는 국가 또는 지방자치단체가 그의 재력의 취득을 위해 일반국민에게 부담·징수하는 금전부담으로 담세능력에 기초하여 부과한다. 반면, 부담금은 특정한 공익사업에 필요한 경비의 일부 또는 전부를 충당하기 위하여 그 사업에 필요한 비용을 부담하게 하는 공법상의 금전지급 의무를 말하며 담세능력에 기초하여 부과하는 것과 관련이 없다. 따라서 담세능력에 기초하여 부담하는 것은 조세에만 해당한다.

21

정답 | ②

해설 | 희생보상청구권은 공동체의 복리를 위하여 국가가 개인의 '비재산적' 희생(생명·신체·건강·명예·자유)에 가해진 손실에 대한 보상청구권을 의미한다. 희생보상청구권은 판례에 의하여 발전된 것으로서 독일의 기본법상의 그 근거를 두고 있다. 제시된 사례는 개인의 생명이 침해된 경우로 희생보상청구권이 적용될 수 있다.
  ①, ③ 수용적침해보상과 손실보상은 '재산적 법익의 침해'에 대한 보상을 의미한다. 제시된 사례는 재산적 법익의 침해에 대한 보상이 아닌 '비재산적 법익의 침해'에 대한 보상이 청구되는 경우이다.
  ④ 국가배상청구권은 공무원의 직무상 불법행위로 손해를 입은 국민이 국가 또는 공공단체에 대하여 정당한 배상을 청구할 수 있는 권리이다.

22

정답 | ④

해설 | 국가나 지방자치단체는 공무원 또는 공무를 위탁받은 사인(이하 "공무원"이라 한다)이 직무를 집행하면서 고의 또는 과실로 법령을 위반하여 타인에게 손해를 입히거나, 「자동차손해배상 보장법」에 따라 손해배상의 책임이 있을 때에는 이 법에 따라 그 손해를 배상하여야 한다(「국가배상법」 제2조). 여기서 공무원의 '과실'은 중과실과 경과실이 모두 포함되는 개념이다.

23

정답 | ①

해설 | 재량행위란 행정기관이 행정행위를 할 때, 또는 행위의 내용을 결정할 때 그 기관에게 자유로운 재량이 인정되는 처분이다. 즉, 행정기관이 법이 허용하는 범위 안에서 자유롭게 옳고 그름을 판단하여 일을 처리하는 것을 말한다. 이에 따라 재량행위도 행정심판의 대상이 된다.
  ② 행정심판의 심리는 구술심리나 서면심리로 한다. 다만, 당사자가 구술심리를 신청한 경우에는 서면심리만으로 결정할 수 있다고 인정되는 경우 외에는 구술심리를 하여야 한다(「행정심판법」 제40조 제1항).

③ 심판청구에 대한 재결이 있으면 그 재결 및 같은 처분 또는 부작위에 대하여 다시 행정심판을 청구할 수 없다(「행정심판법」 제51조).
④ 이 법은 행정심판 절차를 통하여 행정청의 위법 또는 부당한 처분(處分)이나 부작위(不作爲)로 침해된 국민의 권리 또는 이익을 구제하고, 아울러 행정의 적정한 운영을 꾀함을 목적으로 한다(「행정심판법」 제1조).

24

정답 | ③

해설 | 공공필요에 의한 재산권의 수용·사용 또는 제한 및 그에 대한 보상은 법률로써 하되, <u>정당한 보상</u>을 지급하여야 한다(「헌법」 제23조).
  ② 완전보상설은 피침해재산의 완전한 가치를 보상해야 한다는 견해이다. 대법원(대판 1993.7.13., 93누2131)은 완전보상설의 입장을 취하고 있다.

> **참고판례**
> 구 「토지수용법」(1991.12.31. 법률 제4483호로 개정되기 전의 것) 제46조 제2항과 「지가공시및토지등의평가에관한법률」 제10조 제1항 제1호가 「헌법」 제23조 제3항에 위반되는지 여부
> "정당한 보상"이라 함은 원칙적으로 피수용재산의 객관적인 재산가치를 완전하게 보상하여야 한다는 완전보상을 뜻하는 것이라 할 것이나, 투기적인 거래에 의하여 형성되는 가격은 정상적인 객관적 재산가치로는 볼 수 없으므로 이를 배제한다고 하여 완전보상의 원칙에 어긋나는 것은 아니며, 공익사업의 시행으로 지가가 상승하여 발생하는 개발이익은 궁극적으로는 국민 모두에게 귀속되어야 할 성질의 것이므로 이는 완전보상의 범위에 포함되는 피수용토지의 객관적 가치 내지 피수용자의 손실이라고는 볼 수 없다(1993.7.13., 93누2131).

25

정답 | ①

해설 | 처분 등을 취소하는 확정판결은 제3자에 대하여도 효력이 있다(「행정소송법」 제29조 제1항).

P / A / R / T

05

행정법 모의고사
정답 및 해설

1	2	3	4	5	6	7	8	9	10
④	③	②	①	②	②	④	①	③	④

11	12	13	14	15	16	17	18	19	20
②	④	④	③	①	③	④	①	③	③

21	22	23	24	25					
④	③	①	③	④					

01

정답 | ④

해설 | 정보공개청구권은 법률상 보호되는 구체적인 권리이므로 청구인이 공공기관에 정보공개를 청구하였다가 거부처분을 받은 것 자체가 법률상 이익의 침해에 해당한다(대판 2001두6425, 2003두8050).

① 모든 국민은 정보의 공개를 청구할 권리를 가지며, 국민 속에는 자연인 · 법인 · 법인격 없는 단체도 포함된다.

② 청구인이 정보공개 청구 후 20일이 경과하도록 정보공개 결정이 없는 때에는 정보공개 청구 후 20일이 경과한 날부터 30일 이내에 해당 공공기관에 문서로 이의신청을 할 수 있다.

③ "정보"란 공공기관이 직무상 작성 또는 취득하여 관리하고 있는 문서(전자문서를 포함) · 도면 · 사진 · 필름 · 테이프 · 슬라이드 및 그 밖에 이에 준하는 매체 등에 기록된 사항을 말한다.

02

정답 | ③

해설 | 현대 행정에서는 행정의 전문화에 따라 오히려 행정입법이 점점 증가하고 있어, 행정부의 역할 또한 증가하고 있다.

03

정답 | ②

해설 | 행정처분의 효력정지나 집행정지를 구하는 신청사건에서 행정처분 자체의 적법 여부는 원칙적으로 판단의 대상이 아니고, 그 행정처분의 효력이나 집행을 정지할 것인가에 관한 「행정소송법」 제23조 제2항 소정의 요건의 존부만이 판단의 대상이 된다(대결 2013.1.31., 자, 2011아73).

① 침익적 행정행위의 근거가 되는 행정법규는 엄격하게 해석 · 적용하여야 하고 그 행정행위의 상대방에게 불리한 방향으로 지나치게 확장해석하거나 유추해석해서는 안 되며, 그 입법 취지와 목적 등을 고려한 목적

론적 해석이 전적으로 배제되는 것은 아니라고 하더라도 그 해석이 문언의 통상적인 의미를 벗어나서는 아니 된다(대판 2017.6.29., 2017두33824).

③ 수도과태료의 부과처분에 대한 납입고지서에 송달상대방이나 송달장소, 송달방법 등에 관하여는 서울특별시급수조례 제37조에 따라 지방세법의 규정에 의하여야 할 것이므로, 납세고지서의 송달이 부적법하면 그 부과처분은 효력이 발생할 수 없고, 또한 송달이 부적법하여 송달의 효력이 발생하지 아니하는 이상 상대방이 객관적으로 위 부과처분의 존재를 인식할 수 있었다 하더라도 그와 같은 사실로써 송달의 하자가 치유된다고 볼 수 없다(대판 1988.3.22., 87누986).

④ 법률의 시행령은 법률에 의한 위임이 없으면 개인의 권리 · 의무에 관한 내용을 변경 · 보충하거나 법률에 규정되지 아니한 새로운 내용을 정할 수는 없지만, 시행령의 내용이 모법의 입법 취지와 관련 조항 전체를 유기적 · 체계적으로 살펴보아 모법의 해석상 가능한 것을 명시한 것에 지나지 아니하거나 모법 조항의 취지에 근거하여 이를 구체화하기 위한 것인 때에는 모법의 규율 범위를 벗어난 것으로 볼 수 없으므로, 모법에 이에 관하여 직접 위임하는 규정을 두지 않았다고 하더라도 이를 무효라고 볼 수 없다(대판 2016.12.1., 2014두8650).

04

정답 | ①

해설 | 수용적 침해란 적법한 행정작용의 이행적 · 비의욕적인 부수적 결과로서 타인의 재산권에 가해진 침해를 말한다. 구체적 예로는 지하철공사의 장기화로 인해 인근 상점이 입는 손해, 도로예정구역으로 고시되었으나 공사를 함이 없이 장기간 방치됨으로 인하여 공사지역 내의 가옥주가 입은 손해, 쓰레기적치장 등 공공기설의 경영으로 인근 주민이 받은 손실 등이 있다.

② 수용유사적 침해란 위법한 공용침해의 경우, 즉 공공의 필요에 의한 공권적 침해이기는 하나 보상에 관한 규정을 두고 있지 않아 위법한 경우에 수용에 준하여 손실보상을 해주어야 한다는 것을 의미한다.

05

정답 ┃ ②

해설 ┃ 행정의 자동결정의 법적 성질은 행정행위로 보는 것이 다수의견해이다.

① 자동기기에 의한 교통신호, 세금 및 각종 공과금의 부과결정, 주차요금계산, 컴퓨터에 의한 중·고등학생의 학교 배정 등이 행정의 자동결정에 해당한다.

③ 일반적 행정행위와 같이 법치행정이 적용된다.

④ 위법한 행정의 자동결정에 의한 손해가 발생한 경우 국가배상법에 따른 손해배상 청구가 가능하다.

> **참고판례**
> **지방자치단체장이 설치하여 관할 지방경찰청장에게 관리권한이 위임된 교통신호기의 고장으로 인하여 교통사고가 발생한 경우, 지방자치단체뿐만 아니라 국가도 손해배상책임을 지는지 여부(적극)**
> 지방자치단체장이 교통신호기를 설치하여 그 관리권한이 「도로교통법」 제71조의2 제1항의 규정에 의하여 관할 지방경찰청장에게 위임되어 지방자치단체 소속 공무원과 지방경찰청 소속 공무원이 합동근무하는 교통종합관제센터에서 그 관리업무를 담당하던 중 위 신호기가 고장난 채 방치되어 교통사고가 발생한 경우, 「국가배상법」 제2조 또는 제5조에 의한 배상책임을 부담하는 것은 지방경찰청장이 소속된 국가가 아니라, 그 권한을 위임한 지방자치단체장이 소속된 지방자치단체라고 할 것이나, 한편 「국가배상법」 제6조 제1항은 같은 법 제2조, 제3조 및 제5조의 규정에 의하여 국가 또는 지방자치단체가 손해를 배상할 책임이 있는 경우에 공무원의 선임·감독 또는 영조물의 설치·관리를 맡은 자와 공무원의 봉급·급여 기타의 비용 또는 영조물의 설치·관리의 비용을 부담하는 자가 동일하지 아니한 경우에는 그 비용을 부담하는 자도 손해를 배상하여야 한다고 규정하고 있으므로 교통신호기를 관리하는 지방경찰청장 산하 경찰관들에 대한 봉급을 부담하는 국가도 「국가배상법」 제6조 제1항에 의한 배상책임을 부담한다(대판 1999.6.25., 99다11120).

06

정답 ┃ ②

해설 ┃ 「개인정보보호법」은 외국의 정보통신서비스 제공자 등에 대하여 개인정보보호규제에 대한 상호주의를 채택하고 있다.

> **「개인정보보호법」 제39조의13(상호주의)**
> 제39조의12에도 불구하고 개인정보의 국외 이전을 제한하는 국가의 정보통신서비스 제공자등에 대하여는 해당 국가의 수준에 상응하는 제한을 할 수 있다. 다만, 조약 또는 그 밖의 국제협정의 이행에 필요한 경우에는 그러하지 아니하다.

① 「개인정보 보호법」 제51조
③ 「개인정보 보호법」 제39조의3
④ 「개인정보 보호법」 제39조의7

07

정답 ┃ ④

해설 ┃ 사인의 공법행위는 공권력 발동행위가 아니므로 행정행위의 특수한 효력인 공정력, 집행력 등이 인정되지 않는다.

08

정답 ┃ ①

해설 ┃ 판례는 행정계획을 직접적으로 정의한다.

② 비구속적 행정계획안이나 행정지침이라도 국민의 기본권에 직접적으로 영향을 끼치고, 앞으로 법령의 뒷받침에 의하여 그대로 실시될 것이 틀림없을 것으로 예상될 수 있을 때에는, 공권력행위로서 예외적으로 헌법소원의 대상이 될 수 있다(헌재 2000.6.1., 99헌마538).

③ 택지개발 예정지구 지정처분은 건설교통부장관이 법령의 범위 내에서 도시지역의 시급한 주택난 해소를 위한 택지를 개발·공급할 목적으로 주택정책상의 전문적·기술적 판단에 기초하여 행하는 일종의 행정계획으로서 재량행위라고 할 것이므로 그 재량권의 일탈·남용이 없는 이상 그 처분을 위법하다고 할 수 없다(대판 1997.9.26., 96누10096).

④ 위법한 행정계획으로 인해 손해를 입은 경우에는 국가배상법에 따라 국가를 상대로 손해배상을 청구할 수 있다.

> **참고판례**
> 행정계획이라 함은 행정에 관한 전문적·기술적 판단을 기초로 하여 도시의 건설·정비·개량 등과 같은 특정한 행정목표를 달성하기 위하여 서로 관련되는 행정수단을 종합·조정함으로써 장래의 일정한 시점에 있어서 일정한 질서를 실현하기 위한 활동기준으로 설정된 것이다(대판 1996.11.29., 96누8567), (대판 2007.4.12., 2005두1893).

09

정답 | ③

해설 | 구 「여객자동차 운수사업법 시행규칙」 제31조 제2항 제1호, 제2호, 제6호는 구 「여객자동차 운수사업법」 제11조 제4항의 위임에 따라 시외버스운송사업의 사업계획변경에 관한 절차, 인가기준 등을 구체적으로 규정한 것으로서, 대외적인 구속력이 있는 법규명령이라고 할 것이고, 그것을 행정청 내부의 사무처리준칙을 규정한 행정규칙에 불과하다고 할 수는 없다(대판 2006.6.27., 2003두4355).

② 훈령이란 행정조직내부에 있어서 그 권한의 행사를 지휘감독하기 위하여 발하는 행정명령으로서 훈령, 예규, 통첩, 지시, 고시, 각서 등 그 사용명칭 여하에 불구하고 공법상의 법률관계내부에서 준거할 준칙 등을 정하는 데 그치고 대외적으로는 아무런 구속력도 가지는 것이 아니다(대판 1983.6.14., 83누54).

④ 행정규칙이 법령의 규정에 의하여 행정관청에 법령의 구체적 내용을 보충할 권한을 부여한 경우, 또는 재량권행사의 준칙인 규칙이 그 정한 바에 따라 되풀이 시행되어 행정관행이 이룩되게 되면, 평등의 원칙이나 신뢰보호의 원칙에 따라 행정관청은 그 상대방에 대한 관계에서 규칙에 따라야 할 자기구속을 당하게 되고, 그러한 경우에는 대외적인 구속력을 가지게 된다 할 것이다(1990.9.3., 90헌마13).

10

정답 | ④

해설 | 구 「교통안전공단법」(1999.12.28. 법률 제6066호로 개정되기 전의 것)에 의하여 설립된 교통안전공단의 사업목적과 분담금의 부담에 관한 같은 법 제13조, 그 납부통지에 관한 같은 법 제17조, 제18조 등의 규정 내용에 비추어 교통안전공단이 그 사업목적에 필요한 재원으로 사용할 기금 조성을 위하여 같은 법 제13조에 정한 분담금 납부의무자에 대하여 한 분담금 납부통지는 그 납부의무자의 구체적인 분담금 납부의무를 확정시키는 효력을 갖는 행정처분이라고 보아야 할 것이고, 이는 그 분담금 체납자로부터 「국세징수법」에 의한 강제징수를 할 수 있음을 정한 규정이 없다고 하여도 마찬가지이다(대판 2000.9.8., 2000다12716).

① 항고소송의 대상이 되는 행정처분이라 함은 행정청의 공법상의 행위로서 특정사항에 대하여 법규에 의한 권리의 설정 또는 의무의 부담을 명하거나 기타 법률상효과를 발생하게 하는 등 국민의 구체적인 권리의무에 직접적 변동을 초래하는 행위를 말하는 것이고, 행정권 내부에서의 행위나 알선, 권유, 사실상의 통지 등과 같이 상대방 또는 기타 관계자들의 법률상 지위에 직접적인 법률적 변동을 일으키지 아니하는 행위 등은 항고소송의 대상이 될 수 없다(대판 1995.11.21., 95누9099).

② 「국유재산법」 제31조, 제32조 제3항, 「산림법」 제75조 제1항의 규정 등에 의하여 국유잡종재산에 관한 관리처분의 권한을 위임받은 기관이 국유잡종재산을 대부하는 행위는 국가가 사경제 주체로서 상대방과 대등한 위치에서 행하는 사법상의 계약이고, 행정청이 공권력의 주체로서 상대방의 의사 여하에 불구하고 일방적으로 행하는 행정처분이라고 볼 수 없으며, 국유잡종재산에 관한 대부료의 납부고지 역시 사법상의 이행청구에 해당하고, 이를 행정처분이라고 할 수 없다(대판 2000.2.11., 99다61675).

③ 임야의 국토이용계획상의 용도지역을 사설묘지를 설치할 수 있는 용도지역으로 변경하는 것을 허가하여 달라는 토지소유자의 신청을 행정청이 거부 내지 반려하였다고 하여 그 거부 내지 반려한 행위를 가지고 항고소송의 대상이 되는 행정처분이라고 볼 수 없다(대판 1995.4.28., 95누627).

11

정답 | ②

해설 | 신의성실의 원칙 내지 금반언의 원칙은 합법성을 희생하여서라도 납세자의 신뢰를 보호함이 정의, 형평에 부합하는 것으로 인정되는 특별한 사정이 있는 경우에 적용되는 것으로서 납세자의 신뢰보호라는 점에 그 법리의 핵심적 요소가 있는 것이므로, 위 요건의 하나인 <u>과세관청의 공적 견해표명이 있었는지의 여부를 판단하는 데 있어 반드시 행정조직상의 형식적인 권한분장에 구애될 것은 아니고 담당자의 조직상의 지위와 임무, 당해 언동을 하게 된 구체적인 경위 및 그에 대한 납세자의 신뢰가능성에 비추어 실질에 의하여 판단하여야 한다</u>(대판 1996.1.23., 95누13746).

①, ③ 일반적으로 행정상의 법률관계에 있어서 행정청의 행위에 대하여 신뢰보호의 원칙이 적용되기 위하여는, 첫째 행정청이 개인에 대하여 신뢰의 대상이 되는 공적인 견해표명을 하여야 하고, 둘째 행정청의 견해표명이 정당하다고 신뢰한 데에 대하여 그 개인에게 귀책사유가 없어야 하며, 셋째 그 개인이 그 견해표명을 신뢰하고 이에 상응하는 어떠한 행위를 하였어야 하고, 넷째 행정청이 그 견해표명에 반하는 처분을 함으로써 그 견해표명을 신뢰한 개인의 이익이 침해되는 결과가 초래되어야 하며, 마지막으로 위 견해표명에 따른 행정처분을 할 경우 이로 인하여 공익 또는 제3자의 정당한 이익을 현저히 해할 우려가 있는 경우가 아니어야 하는바, 둘째 요건에서 말하는 귀책사유라 함은 행정청의 견해표명의 하자가 상대방 등 관계자의 사실은폐나 기타 사위의 방법에 의한 신청행위 등 부정행위에 기인한 것이거나 그러한 부정행위가 없다고 하더라도 하자가 있음을 알았거나 중대한 과실로 알지 못한 경우 등을 의미한다고 해석함이 상당하고, 귀책사유의 유무는 상대방과 그로부터 신청행위를 위임받은 수임인 등 관계자 모두를 기준으로 판단하여야 한다(대판

2002.11.8., 2001두1512).

④ 「행정절차법」 제4조 제2항에 따라 행정청은 법령등의 해석 또는 행정청의 관행이 일반적으로 국민들에게 받아들여졌을 때에는 공익 또는 제3자의 정당한 이익을 현저히 해칠 우려가 있는 경우를 제외하고는 새로운 해석 또는 관행에 따라 소급하여 불리하게 처리하여서는 아니 된다.

12

정답 | ④

해설 | 일반적, 추상적, 개괄적인 규정이라 할지라도 법관의 법보충 작용으로서의 해석을 통하여 그 의미가 구체화·명확화 될 수 있다면 그 규정이 명확성을 결여하여 과세요건명확주의에 반하는 것으로 볼 수는 없다(대판 2001.4.27., 2000두9076).

① 조세법률주의의 원칙상 과세요건은 엄격히 해석되어야 하고 일반적·포괄적인 위임입법은 금지되나, 법률규정 자체에 위임의 구체적 범위를 명확히 규정하고 있지 아니하여 외형상으로는 일반적·포괄적으로 위임한 것처럼 보이더라도, 그 법률의 전반적인 체계와 취지·목적, 당해 조항의 규정형식과 내용 및 관련 법규를 살펴 이에 대한 해석을 통하여 그 내재적인 위임의 범위나 한계를 객관적으로 분명히 확정될 수 있는 것이라면 이를 일반적·포괄적인 위임에 해당하는 것으로 볼 수는 없다(대판(全) 1996.3.21., 95누3640).

② 위임명령은 법률이나 상위명령에서 구체적으로 범위를 정한 개별적인 위임이 있을 때에 가능하고, 여기에서 구체적인 위임의 범위는 규제하고자 하는 대상의 종류와 성격에 따라 달라지는 것이어서 일률적 기준을 정할 수는 없지만, 적어도 위임명령에 규정될 내용 및 범위의 기본사항이 구체적으로 규정되어 있어서 누구라도 당해 법률이나 상위명령으로부터 위임명령에 규정될 내용의 대강을 예측할 수 있어야 한다(대판 2002.8.23., 2001두5651).

③ 대법원은 헌법 제108조에 근거하여 입법권의 위임을 받아 규칙을 제정할 수 있다 할 것이고, 헌법 제75조에 근거한 포괄위임금지원칙은 법률에 이미 하위법규에 규정될 내용 및 범위의 기본사항이 구체적으로 규정되어 있어서 누구라도 당해 법률로부터 하위법규에 규정될 내용의 대강을 예측할 수 있어야 함을 의미하므로, 위임입법이 대법원규칙인 경우에도 수권법률에서 이 원칙을 준수하여야 함은 마찬가지이다(2016.6.30., 2013헌바27).

13

정답 | ④

해설 | 우편물이 등기취급의 방법으로 발송된 경우, 특별한 사정이 없는 한, 그 무렵 수취인에게 배달되었다고 보아도 좋을 것이나, 수취인이나 그 가족이 주민등록지에 실제로 거주하고 있지 아니하면서 전입신고만을 해 둔 경우에는 그 사실만으로써 주민등록지 거주자에게 송달수령의 권한을 위임하였다고 보기는 어려울 뿐 아니라 수취인이 주민등록지에 실제로 거주하지 아니하는 경우에도 우편물이 수취인에게 도달하였다고 추정할 수는 없고, 따라서 이러한 경우에는 우편물의 도달사실을 과세관청이 입증해야 할 것이고, 수취인이나 그 가족이 주민등록지에 실제로 거주하고 있지 아니하면서 전입신고만을 해 두었고, 그밖에 주민등록지 거주자에게 송달수령의 권한을 위임하였다고 보기 어려운 사정이 인정된다면, 등기우편으로 발송된 납세고지서가 반송된 사실이 인정되지 아니한다 하여 납세의무자에게 송달된 것이라고 볼 수는 없다(대판 1998.2.13., 97누8977).

① 「독점규제 및 공정거래에 관한 법률」 제55조의2 및 이에 근거한 '공정거래위원회 회의운영 및 사건절차 등에 관한 규칙' 제3조 제2항에 의하여 준용되는 구 「행정절차법」 제14조 제1항은 문서의 송달방법의 하나로 우편송달을 규정하고 있고, 같은 법 제16조 제2항은 외국에 거주 또는 체류하는 자에 대한 기간 및 기한은 행정청이 그 우편이나 통신에 소요되는 일수를 감안하여 정하여야 한다고 규정하고 있는 점 등에 비추어 보면, 공정거래위원회는 국내에 주소·거소·영업소 또는 사무소가 없는 외국사업자에 대하여도 우편송달의 방법으로 문서를 송달할 수 있다(대판 2006.3.24., 2004두11275).

② 「행정절차법」 제14조 제3항 전단, 「행정절차법」 제15조 제2항

③ 내용증명우편이나 등기우편과는 달리, 보통우편의 방법으로 발송되었다는 사실만으로는 그 우편물이 상당 기간 내에 도달하였다고 추정할 수 없고 송달의 효력을 주장하는 측에서 증거에 의하여 도달사실을 입증하여야 한다(대판 2002.7.26., 2000다25002).

14

정답 | ③

해설 | 「국방·군사시설 사업에 관한 법률」 및 구 「산림법」(2002.12.30. 법률 제6841호로 개정되기 전의 것)에서 보전임지를 다른 용도로 이용하기 위한 사업에 대하여 승인 등 처분을 하기 전에 미리 산림청장과 협의를 하라고 규정한 의미는 그의 자문을 구하라는 것이지 그 의견을 따라 처분을 하라는 의미는 아니라 할 것이므로, 이러한 협의를 거치지 아니하였다고 하더라도 이는 당해 승인처분을 취소할 수 있는 원인이 되는 하자 정도에 불과하고 그 승인처분이 당연무효가 되는 하자에 해당하는 것은 아

니라고 봄이 상당하다(대판 2006.6.30., 2005두14363).
① 부동산을 양도한 사실이 없음에도 세무당국이 부동산을 양도한 것으로 오인하여 양도소득세를 부과하였다면 그 부과처분은 착오에 의한 행정처분으로서 그 표시된 내용에 중대하고 명백한 하자가 있어 당연무효이다(1983.8.23., 83누179).
② 분배신청을 한 바 없고 분배받은 사실조차 알지 못하고 있는 자에 대한 농지분배는 허무인에게 분배한 것이나 다름이 없는 당연무효의 처분이라고 할 것이다(대판 1970.10.23., 70다1750).
④ 위헌결정의 소급효가 미치는 이상 위헌결정된 「국가보위입법회의법」 부칙 제4항 후단의 규정에 의하여 이루어진 면직처분은 당연무효의 처분이다(대판 1993.2.26., 92누12247).

15
정답 | ①
해설 | 어업권면허에 선행하는 우선순위결정은 행정청이 우선권자로 결정된 자의 신청이 있으면 어업권면허처분을 하겠다는 것을 약속하는 행위로서 강학상 확약에 불과하고 행정처분은 아니므로, 우선순위결정에 공정력이나 불가쟁력과 같은 효력은 인정되지 아니한다(대판 1995.1.20., 94누6529).
② 확약은 행정지도와 달리 행정기관에 일정한 법적 의무가 따른다.
③ 행정청이 상대방에게 장차 어떤 처분을 하겠다고 확약 또는 공적인 의사표명을 하였다고 하더라도, 그 자체에서 상대방으로 하여금 언제까지 처분의 발령을 신청하도록 유효기간을 두었는데도 그 기간 내에 상대방의 신청이 없었다거나 확약 또는 공적인 의사표명이 있은 후에 사실적·법률적 상태가 변경되었다면, 그와 같은 확약 또는 공적인 의사표명은 행정청의 별다른 의사표시를 기다리지 않고 실효된다(대판 1996.8.20., 95누10877).
④ 「행정심판법」 제5조 제3호, 「행정소송법」 제4조 제3호

16
정답 | ③
해설 | 공청회의 주재자는 공청회를 공정하게 진행하여야 하며, 공청회의 원활한 진행을 위하여 발표 내용을 제한할 수 있고, 질서유지를 위하여 발언 중지 및 퇴장 명령 등 행정안전부장관이 정하는 필요한 조치를 할 수 있다(「행정절차법」 제39조 제1항).
① 「행정절차법」 제38조
② 「행정절차법」 제38조의3 제1항
④ 「행정절차법」 제39조의2

17
정답 | ④
해설 | 계고서라는 명칭의 1장의 문서로서 일정기간 내에 위법건축물의 자진철거를 명함과 동시에 그 소정기한 내에 자진철거를 하지 아니할 때에는 대집행할 뜻을 미리 계고한 경우라도 「건축법」에 의한 철거명령과 「행정대집행법」에 의한 계고처분은 독립하여 있는 것으로서 각 그 요건이 충족되었다고 볼 것이다(1992.6.12., 91누13564).
① 대판 1996.6.28., 96누4374
② 대판 1987.12.8., 87누262
③ 이러한 행정대집행의 절차가 인정되는 경우에는 따로 민사소송의 방법으로 피고들에 대하여 이 사건 시설물의 철거를 구하는 것은 허용되지 않는다고 할 것이다(대판 2009.6.11., 2009다1122).

18
정답 | ①
해설 | 도시공원시설인 매점의 관리청이 그 공동점유자 중의 1인에 대하여 소정의 기간 내에 위 매점으로부터 퇴거하고 이에 부수하여 그 판매 시설물 및 상품을 반출하지 아니할 때에는 이를 대집행하겠다는 내용의 계고처분은 그 주된 목적이 매점의 원형을 보존하기 위하여 점유자가 설치한 불법 시설물을 철거하고자 하는 것이 아니라, 매점에 대한 점유자의 점유를 배제하고 그 점유이전을 받는 데 있다고 할 것인데, 이러한 의무는 그것을 강제적으로 실현함에 있어 직접적인 실력행사가 필요한 것이지 대체적 작위의무에 해당하는 것은 아니어서 직접강제의 방법에 의하는 것은 별론으로 하고 「행정대집행법」에 의한 대집행의 대상이 되는 것은 아니다(대판 1998.10.23., 97누157).

19
정답 | ③
해설 | 행정청은 위법 또는 부당한 처분의 전부나 일부를 소급하여 취소할 수 있다.

> **「행정기본법」 제18조(위법 또는 부당한 처분의 취소)**
> ① 행정청은 위법 또는 부당한 처분의 전부나 일부를 소급하여 취소할 수 있다. 다만, 당사자의 신뢰를 보호할 가치가 있는 등 정당한 사유가 있는 경우에는 장래를 향하여 취소할 수 있다.

① 「행정기본법」 제4조
② 「행정기본법」 제13조
④ 「행정기본법」 제17조

20

정답 | ③

해설 | 우리나라 「행정소송법」은 행정소송 사항에 관해 개괄주의
를 택하고 있다.
① 행정소송법 제26조
② 행정소송법 제10조
④ 우리나라는 집행부정지 원칙을 채택하고 있다.

21

정답 | ④

해설 | 이 법에 따른 손해배상의 소송은 배상심의회에 배상신청
을 하지 아니하고도 제기할 수 있다(「국가배상법」 제9조).
① 「국가배상법」 제3조의2 제1항
② 「국가배상법」 제4조
③ 「국가배상법」 제7조

22

정답 | ③

해설 | 손실보상은 적법한 행정작용에 대한 구제수단이다. 위법
한 행정작용에 대한 구제는 손해배상에 의한다.

23

정답 | ①

해설 | 재결은 제23조에 따라 피청구인 또는 위원회가 심판청구
서를 받은 날부터 60일 이내에 하여야 한다. 다만, 부득이
한 사정이 있는 경우에는 위원장이 직권으로 30일을 연
장할 수 있다(「행정심판법」 제45조 제1항). 따라서 최장
90일까지이다.
② 행정심판에서는 의무이행심판이 있으므로 변경재결
시 원처분에 갈음하는 적극적 변경과 소극적 변경이
모두 가능하다.
③ 대판 1989.2.14., 88누1363
④ 「행정심판법」 제29조 제2항

24

정답 | ③

해설 | 부과처분을 위한 과세관청의 질문조사권이 행해지는 세
무조사결정이 있는 경우 납세의무자는 세무공무원의 과
세자료 수집을 위한 질문에 대답하고 검사를 수인하여야
할 법적 의무를 부담하게 되는 점, 세무조사는 기본적으
로 적정하고 공평한 과세의 실현을 위하여 필요한 최소한
의 범위 안에서 행하여져야 하고, 더욱이 동일한 세목 및
과세기간에 대한 재조사는 납세자의 영업의 자유 등 권익
을 심각하게 침해할 뿐만 아니라 과세관청에 의한 자의적
인 세무조사의 위험마저 있으므로 조세공평의 원칙에 현
저히 반하는 예외적인 경우를 제외하고는 금지될 필요가
있는 점, 납세의무자로 하여금 개개의 과태료 처분에 대

하여 불복하거나 조사 종료 후의 과세처분에 대하여만 다
툴 수 있도록 하는 것보다는 그에 앞서 세무조사결정에
대하여 다툼으로써 분쟁을 조기에 근본적으로 해결할 수
있는 점 등을 종합하면, 세무조사결정은 납세의무자의 권
리·의무에 직접 영향을 미치는 공권력의 행사에 따른 행
정작용으로서 항고소송의 대상이 된다(대판 2011.3.10.,
2009두23617).
① 「행정조사기본법」 제4조 제4항
② 「행정조사기본법」 제5조
④ 대판 2014.6.26., 2012두911

25

정답 | ④

해설 | 평등의 원칙은 본질적으로 같은 것을 자의적으로 다르게
취급함을 금지하는 것이고, 위법한 행정처분이 수차례에
걸쳐 반복적으로 행하여졌다 하더라도 그러한 처분이 위
법한 것인 때에는 행정청에 대하여 자기구속력을 갖게 된
다고 할 수 없다(대판 2009.6.25., 2008두13132).
① 한 사람이 여러 종류의 자동차운전면허를 취득하는 경
우뿐 아니라 이를 취소 또는 정지하는 경우에 있어서
도 서로 별개의 것으로 취급하는 것이 원칙이기는 하
나, 자동차운전면허는 그 성질이 대인적 면허일뿐만
아니라 「도로교통법 시행규칙」 제26조 별표 14에 의
하면, 제1종 대형면허 소지자는 제1종 보통면허로 운
전할 수 있는 자동차와 원동기장치자전거를, 제1종 보
통면허 소지자는 원동기장치자전거까지 운전할 수 있
도록 규정하고 있어서 제1종 보통면허로 운전할 수 있
는 차량의 음주운전은 당해 운전면허뿐만 아니라 제1
종 대형면허로도 가능하고, 또한 제1종 대형면허나 제
1종 보통면허의 취소에는 당연히 원동기장치자전거의
운전까지 금지하는 취지가 포함된 것이어서 이들 세
종류의 운전면허는 서로 관련된 것이라고 할 것이므로
제1종 보통면허로 운전할 수 있는 차량을 음주운전한
경우에 이와 관련된 면허인 제1종 대형면허와 원동기
장치자전거면허까지 취소할 수 있는 것으로 보아야 한
다(대판 1994.11.25., 94누9672).
② 재량권 행사의 준칙인 행정규칙이 그 정한 바에 따라
되풀이 시행되어 행정관행이 이루어지게 되면 평등의
원칙이나 신뢰보호의 원칙에 따라 행정기관은 그 상대
방에 대한 관계에서 그 규칙에 따라야 할 자기구속을
받게 되므로, 이러한 경우에는 특별한 사정이 없는 한
그를 위반하는 처분은 평등의 원칙이나 신뢰보호의 원
칙에 위배되어 재량권을 일탈·남용한 위법한 처분이
된다(대판 2009.12.24., 2009두7967).
③ 지방자치단체장이 사업자에게 주택사업계획승인을 하
면서 그 주택사업과는 아무런 관련이 없는 토지를 기
부채납하도록 하는 부관을 주택사업계획승인에 붙인
경우, 그 부관은 부당결부금지의 원칙에 위반되어 위
법하지만, 지방자치단체장이 승인한 사업자의 주택사
업계획은 상당히 큰 규모의 사업임에 반하여, 사업자

가 기부채납한 토지 가액은 그 100분의 1 상당의 금액에 불과한 데다가, 사업자가 그 동안 그 부관에 대하여 아무런 이의를 제기하지 아니하다가 지방자치단체장이 업무착오로 기부채납한 토지에 대하여 보상협조 요청서를 보내자 그때서야 비로소 부관의 하자를 들고 나온 사정에 비추어 볼 때 부관의 하자가 중대하고 명백하여 당연무효라고는 볼 수 없다(대판 1997.3.11., 96다49650).

CHAPTER 02 | 제2회 행정법 모의고사 정답 및 해설

1	2	3	4	5	6	7	8	9	10
④	③	②	①	①	③	②	②	②	④
11	12	13	14	15	16	17	18	19	20
②	①	④	②	②	③	④	①	②	④
21	22	23	24	25					
③	③	④	②	④					

01

정답 | ④

해설 | 대통령의 계엄선포행위는 고도의 정치적, 군사적 성격을 띠는 행위라고 할 것이어서, 그 선포의 당, 부당을 판단할 권한은 헌법상 계엄의 해제요구권이 있는 국회만이 가지고 있다 할 것이고 그 선포가 당연무효의 경우라면 모르되, 사법기관인 법원이 계엄선포의 요건 구비여부나, 선포의 당, 부당을 심사하는 것은 사법권의 내재적인 본질적 한계를 넘어서는 것이 되어 적절한 바가 못 된다(대판 1979.12.7., 자 79초70).

① 헌재 2004.10.21., 2004헌마554

② 남북정상회담의 개최는 고도의 정치적 성격을 지니고 있는 행위라 할 것이므로 특별한 사정이 없는 한 그 당부를 심판하는 것은 사법권의 내재적·본질적 한계를 넘어서는 것이 되어 적절하지 못하지만, 남북정상회담의 개최과정에서 재정경제부장관에게 신고하지 아니하거나 통일부장관의 협력사업 승인을 얻지 아니한 채 북한 측에 사업권의 대가 명목으로 송금한 행위 자체는 헌법상 법치국가의 원리와 법 앞에 평등원칙 등에 비추어 볼 때 사법심사의 대상이 된다(대판 2004.3.26., 2003도7878).

③ 「군사시설보호법」에 의한 군사시설보호구역의 설정, 변경 또는 해제와 같은 행위는 행정청에 의한 공법행위라는 점에서는 넓은 의미의 행정행위라고 할 것이나 이는 행정입법행위 또는 통치행위라는 점에서 협의의 행정행위와 구별되며 따라서 이와 같은 행위는 그 종류에 따라 관보에 게재하여 공포하거나 또는 대외적인 공고, 고시 등에 의하여 유효하게 성립되고 개별적 통지를 요하지 아니한다(대판 1983.6.14., 83누43).

02

정답 | ③

해설 | 법령의 효력발생시기 관련 규정은 아래와 같다.

- 법률은 특별한 규정이 없는 한 공포한 날로부터 20일을 경과함으로써 효력을 발생한다(「헌법」 제53조 제7항).
- 대통령령, 총리령 및 부령은 특별한 규정이 없으면 공포한 날부터 20일이 경과함으로써 효력을 발생한다(「법령 등 공포에 관한 법률」 제13조).
- 국민의 권리 제한 또는 의무 부과와 직접 관련되는 법률, 대통령령, 총리령 및 부령은 긴급히 시행하여야 할 특별한 사유가 있는 경우를 제외하고는 공포일부터 적어도 30일이 경과한 날부터 시행되도록 하여야 한다(「법령 등 공포에 관한 법률」 제13조의2).
- 조례와 규칙은 특별한 규정이 없으면 공포한 날부터 20일이 지나면 효력을 발생한다(「지방자치법」 제26조 제8항).

03

정답 | ②

해설 | 「도로교통법」 제118조에서 규정하는 경찰서장의 통고처분은 행정소송의 대상이 되는 행정처분이 아니므로 그 처분의 취소를 구하는 소송은 부적법하고, 도로교통법상의 통고처분을 받은 자가 그 처분에 대하여 이의가 있는 경우에는 통고처분에 따른 범칙금의 납부를 이행하지 아니함으로써 경찰서장의 즉결심판청구에 의하여 법원의 심판을 받을 수 있게 될 뿐이다(대판 1995.6.29., 95누4674).

① 성질상으로는 행정처분이라 하여도 그것이 전부 행정소송의 대상으로 취소변경을 소구할 수 있는 것은 아니며 형사절차에 관한 행위의 옳고 그른 것은 형사소송법규에 의하여서만 다툴 수 있고 행정소송의 대상이 될 수 없는 것인 바, 「조세범처벌절차법」에 의한 통고처분은 그 처분을 받은 자가 통고취지를 이행하지 아니한 때에는 세무관서의 고발에 의하여 형사절차로 옮아가 처분의 대상이 된 사실은 그 절차에 의하여 최종적으로 결정될 것이고 통고처분은 따로히 그대로 존속하여 별개의 효력을 나타낼 수 있는 것이 아니므로 행정소송의 대상이 되지 않는다(대판 1962.1.31., 4294행상40).

③ 「관세법」 제284조 제1항, 제311조, 제312조, 제318조의 규정에 의하면, 관세청장 또는 세관장은 관세범에 대하여 통고처분을 할 수 있고, 범죄의 정상이 징역형에 처하여질 것으로 인정되는 때에는 즉시 고발하여야 하며, 관세범인이 통고를 이행할 수 있는 자금능력이 없다고 인정되거나 주소 및 거소의 불명 기타의 사유로 인하여 통고를 하기 곤란하다고 인정되는 때에도 즉시 고발하여야 하는바, 이들 규정을 종합하여 보면, 통고처분을 할 것인지의 여부는 관세청장 또는 세관장의 재량에 맡겨져 있고, 따라서 관세청장 또는 세관장이 관세범에 대하여 통고처분을 하지 아니한 채 고발하였다는 것만으로는 그 고발 및 이에 기한 공소의 제기가 부적법하게 되는 것은 아니다(대판 2007.5.11., 2006도1993).

④ 통고처분이나 고발을 할 권한이 없는 세무공무원이 그 권한자에게 범칙사건 조사 결과에 따른 통고처분이나 고발조치를 건의하는 등의 조치를 취하지 않았다고 하더라도, 구체적 사정에 비추어 그것이 직무를 성실히 수행하지 못한 것이라고 할 수 있을지언정 그 직무를 의식적으로 방임 내지 포기하였다고 볼 수 없다(대판 1997.4.11., 96도2753).

04

정답 | ①

해설 | 농지개량조합과 그 직원과의 관계는 사법상의 근로계약관계가 아닌 공법상의 특별권력관계이고, 그 조합의 직원에 대한 징계처분의 취소를 구하는 소송은 행정소송사항에 속한다(대판 1995.6.9., 94누10870).

② 「예산회계법」에 따라 체결되는 계약은 사법상의 계약이라고 할 것이고 동법 제70조의5의 입찰보증금은 낙찰자의 계약체결의무이행의 확보를 목적으로 하여 그 불이행시에 이를 국고에 귀속시켜 국가의 손해를 전보하는 사법상의 손해배상 예정으로서의 성질을 갖는 것이라고 할 것이므로 입찰보증금의 국고귀속조치는 국가가 사법상의 재산권의 주체로서 행위하는 것이지 공권력을 행사하는 것이거나 공권력작용과 일체성을 가진 것이 아니라 할 것이므로 이에 관한 분쟁은 행정소송이 아닌 민사소송의 대상이 될 수밖에 없다고 할 것이다(대판 1983.12.27., 81누366).

③ 한국조폐공사 직원의 근무관계는 사법관계에 속하고 그 직원의 파면행위도 사법상의 행위라고 보아야 한다(대판 1978.4.25., 78다414).

④ 「공무원 및 사립학교 교직원 의료보험법」 등 관계법령의 규정내용에 비추어 보면, 공무원 및 사립학교 교직원 의료보험관리공단 직원의 근무관계는 공법관계가 아니라 사법관계이다(대판 1993.11.23., 93누15212).

05

정답 | ①

해설 | 우리나라는 구체적 규범통제를 원칙으로 하고 명령이나 규칙이 위헌·위법이라고 대법원에서 확정된 경우, 무효로 판시된 당해 조항은 당해 개별 사건에 한하여 적용되지 않는다. 따라서 무효로 판시된 당해 특정 조항이 일반적으로 효력이 부인되는 것이 아니라 개별 사건에 한하여 부인된다.

② 「부패방지 및 국민권익위원회의 설치와 운영에 관한 법률」 제28조 제1항

③ 「행정소송법」 제6조

④ 행정규칙은 일반적으로 행정조직 내부에서만 효력을 가지고 대외적 구속력을 갖는 것이 아니어서 원칙적으로 헌법소원의 대상이 되는 '공권력의 행사'에 해당하지 않는다. 다만 행정규칙이 재량권행사의 준칙으로서 그 정한 바에 따라 되풀이 시행되어 행정관행을 이루게 되어 평등의 원칙이나 신뢰보호의 원칙에 따라 행정기관이 그 상대방에 대한 관계에서 그 규칙에 따라야 할 자기구속을 당하게 되는 경우에는 대외적인 구속력을 갖게 되어 헌법소원의 대상이 된다(2011.10.25., 2009헌마588).

06

정답 | ③

해설 | 원고가 고의 또는 중대한 과실 없이 행정소송으로 제기하여야 할 사건을 민사소송으로 잘못 제기한 경우, 수소법원으로서는 만약 그 행정소송에 대한 관할도 동시에 가지고 있다면 이를 행정소송으로 심리·판단하여야 하고, 그 행정소송에 대한 관할을 가지고 있지 아니하다면 당해 소송이 이미 행정소송으로서의 전심절차 및 제소기간을 도과하였거나 행정소송의 대상이 되는 처분 등이 존재하지도 아니한 상태에 있는 등 행정소송으로서의 소송요건을 결하고 있음이 명백하여 행정소송으로 제기되었더라도 어차피 부적법하게 되는 경우가 아닌 이상 이를 부적법한 소라고 하여 각하할 것이 아니라 관할 법원에 이송하여야 한다(대판 1997.5.30., 95다28960).

① 「행정소송법」 제3조

② 공법상 계약의 한쪽 당사자가 다른 당사자를 상대로 그 효력을 다투거나 그 이행을 청구하는 소송은 공법상의 법률관계에 관한 분쟁이므로 분쟁의 실질이 공법상 권리·의무의 존부·범위에 관한 다툼이 아니라 손해배상액의 구체적인 산정방법·금액에 국한되는 등의 특별한 사정이 없는 한 공법상 당사자소송으로 제기하여야 한다(대판 2021.2.4., 2019다277133).

④ 「행정소송법」 제26조, 제44조

07

정답 | ②

해설 | 피고가 이 사건 규칙상 가장 가벼운 의사면허자격정지 7월의 처분을 한 것이 원고에게 지나치게 가혹하여 재량권의 범위를 벗어난 것으로 위법하다고 볼 수는 없다(대판 2002.10.25., 2002두4822).

① 실권리자명의 등기의무를 위반한 명의신탁자에 대하여 부과하는 과징금의 감경에 관한 「부동산 실권리자명의 등기에 관한 법률」 시행령 제3조의2 단서는 임의적 감경규정임이 명백하므로, 그 감경사유가 존재하더라도 과징금 부과관청이 감경사유까지 고려하고도 과징금을 감경하지 않은 채 과징금 전액을 부과하는 처분을 한 경우에는 이를 위법하다고 단정할 수는 없으나, 위 감경사유가 있음에도 이를 전혀 고려하지 않았거나 감경사유에 해당하지 않는다고 오인한 나머지 과징금을 감경하지 않았다면 그 과징금 부과처분은 재량권을 일탈·남용한 위법한 처분이라고 할 수밖에 없다(대판 2010.7.15., 2010두7031).

③ 학위논문심사에 통과한 자에 대하여 정당한 이유 없이 학위수여를 부결한 행정처분은 위 「교육법」 시행령의 규정과 위 대학원 학위수여규정의 각 규정에 위배한 것으로 재량권의 한계를 벗어난 위법한 것이다(대판 1976.6.8., 75누63).

④ 당해 공무원의 동의 없는 「지방공무원법」 제29조의3의 규정에 의한 전출명령은 위법하여 취소되어야 하므로, 그 전출명령이 적법함을 전제로 내린 징계처분은 그 전출명령이 공정력에 의하여 취소되기 전까지는 유효하다고 하더라도 징계양정에 있어 재량권을 일탈하여 위법하다(대판 2001.12.11., 99두1823).

08

정답 | ②

해설 | 요건 충족 시에도 허가를 거부하는 것은 정당한 이유 없이 기본권을 제한하는 것으로, 기속행위가 원칙이고 재량행위는 예외가 된다.

① 허가는 상대적 금지를 해제하여주는 것이며, 절대적 금지에 대한 해제는 불가하다.

③ 허가는 통행금지 해제와 같은 사실행위뿐만 아니라 영업허가와 같은 법률행위도 그 대상이 된다.

④ 무허가행위의 법률상 효력은 원칙적으로 유효이며, 다만 이에 대하여 행정상 강제집행 또는 행정벌의 대상이 될 수 있다.

09

정답 | ②

해설 | 행정행위의 부관은 행정행위의 일반적인 효력이나 효과를 제한하기 위하여 의사표시의 주된 내용에 부가되는 종된 의사표시이지 그 자체로서 직접 법적 효과를 발생하는 독립된 처분이 아니므로 현행 행정쟁송제도 아래서는 부관 그 자체만을 독립된 쟁송의 대상으로 할 수 없는 것이 원칙이나 행정행위의 부관 중에서도 행정행위에 부수하여 그 행정행위의 상대방에게 일정한 의무를 부과하는 행정청의 의사표시인 부담의 경우에는 다른 부관과는 달리 행정행위의 불가분적인 요소가 아니고 그 존속이 본체인 행정행위의 존재를 전제로 하는 것일 뿐이므로 부담 그 자체로서 행정쟁송의 대상이 될 수 있다(대판 1992.1.21., 91누1264).

10

정답 | ④

해설 | 국민의 권리와 이익을 옹호하고 법적 안정을 도모하기 위하여 특정한 행위에 대하여는 행정청이라 하여도 이것을 자유로이 취소, 변경 및 철회할 수 없다는 행정행위의 불가변력은 당해 행정행위에 대하여서만 인정되는 것이고, 동종의 행정행위라 하더라도 그 대상을 달리할 때에는 이를 인정할 수 없다(대판 1974.12.10., 73누129).

① 대판 1994.4.12., 93누21088

③ 불가쟁력은 상대방 또는 이해관계인이 행정행위의 효력을 다투지 못하게 하는 것으로, 행정청은 불가쟁력이 발생한 행정행위에 대하여 취소 또는 철회할 수 있다.

11

정답 | ②

해설 | 청구인이 천재지변, 전쟁, 사변(事變), 그 밖의 불가항력으로 인하여 제1항에서 정한 기간에 심판청구를 할 수 없었을 때에는 그 사유가 소멸한 날부터 14일 이내에 행정심판을 청구할 수 있다(「행정심판법」 제27조 제2항).

① 「행정심판법」 제27조 제1항

③ 「행정심판법」 제27조 제3항

④ 「행정심판법」 제27조 제5항

12

정답 | ①

해설 | 한지의사 자격시험에 응시하기 위한 응시자격인정의 결정을 사위의 방법으로 받은 이상 이에 터잡아 취득한 한지의사면허처분도 면허를 취득할 수 없는 사람이 취득한 하자있는 처분이 된다 할 것이므로 보건사회부장관이 그와 같은 하자있는 처분임을 이유로 원고가 취득한 한지의사 면허를 취소하는 처분을 하였음은 적법하다(대판 1975.12.9., 75누123).

② 구「경찰공무원법」제50조 제1항에 의한 직위해제처분과 같은 제3항에 의한 면직처분은 후자가 전자의 처분을 전제로 한 것이기는 하나 각각 단계적으로 별개의 법률효과를 발생하는 행정처분이어서 선행직위 해제처분의 위법사유가 면직처분에는 승계되지 아니한다 할 것이므로 선행된 직위해제 처분의 위법사유를 들어 면직처분의 효력을 다툴 수는 없다(대판 1984.9.11., 84누191).

③ 도시계획의 수립에 있어서 도시계획법 제16조의2 소정의 공청회를 열지 아니하고「공공용지의 취득 및 손실보상에 관한 특례법」제8조 소정의 이주대책을 수립하지 아니하였더라도 이는 절차상의 위법으로서 취소사유에 불과하고 그 하자가 도시계획결정 또는 도시계획사업시행인가를 무효라고 할 수 있을 정도로 중대하고 명백하다고는 할 수 없으므로 이러한 위법을 선행처분인 도시계획결정이나 사업시행인가 단계에서 다투지 아니하였다면 그 쟁송기간이 이미 도과한 후인 수용재결단계에 있어서는 도시계획수립 행위의 위와 같은 위법을 들어 재결처분의 취소를 구할 수는 없다고 할 것이다(대판 1990.1.23., 87누947).

④ 변상재정이 위법이라는 이유로 변상명령의 취소를 구할 수는 없다(대판 1963.7.25., 63누65).

13

해설 | 공공기관은 정보공개 업무를 주관하는 부서 및 담당하는 인력을 적정하게 두어야 한다.

> **「공공기관의 정보공개에 관한 법률」제6조(공공기관의 의무)**
> ② 공공기관은 정보의 적절한 보존 및 신속한 검색과 국민에게 유용한 정보의 분석 및 공개 등이 이루어지도록 정보관리체계를 정비하고, 정보공개 업무를 주관하는 부서 및 담당하는 인력을 적정하게 두어야 하며, 정보통신망을 활용한 정보공개시스템 등을 구축하도록 노력하여야 한다.

① 「공공기관의 정보공개에 관한 법률」제5조
② 「공공기관의 정보공개에 관한 법률」제7조
③ 「공공기관의 정보공개에 관한 법률」제6조의2

14

해설 | 비구속적 행정계획안이나 행정지침이라도 국민의 기본권에 직접적으로 영향을 끼치고, 앞으로 법령의 뒷받침에 의하여 그대로 실시될 것이 틀림없을 것으로 예상될 수 있을 때에는, 공권력행위로서 예외적으로 헌법소원의 대상이 될 수 있다(헌재 2000.6.1., 99헌마538).
① 대판 2000.3.23., 98두2768
③ 도시기본계획은 도시의 기본적인 공간구조와 장기발전방향을 제시하는 종합계획으로서 그 계획에는 토지이용계획, 환경계획, 공원녹지계획 등 장래의 도시개발의 일반적인 방향이 제시되지만, 그 계획은 도시계획입안의 지침이 되는 것에 불과하여 일반 국민에 대한 직접적인 구속력은 없는 것이다(대판 2002.10.11., 2000두8226).
④ 도시계획구역 내 토지 등을 소유하고 있는 주민으로서는 입안권자에게 도시계획입안을 요구할 수 있는 법규상 또는 조리상의 신청권이 있다고 할 것이고, 이러한 신청에 대한 거부행위는 항고소송의 대상이 되는 행정처분에 해당한다(대판 2004.4.28., 2003두1806).

15

해설 | 관리청은 이러한 위반행위에 의하여 생긴 유형적 결과의 시정을 명하는 행정처분을 하여 이에 따르지 않는 경우에는 행정대집행의 방법으로 그 의무내용을 실현할 수 있는 것이고, 이러한 행정대집행의 절차가 인정되는 경우에는 따로 민사소송의 방법으로 공작물의 철거, 수거 등을 구할 수는 없다(대판 2000.5.12., 99다18909).
① 대집행은 대체적 작위의무의 불이행을 대상으로 하므로, 비대체적 작위의무에 대하여는 불가능하다.
③ 행정상 강제집행과 행정벌은 직접적인 목적을 달리하므로 병과가 가능하다.
④ 죄형법정주의는 무엇이 범죄이며 그에 대한 형벌이 어떠한 것인가는 국민의 대표로 구성된 입법부가 제정한 법률로써 정하여야 한다는 원칙인데,「부동산등기특별조치법」제11조 제1항 본문 중 제2조 제1항에 관한 부분이 정하고 있는 과태료는 행정상의 질서유지를 위한 행정질서벌에 해당할 뿐 형벌이라고 할 수 없어 죄형법정주의의 규율대상에 해당하지 아니한다(헌재 1998.5.28., 96헌바83).

16

해설 | 계약직공무원 채용계약해지의 의사표시는 일반공무원에 대한 징계처분과는 달라서 항고소송의 대상이 되는 처분 등의 성격을 가진 것으로 인정되지 아니하고, 일정한 사유가 있을 때에 국가 또는 지방자치단체가 채용계약 관계의 한쪽 당사자로서 대등한 지위에서 행하는 의사표시로 취급되는 것으로 이해되므로, 이를 징계해고 등에서와 같이 그 징계사유에 한하여 효력 유무를 판단하여야 하거나, 행정처분과 같이「행정절차법」에 의하여 근거와 이유를 제시하여야 하는 것은 아니다(대판 2002.11.26., 2002두5948).
① 구「국가를 당사자로 하는 계약에 관한 법률」(2012. 12. 18. 법률 제11547호로 개정되기 전의 것, 이하 '국가계약법'이라 한다) 제11조 규정 내용과 국가가 일방당사자가 되어 체결하는 계약의 내용을 명확히 하

고 국가가 사인과 계약을 체결할 때 적법한 절차에 따를 것을 담보하려는 규정의 취지 등에 비추어 보면, 국가가 사인과 계약을 체결할 때에는 국가계약법령에 따른 계약서를 따로 작성하는 등 요건과 절차를 이행하여야 할 것이고, 설령 국가와 사인 사이에 계약이 체결되었더라도 이러한 법령상 요건과 절차를 거치지 아니한 계약은 효력이 없다(대판 2015.1.15., 2013다215133).

② 어업권면허에 선행하는 우선순위결정은 행정청이 우선권자로 결정된 자의 신청이 있으면 어업권면허처분을 하겠다는 것을 약속하는 행위로서 강학상 확약에 불과하고 행정처분은 아니므로, 우선순위결정에 공정력이나 불가쟁력과 같은 효력은 인정되지 아니하며, 따라서 우선순위결정이 잘못되었다는 이유로 종전의 어업권면허처분이 취소되면 행정청은 종전의 우선순위결정을 무시하고 다시 우선순위를 결정한 다음 새로운 우선순위결정에 기하여 새로운 어업권면허를 할 수 있다(대판 1995.1.20., 94누6529).

④ 행정관청이 토지거래계약신고에 관하여 공시된 기준지가를 기준으로 매매가격을 신고하도록 행정지도하여 왔고 그 기준가격 이상으로 매매가격을 신고한 경우에는 거래신고서를 접수하지 않고 반려하는 것이 관행화되어 있다 하더라도 이는 법에 어긋나는 관행이라 할 것이므로 그와 같은 위법한 관행에 따라 허위신고행위에 이르렀다고 하여 그 범법행위가 사회상규에 위배되지 않는 정당한 행위라고는 볼 수 없다(대판 1992.4.24., 91도1609).

17

정답 | ④
해설 | 「행정조사기본법」 제15조 제1항 본문
① "행정기관"이란 법령 및 조례·규칙에 따라 행정권한이 있는 기관과 그 권한을 위임 또는 위탁받은 법인·단체 또는 그 기관이나 개인을 말한다(「행정조사기본법」 제2조 제2호).
② 다른 법률에 따르지 아니하고는 행정조사의 대상자 또는 행정조사의 내용을 공표하거나 직무상 알게 된 비밀을 누설하여서는 아니 된다(「행정조사기본법」 제4조 제5항).
③ 제3자의 동의를 요한다(「행정조사기본법」 제19조 제1항 제2호).

18

정답 | ①
해설 | 공공의 영조물이라 함은 국가 또는 지방자치단체에 의하여 특정 공공의 목적에 공여된 유체물 내지 물적 설비를 말하며, 국가 또는 지방자치단체가 소유권, 임차권 그 밖의 권한에 기하여 관리하고 있는 경우뿐만 아니라 사실상의 관리를 하고 있는 경우도 포함된다(대판 1998.10.23.,

98다17381).
② 대판 1998.10.23., 98다17381
③ 대판 1967.2.21., 66다1723
④ 「국가배상법」 제5조 제2항

19

정답 | ②
해설 | 승계한 행정청을 피고로 한다.

> **「행정소송법」 제13조(피고적격)**
> ① 취소소송은 다른 법률에 특별한 규정이 없는 한 그 처분등을 행한 행정청을 피고로 한다. 다만, 처분등이 있은 뒤에 그 처분등에 관계되는 권한이 다른 행정청에 승계된 때에는 이를 승계한 행정청을 피고로 한다.
> ② 제1항의 규정에 의한 행정청이 없게 된 때에는 그 처분등에 관한 사무가 귀속되는 국가 또는 공공단체를 피고로 한다.

① 취소소송은 처분등의 취소를 구할 법률상 이익이 있는 자가 제기할 수 있다. 처분등의 효과가 기간의 경과, 처분등의 집행 그 밖의 사유로 인하여 소멸된 뒤에도 그 처분등의 취소로 인하여 회복되는 법률상 이익이 있는 자의 경우에는 또한 같다(「행정소송법」 제12조).
③ 「행정소송법」 제16조 제1항
④ 「행정소송법」 제17조 제1항

20

정답 | ④
해설 | 사업시행자, 토지소유자 또는 관계인은 제34조에 따른 재결에 불복할 때에는 재결서를 받은 날부터 60일 이내에, 이의신청을 거쳤을 때에는 이의신청에 대한 재결서를 받은 날부터 30일 이내에 각각 행정소송을 제기할 수 있다(「공익사업을 위한 토지 등의 취득 및 보상에 관한 법률」 제85조 제1항).
① 대판(全) 2006.5.18., 2004다6207
② 헌재 1991.2.11., 90헌바17
③ 「공익사업을 위한 토지 등의 취득 및 보상에 관한 법률」 제63조 제1항

21

정답 | ③

해설 | (가) 「국유재산법」제31조, 제32조 제3항, 「산림법」제75조 제1항의 규정 등에 의하여 국유잡종재산에 관한 관리 처분의 권한을 위임받은 기관이 국유잡종재산을 대부하는 행위는 국가가 사경제 주체로서 상대방과 대등한 위치에서 행하는 사법상의 계약이고, 행정청이 공권력의 주체로서 상대방의 의사 여하에 불구하고 일방적으로 행하는 행정처분이라고 볼 수 없으며, 국유잡종재산에 관한 대부료의 납부고지 역시 사법상의 이행청구에 해당하고, 이를 행정처분이라고 할 수 없다(대판 2000.2.11., 99다61675).

(나) 「예산회계법」에 따라 체결되는 계약은 사법상의 계약이라고 할 것이고 동법 제70조의5의 입찰보증금은 낙찰자의 계약체결의무이행의 확보를 목적으로 하여 그 불이행시에 이를 국고에 귀속시켜 국가의 손해를 전보하는 사법상의 손해배상 예정으로서의 성질을 갖는 것이라고 할 것이므로 입찰보증금의 국고귀속조치는 국가가 사법상의 재산권의 주체로서 행위하는 것이지 공권력을 행사하는 것이거나 공권력작용과 일체성을 가진 것이 아니라 할 것이므로 이에 관한 분쟁은 행정소송이 아닌 민사소송의 대상이 될 수밖에 없다고 할 것이다(1983.12.27., 81누366).

(다) 판례는 창덕궁 비원 안내원의 채용계약을 사법상 계약에 해당한다고 본다.

(라) 「국유재산법」제51조 제1항은 국유재산의 무단점유자에 대하여는 대부 또는 사용, 수익허가 등을 받은 경우에 납부하여야 할 대부료 또는 사용료 상당액 외에도 그 징벌적 의미에서 국가측이 일방적으로 그 2할 상당액을 추가하여 변상금을 징수토록 하고 있으며 동조 제2항은 변상금의 체납시 국세징수법에 의하여 강제징수토록 하고 있는 점 등에 비추어 보면 국유재산의 관리청이 그 무단점유자에 대하여 하는 변상금부과처분은 순전히 사경제 주체로서 행하는 사법상의 법률행위라 할 수 없고 이는 관리청이 공권력을 가진 우월적 지위에서 행한 것으로서 행정소송의 대상이 되는 행정처분이라고 보아야 한다(대판 1988.2.23, 87누1046,1047).

(마) 국가나 지방자치단체에 근무하는 청원경찰은 국가공무원법이나 지방공무원법상의 공무원은 아니지만, 다른 청원경찰과는 달리 그 임용권자가 행정기관의 장이고, 국가나 지방자치단체로부터 보수를 받으며, 「산업재해보상보험법」이나 「근로기준법」이 아닌 「공무원연금법」에 따른 재해보상과 퇴직급여를 지급받고, 직무상의 불법행위에 대하여도 「민법」이 아닌 「국가배상법」이 적용되는 등의 특질이 있으며 그외 임용자격, 직무, 복무의무 내용 등을 종합하여 볼때, 그 근무관계를 사법상의 고용계약관계로 보기는 어려우므로 그에 대한징계처분의 시정을 구하는 소는 행정소송의 대상이지 민사소송의 대상이 아니다(대판 1993.7.13., 92다47564).

22

정답 | ③

해설 | 「행정소송법」제20조 제2항 소정의 제소기간 기산점인 "처분이 있음을 안 날"이란 통지, 공고 기타의 방법에 의하여 당해 처분이 있었다는 사실을 현실적으로 안 날을 의미하고 구체적으로 그 행정처분의 위법 여부를 판단한 날을 가리키는 것은 아니다(대판 1991.6.28., 90누6521).

23

정답 | ④

해설 | 치과의사국가시험 합격은 치과의사 면허를 부여받을 수 있는 전제요건이 된다고 할 것이나 국가시험에 합격하였다고 하여 위 면허취득의 요건을 갖추게 되는 이외에 그 자체만으로 합격한 자의 법률상 지위가 달라지게 되는 것은 아니므로 불합격처분 이후 새로 실시된 국가시험에 합격한 자들로서는 더 이상 위 불합격처분의 취소를 구할 법률상의 이익이 없다(대판 1993.11.9., 93누6867).

① 파면처분취소소송의 사실심변론종결 전에 동원고가 허위공문서등작성 죄로 징역 8월에 2년간 집행유예의 형을 선고받아 확정되었다면 원고는 「지방공무원법」제61조의 규정에 따라 위 판결이 확정된 날 당연퇴직되어 그 공무원의 신문을 상실하고, 당연퇴직이나 파면이 퇴직급여에 관한 불이익의 점에 있어 동일하다 하더라도 최소한도 이 사건 파면처분이 있은 때부터 위 법규정에 의한 당연퇴직일자까지의 기간에 있어서는 파면처분의 취소를 구하여 그로 인해 박탈당한 이익의 회복을 구할 소의 이익이 있다 할 것이다(대판 1985.6.25., 85누39).

② 위법한 행정처분의 취소를 구하는 소는 위법한 처분에 의하여 발생한 위법상태를 배제하여 원상으로 회복시키고, 그 처분으로 침해되거나 방해받은 권리와 이익을 보호·구제하고자 하는 소송이므로 비록 그 위법한 처분을 취소한다고 하더라도 원상회복이 불가능한 경우에는 그 취소를 구할 소의 이익이 없다고 할 것이다(대판 1987.2.24., 86누676).

③ 취소소송은 처분등의 취소를 구할 법률상 이익이 있는 자가 제기할 수 있다. 처분등의 효과가 기간의 경과, 처분등의 집행 그 밖의 사유로 인하여 소멸된 뒤에도 그 처분등의 취소로 인하여 회복되는 법률상 이익이 있는 자의 경우에는 또한 같다(「행정소송법」제12조).

24

정답 | ②

해설 | 집행정지의 결정 또는 기각의 결정에 대하여는 즉시항고할 수 있다. 이 경우 집행정지의 결정에 대한 즉시항고에는 결정의 집행을 정지하는 효력이 없다(「행정소송법」제23조 제5항).

① 「행정소송법」제23조 제3항

③ 「행정소송법」제23조 제2항에서 행정청의 처분에 대

한 집행정지의 요건으로 들고 있는 '회복하기 어려운 손해'라고 하는 것은 원상회복 또는 금전배상이 불가능한 손해는 물론 종국적으로 금전배상이 가능하다고 하더라도 그 손해의 성질이나 태양 등에 비추어 사회통념상 그러한 금전배상만으로는 전보되지 아니할 것으로 인정되는 현저한 손해를 가리키는 것으로서 이러한 집행정지의 적극적 요건에 관한 주장·소명책임은 원칙적으로 신청인 측에 있다(대결 1999.12.20., 자 99무42).

④ 「행정소송법」 제24조 제1항

25

정답 | ④

해설 | 청구인은 제18조에 따른 이의신청 절차를 거치지 아니하고 행정심판을 청구할 수 있다(「공공기관의 정보공개에 관한 법률」 제19조제2항).

① 「공공기관의 정보공개에 관한 법률」 제3조
② 「공공기관의 정보공개에 관한 법률」 제10조 제1항
③ 「공공기관의 정보공개에 관한 법률」 제11조 제1항

1	2	3	4	5	6	7	8	9	10
①	③	②	④	③	④	③	①	③	④
11	**12**	**13**	**14**	**15**	**16**	**17**	**18**	**19**	**20**
①	④	①	①	②	③	③	③	③	③
21	**22**	**23**	**24**	**25**					
②	②	④	④	②					

01

정답 | ①

해설 | 성문법주의라고 하더라도 포괄적인 행정의 규율대상을 모두 성문법으로 담아내는 것은 불가능하므로, 행정법의 일반원칙을 통해 이를 보충하여야 한다.

② 형식적 의미의 법률이다.

③「헌법」에 의하여 체결·공포된 조약과 일반적으로 승인된 국제법규는 국내법과 같은 효력을 가진다(「헌법」 제6조).

④ 대법원의 판례가 법률해석의 일반적인 기준을 제시한 경우에 유사한 사건을 재판하는 하급심법원의 법관은 판례의 견해를 존중하여 재판하여야 하는 것이나, 판례가 사안이 서로 다른 사건을 재판하는 하급심법원을 직접 기속하는 효력이 있는 것은 아니므로, 하급심법원이 판례와 다른 견해를 취하여 재판한 경우에 상고를 제기하여 구제받을 수 있음을 별론으로 하고「민사소송법」제422조 제1항 제1호 소정의 재심사유인 법률에 의하여 판결법원을 구성하지 아니한 때에 해당한다고 할 수 없다(대판 1996.10.25., 96다31307).

02

정답 | ③

해설 | 피고의 이 사건 처분은, 교도행정의 목적·기능 및 근무수칙의 중요도 등에 비추어 볼 때, 원고의 직무환경과 근무기간 등 원고가 주장하는 사정을 감안하더라도 그 징계 내용이 객관적으로 명백히 부당한 것으로서 사회통념상 현저하게 타당성을 잃었다고 할 수 없다고 판단된다(대판 1998.11.10., 98두12017).

① 대리운전금지조건 위배로 1회 운행정지처분을 받은 사실을 알지 못한 채 개인택시운송사업면허를 양수한 원고가 지병인 만성신부전증 등으로 몸이 아파 쉬면서 생계유지를 위하여 일시 대리운전을 하게 하고, 또 전날 과음한 탓으로 쉬면서 대리운전을 하게 하여 2회 적발되었는데, 원고는 그의 개인택시영업에 의한 수입만으로 가족의 생계를 유지하고 있는 사정 등을 참작하면 원고에 대한 자동차운송사업면허취소의 처분은 재량권을 일탈한 위법한 처분이다(대판 1991.11.8., 91누4973).

② 수사 및 재판단계에서 유죄가 확정되지 아니한 미결수용자에게 재소자용 의류를 입게 하는 것은 미결수용자로 하여금 모욕감이나 수치심을 느끼게 하고, 심리적인 위축으로 방어권을 제대로 행사할 수 없게 하여 실체적 진실의 발견을 저해할 우려가 있으므로, 도주 방지 등 어떠한 이유를 내세우더라도 그 제한은 정당화될 수 없어「헌법」제37조 제2항의 기본권 제한에서의 비례원칙에 위반되는 것으로서, 무죄추정의 원칙에 반하고 인간으로서의 존엄과 가치에서 유래하는 인격권과 행복추구권, 공정한 재판을 받을 권리를 침해하는 것이다(헌재 1999.5.27., 97헌마137).

④ 주유소 영업의 양도인이 등유가 섞인 유사휘발유를 판매한 바를 모르고 이를 양수한 석유판매영업자에게 전 운영자인 양도인의 위법사유를 들어 사업정지기간 중 최장기인 6월의 사업정지에 처한 영업정지처분이 석유사업법에 의하여 실현시키고자 하는 공익목적의 실현보다는 양수인이 입게 될 손실이 훨씬 커서 재량권을 일탈한 것으로서 위법하다(대판 1992.2.25., 91누13106).

03

정답 | ②

해설 | 부작위가 성립하기 위한 요건 중에는 행정청에 대한 처분의 신청이 있어야 한다. 해당 신청 내용이 행정청에 대하여 행정소송의 대상인 처분을 요구하는 것이어야 하는데 이때 비권력적 사실행위, 사경제적 계약체결 등을 구하는 신청은 부작위위법확인소송의 대상이 될 수 없다.

① 부작위위법확인의 소는 부작위상태가 계속되는 한 그 위법의 확인을 구할 이익이 있다고 보아야 하므로 원칙적으로 제소기간의 제한을 받지 않는다. 그러나 「행정소송법」 제38조 제2항이 제소기간을 규정한 같은 법 제20조를 부작위위법확인소송에 준용하고 있는 점에 비추어 보면, 행정심판 등 전심절차를 거친 경우에는 「행정소송법」 제20조가 정한 제소기간 내에 부작위위법확인의 소를 제기하여야 한다(대판 2009.7.23., 2008두10560).

③ 행정처분의 직접 상대방이 아닌 제3자라 하더라도 당해 행정처분으로 인하여 법률상 보호되는 이익을 침해당한 경우에는 그 처분의 무효확인을 구하는 행정소송을 제기하여 그 당부의 판단을 받을 자격이 있다 할 것이며, 여기에서 말하는 법률상 보호되는 이익이라 함은 당해 처분의 근거 법규 및 관련 법규에 의하여 보호되는 개별적·직접적·구체적 이익이 있는 경우를 말하고, 공익보호의 결과로 국민 일반이 공통적으로 가지는 일반적·간접적·추상적 이익이 생기는 경우에는 법률상 보호되는 이익이 있다고 할 수 없다(대판 2006.3.16., 2006두330).

④ 「행정소송법」 제36조

항고소송	
취소소송	행정청의 위법한 처분등을 취소 또는 변경하는 소송
무효등 확인 소송	행정청의 처분등의 효력 유무 또는 존재여부를 확인하는 소송
부작위법 확인소송	행정청의 부작위가 위법하다는 것을 확인하는 소송

04

정답 | ④

해설 | 이른바 1980년의 공직자숙정계획의 일환으로 일괄사표의 제출과 선별수리의 형식으로 공무원에 대한 의원면직처분이 이루어진 경우, 사직원 제출행위가 강압에 의하여 의사결정의 자유를 박탈당한 상태에서 이루어진 것이라고 할 수 없고 「민법」상 비진의 의사표시의 무효에 관한 규정은 사인의 공법행위에 적용되지 않는다는 등의 이유로 그 의원면직처분을 당연무효라고 할 수 없다(대판 2001.8.24., 99두9971).

05

정답 | ③

해설 | 청문을 계속할 경우에는 행정청은 당사자등에게 다음 청문의 일시 및 장소를 서면으로 통지하여야 하며, 당사자 등이 동의하는 경우에는 전자문서로 통지할 수 있다(「행정절차법」 제31조 제5항).

① 「행정절차법」 제33조
② 「행정절차법」 제31조
④ 「행정절차법」 제36조

06

정답 | ④

해설 | 甲 주식회사가 조달청과 물품구매계약을 체결하고 국가종합전자조달시스템인 나라장터 종합쇼핑몰 인터넷 홈페이지를 통해 요구받은 제품을 수요기관에 납품하였는데, 조달청이 계약이행내역 점검 결과 일부 제품이 계약 규격과 다르다는 이유로 물품구매계약 추가특수조건 규정에 따라 甲 회사에 대하여 6개월의 나라장터 종합쇼핑몰 거래정지 조치를 한 사안에서,⋯비록 추가특수조건이라는 사법상 계약에 근거한 것이지만 행정청인 조달청이 행하는 구체적 사실에 관한 법집행으로서의 공권력의 행사로서 그 상대방인 甲 회사의 권리·의무에 직접 영향을 미치므로 항고소송의 대상이 되는 행정처분에 해당한다(대판 2018.11.29., 2015두52395).

① 대판 2015.3.12., 2014두43974).

② 일반적으로 처분이 주체·내용·절차와 형식의 요건을 모두 갖추고 외부에 표시된 경우에는 처분의 존재가 인정된다. 행정의사가 외부에 표시되어 행정청이 자유롭게 취소·철회할 수 없는 구속을 받게 되는 시점에 처분이 성립하고, 그 성립 여부는 행정청이 행정의사를 공식적인 방법으로 외부에 표시하였는지를 기준으로 판단해야 한다(대판 2019.7.11., 2017두00074).

③ 상급행정기관이 소속 공무원이나 하급행정기관에 대하여 업무처리지침이나 법령의 해석·적용 기준을 정해 주는 '행정규칙'은 일반적으로 행정조직 내부에서만 효력을 가질 뿐 대외적으로 국민이나 법원을 구속하는 효력이 없다. 처분이 행정규칙을 위반하였다고 해서 그러한 사정만으로 곧바로 위법하게 되는 것은 아니고, 처분이 행정규칙을 따른 것이라고 해서 적법성이 보장되는 것도 아니다. 처분이 적법한지는 행정규칙에 적합한지 여부가 아니라 상위법령의 규정과 입법 목적 등에 적합한지 여부에 따라 판단해야 한다(대판 2019.7.11., 2017두38874).

07

정답 | ③

해설 | 비례의 원칙은 행정법 전반에 걸치는 원리이나, 신뢰보호의 원칙에서는 직접적인 관련이 없다.

08

정답 | ①

해설 | 구 「공익사업을 위한 토지 등의 취득 및 보상에 관한 법률」 제74조 제1항에 규정되어 있는 <u>잔여지 수용청구권은 손실보상의 일환으로 토지소유자에게 부여되는 권리로서</u> 그 요건을 구비한 때에는 잔여지를 수용하는 토지수용위원회의 재결이 없더라도 그 청구에 의하여 수용의 효과가 발생하는 형성권적 성질을 가지므로, 잔여지 수용청구를 받아들이지 않은 토지수용위원회의 재결에 대하여 토지소유자가 불복하여 제기하는 소송은 위 법 제85조 제2항에 규정되어 있는 '보상금의 증감에 관한 소송'에 해당하여 <u>사업시행자를 피고로 하여야 한다.</u>

② 위헌인 법률에 근거한 행정처분이 당연무효인지의 여부는 위헌결정의 소급효와는 별개의 문제로서, 위헌결정의 소급효가 인정된다고 하여 위헌인 법률에 근거한 행정처분이 당연무효가 된다고는 할 수 없고, 오히려 이미 취소소송의 제기기간을 경과하여 확정력이 발생한 행정처분에는 위헌결정의 소급효가 미치지 않는다고 보아야 한다(대판 1994.10.28., 92누9463).

③ 대판 2017.7.11., 2016두35120

④ 이행강제금의 본질상 시정명령을 받은 의무자가 이행강제금이 부과되기 전에 그 의무를 이행한 경우에는 비록 시정명령에서 정한 기간을 지나서 이행한 경우라도 이행강제금을 부과할 수 없다. 나아가 시정명령을 받은 의무자가 그 시정명령의 취지에 부합하는 의무를 이행하기 위한 정당한 방법으로 행정청에 신청 또는 신고를 하였으나 행정청이 위법하게 이를 거부 또는 반려함으로써 결국 그 처분이 취소되기에 이르렀다면, 특별한 사정이 없는 한 그 시정명령의 불이행을 이유로 이행강제금을 부과할 수는 없다(대판 2018.1.25., 2015두35116).

09

정답 | ③

해설 | 부령 형식의 제재적 처분기준은 행정규칙에 해당하며, 따라서 이에 위반한 처분이라고 하여 위법하다고 할 수 없다.

10

정답 | ④

해설 | 신뢰보호의 원칙에 따라 수익적 행정행위의 철회가 제한된다.

11

정답 | ①

해설 | 「공중위생법」상의 위생접객업허가는 그 성질상 일반적 금지의 해제에 불과하므로 허가권자는 법에서 정한 요건을 구비한 때에는 이를 반드시 허가하여야 한다(대판 1995.7.28., 94누13497).

② 「주택건설촉진법」 제33조에 의한 주택건설사업계획의 승인은 상대방에게 권리나 이익을 부여하는 효과를 수반하는 이른바 수익적 행정처분으로서, 법령에 행정처분의 요건에 관하여 일의적으로 규정되어 있지 아니한 이상 행정청의 재량행위에 속한다(대판 1997.3.14., 96누16698).

③ 공유수면매립면허는 설권행위인 특허의 성질을 갖는 것이므로 원칙적으로 행정청의 자유재량에 속하며, 일단 실효된 공유수면매립면허의 효력을 회복시키는 행위도 특단의 사정이 없는 한 새로운 면허부여와 같이 면허관청의 자유재량에 속한다고 할 것이므로 「공유수면매립법」(1986.12.31. 개정) 부칙 제4항의 규정에 의하여 위 법시행 전에 같은 법 제25조 제1항의 규정에 의하여 효력이 상실된 매립면허의 효력을 회복시키는 처분도 특단의 사정이 없는 한 면허관청의 자유재량에 속하는 행위라고 봄이 타당하다(대판 1989.9.12., 88누9206).

④ 「광업법」 제87조 내지 제89조, 「토지수용법」 제14조에 의한 토지수용을 위한 사업인정은 단순한 확인행위가 아니라 형성행위이고 당해 사업이 비록 토지를 수용할 수 있는 사업에 해당된다 하더라도 행정청으로서는 그 사업이 공용수용을 할 만한 공익성이 있는지의 여부를 모든 사정을 참작하여 구체적으로 판단하여야 하는 것이므로 사업인정의 여부는 행정청의 재량에 속한다(대판 1992.11.13., 92누596).

12

정답 | ④

해설 | 허가받지 않은 행위의 효력은 원칙적으로 유효하지만, 인가받지 않은 행위의 효력은 무효이다.

13

정답 | ①

해설 | 이 사건 입국금지결정은 법무부장관의 의사가 공식적인 방법으로 외부에 표시된 것이 아니라 단지 그 정보를 내부전산망인 '출입국관리정보시스템'에 입력하여 관리한 것에 지나지 않으므로, 항고소송의 대상이 될 수 있는 '처분'에 해당하지 않는다(대판 2019.7.11., 2017두38874).

②, ③, ④ 일반적으로 처분이 주체·내용·절차와 형식의 요건을 모두 갖추고 외부에 표시된 경우에는 처분의 존재가 인정된다. 행정의사가 외부에 표시되어 행정청이 자유롭게 취소·철회할 수 없는 구속을 받게 되

는 시점에 처분이 성립하고, 그 성립 여부는 행정청이 행정의사를 공식적인 방법으로 외부에 표시하였는지를 기준으로 판단해야 한다(대판 2019.7.11., 2017두38874).

14

정답 | ①

해설 | 선행행위가 무효인 것이 아니라 취소사유가 있어야 한다. 선행행위가 무효인 경우 당사자는 그 무효를 언제든지 다툴 수 있으며, 또한 선행행위의 무효는 그 후행행위에 승계되어 후행행위도 무효가 되기 때문에 하자의 승계를 다툴 실익이 없게 된다.

15

정답 | ②

해설 | 행정계획은 목적 – 수단 프로그램이다.

① 도시기본계획은 도시의 기본적인 공간구조와 장기발전방향을 제시하는 종합계획으로서 그 계획에는 토지이용계획, 환경계획, 공원녹지계획 등 장래의 도시개발의 일반적인 방향이 제시되지만, 그 계획은 도시계획입안의 지침이 되는 것에 불과하여 일반 국민에 대한 직접적인 구속력은 없는 것이다(대판 2002.10.11., 2000두8226).

③ 행정주체가 구체적인 도시계획을 입안 · 결정함에 있어서 비교적 광범위한 계획재량을 갖고 있지만, 여기에는 도시계획에 관련된 자들의 이익을 공익과 사익에서는 물론, 공익 상호간과 사익 상호간에도 정당하게 비교 · 교량하여야 한다는 제한이 있는 것이므로, 행정주체가 도시계획을 입안 · 결정함에 있어서 이익형량을 전혀 하지 아니하거나 <u>이익형량의 고려대상에 마땅히 포함시켜야 할 사항을 누락한 경우 또는 이익형량을 하였으나 정당성 · 객관성이 결여된 경우에는 그 행정계획결정은 재량권을 일탈 · 남용한 위법한 처분이</u>라 할 수 있다(대판 1998.4.24., 97누1501).

④ 비구속적 행정계획안이나 행정지침이라도 국민의 기본권에 직접적으로 영향을 끼치고, 앞으로 법령의 뒷받침에 의하여 그대로 실시될 것이 틀림없을 것으로 예상될 수 있을 때에는, 공권력행위로서 예외적으로 헌법소원의 대상이 될 수 있다(헌재 2000.6.1., 99헌마538).

16

정답 | ③

해설 | 비대체적 작위의무 또는 부작위의무를 이행하지 아니하는 경우에 이행을 강제하기 위하여 과하는 금전벌은 이행강제금이다.

① 행정상 강제집행은 국민의 신체 · 재산에 실력을 가하여 행정상 의무이행을 확보하는 권력적 행정작용이므로 법적 근거가 요구된다.

② 전조의 규정에 의한 처분을 하려함에 있어서는 상당한 이행기한을 정하여 그 기한까지 이행되지 아니할 때에는 대집행을 한다는 뜻을 미리 문서로써 계고하여야 한다. 이 경우 행정청은 상당한 이행기한을 정함에 있어 의무의 성질 · 내용 등을 고려하여 사회통념상 해당 의무를 이행하는 데 필요한 기간이 확보되도록 하여야 한다.

④ 대집행의 계고와 독촉은 준법률행위적 행정행위인 강학상 통지에 해당한다.

대집행	
의미	대체적 작위의무를 의무자가 불이행하는 경우에 당해 행정청이 의무자가 행할 작위를 스스로 행하거나 또는 제3자로 하여금 이를 행하게 하고 그 비용을 의무자로부터 징수하는 것
대체적 작위의무	대집행의 대상이 되는 의무로서 타인이 대신하여 행할 수 있는 행위가 부과된 의무를 말한다. 여기서 작위의무라 해도 타인이 대신하여 행할 수 없는 행위는 대집행의 대상이 되지 않는다.
요건	• 대체적 작위의무의 불이행 • 다른 수단으로 이행확보가 곤란한 것 • 불이행을 방치함이 심히 공익을 해할 것
절차	계고 → 통지 → 실행 → 비용징수

17

정답 | ③

해설 | 「행정심판법」 제16조 제1항

① 「행정심판법」 제10조에서 규정하고 있다.

② 무효등확인심판은 처분의 효력 유무 또는 존재 여부의 확인을 구할 법률상 이익이 있는 자가 청구할 수 있다(「행정심판법」 제13조 제2항).

④ 청구인은 청구의 기초에 변경이 없는 범위에서 청구의 취지나 이유를 변경할 수 있다(「행정심판법」 제29조 제1항).

18

정답 | ③

해설 | 행정처분의 효력정지나 집행정지를 구하는 신청사건에 있어서는 행정처분자체의 적법 여부를 판단할 것이 아니고 그 행정처분의 효력이나 집행 등을 정지시킬 필요가 있는지의 여부, 즉 「행정소송법」 제23조 제2항 소정 요건의 존부만이 판단대상이 되는 것이므로 이러한 요건을 결여하였다는 이유로 효력정지신청을 기각한 결정에 대하여 <u>행정처분 자체의 적법 여부를 가지고 불복사유로 할 수 없다</u>(대결 1991.5.2., 자 91두15).

① 「행정소송법」 제23조 제2항 소정의 행정처분 등의 효력이나 집행을 정지하기 위한 요건으로서의 '회복하기 어려운 손해'라 함은 특별한 사정이 없는 한 금전으로 보상할 수 없는 손해로서 이는 금전보상이 불능인 경우뿐만 아니라 금전보상으로는 사회관념상 행정처분을 받은 당사자가 참고 견딜 수 없거나 또는 참고 견디기가 현저히 곤란한 경우의 유형, 무형의 손해를 일컫는다(대결 1992.4.29., 자 92두7).

② 행정처분의 효력정지나 집행정지를 구하는 신청사건에 있어서는 행정처분 자체의 적법 여부는 궁극적으로 본안재판에서 심리를 거쳐 판단할 성질의 것이므로 원칙적으로 판단할 것이 아니고, 그 행정처분의 효력이나 집행을 정지할 것인가에 관한 「행정소송법」 제23조 제2항 소정의 요건의 존부만이 판단의 대상이 된다고 할 것이지만, 나아가 집행정지는 행정처분의 집행부정지원칙의 예외로서 인정되는 것이고 또 본안에서 원고가 승소할 수 있는 가능성을 전제로 한 권리보호수단이라는 점에 비추어 보면 <u>집행정지사건 자체에 의하여도 신청인의 본안청구가 적법한 것이어야 한다</u>는 것을 집행정지의 요건에 포함시켜야 한다(대결 1999.11.26., 자 99부3).

④ 사업여건의 악화 및 막대한 부채비율로 인하여 외부자금의 신규차입이 사실상 중단된 상황에서 285억 원 규모의 과징금을 납부하기 위하여 무리하게 외부자금을 신규차입하게 되면 주거래은행과의 재무구조개선약정을 지키지 못하게 되어 사업자가 중대한 경영상의 위기를 맞게 될 것으로 보이는 경우, 그 과징금납부명령의 처분으로 인한 손해는 효력정지 내지 집행정지의 적극적 요건인 '회복하기 어려운 손해'에 해당한다(대결 2001.10.10., 자 2001무29).

19

정답 | ③

해설 | 법인이 아닌 사단 또는 재단으로서 대표자나 관리인이 정하여져 있는 경우에는 그 사단이나 재단의 이름으로 심판청구를 할 수 있다(「행정심판법」 제14조).

① 「행정심판법」 제3조 제2항
② 「행정심판법」 제11조
④ 「행정심판법」 제37조

20

정답 | ③

해설 | 「행정심판법」 제47조 제1항, 제2항

① 위원회는 당사자의 권리 및 권한의 범위에서 <u>당사자의 동의를 받아</u> 심판청구의 신속하고 공정한 해결을 위하여 조정을 할 수 있다. 다만, 그 조정이 공공복리에 적합하지 아니하거나 해당 처분의 성질에 반하는 경우에는 그러하지 아니하다(「행정심판법」 제43조의2 제1항).

② 위원회는 심판청구가 이유가 있다고 인정하는 경우에도 이를 인용(認容)하는 것이 공공복리에 크게 위배된다고 인정하면 그 심판청구를 <u>기각하는</u> 재결을 할 수 있다. 이 경우 위원회는 재결의 주문(主文)에서 그 처분 또는 부작위가 위법하거나 부당하다는 것을 구체적으로 밝혀야 한다(「행정심판법」 제44조 제1항).

④ 심판청구에 대한 재결이 있으면 그 재결 및 같은 처분 또는 부작위에 대하여 다시 행정심판을 <u>청구할 수 없다</u>(「행정심판법」 제51조).

21

정답 | ②

해설 | 「질서위반행위규제법」은 과태료의 부과대상인 질서위반행위에 대하여도 책임주의 원칙을 채택하여 제7조에서 "고의 또는 과실이 없는 질서위반행위는 과태료를 부과하지 아니한다."고 규정하고 있으므로, 질서위반행위를 한 자가 자신의 책임 없는 사유로 위반행위에 이르렀다고 주장하는 경우 법원으로서는 그 내용을 살펴 행위자에게 고의나 과실이 있는지를 따져보아야 한다(2011.7.14., 2011마364).

① 「질서위반행위규제법」 제16조 제1항
③ 「질서위반행위규제법」 제20조 제1항
④ 「질서위반행위규제법」 제3조 제3항

「질서위반행위규제법」

제3조(법 적용의 시간적 범위)

① 질서위반행위의 성립과 과태료 처분은 행위 시의 법률에 따른다.

② 질서위반행위 후 법률이 변경되어 그 행위가 질서위반행위에 해당하지 아니하게 되거나 과태료가 변경되기 전의 법률보다 가볍게 된 때에는 법률에 특별한 규정이 없는 한 변경된 법률을 적용한다.

③ 행정청의 과태료 처분이나 법원의 과태료 재판이 확정된 후 법률이 변경되어 그 행위가 질서위반행위에 해당하지 아니하게 된 때에는 변경된 법률에 특별한 규정이 없는 한 과태료의 징수 또는 집행을 면제한다.

제16조(사전통지 및 의견 제출 등)

① 행정청이 질서위반행위에 대하여 과태료를 부과하고자 하는 때에는 미리 당사자(제11조제2항에 따른 고용주등을 포함한다. 이하 같다)에게 대통령령으로 정하는 사항을 통지하고, 10일 이상의 기간을 정하여 의견을 제출할 기회를 주어야 한다. 이 경우 지정된 기일까지 의견 제출이 없는 경우에는 의견이 없는 것으로 본다.

제20조(이의제기)

① 행정청의 과태료 부과에 불복하는 당사자는 제17조제1항에 따른 과태료 부과 통지를 받은 날부터 60일 이내에 해당 행정청에 서면으로 이의제기를 할 수 있다.

22

정답 ┃ ②

해설 ┃ 입법내용이 국민의 일상생활과 관련이 없는 경우이어야 한다.

「행정절차법」 제41조(행정상 입법예고)

① 법령 등을 제정 · 개정 또는 폐지(이하 "입법"이라 한다)하려는 경우에는 해당 입법안을 마련한 행정청은 이를 예고하여야 한다. 다만, 다음 각 호의 어느 하나에 해당하는 경우에는 예고를 하지 아니할 수 있다.

1. 신속한 국민의 권리 보호 또는 예측 곤란한 특별한 사정의 발생 등으로 입법이 긴급을 요하는 경우

2. 상위 법령 등의 단순한 집행을 위한 경우

3. 입법내용이 국민의 권리 · 의무 또는 일상생활과 관련이 없는 경우

4. 단순한 표현 · 자구를 변경하는 경우 등 입법내용의 성질상 예고의 필요가 없거나 곤란하다고 판단되는 경우

5. 예고함이 공공의 안전 또는 복리를 현저히 해칠 우려가 있는 경우

23

정답 ┃ ④

해설 ┃ 행정지도가 강제성을 띠지 않은 비권력적 작용으로서 행정지도의 한계를 일탈하지 아니하였다면, 그로 인하여 상대방에게 어떤 손해가 발생하였다 하더라도 행정기관은 그에 대한 손해배상책임이 없다(대판 2008.9.25., 2006다18228).

① 행정지도의 순기능이다. 이와 더불어 법령의 보완, 분쟁의 사전회피, 탄력 · 신속한 업무의 수행 등의 기능을 하나, 행정주체의 우위로 인한 사실상의 강제성, 임의적 협력에서 도출되는 문제점 등이 있다.

② 「행정절차법」 제48조 제1항

③ 「행정절차법」 제48조 제2항

24

정답 ┃ ④

해설 ┃ 행정청의 재량에 속하는 처분이라도 재량권의 한계를 넘거나 그 남용이 있는 때에는 법원은 이를 취소할 수 있다(「행정소송법」 제27조). 즉 재량권의 한계를 넘거나 그 남용이 있는 경우이어야 하며, 단순히 부당한 처분은 취소사유가 아니다.

① 행정처분의 취소를 청구하는 항고소송에 있어서 행정청은 당초 처분의 근거로 삼은 사유와 기본적 사실관계가 동일하다고 인정되는 한도 내에서만 다른 처분사유를 새로 추가하거나 변경할 수 있을 뿐, 기본적 사실관계가 동일하다고 인정되지 않은 별개의 사실을 들어 처분사유로 주장하는 것은 원칙적으로 허용되지 아니한다(대판 1989.12.8., 88누9299).

② 행정처분의 당연무효를 구하는 소송에 있어서 그 무효를 구하는 사람에게 그 행정처분에 존재하는 하자가 중대하고 명백하다는 것을 주장 입증할 책임이 있다(대판 1984.2.28., 82누154).

③ 법원은 필요하다고 인정할 때에는 직권으로 증거조사를 할 수 있고, 당사자가 주장하지 아니한 사실에 대하여도 판단할 수 있다(「행정소송법」 제26조).

25

정답 | ②

해설 | 개발부담금 부과처분이 취소된 이상 그 후의 부당이득으로서의 과오납금 반환에 관한 법률관계는 단순한 민사 관계에 불과한 것이고, 행정소송 절차에 따라야 하는 관계로 볼 수 없다(대판 1995.12.22., 94다51253).

① 민법 제741조(부당이득의 내용) 법률상 원인 없이 타인의 재산 또는 노무로 인하여 이익을 얻고 이로 인하여 타인에게 손해를 가한 자는 그 이익을 반환하여야 한다.

③ 원천징수의무자가 원천납세의무자로부터 원천징수대상이 아닌 소득에 대하여 세액을 징수 · 납부하였거나 징수하여야 할 세액을 초과하여 징수 · 납부하였다면, 국가는 원천징수의무자로부터 이를 납부받는 순간 아무런 법률상의 원인 없이 보유하는 부당이득이 된다(대판 2002.11.8., 2001두8780).

④ 조세부과처분이 당연무효임을 전제로 하여 이미 납부한 세금의 반환을 청구하는 것은 민사상의 부당이득반환청구로서 민사소송절차에 따라야 한다(대판 1995.4.28., 94다55019).

빠르게 잘라쓰는 ✔ 실전모의고사 정답 마킹표

1회 모의고사

날 짜		회 차	
풀이시간		점 수	
문 번	답 란	문 번	답 란
1	① ② ③ ④	14	① ② ③ ④
2	① ② ③ ④	15	① ② ③ ④
3	① ② ③ ④	16	① ② ③ ④
4	① ② ③ ④	17	① ② ③ ④
5	① ② ③ ④	18	① ② ③ ④
6	① ② ③ ④	19	① ② ③ ④
7	① ② ③ ④	20	① ② ③ ④
8	① ② ③ ④	21	① ② ③ ④
9	① ② ③ ④	22	① ② ③ ④
10	① ② ③ ④	23	① ② ③ ④
11	① ② ③ ④	24	① ② ③ ④
12	① ② ③ ④	25	① ② ③ ④
13	① ② ③ ④		

2회 모의고사

날 짜		회 차	
풀이시간		점 수	
문 번	답 란	문 번	답 란
1	① ② ③ ④	14	① ② ③ ④
2	① ② ③ ④	15	① ② ③ ④
3	① ② ③ ④	16	① ② ③ ④
4	① ② ③ ④	17	① ② ③ ④
5	① ② ③ ④	18	① ② ③ ④
6	① ② ③ ④	19	① ② ③ ④
7	① ② ③ ④	20	① ② ③ ④
8	① ② ③ ④	21	① ② ③ ④
9	① ② ③ ④	22	① ② ③ ④
10	① ② ③ ④	23	① ② ③ ④
11	① ② ③ ④	24	① ② ③ ④
12	① ② ③ ④	25	① ② ③ ④
13	① ② ③ ④		

3회 모의고사

날 짜		회 차	
풀이시간		점 수	
문 번	답 란	문 번	답 란
1	① ② ③ ④	14	① ② ③ ④
2	① ② ③ ④	15	① ② ③ ④
3	① ② ③ ④	16	① ② ③ ④
4	① ② ③ ④	17	① ② ③ ④
5	① ② ③ ④	18	① ② ③ ④
6	① ② ③ ④	19	① ② ③ ④
7	① ② ③ ④	20	① ② ③ ④
8	① ② ③ ④	21	① ② ③ ④
9	① ② ③ ④	22	① ② ③ ④
10	① ② ③ ④	23	① ② ③ ④
11	① ② ③ ④	24	① ② ③ ④
12	① ② ③ ④	25	① ② ③ ④
13	① ② ③ ④		

MEMO

MEMO

MEMO

MEMO

MEMO

2022 9급 군무원 15개년 기출문제집
[행정법]

———

초 판 발 행   2022년 02월 25일

편 저 자   군무원시험편집부
발 행 인   정용수
발 행 처   예문사
주   소   경기도 파주시 직지길 460(출판도시) 도서출판 예문사
T E L   031) 955-0550
F A X   031) 955-0660

등 록 번 호   11-76호

정   가   18,000원

홈페이지 http://www.yeamoonsa.com

I S B N   978-89-274-4270-7   [13350]